張新航 主編

貴州師範大學圖書館
古籍珍善本提要目録

Guizhou Shifan Daxue Tushuguan
Guji Zhenshanben Tiyao Mulu

GUANGXI NORMAL UNIVERSITY PRESS
广西师范大学出版社
·桂林·

圖書在版編目（CIP）數據

貴州師範大學圖書館古籍珍善本提要目録 / 張新航主編. —桂林：廣西師範大學出版社，2011.11
ISBN 978-7-5633-8997-1

Ⅰ. 貴… Ⅱ. 張… Ⅲ. 貴州師範大學—院校圖書館—古籍—善本—圖書目録 Ⅳ. Z838

中國版本圖書館 CIP 數據核字（2011）第 189600 號

廣西師範大學出版社出版發行
（廣西桂林市中華路 22 號　郵政編碼：541001
網址：http://www.bbtpress.com）
出版人：何林夏
全國新華書店經銷
桂林廣大印務有限責任公司印刷
（廣西桂林市臨桂縣金山路 168 號　郵政編碼：541100）
開本：787 mm ×1 092 mm　1/16
印張：18.5　　字數：300 千字
2011 年 11 月第 1 版　2011 年 11 月第 1 次印刷
定價：160.00 元

謹以此書獻給

貴州師範大學建校七十周年

貴州師範大學圖書館

古籍珍善本提要目録

主　　　編：張新航

審　　　校：顧　勞　張新航

書　　　影：李　潔

原稿版面設計：王　惠

序

1941年,伴隨著抗日戰爭紛飛的戰火,國立貴陽師範學院誕生了。歷經70年風雨,一代代貴州師大人書寫了發展歷程上的壯麗篇章,熔鑄了"愛國、奉獻、敬業、自强"的大學精神,凝煉了"慎思篤行、博學致新"的校訓,培養了10萬餘名各條戰綫的優秀人才。今天的貴州師範大學已發展成為一所立足貴州,面向全國,教師教育特色鮮明的多學科性大學。

70年峥嶸歲月,70年桃李芬芳。

學校圖書館長期重視古籍文獻的收藏與保護工作,從建館初期即開始了最初的收藏,建國後通過購買及國家調撥,還有校内外的徵集,特别是王佩芬、張宗和、李獨清、周春元等先生的捐贈,持續不斷的積累,集腋成裘,聚沙成丘。目前,圖書館館藏古籍文獻10萬餘册,善本6千餘册,有明代以來的刻本、稿本、抄本、石印本等,僅列入《全國古籍善本書目》的就有43種,如元版《通志》、明刻三色套印本《詩歸》、清康熙内府刻本《御定歷代賦彙》、清抄本《甲申朝事小記》等都彌足珍貴。2009年6月,經國務院公布,貴州師範大學圖書館榮獲第二批"全國古籍重點保護單位",7部古籍入選了《國家珍貴古籍名録》。

豐富的館藏古籍文獻需要一個漫長的歷史積累過程,是長期積澱的結果。校圖書館古籍文獻的收藏積累,從另一個角度見證著貴州師範大學70年從傳統走向現代過程中的積澱和文化繼承,展示了貴州師範大學辦學70年的歷史沉澱,反映了學校在發展過程中形成的價值觀,體現了辦學理念、育人意識和所宣導的價值取向,傳遞了學校的精神風範以及長期以來潛移默化給師生的内在鼓舞和啓迪。

學校圖書館在做好為教學、科研服務的基礎上,也積極為社會各界研究歷史或地方史志的專家、學者服務,同時重視古籍文獻和地方文獻資源的整理和開發利用,取得了較為豐碩的研究成果,使學校圖書館在促進貴州地方經濟文化發展中發揮了重要的作用。

在貴州師範大學70年校慶之際,學校圖書館精選了285部古籍善本,編輯出版了《貴州師範大學圖書館古籍珍善本提要目録》一書,這是很值得慶賀的一件事。辦學需要學術的積累,文化需要薪火的傳承,願這本書能够使更多的師生員工和校友進一步瞭解師大,團結一致、齊心協力、振奮精神,為把師大建成教師教育特色鮮明、多學科協調發展的教學研究型大學做出更大的貢獻。

2011年5月10日

(伍鵬程,貴州師範大學校長)

説　明

《貴州師範大學圖書館古籍珍善本提要目録》(以下簡稱《提要目録》)依據國家文化部頒發的《古籍定級標準》(WH/T20—2006),主要選擇三級乙等及以上館藏古籍文獻,共計285部(不包括複本),其中經部47部、史部76部、子部58部、集部97部、叢部7部。書目内容由三部分組成,即:版本形式、編撰者生平簡介、書籍内容梗概。每部書均附書影,讀者可直觀瞭解一部古籍的大致形式和内容,對接觸古籍較少者有指引治學門徑之用。

《提要目録》正文按"經、史、子、集、叢"歸類編排,附書名筆畫筆順索引、書名漢語拼音索引各一部,"書名筆畫筆順索引"以書名第一字筆畫數由少到多排列,相同筆畫者則按"一丨丿丶乙"順序排列,第一字相同則按第二字,以此類推;"書名漢語拼音索引"以書名第一個字的漢語拼音字母按A B C D E……順序排列。

《提要目録》中,一部書若有兩個以上書名者,在正書名後加括弧註明。本書用字盡可能采用規範字,少數書名在書影中用的是异體字,如"韻"、"異"等,爲保留古貌,亦用之。

編撰者

2011年3月

總　目

分類目録

經

史

子

集

叢

經

一切經音義（衆經音義　玄應音義）二十五卷　（唐）釋元應撰　（清）莊炘　（清）錢坫　（清）孫星衍等校

清乾隆五十一年（1786）武進莊氏刻本　4 册

半葉 12 行 24 字　雙行小字同　黑口　雙對魚尾　四周單邊　框高 19.5 厘米　寬 14.7 厘米

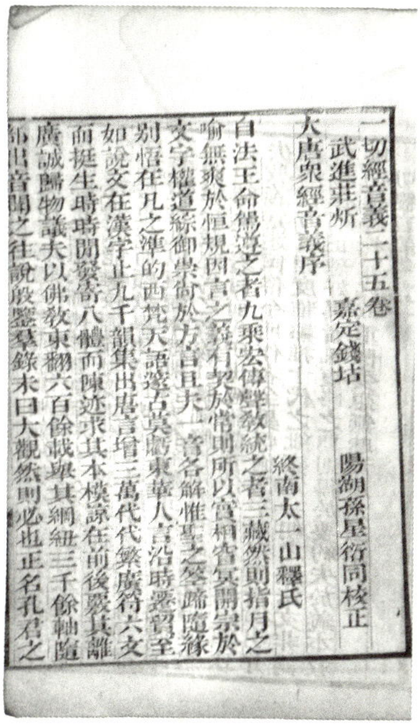
一切經音義二十五卷
武進莊炘　嘉定錢坫　陽湖孫星衍同校正
大唐衆經音義序　終南太一山釋氏
自法王命偈遊之者九乘玄傳譯教統之者三藏然則指月之
喻無爽於恒規因言之義有殊於常則所以實相宮冥開宗於
文字權道綜御崇御於方言且夫一音各解惟聖之鑒蹄隨緣
別悟在凡之準的西梵天語邃古莫聽東華人言沿時選習至
如說文在漢字止九千韻集出唐言增三萬代代繁廣衍六文
而挺生時時間發衍八體而陳迹求其本模諒在前後覈其離
廣誠歸物議夫以佛教東翻六百餘載與其綱紐三千餘軸隨
部出音間之往說般鑿草錄未曰大觀然則必也正名孔君之

元應（910—975），俗姓吴，泉州晋江（今福建泉州）人。唐代大慈恩寺沙門僧人，稱玄應定禪師，太祖賜紫衣師號。

莊炘（1735—1818），字景炎，一字似撰，號虚庵，江蘇武進人。幼聰穎，後與洪亮吉、孫星衍、趙懷玉、張惠言共研漢學，於聲音訓詁尤深。清乾隆三十三年（1768）副貢生。由州判補陝西咸寧知縣，累遷榆林府知府。

錢坫（1744—1806），字獻之，號小蘭、十蘭，自署泉坫，江蘇嘉定（今上海嘉定）人，清代書法家。清乾隆三十九年（1774）中副榜，累官知乾州，兼署武功縣。通經史，精訓詁，明輿地，尤工小篆，錢大昕之侄。

孫星衍（1753—1818），字淵如，一字季逑，陽湖（今江蘇常州）人，清代藏書家、目録學家。清乾隆五十二年（1787）進士，授翰林院編修，充三通館校理。最精詩文，與洪亮吉齊名，稱“孫洪”。深究經史文字音訓之學，精研金石碑版，工篆、隸、刻印，校刻古書精良。著述頗豐，有《平津館鑒藏書籍記》、《孫氏家藏書目内外編》、《爾雅廣雅訓詁韻編》、《寰宇訪碑録》、《續古文苑》等。

《一切經音義》解釋佛經中難讀難解字詞之音義，其將佛經應釋之字列出，注音訓於其下，并廣引字書傳説以證，或注説字音，或釋文詳略，所釋佛教經律四百餘部。是書上溯墳典，下稽方俗，摭拾甚廣，釋典之外，徵引群籍，反映了唐及唐以前文字使用狀況，在語言學、佛學、文獻學、歷史學等諸多學科領域均有極高使用和研究價值。

十三經類語十四卷　附序論選一卷　(明)羅萬藻　(明)魯重民注　(明)何兆聖輯附

清康熙五十五年(1716)潘氏弘遠堂刻本　8册　半葉9行20字　雙行小字同　無界欄　白口　單魚尾　四周單邊　框高22.5厘米　寬15.6厘米

羅萬藻(?—1647),字文止,江西臨川人,明末古文家。明天啓七年(1627)中舉,曾任浙江上杭知縣、禮部主事等。其天資聰穎,學識廣博,早年拜戲劇大師湯顯祖為師。明萬曆末年,與同鄉陳際泰、章世純、艾南英結"豫章社",宣導唐宋派文風、制義時文,时稱"臨川四才子",亦稱"江西四家"。著有《此觀堂集》、《十三經類語》、《羅文止稿》和《制義》等。

魯重民,杭州書商,生平不詳。

何兆聖,生平不詳。

《十三經類語》雜取十三經内容分為一百三十四類。即:卷一君臣、君德、君道等九類;卷二臣道、盡職、臣鑒等十四類;卷三立教、聖學、經學等八類;卷四治道、政體、功業等八類;卷五設官、選舉、任人等十二類;卷六經國、封建、朝巡等十類;卷七禮、禮儀、樂等六類;卷八征伐、兵法、兵威等十類;卷九財賦、治地、農桑等七類;卷十冠義、婚姻、祭義等十類;卷十一名器、營建、學校等九類;卷十二戒慎、持盈、謙抑等十四類;卷十三世法、接人、操守等十類;卷十四天地、天文、天人等七類。《十三經序論選》主要收集程頤、孔穎達、王弼、孔安國、郭璞等寫之經序二十二篇。

十三經類語
弘遠堂藏板

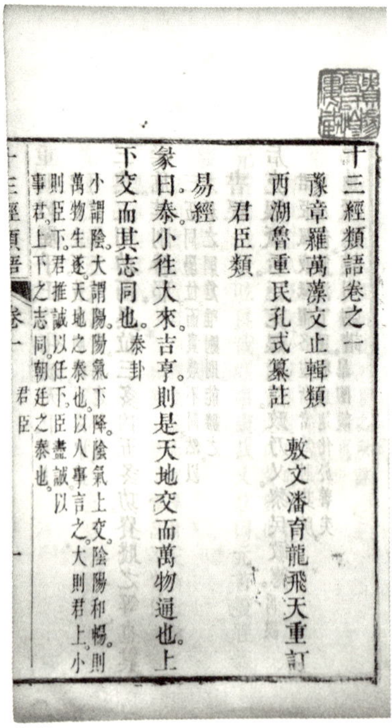
十三經類語卷之一
豫章羅萬藻文止輯類　敷文潘育龍飛天重訂
西湖魯重民孔式纂註
君臣類
易經
象曰泰小往大來吉亨則是天地交而萬物通也上下交而其志同也泰卦
小謂陰大謂陽陽氣下降陰氣上交陰陽和暢則萬物生遂天地之泰也以人事言之大則君上小則臣下君推誠以任下臣盡誠以事君上下之志同朝廷之泰也
十三經類語　卷一　君臣

人物概十五卷　(明)陳禹謨輯

明末刻本　4 册　半葉 11 行 22 字　白口　單魚尾　左右雙邊　框高 19 厘米　寬 13.3 厘米

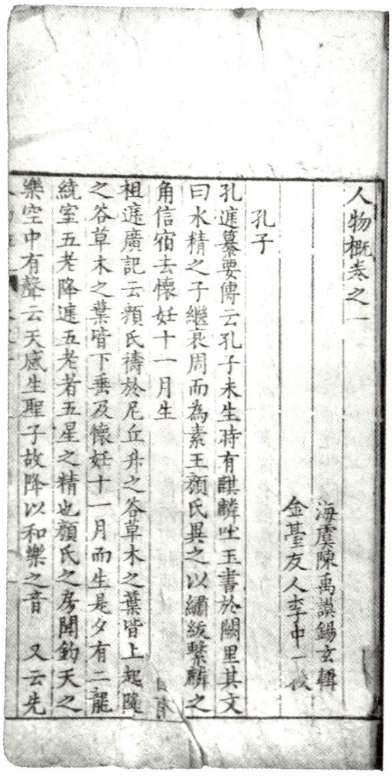
人物概卷之一
海虞陳禹謨錫玄輯
金臺友人李中一校
孔子
孔道纂要傳云孔子未生時有麒麟吐玉書於闕里其文
曰水精之子繼衰周而為素王顏氏異之以繡紱繫麟之
角信宿去懷妊十一月生
祖庭廣記云顏氏禱於尼丘升之谷草木之葉皆上起降
之谷草木之葉皆下垂及懷妊十一月而生是夕有二龍
繞室五老降庭五老者五星之精也顏氏之房聞鈞天之
樂空中有聲云天感生聖子故降以和樂之音　又云先

陳禹謨(1548—1618),字錫玄,號抱沖,蘇州常熟人,萬曆十九年(1591)舉人,曾任貴州布政參議,仕至兵部侍郎,四川按察司僉事。其博學慎思,遍覽群經,留心著述,研究六籍,著有《四書名物考》、《經言枝指》、《經籍異同》、《左氏兵略》、《駢志》、《補注北堂書鈔》等,明代經學家。

《人物概》收輯《大學》、《中庸》、《論語》、《孟子》四書之人物,其上自三代之英,下及春秋之彦,其中有聖賢、帝王、輔佐、諸侯、諸臣、古賢、雜人等,共二百五十八人,是書援引諸書,詳其氏族、姓氏、事迹,考證勘誤,是研讀四書之重要參考書。

大學章句本義匯參三卷　卷首一卷　(清)王步青輯

清乾隆十年(1745)敦復堂刻本　2 册　半葉 9 行 23 字　雙行小字同　白口　單魚尾　四周單邊　框高 20 厘米　寬 14.5 厘米

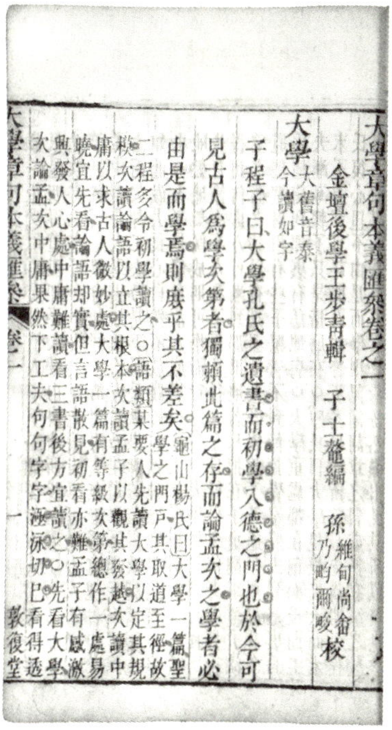
大學章句本義匯參卷之一
金壇後學王步青輯　子士鼇編　孫維旬 尚龠 乃昀 爾畯 校
大學 大舊音泰今讀如字
子程子曰大學孔氏之遺書而初學入德之門也於今可
見古人為學次第者獨賴此篇之存而論孟次之學者必
由是而學焉則庶乎其不差矣 龜山楊氏曰大學一篇聖學之門戶其取道至徑故
二程多令初學讀之○語類某要人先讀大學以定其規模次讀論語以立其根本次讀孟子以觀其發越次讀中庸以求古人微妙處大學一篇有等級次第總作一處易曉宜先看論語卻實但言語散見初看亦難孟子有感激興發人心處中庸亦難讀看三書後方宜讀之○先看大學次論孟次中庸果然下工夫句句字字涵泳切己看得透
大學章句本義匯參　卷一　一　敦復堂

王步青(1672—1751),字罕皆,號己山,江蘇金壇人。年輕時曾教私塾,清雍正元年(1723)進士,官至翰林院檢討,晚年因故辭官,歸故里後以著書授徒為業。其通經史,精於制藝,在家開設授書館,從其學習之儒學門生甚多。著有《己山文集》、《鶯鳩草》等,清初著名儒學大家。

《大學章句本義匯參》根據朱熹《大學章句》

之結構分為“經”、“傳”兩部，卷首為大學章句序、纂讀大學綱領，闡明“大學之書，古之大學所以教人之法也”；卷一聖經，闡明“大學之道”；卷二傳，首章至五章，闡明“在明德，在親民，在止於至善”；卷三傳，六章至十章，闡明“誠意、正心、修身、齊家、治國、平天下”之道。是書“以經統傳，以傳附經”，以章句集注為折衷。因“在章句蓋治經之道，固未有不得於辭而能通其意者，學者第即是沉潛反復於句讀文義之間，其為本義自瞭然心目矣”，所以“凡以溯流尋源，疏通本義，引伸類長而已，易曰同歸而殊途，一致而百慮，要使殊途百慮胥統匯於同歸一致之中”，“稟承本義，綴以匯參義本”。其“注解詳審精明，修改縝密”。是學習和研究《大學》之重要工具書。

千文六書統要二卷　附篆法偏旁正訛歌一卷　（清）胡正言輯

清初安徽十竹齋刻本　4 册　半葉 6 行 9—10 字　三行小字不等　白口單魚尾　四周單邊　框高 18 厘米　寬 13.5 厘米

胡正言（1584—1674），字曰從，別號十竹主人、默庵老人，徽州休寧人。經歷了明萬曆、泰昌、天啓、崇禎、清順治、康熙六朝，實為高壽。明崇禎間曾任武英殿中書舍人，以摹印、繪畫著名於時，精擅六書，長於篆刻，并好藏書、刻書。

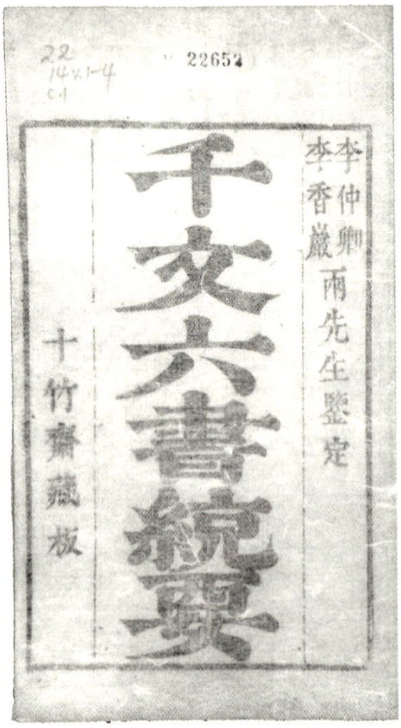
李仲卿
李香巖 兩先生鑒定
千文六書統要
十竹齋藏板

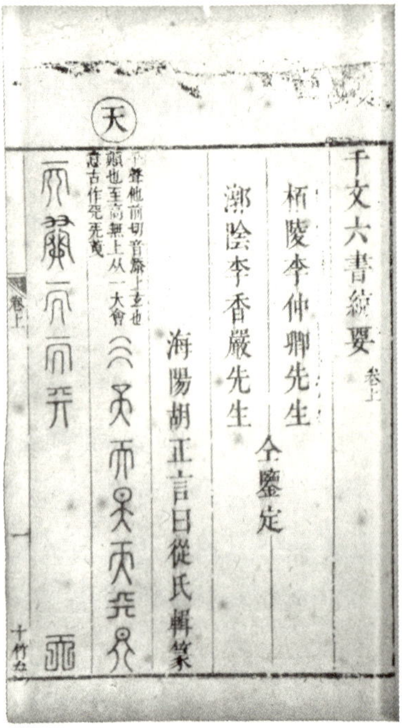
千文六書統要 卷上
栢陵李仲卿先生
鄣陰李香巖先生 仝鑒定
海陽胡正言曰從氏輯篆

《千文六書統要》以篆體為基礎對古代“千字文”進行象形、會意、指事、形聲、轉注、假借六方面詮釋，并列舉出每個字不同象形體和篆體，是一部學研古漢字之工具書。

五經旁訓辨體合訂二十一卷　(清)徐立綱輯

清乾隆五十四年(1789)循陔堂刻本　12 册　半葉 7 行 20 字　雙行小字 42 字　白口　單魚尾　左右雙邊　框高 22 厘米　寬 14.7 厘米

徐立綱(生卒年不詳)，字條甫，號百雲，浙江上虞人，清乾隆四十年(1775)進士。官編修、安徽學政、寧波府台等。著有《五經旁訓增訂精義》、《芸館課存》等。

“五經”指五部儒家經典，即《詩經》、《尚書》、《禮記》、《周易》、《春秋》。漢武帝時朝廷正式將這五部書宣布為經典，故稱“五經”。《五經旁訓辨體合訂》

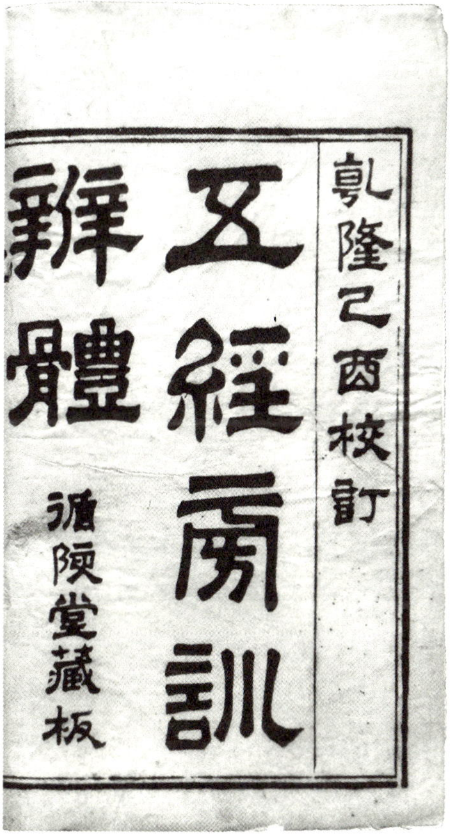
乾隆己酉校訂
五經旁訓
辨體
循陔堂藏板

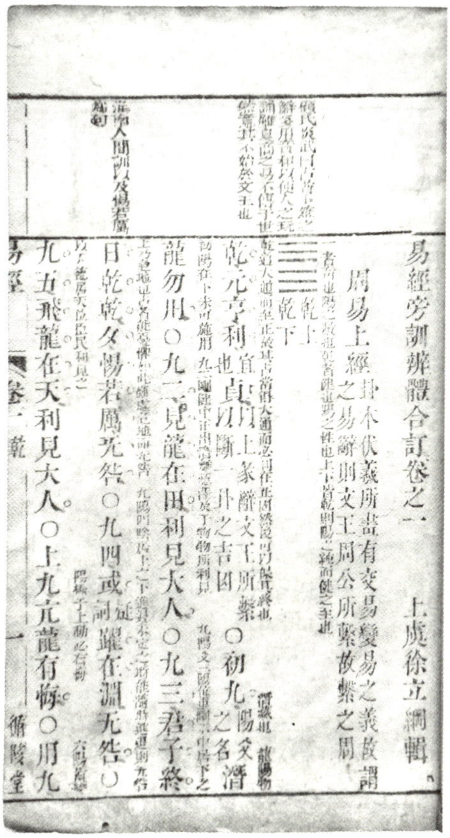
易經旁訓辨體合訂卷之一　上虞徐立綱輯
周易上經
乾下乾上
乾元亨利貞○初九潛龍勿用○九二見龍在田利見大人○九三君子終日乾乾夕惕若厲无咎○九四或躍在淵无咎○九五飛龍在天利見大人○上九亢龍有悔○用九

在正文旁附注釋義，詳載傳經源流、先儒論説，“凡可以資多識、廣見聞、供考訂、啓博悟者，聞采擇之”，讓“學者易於省覽，辨體評點，則以後人學為詩古文詞之法，求之於經益”。

毛詩注疏二十卷　(漢)毛萇傳　(漢)鄭玄箋　(唐)孔穎達疏

明末汲古閣本　16 册　半葉 9 行　21 字　雙行小字同　白口　左右雙邊　框高 17.8 厘米　寬 12.3 厘米

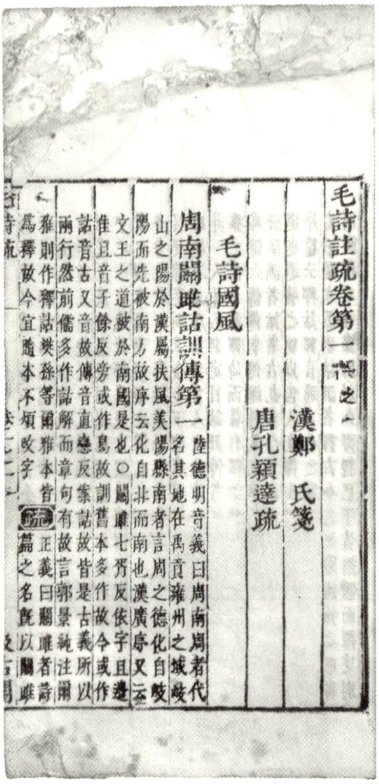
毛詩註疏卷第一
漢鄭氏箋
唐孔穎達疏
毛詩國風
周南關雎詁訓傳第一

毛萇(公元前 158 年前後在世)，西漢饒陽(今河北衡水饒陽)人，祖籍魯國(今山東)，治詩。因秦始皇焚書坑儒，《詩經》被禁，至漢，《詩經》由孔子弟子子夏後人傳與魯國毛亨，毛亨又傳授與毛萇，毛萇是毛亨侄兒，河間獻王博士。毛萇受河間獻王之邀講授《詩經》，名曰《毛詩》，魏晋以後通行之《詩經》就是《毛詩》。

鄭玄(127—200)，字康成，北海高密(今山東省高密市)人。自幼天資聰穎，喜好讀書，勤奮好學，少年時就一心向學，確立了學習經學之志，終日沈湎於書卷中，孜孜以求。因家貧，十八歲出仕，充任鄉嗇夫之職，掌管訴訟和税收等事。後升遷郡里為吏録，不久，辭去吏職，入太學授業。他不尚虚榮，天性務實，不但精通儒家經典，詳熟古代典制，歷數圖緯之學，兼精算術。至而立之年，已成造詣較深之經學家。他以古文經學為主，兼采今文經學之長，融會為一，而形成“鄭學”。其功在注釋儒家經典，現《十三經注疏》中尚存四部，即“毛詩箋”與“三禮注”。其以整理古籍為職志，不拘門户，博采衆家之長，整理了此前儒家重要經典幾十種，在校讎學、訓詁學、音韻學、詞彙學等方面成就顯著，是漢代著名經學大師。

孔穎達(574—648)，字沖遠，謚曰憲，冀州衡水(今屬河北)人。隋煬帝初年，被授以河内郡(今河南沁陽一帶)博士職。不久補授太學助教，唐太宗時被授以秦王府文學館學士,後升任國子博士。唐貞觀時先後任曲阜縣男、給事中、國子司業、太子右庶子、國子祭酒。西漢開始中國儒學流派衆多,其説不一,他貫通經史,擅長文學,通曉算術曆法,奉詔編纂《五經正義》,融合南北經學家見解,為統一經學、總結漢學做出卓越貢獻,此書被唐王朝頒為經學之標準解釋和教科書,使其成為唐代名儒大師之一。

《毛詩注疏》彙集了漢、唐兩代學者為解讀《毛詩》而作之重要注釋。其體例是先列《毛傳》,包括《毛序》、《鄭箋》,《鄭箋》中包括《詩譜》,爾後為疏,即分别對《傳》、《箋》内容進行詮釋引申,使詩義明白曉暢。是書廣引諸説,探明原委,交代出典,辨析先儒之説,力陳鮮明之見,疏解詞語,注重字、詞、句之解釋,疏解《小序》内涵,概括文本題旨。是學習、理解與掌握《詩經》要義之鑰匙和典範教材,对讀者有很好導讀作用。

公羊傳選二卷　(清)儲欣選評

清乾隆五十年(1785)二南堂刻本　1 册　半葉 9 行 25 字　單行小字不等

有眉注　白口　單魚尾　左右雙邊　框高 20 厘米　寬 14.5 厘米

乾隆乙巳新鐫

宜興儲同人先生評

公穀選

二南堂梓行

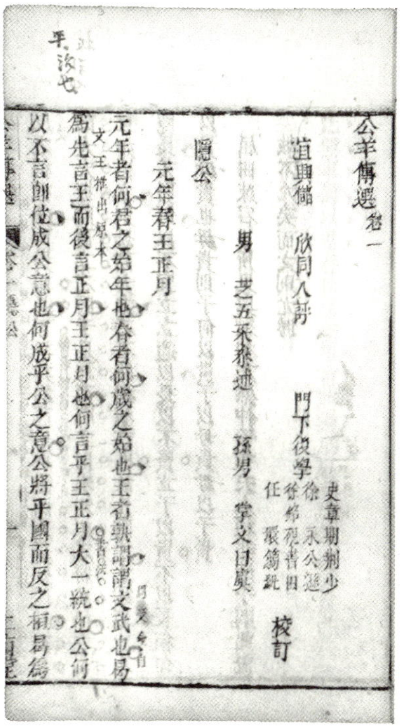

公羊傳選　卷一

宜興儲　欣同人評

男　芝五采蓀述　孫男　掌文日虞

門下後學　校訂

隱公

元年春王正月

元年者何君之始年也春者何歲之始也王者孰謂謂文王也曷為先言王而後言正月王正月也何言乎王正月大一統也公何以不言即位成公意也何成乎公之意公將平國而反之桓曷為

儲欣(1631—1706),字同人,江蘇宜興人,清代著名學者、散文家。自幼好學,精通經史,文崇唐宋。清康熙間舉人,進士不第,遂不仕,閉門著書、教授以終,以散文見長,也以評點散文著稱,著有《春秋指掌》、《在陸草堂集》,選編《唐宋十大家全集録》等。

《公羊傳選》采用夾批、眉批之評點方式對《公羊傳》之義理、辭章進行選評,其評語精煉,多則數十字,少則一二句,并注意文采、比較等修辭方式,具有文獻參考價值。

月令明義四卷 (明)黄道周輯 (清)鄭開極重訂

清康熙三十二年(1693)鄭開極刻本 1册 半葉9行18字 雙行小字同 有圖 白口 單魚尾 左右雙邊 框高20.5厘米 寬14.5厘米

黄道周(1585—1646),字幼玄,或幼平,又字螭若、螭平,號石齋,明代福建漳浦銅山(現東山縣)人,明末著名學者、書畫家、民族英雄。年少家貧,却聰穎好學,時即有"閩海才子"之譽。明天啓二年(1622)進士,官至禮部尚書,明亡後抗清,被俘殉國,謚忠烈。世人尊稱為"黄聖人"、"石齋先生"。其通天文、理數諸書,工書善畫,詩文、隸草皆自成一家,先後講學於浙江大滌、漳浦明誠堂、漳州紫陽、龍溪鄴業等書院,培養了大批有學問明氣節之人才。著作甚豐,有《儒行集傳》、《石齋集》、《易象正義》、《春秋揆》、《孝經集傳》等,後人輯成《黄漳浦先生全集》。

鄭開極(1638—1717),字肇修,號幾亭,侯官縣(今福州市區)人。清順治十八年(1661)進士,選庶吉士,授編修。康熙年少繼位,選為伴讀。清康熙八年(1669),典試雲南。二十年(1681),主纂《福建通志》。三十年(1691),曾一度以左春坊右諭德名義督學浙江。其教導學生,先道義,後文章,取士公允,頗能得人,為地方人士所稱道。任滿即回里,不再入仕途。其無專集,有遺文《九峰寺碑記》、《南湖族長静齋公傳》、《南湖族長榕園先生傳》等,輯訂《石齋先生經傳九種》五十五卷。

《月令明義》以二至二分四立,皆歸於中央之土,為取則於《洛書》之中五,而五氣於以分布。此為歲功所由成,政事所從出,故作"月令氣候生合總圖"。又按《月令》載昏旦中星,以春、夏、秋、冬為序,每季又以孟、仲、季排出先後,總共為十二個月，作“十二月中星圖”，每圖詳載中星距極遠近度數，為聖人敷治之原。其内容主要包括每月天象特徵，物候，天子在當月之居處、服飾、車馬和飲食，每月之王命，農事和禁忌，不行當月節令之後果等項。它以“天人合一”為原則，將春生、夏長、秋收、冬藏作為貫穿四季之自然律令，把各類事物歸納於五行相生系統内。是書仿唐設《月令》舊文之例別立經文，附以己説，雜采《易》象、《夏小正》、《逸周書》、《管子》、《國語》等書，參稽考證，於經義多所發明。

新鐫黄石齋先生原本
月令明義
晉安鄭肇修訂
芥舟藏版

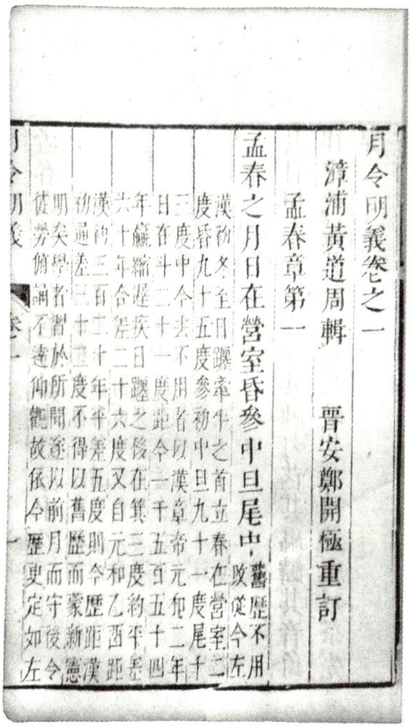
月令明義卷之一
漳浦黄道周輯　晋安鄭開極重訂
孟春章第一
孟春之月日在營室昏參中旦尾中

六書分類十二卷　首一卷　（清）傅世垚撰

清康熙四十四年(1705)聽松閣堂刻本　14 册　半葉 8 行 12 字　雙行　小字 24 字　白口　單魚尾　四周單邊　框高 19.5 厘米　寬 13.8 厘米

傅世垚（生卒年不詳），字賓石，歸德（河南商丘）人，清代經學家。

“六書”將漢字分為象形、指事、會意、形聲、轉注、假借，其中象形與指事形體上不可分割，屬獨體字，會意與形聲由兩個以上字合成，屬合體字，此四種為造字方法；轉注與假借屬用字方法。

《六書分類》依據梅鷹祚《字彙》體例，以楷書為正，古文、小篆列於其後。

“各注所出，間附考注别疑似”，晚出字、别體字則“存而不删，取其備也”，“傳寫異同，因而不改，缺所疑也”。以篆字為綱，為篆書字典。

帚菴祕書
六書分類
潛川樂義堂藏板

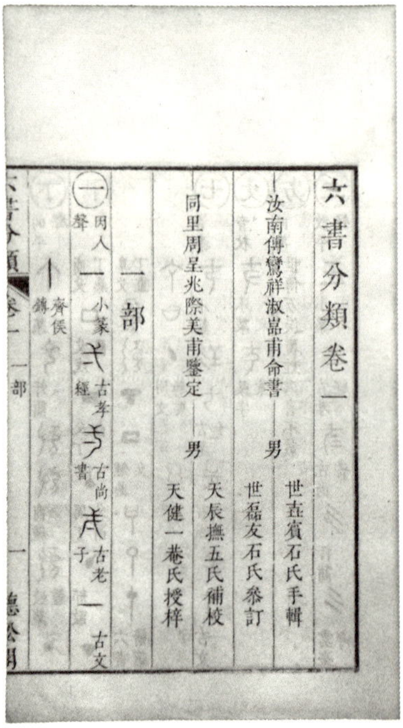
六書分類卷一
汝南傅鸞祥淑嵓甫命書　男　世垚賓石氏手輯
世磊友石氏叅訂
同里周呈兆際美甫鑒定　男　天長撫五氏補校
天健一菴氏授梓
一部

六書音均表五卷　(清)段玉裁記

清乾隆四十二年(1777)刻本　2 册　半葉 10 行 20 字　雙行小字同　白口　單魚尾　四周單邊　框高 20.6 厘米　寬 15 厘米

段玉裁(1735—1815)，字若膺，號茂堂，晚年又號硯北居士、長塘湖居士、僑吴老人，金壇(今江蘇常州市)人，清代經學家、訓詁學家。清乾隆時舉人，歷任貴州玉屏、四川巫山等縣知縣。後引疾歸，師事戴震，研究文字訓詁音韻之學，著述宏富，有《説文解字注》、《古文尚書撰異》、《毛詩故訓傳定本》、《經韻樓集》、《詩經小學》、《周禮漢讀考》、《儀禮漢讀考》、《汲古閣説文訂》等。在音韻學、文字學、訓詁學、校勘學諸方面卓有建樹。

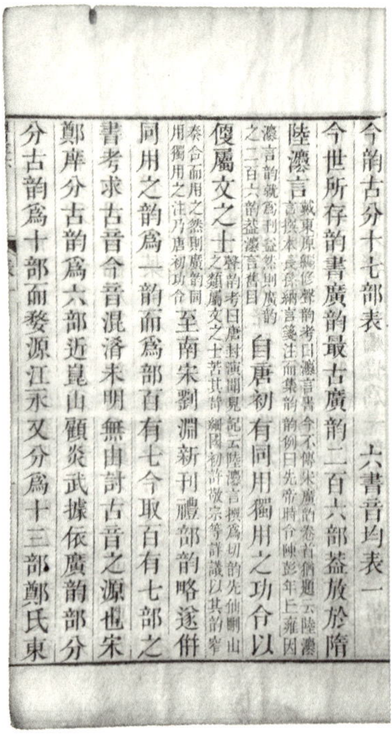
今韵古分十七部表　六書音均表一
今世所存韵書廣韵最古廣韵二百六部葢放於隋
陸灋言
便屬文之士　自唐初有同用獨用之功令以
同用之韵為一韵而為部百有七今取百有七部之
書考求古音今音混淆未明無由討古音之源也宋
鄭庠分古韵為六部近崐山顧炎武據依廣韵部分
分古韵為十部而婺源江永又分為十三部鄭氏東

《六書音均表》共分五表，即："今韻古分十七部表"，是表为綱要，聯繫《廣韻》，列出古韻十七部；"古十七部諧聲表"，結合文字諧聲，列出了古韻十七部聲符；"古十七部合用類分表"，列出各個韻部之關係，把十七部按語音遠近分成六類；"詩經韻分十七部表"，按十七部之順序，列出《詩經》用韻情况；"群經韻分十七部表"，列出《周易》、《尚書》等群經之用韻情况。每表独立而又相聯，是書或具"前言"，或列諸"説"，闡述"諧聲者必同部"，"同類為近，異類為遠"等音韻學理論，揭示漢語語音之發展規律。

六經圖二十四卷　(清)鄭之僑編輯　存卷一至卷六　卷十一至卷十二

清乾隆八年(1743)鄭氏述堂刻本　存3册　半葉行字數不等　白口　有行注　單魚尾　四周雙邊　有圖　框高20.5厘米　寬14.7厘米

鄭之僑(1707—1784)，字茂雲，號東里，廣東潮陽金浦鄉人。清乾隆二年(1737)進士，授江西鉛山縣令，歷升饒州府同知、廣西柳州知府、湖南寶慶知府、山東濟東泰武道員、湖廣安襄鄖兵備道等，致仕後家居近二十年。著《農桑易知録》、《東里公文存》、《鵝湖講學會編》、《濂溪書院勸學篇》等。

《六經圖》以鵝湖書院信州學宫石刻《六經圖》為藍本，涉及卦象、日星、疆域、廟堂、服飾、文物、車旗、鳥獸草木等内容，是書各經圖前附源流，以圖説經，圖文并茂，注釋精詳，使人可按圖索驥。其石刻有缺漏者，則取先儒圖考補正，各圖注釋亦時附以考證。

古今韻略五卷　(清)邵長蘅撰　(清)宋犖閱定

清康熙三十五年(1696)刻本　5册　半葉9行　字不等　黑口　四周單邊　單魚尾　框高20厘米　寬14.3厘米

邵長蘅(1637—1704)，字子湘，號青門山人，武進(今江蘇常州)人，十歲補諸生，因事除名，後入太學，又應順天鄉試，落第歸，曾客於江蘇巡撫宋犖幕。遂寄情山水，工詩與古文，潛心經學，性坦易，醇厚奔放。以布衣終。其傳志之作，尤峻潔有法，與侯方域、魏禧齊名。有《青門簏稿》、《青門集》等。

宋犖(1634—1713)，字牧仲，號漫堂，又號西陂，河南商丘人。清順治四年(1647)應詔以大臣子列侍衛。逾年考試，銓通判。清康熙三年(1664)，授黄州通判，累擢江蘇巡撫，官至吏部尚書。篤學好交游，淹通掌故，其詩多贈答、題畫、詠物、記游之作。有《西陂類稿》、《漫堂説詩》、《江左十五子詩選》等，刊刻《國朝三家文鈔》影響較大。

《古今韻略》分古韻和今韻二類，逐字詳述。上平、下平、上聲、去聲、入聲各一卷，其古韻以吴棫《韻補》和楊慎《古音》，更增三百四十餘字。今韻以陰時夫《韻府群玉》，從中删六十六字，增七百八十字。收韻字一萬二千六百有餘，此書按《詩韻》一百零六韻編排，每韻包含若干小韻。

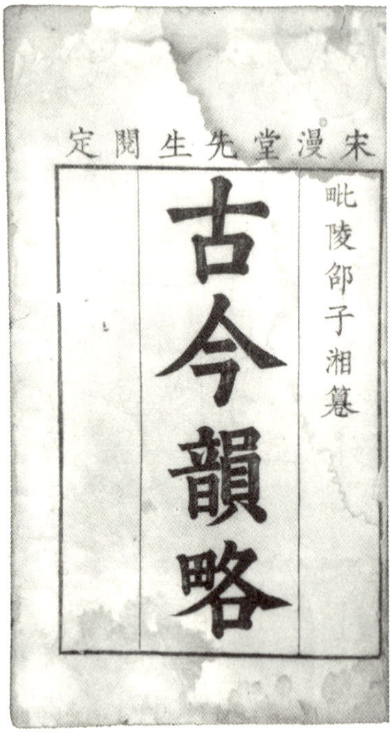
宋漫堂先生閲定
古今韻略
毗陵邵子湘箋

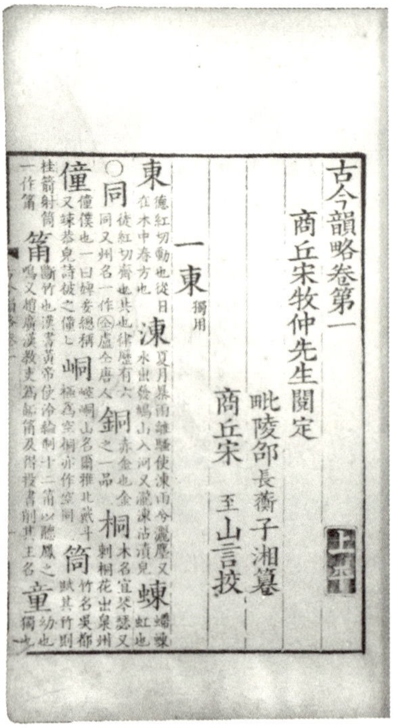
古今韻略卷第一
商丘宋牧仲先生閲定
毗陵邵長蘅子湘箋
商丘宋至山言校
一東 獨用

左傳事緯十二卷　附左丘明小傳　左傳字釋　(清)馬驌編

清乾隆四十九年(1784)懷澄堂刻本　10册　半葉9行22字　白口　單魚

尾　左右雙邊　框高 18.5 厘米　寬 13.8 厘米

馬驌(1620—1673),字驄御,又字宛斯,山東鄒平人。清順治十六年(1659)進士,官淮安府推官,終於靈璧縣知縣。為政五年,頗有政績。私謚"文介先生"。其自幼聰敏好學,博覽群書,精研經史,尤嗜愛《左傳》,著述頗豐,有《鄒平縣志》、《繹史》、《十三代瑋書》等著述。為清初著名經史學家。

《左傳事緯》將《左傳》所記史實編寫成歷史事件,共有一百零八篇,每篇均有篇目,提綱挈領,十分醒目,"令讀者一覽即解,且無遺忘之病",篇文之後有其精闢史評和深刻見解,成為一部以紀事本末體裁叙述春秋歷史之通史。其特點"易編年為叙事",是學習和研究《左傳》之主要參考書。

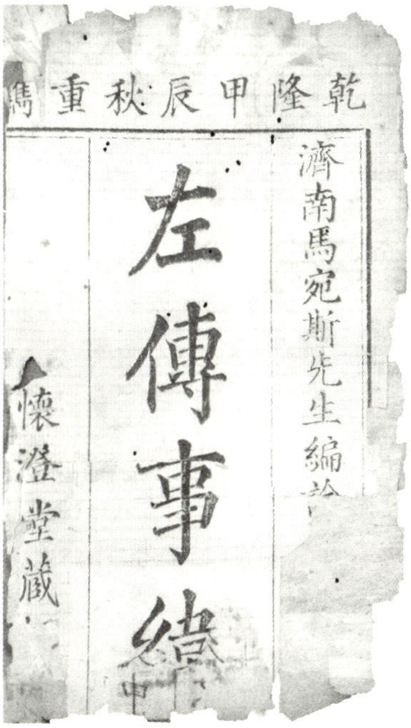
乾隆甲辰秋重鐫
濟南馬宛斯先生編論
左傳事緯
懷澄堂藏

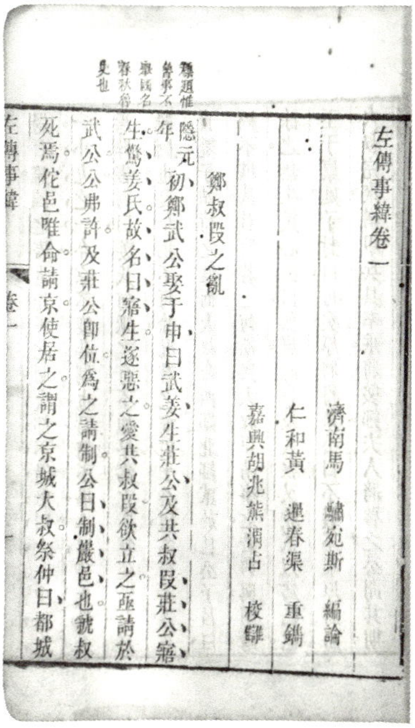
左傳事緯卷一
濟南馬驌宛斯 編論
仁和黃 選春渠 重鐫
嘉興胡兆熊渭占 校讎
鄭叔段之亂
隱元 初鄭武公娶于申曰武姜生莊公及共叔段莊公寤生驚姜氏故名曰寤生遂惡之愛共叔段欲立之亟請於武公公弗許及莊公即位為之請制公曰制巖邑也虢叔死焉佗邑唯命請京使居之謂之京城大叔祭仲曰都城
左傳事緯 卷一

左傳選十四卷　(清)儲欣選評　存卷一至卷十一

清乾隆五十年(1785)二南堂刻本　存 3 册　半葉 9 行 25 字　白口　單魚尾　左右雙邊　框高 20 厘米　寬 14 厘米

左傳選十四卷　(清)儲欣選評　存卷十一至卷十四

清乾隆年間二南堂刻本　存 3 册　半葉 9 行 25 字　白口　無界欄　有眉注

單魚尾　四周單邊　框高 20.3 厘米　寬 14 厘米

儲欣，生平參見《公羊傳選》。

《左傳選》摘録《左傳》中經典文章，内容大部分為傳注《春秋》之史實，是書采諸家之訓詁，簡明扼要，由易至難，供初學者閱讀。

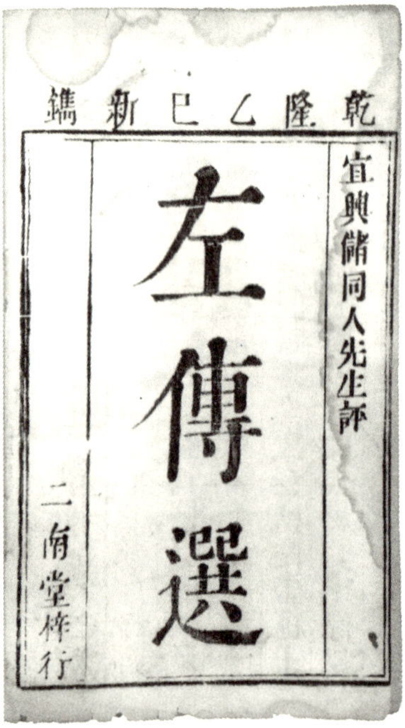

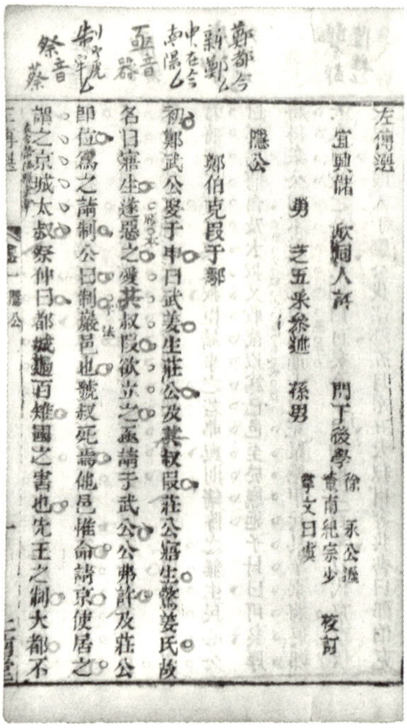

四書左國彙纂(增補四書左國輯要)四卷　(清)高其名　(清)鄭師成合纂　存卷一至卷二

清乾隆三十九年(1774)百尺樓刻本　存 2 册　半葉 9 行 20 字　雙行　小字同　白口　單魚尾　左右雙邊　框高 16.7 厘米　寬 12.5 厘米

高其名，江西南豐人，生平不詳。

鄭師成，江西南昌人，生平不詳。

《四書左國彙纂》彙集《左傳》、《戰國策》、四書内所載君公、大夫、文人、學士之生平事迹。列舉先君後臣，便於查閲，記事聯貫、完整，深奥難解之處，均附杜林注解，是研讀先秦歷史和文學之參考書。

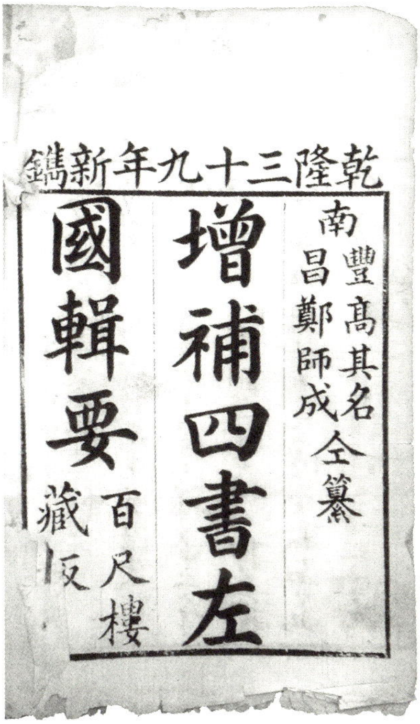

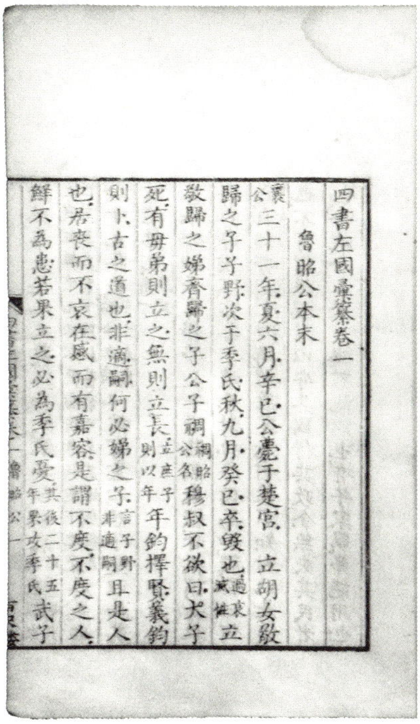

四書考異(上編)三十六卷　(清)翟灝撰

清乾隆三十四年(1769)無不宜齋刻本　6 册

半葉 11 行 22 字　白口　單魚尾　左右雙邊

框高 17.5 厘米　寬 13.3 厘米

翟灝(？—1788),字大川,號晴清,浙江仁和人,清代語言學家。清乾隆十九年(1754)進士,官金華府學教授。性嗜讀書,學問精博,經史百家、山經地志及碑石奇字,無不包孕而貫串之,其講述不倦,著有《爾雅補部》和《通俗編》等。

《四書考異》上編為《總考》三十六篇,可分為六部分,即:總論《四書》形成、流傳、内容、逸文、概説、版本等;《大學》四篇,含原始、原本、諸家改定、偽石經;《中庸》四篇,含原始、科段、諸家改、表章學庸;《論語》九篇,含原始、魯論語、齊論語、

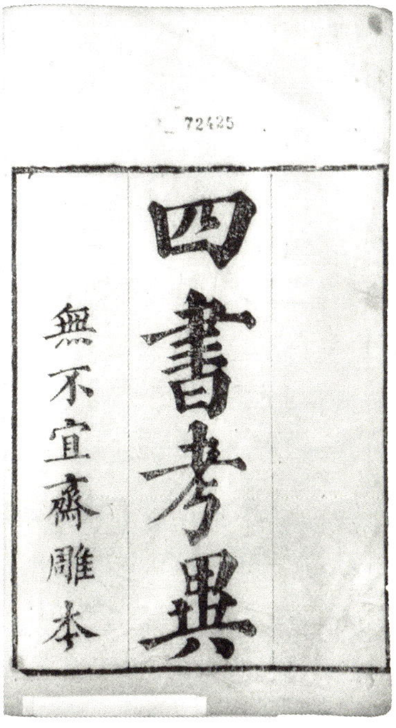

古論語、論語各本、舊稱論語為傳、尊立、篇章、逸文；《孟子》七篇，含原始、外書、尊立、篇章、逸文、别本、始末；最後為總説，含合四書、四書次第、名義、字數、諸家演綴論孟、歷代石經、古注朱注略説、前人考異本、學庸通説、論語通説、孟子通説、授讀事略。下編為《條考》，講解《四書》字義，每條考證博引諸家之説，并附以自解。

四書近語四卷　(明)孫應鼇撰

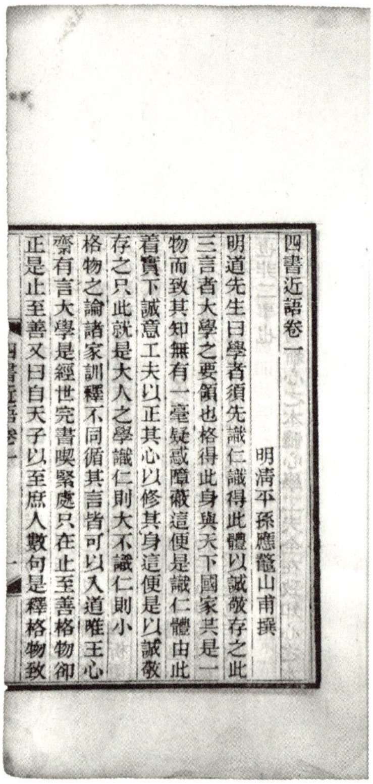
四書近語卷一
明清平孫應鼇山甫撰
明道先生曰學者須先識仁識得此體以誠敬存之此
三言者大學之要領也格得此身與天下國家其是一
物而致其知無有一毫疑惑障蔽這便是識仁體由此
着實下誠意工夫以正其心以修其身這便是以誠敬
存之只此就是大人之學識仁則大不識仁則小
格物之論諸家訓釋不同循其言皆可以入道唯王心
齋有言大學是經世完書喫緊處只在止至善格物卻
正是止至善又曰自天子以至庶人數句是釋格物致

清康熙五十四年(1715)刻本　1册　半葉10行21字　白口　雙魚尾　四周雙邊　框高17.5厘米　寬12.3厘米

孫應鼇(1528—1587)，字山甫，號淮海，貴州清平衛(今貴州凱里爐山)人，明嘉靖三十二年(1553)進士，歷任户科給事中、江西僉事、陝西提學、四川右參政、湖廣布政使，升僉都御史，巡撫鄖陽，户部右侍郎，旋改户部、禮部，掌國子監祭酒事，宦游二十餘年，是明嘉靖、隆慶、萬曆三朝重臣。政績有聲，碩德有名，著作頗豐，著有《淮海易談》、《四書近語》、《學孔精舍彙稿》、《論學會編》等，其不僅是當時著名之理學大師，也是貴州陽明學派之杰出代表。

《四書近語》是孫應鼇第二次辭官歸里後之講學記録，通過對《論語》、《孟子》、《大學》、《中庸》重新詮釋，系統闡發“即心是仁”、“心外無仁”之思想。這是對陽明“心即理”、“心外無理”直接繼承和發展，他把“仁”作為天人一體之本體，使天理回到人，回到我，回到心，回到仁。“仁”作為一個核心命題，在其思想體系中具有重要地位。莫友芝稱：“應鰲之學，以求仁為宗，以盡人合天為求仁之始終，而其致功，扼要在誠意、慎獨。”

四書典林三十卷　(清)江永編

清乾隆五十四年(1789)㮚經齋刻本　12 册　半葉 8 行 22 字　双行小字同　白口　單魚尾　左右雙邊　框高 19.5 厘米　寬 13.5 厘米

江永(1681—1762),字慎修,號慎齋,婺源江灣(今屬江西省)人,清代著名經學家、音韻學家、天文學家和數學家,皖派經學創始人。為諸生數十年,不仕,以教書為業,其博學多聞,在經史、百家、天文、曆算、鐘律、聲韻、禮儀、地名沿革等方面卓有創見,以"勤於考釋、重辨微"之學人精神,勤奮著述,有《禮書綱目》、《周禮疑義舉要》、《律吕闡微》、《古韻標準》、《音學辨微》、《四聲切韻表》、《四書古人典林》、《禮記訓義釋言》、《河洛精蘊》、《群經補義》、《儀禮釋例》、《考訂朱子世家》、《論語瑣言》等大量治學必讀之著作。

《四書典林》集"四書"中典故、辭句,分類為天文、時令、地理、人倫、性情、身體、人事、人品、王侯、國邑、禮制、官職、庶民、政事、文學、祭禮、衣服、飲食、宫室、器用、樂律、武備、喪紀、珍寶、庶物、雜語,共二十六部,七百三十餘條。是書均逐條訓釋,引典備用,注明出處,凡經史子集及雜書可供者皆收録,以其提要字數由少至多為序,對先儒説法不確處輒加按語,全書援引確鑿,排次不苟,属綜合性類書。

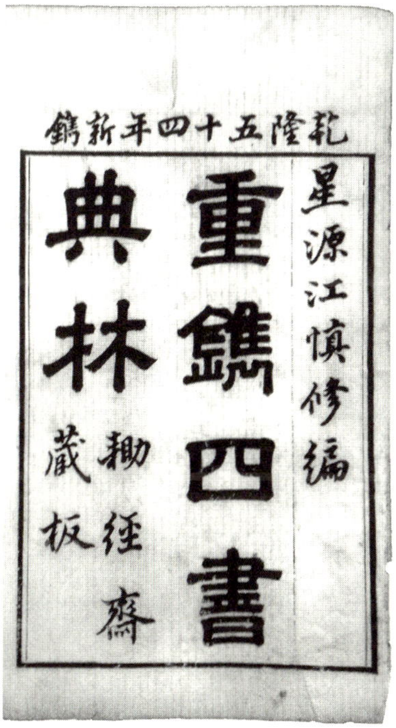
乾隆五十四年新鐫
星源江慎修編
重鐫四書典林
㮚经齋藏板

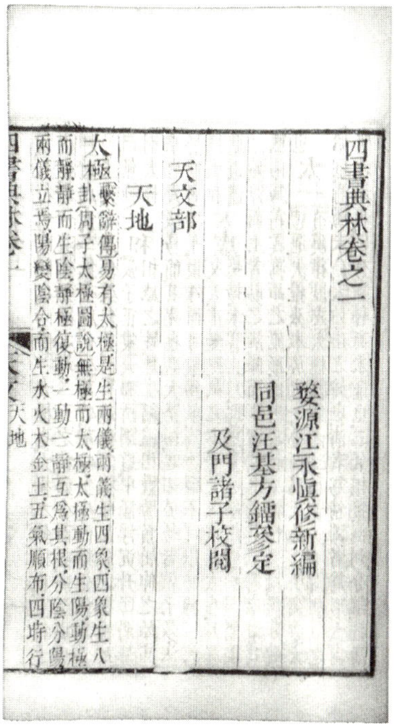
四書典林卷之一
婺源江永慎修新編
同邑汪基方鑪參定
及門諸子校閱
天文部
天地
太極　繫辭傳易有太極是生兩儀兩儀生四象四象生八卦周子太極圖說無極而太極太極動而生陽動極而靜靜而生陰靜極復動一動一靜互為其根分陰分陽兩儀立焉陽變陰合而生水火木金土五氣順布四時行

四書釋地一卷　四書釋地續一卷　(清)閻若璩撰

清乾隆年間淮安眷西堂版　1 册　半葉 11 行 20 字　白口　單魚尾　左右雙邊　框 19.5 厘米　寬 14.7 厘米

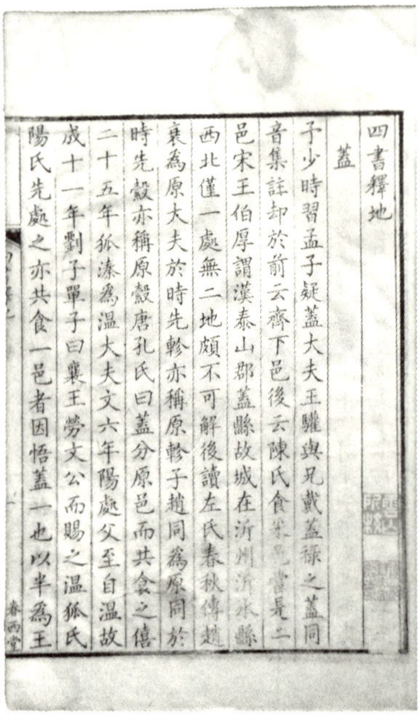
四書釋地
蓋
予少時習孟子疑蓋大夫王驩與兄戴蓋禄之蓋同
音集註卻於前云齊下邑後云陳氏食采邑是二
邑宋王伯厚謂漢泰山郡蓋縣故城在沂州沂水縣
西北僅一處無二地頗不可解後讀左氏春秋傳趙
衰為原大夫於時先軫亦稱原軫子趙同為原同於
時先穀亦稱原穀唐孔氏曰蓋分原邑而共食之僖
二十五年狐溱為溫大夫文六年陽處父至自溫故
成十一年劉子單子曰襄王勞文公而賜之溫狐氏
陽氏先處之亦共食一邑者因悟蓋一也以半為王
眷西堂

閻若璩(1636—1704),字百詩,號潛丘,山西太原人,僑居江蘇淮安府山陽縣。自幼口吃多病,資質愚鈍,讀書數十遍猶不熟。直到十五歲時,專心攻讀,堅坐深思,忽覺開朗,有所穎悟,學業大長,但此後數次鄉試都未及第。清康熙二十九年(1690),内閣大學士徐乾學奉敕修纂《大清一統志》,閻若璩應邀參與編纂。閻氏一生治學,多有著述,有《四書釋地》、《潛邱札記》、《困學記聞注》、《孟子生卒年月考》、《眷西堂集》等,其中最重要者为《尚書古文疏證》。

《四書釋地》,專考“四書”所涉及地名,共五十七條;四書釋地續,則考地名外兼考人物,共八十條。每條考證必究其根源,互參旁證,論證有據,多所貫通。是書有闡明其義,有彌補所缺,有衡量其優劣。雖不免有偏執之论,但仍具有相当學術參考價值,為清代注解“四書”之重要著作。

全本禮記體注十卷　(清)范紫登原定　(清)徐文初參訂　(清)徐敬軒補輯　下截為禮記陳澔集説十卷

清乾隆三十一年(1766)經綸堂兩截本　10 册　上截 20 行 24 字　下截 9 行 18 字　雙行小字同　白口　四周單邊　框高 23.3 厘米　寬 14 厘米

范紫登(生卒年不詳),清康熙時期浙江苕溪人,儒者,其好書,撰《四書體注》傳梓甚廣。

徐文初(生卒年不詳),字且,清乾隆時期南京中山人。其生平不詳。

徐敬軒(生卒年不詳),字瑄,清乾隆時期南京古棠人,編《初學玉玲瓏》一書。其生平不詳。

《全本禮記體注》下截取陳氏集説全本,上截采擇諸先儒講解而補輯。卷一曲禮，卷二檀弓，卷三王制、月令，卷四曾子問、文王世子、禮運，卷五禮器、郊特牲、内則，卷六玉藻、明堂位、喪服小記、大傳、少儀、學記，卷七樂記、雜記，卷八喪大記、祭法、祭義、祭統、經解，卷九哀公問、仲尼燕居、孔子閒居、坊記、中庸、表記、緇衣、奔喪，卷十問喪、服問、間傳、三年問、深衣、投壺、儒行、大學、冠義、昏義、鄉飲酒義、射義、燕義、聘義、喪服四制，共四十九篇。其為儒學雜編，内容龐雜，主要記載和論述先秦之禮制、禮意，解釋儀禮，記録孔子和弟子等之問答，記述修身作人準則等。涉及到政治、法律、道德、哲學、歷史、祭祀、文藝、日常生活、曆法、地理等諸多方面，體現了先秦儒家之政治、哲學和倫理思想，是研究先秦社會之重要資料。

《禮記陳澔集説》十卷，是陳澔對《禮記》之注解，其特色是“不廢漢唐注疏，兼采宋儒義理之説”，“承諸子之説而有所取捨”，“喜淺近之説”。

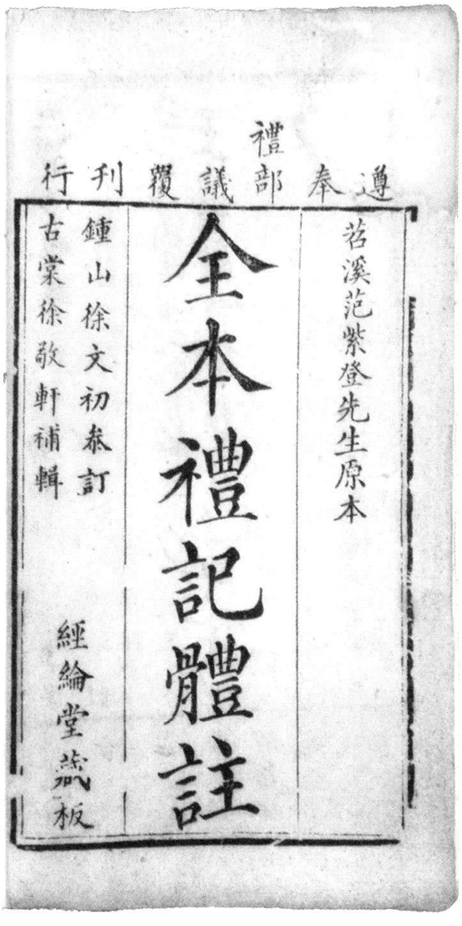
遵奉禮部議覆刊行

苕溪范紫登先生原本

全本禮記體註

鍾山徐文初參訂
古棠徐敬軒補輯

經綸堂藏板

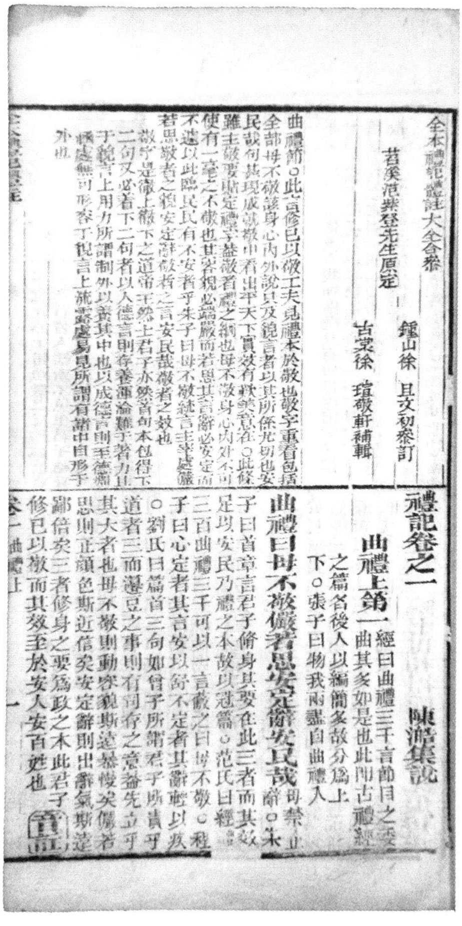
全本禮記體註大全合參

苕溪范紫登先生原定

鍾山徐　旦文初參訂
古棠徐　瑄敬軒補輯

曲禮節○此言修己以敬工夫見禮本於敬也敬字重看包括全部毋不敬該身心內外說只及貌言者以其所係尤切也……

禮記卷之一　陳澔集説

曲禮上第一　經曰曲禮三千言節目之委曲其多如是也此篇古禮經之篇名後人以編簡多故分爲上下○張子曰物我兩盡自曲禮入

曲禮曰毋不敬儼若思安定辭安民哉　毋禁止辭○朱子曰首章言君子修身其要在此三者而其效足以安民乃禮之本故以冠篇○范氏曰經禮三百曲禮三千可以一言蔽之曰毋不敬○劉氏曰篇首三句如曾子所謂君子所貴乎道者三而籩豆之事則有司存之意蓋先立乎其大者也毋不敬則動容貌斯遠暴慢矣儼若思則正顏色斯近信矣安定辭則出辭氣斯遠鄙倍矣三者修身之要為政之本此君子修己以敬而其效至於安人安百姓也

卷一　曲禮上　一

坊記集傳二卷　（明）黄道周撰　存卷一

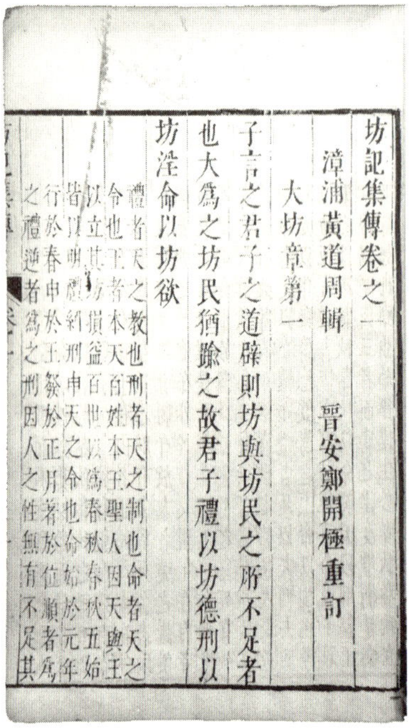
坊記集傳卷之一
漳浦黃道周輯　晉安鄭開極重訂
大坊章第一
子言之君子之道辟則坊與坊民之所不足者
也大為之坊民猶踰之故君子禮以坊德刑以
坊淫命以坊欲

清康熙三十二年(1693)刻本　存1册　半葉9行18字　雙行小字同　白口　單魚尾　左右雙邊　框高21厘米　寬14.8厘米

黄道周，生平參見《月令明義》。

《坊記集傳》為《禮記解》五篇之第三篇。是書以《坊記》為經，分為三十章，每章各立名目，上卷之目為大坊、去亂、已畔、章别、盍旦、遠害、人浮於食、貴讓、作讓、可托、酌言、讓善、作忠、作孝、敬美；下卷之目為微諫、睦族、敬辨、敬老追孝、食義、教敬教睦、卒事、不貳、先事後禄、遺利、别嫌、厚别、辟遠、民紀、親迎。章之下羅列《春秋》事迹以證，鑒戒君臣、父子、夫婦、兄弟之間，以為聖人之防亂。

批點左傳鈔六卷　（清）高塘評

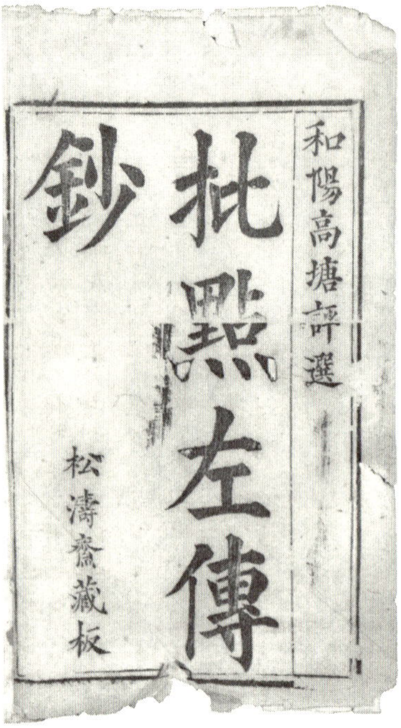
和陽高塘評選
批點左傳鈔
松濤齋藏板

清乾隆五十三年(1788)松濤齋刻本　9册　半葉9行25字　白口　無界欄　有眉注　行注　單魚尾　四周雙邊　框高19.5厘米　寬15.2厘米

高塘(生卒年不詳)，字梅亭，直隸順德府南和縣(今河北省南和縣)人，清乾隆時期學者、歷史學家。乾隆二十五年(1760)舉人，曾在沁源縣、沁邑等任職，由江津知縣提升酉陽知州。一生著述甚豐，有《高梅亭讀書叢鈔》等留世。

《批點左傳鈔》首先以王朝興廢、列國興廢、王朝世次、列國世次開頭，對春秋魯國及其諸侯進行理順和簡要交代。再按《左傳》篇次逐句解釋，對各類禮儀、典章制度、社會風俗、民族關係、道德觀念、天文地理、曆法時令、古代文獻、神話傳説、歌謡言語等均有記述和評論。

周易辨畫四十卷　(清)連斗山撰

清乾隆四十年(1775)安徽太平府藏板　8 册　半葉 10 行 21 字　雙行小字同　白口　單魚尾　左右雙邊　框高 20 厘米　寬 13.3 厘米

連斗山(1771—1832),字叔度,潁州(今安徽阜陽)人。出身詩書門第,清乾隆年間舉人,曾任江寧府儒學訓導,因病告歸後,研討諸子百家,專攻注疏。著有《周官精義》、《詩經精義》、《左史合璧》等,為清代易學家。

《周易辨畫》“辨六畫之陰陽時位,以定一卦之吉凶,位有當不當,則辭有險易,象有安危,皆於六畫,辨之前後依經立義”。是書大旨謂一卦之義在於爻,爻畫有剛有柔,因剛柔之畫而立之象,因剛柔之畫而繫以辭,故其道先在於辨畫。

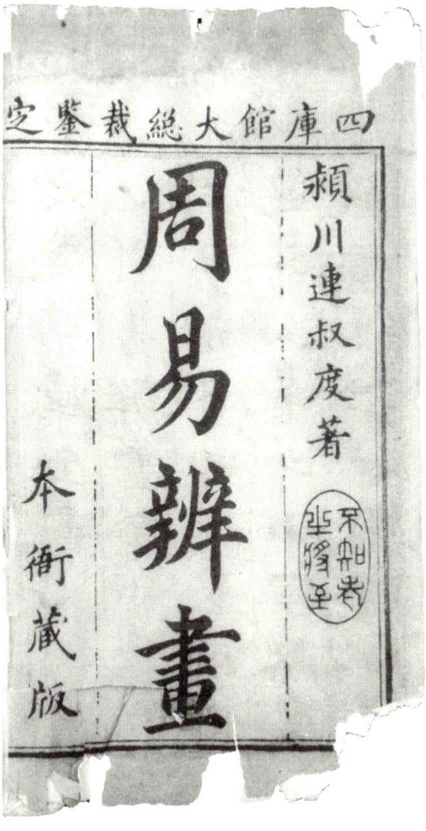

四庫館大總裁鑒定

穎川連叔度著

周易辨畫

本衙藏版

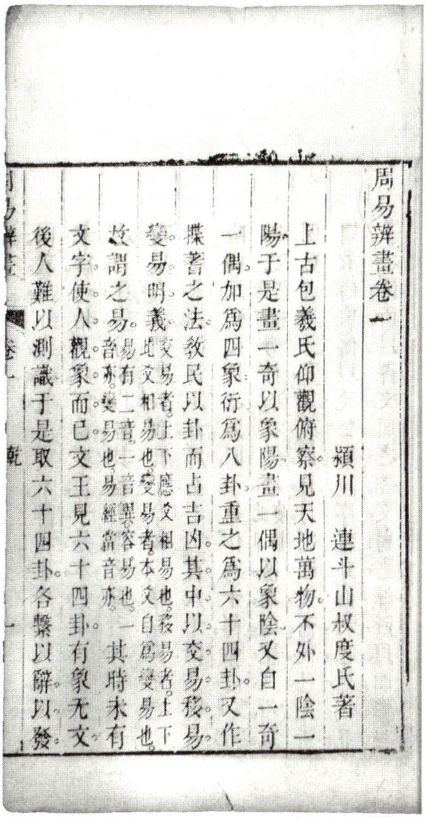

周易辨畫卷一

穎川　連斗山叔度氏著

上古包羲氏仰觀俯察。見天地萬物不外一陰一陽。于是畫一奇以象陽。畫一偶以象陰。又自一奇一偶。加爲四象。衍爲八卦。重之爲六十四卦。又作揲蓍之法。教民以卦而占吉凶。其中以交易發易變易明義(交易者。上下應爻相易也。發易者。上下比爻相易也。變易者。本爻自爲變易也。)故謂之易。(易有二音。一音異。容易也。一音亦。變易也。易經當音亦。)其時未有文字。使人觀象而已。文王見六十四卦。有象无文。後人難以測識。于是取六十四卦。各繫以辭。以發

周易辨畫　卷一　乾　一

周禮折衷六卷　(漢)鄭玄注　(唐)賈逵疏

清乾隆十一年(1746)經綸堂刻本　6册　半葉9行20字　雙行小字同　白口　單魚尾　四周雙邊　框高18.7厘米　寬13.5厘米

鄭玄,生平参見《毛詩注疏》。

賈逵(生卒年不詳),字公彦,唐洛州永年(今屬河北)人。唐高宗永徽年間官至太學博士,博涉經史,尤精"三禮",著有《周禮疏》、《儀禮疏》、《孝經疏》、《論語疏》,以《周禮疏》最為精贍。為唐朝儒家學者,經學家。

《周禮》是西周時期著名政治家、思想家、文學家、軍事家周公旦所著,涉及内容極為豐富。凡邦國建制、政法文教、禮樂兵刑、賦税度支、膳食衣飾、寢廟車馬、農商醫卜、工藝製作等等無所不包,為儒家經典。《周禮折衷》卷一天官冢宰,治官之屬;卷二地官司徒,教官之屬;卷三春官宗伯,禮官之屬;卷四夏官司馬,政官之屬;卷五秋官司寇,刑官之屬;卷六冬官考工記。是書"以鄭注為宗,參用賈疏暨諸儒名論,又以鄙見辨正數條,别為增注,讀者瞭然心目,或於是書不無小補爾"。

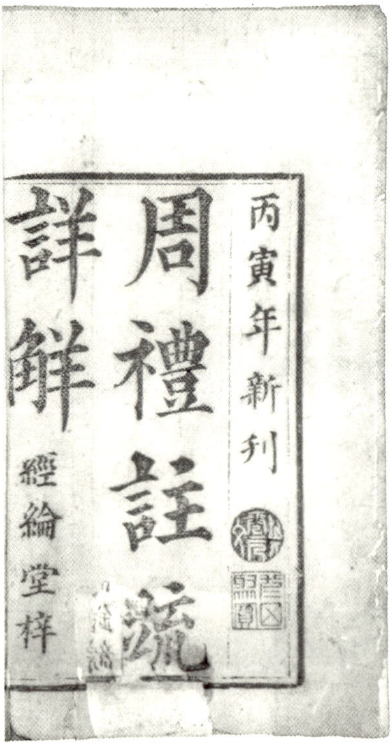
丙寅年新刊
周禮註疏詳鮮
經綸堂梓

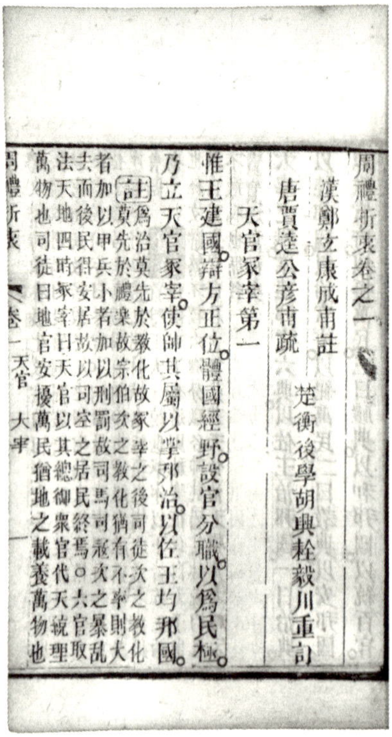
周禮折衷卷之一
漢鄭玄康成甫註
唐賈逵公彦甫疏　楚衡後學胡典栓穀川重訂
天官冢宰第一
惟王建國。辯方正位。體國經野。設官分職。以為民極。
乃立天官冢宰。使帥其屬以掌邦治。以佐王均邦國。
註 為治莫先於教化故冢宰之後司徒次之教化莫先於禮樂故宗伯次之教化猶有不率則大者加以甲兵小者加以刑罰故司馬司寇次之暴亂去而後民得安居故以司空之居民終焉。六官取法天地四時冢宰曰天官以其總御衆官代天統理萬物也司徒曰地官安擾萬民猶地之載養萬物也
周禮折衷　卷一　天官　大宰

孟子四考四卷　（清）周廣業撰述

清乾隆六十年(1795)周氏省吾廬刻本　12冊　半葉10行23字　雙行小字同　白口　單魚尾　左右雙邊　框高19.8厘米　寬14.3厘米

周廣業（1730—1798），字勤圃，號耕崖，浙江海寧人，清乾隆四十八年(1783)舉人。早年喪父，靠教授生徒以奉母養弟。其勤奮好學，精通經史，曾入四庫館任校勘，手勘古籍皆成善本。後主講安徽廣德書院，為當地培育不少人才，撰有《廣德州志》、《蓬廬文鈔》、《讀易纂言》、《石經紀略》等。

《孟子四考》為研究《孟子》之書，即：一逸文考，以《孟子》內篇不載者為逸文；二異本考，以各家所引與內篇錯出者為異本；三古注考，以各本與趙注比較，校正趙注之訛，保存古注可信者；四出處時地考，考證孟子生平、里居、父母、冢墓、弟子、宦游及《孟子》中諸王公、史實等。其博極群書，文句故訓，逐章考定，注明出處，析各本異同，稽考尤詳，指出史書記載之失，是研究《孟子》之重要工具書。

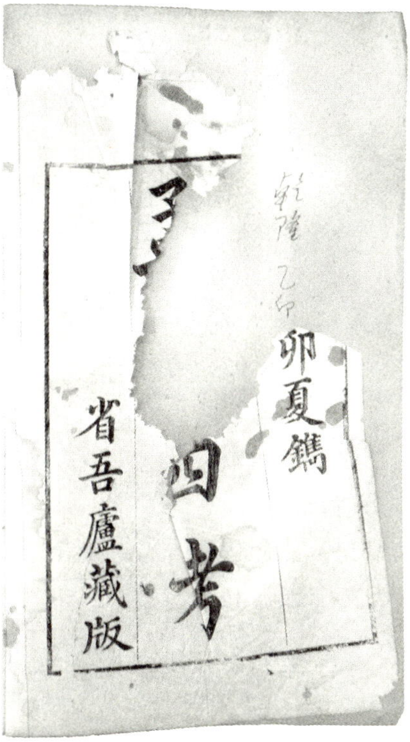
乾隆乙卯夏鐫

四考

省吾廬藏版

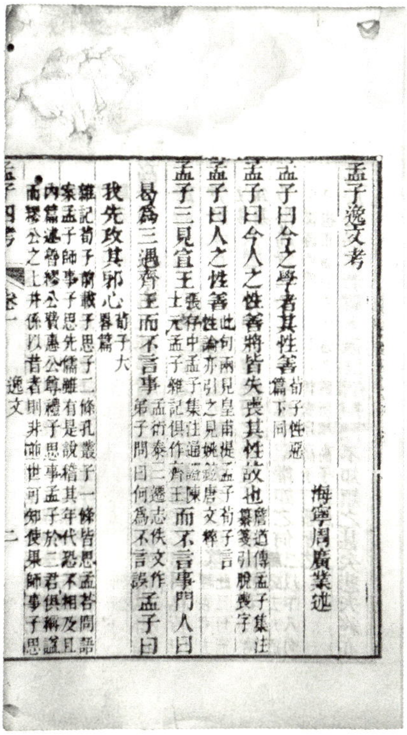
孟子逸文考

海寧周廣業述

孟子曰今之學者其性善

孟子曰今人之性善將皆失喪其性故也

孟子曰人之性善

孟子三見宣王而不言事門人曰

曷為三遇齊王而不言事孟子曰

我先攻其邪心

孟子四考　卷一　逸文　二

春秋大事表五十卷　敘録一卷　輿圖一卷　(清)顧棟高輯　存卷一至卷四十四

清乾隆十三年(1748)萬卷樓刻本　20册　半葉11行25字　白口　無魚尾　四周單邊　框高20.8厘米　寬15厘米

顧棟高(1679—1759),字復初,一字震滄,又自號左佘,江蘇無錫人,清代學者、史學家、目録學家。清康熙六十年(1721)進士,官至内閣中書、國子監司業、祭酒等職。一生潛心研究經學,兼治史學,長於《春秋》,喜藏書。著有《毛詩類釋》、《毛詩訂詁》、《大儒粹語》、《尚書質疑》、《陶人心語》、《萬卷樓文集》及《萬卷樓筆記》、《古今方輿書目》等。纂有《司馬温公年譜》、《王荆公年譜》、《江南通志》、《無錫縣志》等。

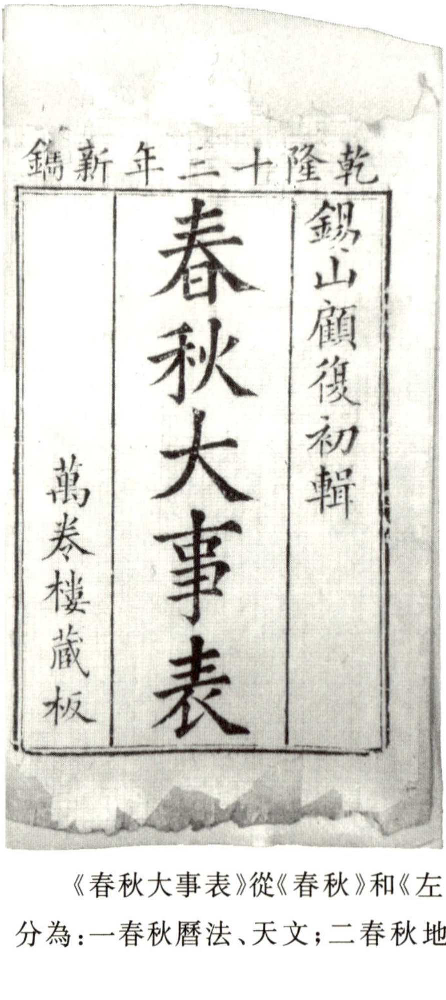
乾隆十三年新鐫
錫山顧復初輯
春秋大事表
萬卷樓藏板

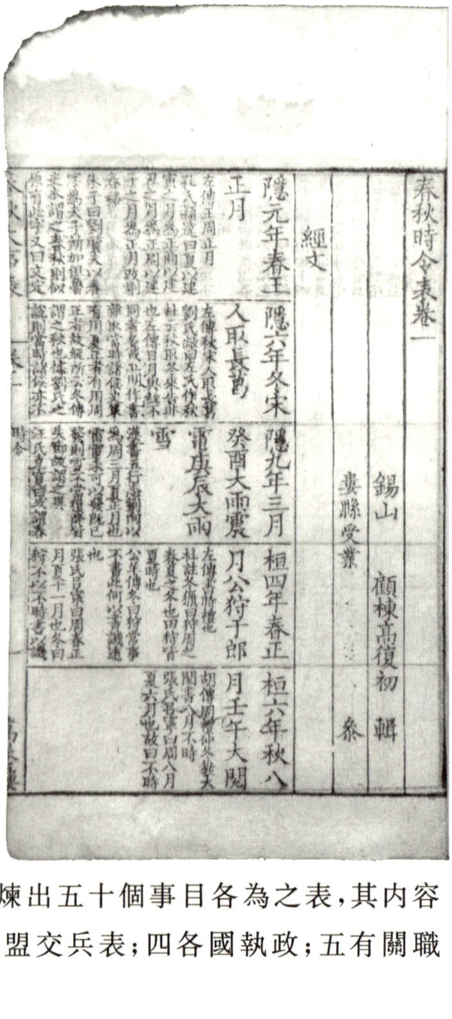
春秋時令表卷一
錫山　顧棟高復初輯
婁縣受業　　　　參
經文
隱元年春王正月
隱六年冬宋人取長葛
隱九年三月癸酉大雨震電庚辰大雨雪
桓四年春正月公狩于郎
桓六年秋八月壬午大閱

《春秋大事表》從《春秋》和《左傳》中提煉出五十個事目各為之表,其内容分為:一春秋曆法、天文;二春秋地理;三争盟交兵表;四各國執政;五有關職官、世系、國政及禮制；六人物表；七考證性表。將《春秋》與《左傳》基本內容，都用表之形式進行歸類區分和研究總結，具有濃厚之紀事本末體特點。表前有敘，説明寫作緣由或宗旨等，部分篇後附有論，正文中有案語，是書利用表、圖與論相結合之體裁，對《春秋》進行重新探討和總結，具有重要史料價值。

春秋公羊傳讀本四卷　(清)周樽眉編訂

清乾隆五十八年(1793)留餘堂刻本　1 册　半葉 18 行 22 字　單行小字 44 字　白口　單魚尾　四周雙邊　框高 19.2 厘米　寬 15.3 厘米

周樽眉，昆明人，其生平不詳。

《春秋公羊傳讀本》卷一隱公凡十一年、桓公凡十八年、莊公凡三十二年；卷二閔公凡二年、僖公凡三十三年、文公凡十八年；卷三宣公凡十八年、成公凡十八年、襄公凡三十一年；卷四昭公凡三十二年、定公凡十五年、哀公凡十四年。《公羊傳》以闡釋《春秋》義理為主，兼涉研討其造句、詞序排列、句式選擇等文理和介紹有關史實，主要內容是解釋《春秋》之"微言大義"。是書先經文後傳文，以小字注解，清楚明瞭，是《公羊傳》較好讀本。

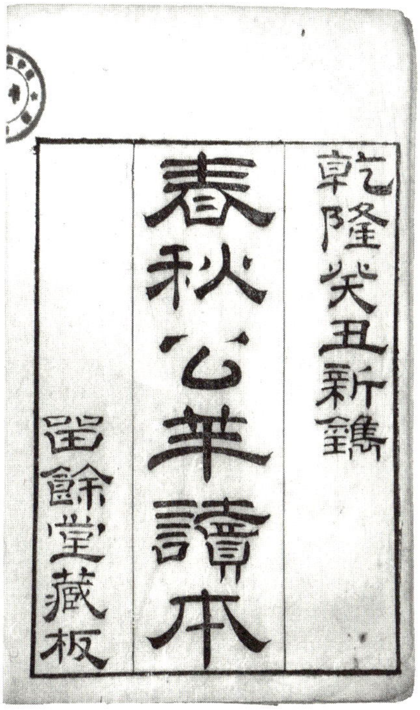
乾隆癸丑新鐫
春秋公羊讀本
留餘堂藏板

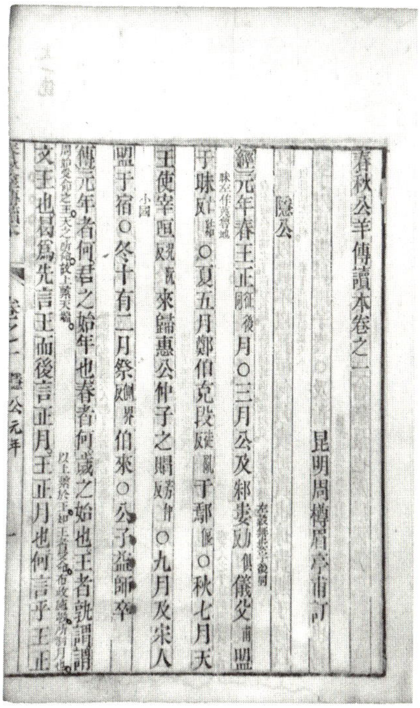
春秋公羊傳讀本卷之一
昆明周樽眉亭甫訂
隱公
經元年春王正月○三月公及邾婁儀父盟
于眛○夏五月鄭伯克段于鄢○秋七月天
王使宰咺來歸惠公仲子之賵○九月及宋人
盟于宿○冬十有二月祭伯來○公子益師卒
傳元年者何君之始年也春者何歲之始也王者孰謂謂
文王也曷為先言王而後言正月王正月也何言乎王正

春秋左傳類聯四卷　（清）王一清編注

清乾隆四十四(1779)年藜照堂刻本　1册　半葉9行18字　白口　單魚尾　左右雙邊　框高19.8厘米　寬13.8厘米

王一清，字畏亭，其生平不詳。

《春秋左傳類聯》卷一君德、儲貳、臣道、父子、親族、夫婦、閨閣、朋友；卷二家國、用人、政治、禮樂、賞罰、朝聘會盟宴享；卷三武事、城邑宫室、田獵、人品、言語、辭受取與、施報；卷四譏刺規諫、天文時令、祭祀、卜筮、妖祥、疾病喪葬、形體、車馬、飲食。是書將《左傳》中駢文按以上主題分門别類編排，以對偶句形式逐句注釋，并説明之處，還加以眉注，使卷帙繁多、内容富博、著作主題突出，條理清楚，“可采用者依類求之”，書内有佚名眉題。

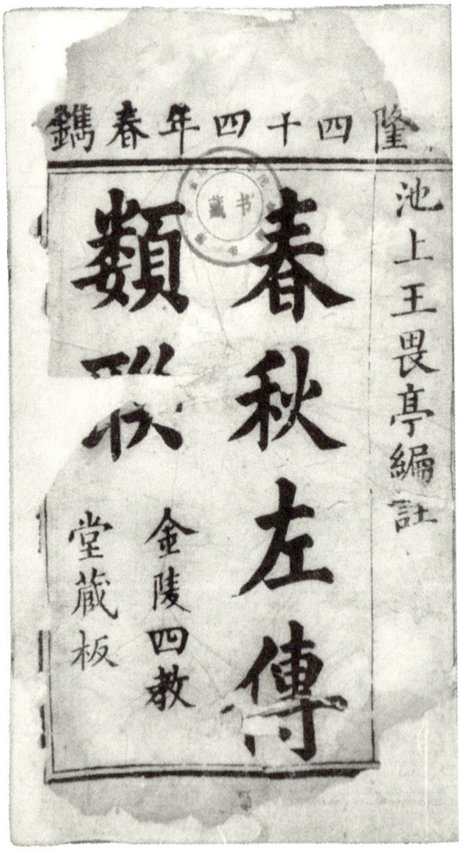

隆四十四年春鐫

池上王畏亭編註

春秋左傳類聯

金陵四教堂藏板

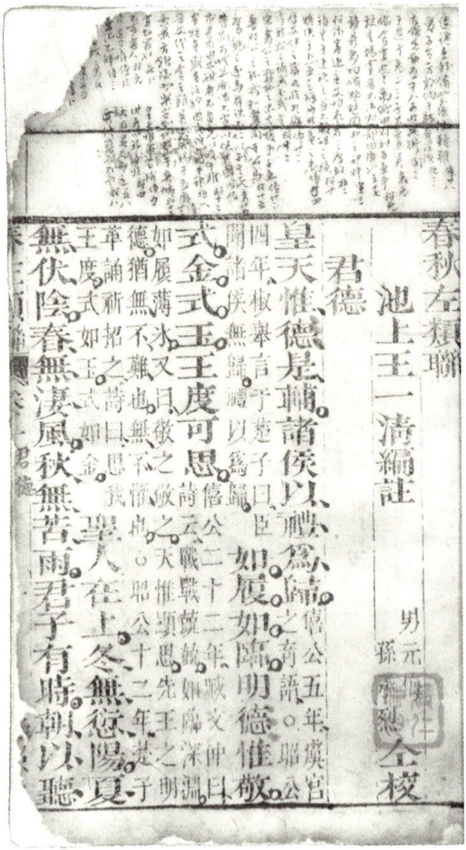

春秋左類聯

池上王一清編註

君德

皇天惟德是輔。諸侯以禮爲歸。

無伏陰。春無淒風。秋無苦雨。君子有時朝以聽

禹貢錐指二十卷　略例一卷　禹貢圖四十七幅　(清)胡渭撰輯

清康熙四十四年(1705)漱六軒刻本　6册　半葉11行21字　雙行小字32字　白口　單魚尾　左右雙邊　框高18.8厘米　寬14厘米

胡渭(1633—1714),初名渭生,字朏明,一字東樵,浙江德清人。十五歲成縣學生,於是"專攻制義,苦心鑽研,寒暑不輟",但命運不佳,屢試不第。清康熙二十九年(1690)應徐乾學之邀,去蘇州洞庭東山參加《大清一統志》編纂。时年已五十八歲。他利用修志有利條件,廣泛收集資料,開始对《禹貢》系統研究。於三十六年(1697)《禹貢錐指》成書,時胡渭六十五歲,可謂大器晚成,四十四年(1705)三月康熙帝南巡,駐蹕蘇州,胡渭親自携書呈獻,得到嘉獎,贈御書詩扇及匾額"耆年篤學"四字。另著有《易圖明辨》、《洪範正論》、《大學翼真》。

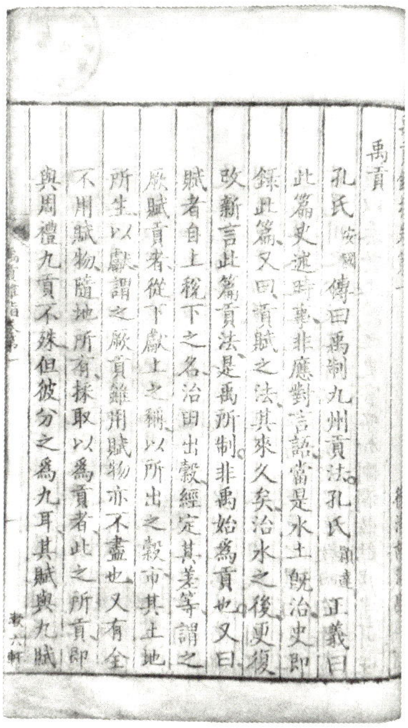
禹貢
孔氏安國傳曰禹制九州貢法孔氏穎達正義曰
此篇史述時事非應對言語當是水土既治史即
錄此篇又曰貢賦之法其來久矣治水之後更復
改新言此篇貢法是禹所制非禹始爲貢也又曰
賦者自上稅下之名治田出穀經定其差等謂之
厥賦貢者從下獻上之稱以所出之穀市其土地
所生以獻謂之厥貢雖用賦物亦不盡也又有全
不用賦物隨地所有採取以爲貢者此之所貢即
與周禮九貢不殊但彼分之爲九耳其賦與九賦
漱六軒

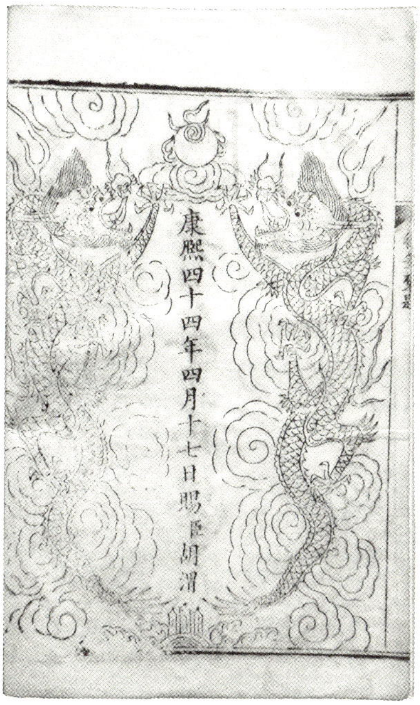

《禹貢》是《尚書》中之一篇,仅一千一百九十三字,歷來被視為我國"古今地理志之祖"。它假托大禹治水將全國分為九州,并分别記述各州區劃内山嶺、河流、藪澤、土壤、物産、貢賦以及交通道路,羅列了我國主要山脉、河流走向和流經,中原地區以外幾個不同層次區域等等,是我國最早一部科學價值很高之區域地理著作。歷代注釋、疏證者頗多。是書取《莊子·秋水》"以管窺天,以錐指地"之意,定名《禹貢錐指》,其收集大量歷代地理資料,博采群書,薈

萃衆説，進行細緻考訂研究，做到參驗辨異，定其是非，對歷代河流變遷、水利興衰都作全面論述。反映歷代各地區産業和經濟，以及各歷史時期某物産在本州及其他各州之生産情況和變遷。雖然其中個别論斷經現代科學證明有誤，但仍是一部全面研究《禹貢》之重要著作，其價值當不可没。

音韻輯要二十一卷　(清)王鵕編纂

清乾隆四十九年(1784)江蘇昆山咸德堂鐫　4 册　半葉 8 行 12 字　雙行小字 24 字　白口　單魚尾　四周雙邊　框高 20 厘米　寬 14 厘米

王鵕，號樗林散人，江蘇昆山人，其生平不詳。

《音韻輯要》以《中原音韻》為基礎，參照《洪武正韻》，把音分為二十一韻，即：一東同；二江陽；三支時；四機微；五灰回；六居魚；七姑模；八皆來；九真文；十幹寒；十一歡桓；十二天田；十三蕭豪；十四歌羅；十五家麻；十六車蛇；十七庚亭；十八鳩侯；十九侵尋；二十監鹹；二十一纖廉。將上、去、入三聲各分陰陽，而合為八音，因平聲之陰陽，即可斷定上、去、入三聲之陰陽，標明了許多字在聲母、韻母、聲調以及入聲方面，北南音之不同讀法，是清代一部語音曲韻工具書。

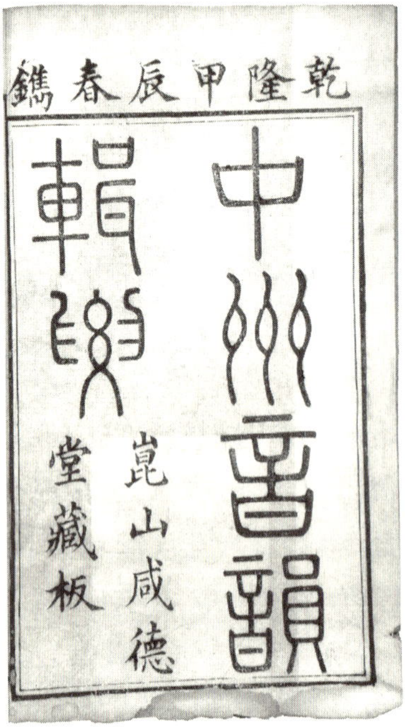

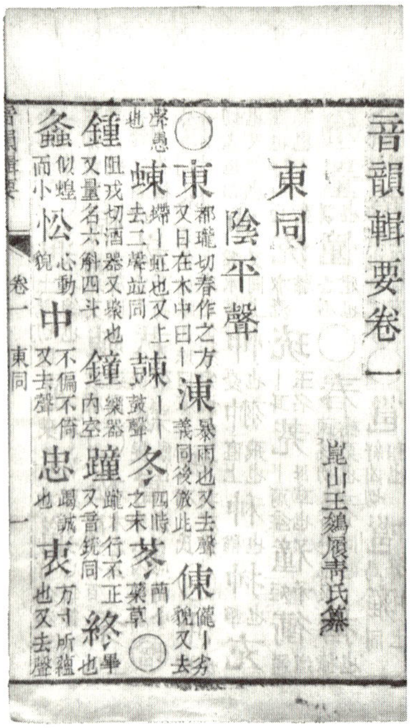

康熙字典三十六集　補遺十二集　(清)張玉書　(清)陳廷敬等編撰

清康熙五十五年(1716)内府本　30 册　半葉 8 行 12 字　雙行小字 24 字　無界欄　白口　單魚尾　四周雙邊　框高 19.5 厘米　寬 13.8 厘米

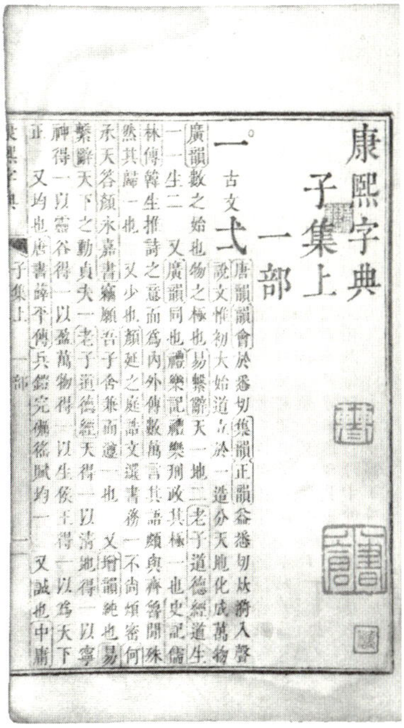

張玉書(1642—1711),字素存,號潤甫,謚文貞,江蘇丹徒(今江蘇鎮江)人。清順治十八年(1661)賜進士及第,選為庶吉士,累官至翰林院編修、國子監司業、侍講學士、内閣學士、翰林院掌院學士、刑部尚書、禮部尚書。清康熙三十年(1691年),相國徐元文病逝後,他晋升為文華殿大學士(即相國)兼户部尚書。歷官五十年,為太平宰相二十年。他久任機務,直亮清勤,謹慎廉潔,遠避權勢,朝廷倚以為重,著有《張文貞公集》。

陳廷敬(1639—1712),字子端,號説岩,晚號午亭,澤州(今山西晋城)人。清順治十五年(1658)進士,先後擔任工部尚書、吏部尚書、文淵閣大學士、《康熙字典》總修官等職。他一生著述頗多,有《午亭文編》、《尊聞堂集》、《河上集》、《杜律詩話》、《老姥掌游記》、《三禮指要》、《説岩詩集》等。還主持編纂三朝《聖訓》、《政治典訓》、《方略》、《大清一統志》、《明史》等,是一位頗有成就之學者兼詩人。

《康熙字典》由總纂官張玉書、陳廷敬,修纂官淩紹霄、史夔、周起渭、陳世儒等合力完成。共收録漢字四萬七千零三十五個,分為十二集,以十二地支標識,每集又分為上、中、下三卷。字典采用部首分類法,以二百一十四部首分類,按筆畫排列單字,并按韻母、聲調以及音節分類排列,注有反切注音、出處及參考等,几乎把每一個字不同音切和不同字義都列舉出來,可以供使用者檢閱,兼有辭典作用,為漢字研究主要參考文獻之一。

御纂周易折中二十二卷　(清)李光地等纂　(清)馮光裕刊刻　存卷五至卷十六　卷十九至卷二十二

清乾隆二年(1737)貴州布政使司刊刻　存 9 册　半葉 11 行 22 字　白口

單魚尾　四周雙邊　框高 21.2 厘米　寬 15.7 厘米

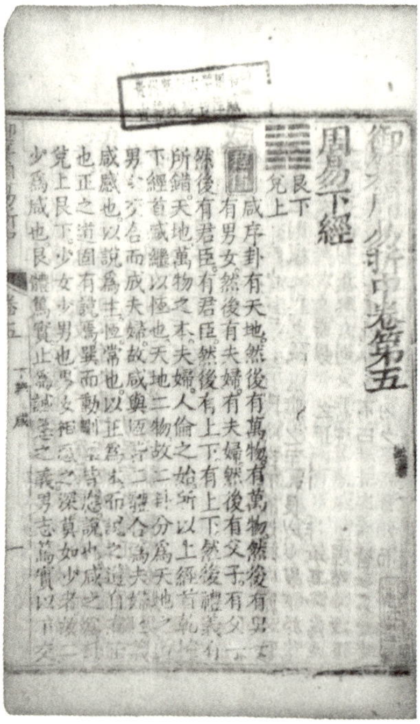
御纂周易折中卷第五
周易下經

李光地(1642—1718),字晉卿,號厚庵,别號榕村,福建泉州安溪人。清康熙九年(1670)中進士,進翰林,歷任編修、侍讀學士、内閣學士兼禮部侍郎等,官至文淵閣大學士兼吏部尚書。是清初著名理學名臣和易學名臣,著有《周易通論》、《尚書解義》、《洪範説》、《孝經全傳》、《大學古本説》、《中庸章段論》等。

馮光裕(1684—1740),字叔益,號損庵,代州(今山西代縣)人。清康熙五十年(1711)舉人,歷官雲南永北知府、貴州布政使、湖南巡撫,清雍乾時期多次平定西南少數民族之亂。其精六書、篆籀之學,善畫,有《柴門老樹村稿》等。

《御纂周易折中》是康熙帝詔大學士李光地等四十九名翰林進士編纂之一部易學全書,冠以《圖説》,殿以《啓蒙》,此書廣采上自漢晉下迄元明歷代易學家二百一十八人之言,以程頤、朱熹論著為主,參考群言,不偏主一家。其重義理,亦不偏廢象數,又間加案語,以論先儒之得失,或抒己見,尤能深得經義,故命名"折中",為清代官方研究易學集大成者。

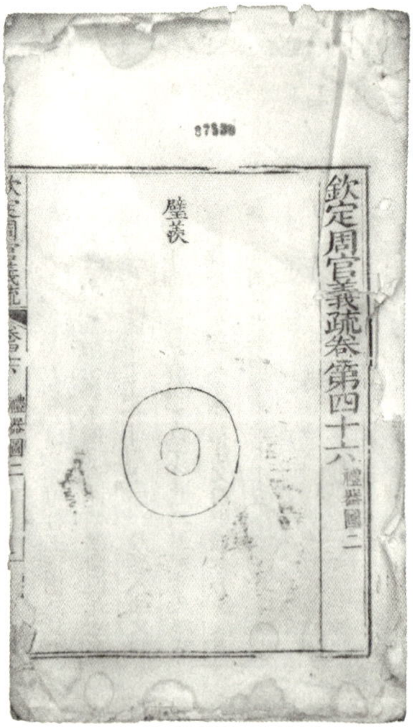
欽定周官義疏卷第四十六　禮器圖二
璧羨

欽定周官義疏四十八卷　(清)鄂爾泰等編撰　存卷四十六

清乾隆十三年(1748)武英殿本　存 2 册　半葉 8 行 18—22 字　雙行小字 22 字　白口　單魚尾　四周雙邊　框高 25 厘米　寬 16.7 厘米

鄂爾泰(1677—1745)，滿洲鑲藍旗人，西林覺羅氏，字毅庵。清康熙舉人。任内務府員外郎。與田文鏡、李衛并為雍親王心腹。清雍正三年(1725)遷廣西巡撫，次年調任雲貴總督，兼轄廣西。在西南各族地區設置州縣，改土司為流官，加强中央對地方之統治。後任軍機大臣。世宗薨，受遺命與張廷玉等同輔政，總理事務，加至太保。

《欽定周官義疏》為御定《三禮義疏》之第一部，《四庫提要》曰："其采掇群言，則分為七例：一曰正義，直詁經義，確然無疑者也；二曰辨正，後儒駁正，至當不易者也；三曰通論，或以本節本句參證他篇，比類以測義，或引他經與此經互相發明者也；四曰餘論，雖非正解而依附經義，於事物之理有所推闡者也；五曰存疑，各持一説，義亦可通，又或已經駁論，而持此者多，未敢偏廢者也；六曰存異，名物象數，久遠無傳，難得其真，或創立一説，雖未即愜人心，而不得不存之以資考辨者也；七曰總論，本節之義已經訓解，又合數節而論之，合一職而論之者也。"

欽定禮記義疏八十二卷　(清)鄂爾泰等編撰　存卷六十五至卷六十七

清乾隆十三年(1748)武英殿本　存2册　半葉8行18—22字　雙行小字　22字　白口　單魚尾　四周雙邊　框高25厘米　寬16.7厘米

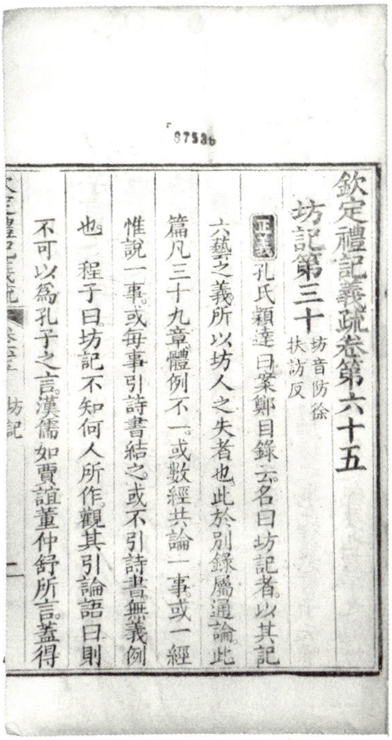
87536
欽定禮記義疏卷第六十五
坊記第三十 坊音防徐扶訪反
正義 孔氏穎達曰案鄭目錄云名曰坊記者以其記
六藝之義所以坊人之失者也此於别錄屬通論此
篇凡三十九章體例不一或數經共論一事或一經
惟説一事或每事引詩書結之或不引詩書無義例
也 程子曰坊記不知何人所作觀其引論語曰則
不可以為孔子之言漢儒如賈誼董仲舒所言蓋得

鄂爾泰，生平參見《欽定周官義疏》。

《欽定禮記義疏》經文四十九篇，廣采説禮諸家之言，《四庫提要》曰："惟章句改從朱子，不立異同，以消門户之争。蓋言各有當，義各有取，不拘守於一端，而後見衡鑒之至精也。"

詩義折中二十卷　(清)傅恒　(清)孫嘉淦　(清)汪由敦等編纂

清乾隆二十年(1755)御制　8册　半葉8行20字　無行界　白口　單魚尾

四周雙邊　框高 21.3 厘米　寬 15.6 厘米

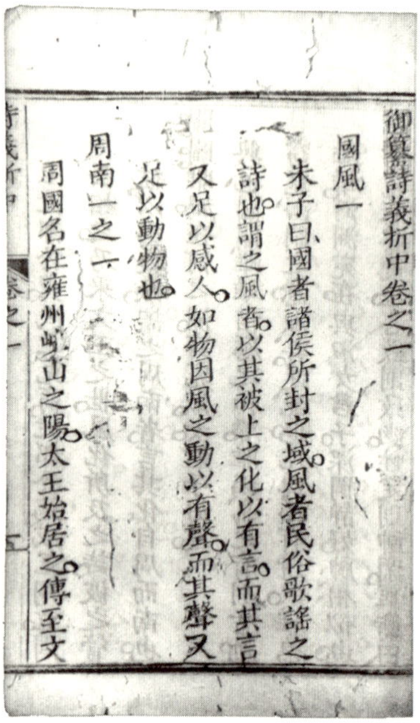
御纂詩義折中卷之一
國風一
朱子曰國者諸侯所封之域風者民俗歌謠之詩也謂之風者以其被上之化以有言而其言又足以感人如物因風之動以有聲而其聲又足以動物也
周南一之一
周國名在雍州岐山之陽太王始居之傳至文
詩義折中　卷之一

傅恒(? —1770),字春和,富察氏,滿洲鑲黄旗人,高宗孝賢皇后之弟。清乾隆時歷任侍衛、總管内務府大臣、户部尚書等職,授軍機大臣加太子太保、保和殿大學士、平叛伊犁統師。在軍機處二十餘年,為乾隆皇帝所倚重。後任《平定準噶爾方略正編》、《平定準噶爾方略前編》、《平定準噶爾方略續編》正總裁。主持撰寫《欽定旗務則例》、《欽定皇輿西域圖志》、《御批歷代通鑒輯覽》等書。

孫嘉淦(1683—1753),字錫公,太原府興縣人。幼年家境貧寒,利用勞動餘暇,刻苦讀書,清康熙五十二年(1713)進士,歷任學政、鹽務、河工等要職,官至工、刑二部尚書,協辦大學士,歷仕清康熙、雍正、乾隆三朝,扶正祛邪,不畏權貴,處理多起冤案,均受三朝皇帝賞識與重用。主要著作有《春秋義》、《南華通》、《周易述義》、《五子近思録輯要》、《成均講義》、《孫文定公文録》、《孫文定公奏議》等。

汪由敦(1692—1758),初名良金,字師茗,號謹堂,又號松泉居士,安徽休寧人。清雍正二年(1724)進士,改庶吉士。清乾隆間累官至吏部尚書。其學問淵深,擅文學經史,文辭雅正,兼工書法。編寫《平定金川方略》,著有《松泉集》。

《詩義折中》是奉乾隆皇帝旨意編纂,内收《國風》九卷、《小雅》六卷、《大雅》三卷、《頌》二卷,對《詩經》風、雅、頌逐章逐篇釋義。先闡明此章表現手法,然後淺顯注釋,總体解釋全詩大意。“折中”,即以衆家之説為己言,具體標準則是“分章多準康成,徵事率從小序”。是研讀《詩經》之重要參考書。

群經宮室圖二卷　(清)焦循撰

清乾隆五十六年(1791)焦氏半九書壇刻本　2 册　半葉 10 行 21 字　小字 32 字　白口　左右雙邊　框高 20 厘米　寬 14.2 厘米

焦循(1763—1820),字里堂,晚號里堂老人,甘泉(江蘇揚州黄珏)人,清代著名易學家、訓詁學家、數學家、戲劇理論家、醫學理論家。清嘉慶六年(1801)舉人。翌年應禮部試不第,潛心著述,經史、曆算、音韻、訓詁之學無所不精,詩詞、文賦、醫學、戲曲,形家九流之書無所不通,學識廣博,超越前人,被譽為"通儒",顯名於世,其一生著述四百餘卷,有《雕菰樓易學三書》、《六經補疏》、《雕菰樓集》、《易餘籥録》、《北湖小志》、《邗記》、《雕菰醫説》、《種痘術》、《劇説》、《花部農譚》等。

《群經宮室圖》上卷分城、宮、門、屋四類,圖三十一,附圖七;下卷分社稷、宗廟、明堂、壇、學五類,圖十九,附圖五。全書共九類,圖五十,附圖十二,每圖均有説一篇,廣徵博引,從文獻記載和注經角度對周代禮制建築進行研究,為名物考證學專著。

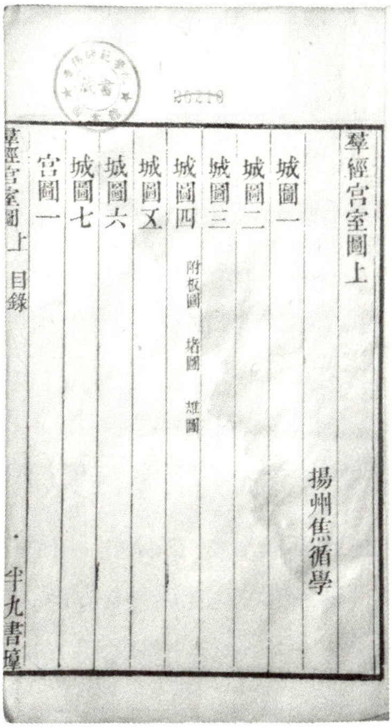
羣經宮室圖上

揚州焦循學

城圖一

城圖二

城圖三

城圖四　附板圖　堵圖　雉圖

城圖五

城圖六

城圖七

宮圖一

羣經宮室圖上　目録　半九書塾

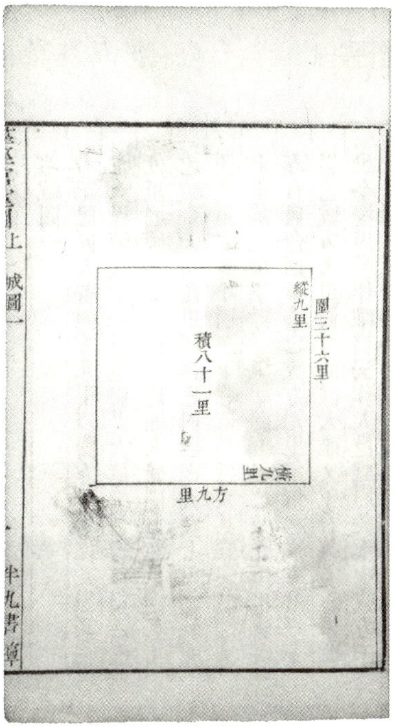

經史問答十卷　(清)全祖望撰

清乾隆三十年(1765)萬氏刻本　2册　半葉11行21字　上下黑口　雙魚尾　左右雙邊　框高17.8厘米　寬15.5厘米

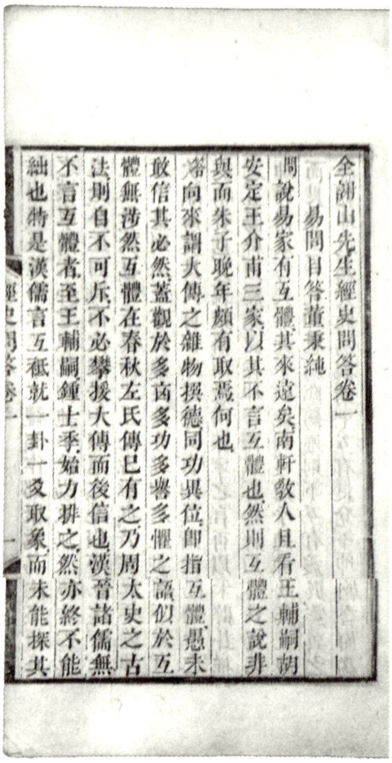
全謝山先生經史問答卷一
易問目答董秉純
問說易家有互體其來遠矣南軒數人且看王輔嗣胡
安定王介甫三家以其不言互體也然則互體之說非
與而朱子晚年頗有取焉何也
答向來謂大傳之雜物撰德同功異位即指互體愚未
敢信其必然蓋觀於多凶多功多譽多懼之謂似於互
體無涉然互體在春秋左氏傳已有之乃周太史之古
法則自不可斥不必攀援大傳而後信也漢晉諸儒無
不言互體者至王輔嗣鍾士季始力排之然亦終不能
絀也特是漢儒言互祗就一卦一爻取象而未能探其
經史問答卷一

全祖望（1705—1755），字紹衣，號謝山，鄞縣（今浙江寧波）人。自幼勤奮博學，學識淵博，清乾隆元年（1736）中進士，選為翰林院庶吉士，又被薦為博學鴻詞科。其性格耿直，遭到排擠壓抑，負氣離京返回故里，專心致力於學術研究，著述立説，曾主講於浙江蕺山書院、廣東端溪書院。撰有《宋元學案》、《鮚埼亭集》、《漢書地理志稽疑》、《續甬上耆舊詩》等，被認為是明末清初浙東史學派重要人物，著名歷史學家、文學家。

《經史問答》為回答弟子所問之記録，卷一易問目答董秉純十七條；卷二尚書問目答董秉純十八條；卷三詩問目答張炳二十一條；卷四三傳問目答蔣學鏞二十七條；卷五三禮問目答全藻七條；卷六論語問目答范鵬二十五條；卷七大學中庸孟子問目答盧鎬三十條，附爾雅八條；卷八諸史問目答郭景兆三十三條；卷九諸史問目答盧鎬四十六條；卷十諸史問目答董秉純四十九條。其與弟子討論經史疑義，涉及範圍甚廣，有對歷史人物、事件之評價，有對史書内容、史法之論述，有詳考古今地理變遷，係考證經史之著作。

爾雅正義二十卷　（清）邵晉涵撰　爾雅釋文三卷　（唐）陸德明撰

清乾隆五十三年（1788）琉璃廠西門内金陵文炳齋劉德文刻餘姚邵氏家塾本

5 册　半葉 9 行 21 字　雙行小字同　白口　單魚尾　四周雙邊　框高 17.3 厘米　寬 12 厘米

邵晉涵（1743—1796），字與桐，又字二雲，號南江，浙江餘姚人。清乾隆时期進士，授翰林院庶吉士、編修，擢侍講學士。自幼好學，博覽群書，熟通經史，曾參與《明史》、《四庫全書》、《續三通》、《八旗通志》等修纂，經學專攻訓詁，於《爾雅》之學最熟。另外還著有《孟子述義》、《穀梁正義》、《南江詩鈔》等，為清代著名史學家、經學家。

陸德明（約 550—630），名元朗，蘇州吴（今蘇州市吴縣）人。陳時曾任始興王國左常侍，遷國子助教。隋時為國子助教，入唐任國子博士，兼太子中允。陸治經學，著作甚多，著有《經典釋文》、《老子疏》、《易疏》等。為唐代經學家、訓詁學家。

《爾雅正義》卷一至卷四為“釋詁”、“釋言”、“釋訓”，以字、詞、疊音詞、聯綿詞為解釋物件，因聲求義，注明通假，探求語源，考證連語，類似漢語詞典；卷五至卷八“釋親”、“釋宮”、“釋器”、“釋樂”解釋親屬稱謂和宮室器物名稱；卷九至卷十三“釋天”、“釋地”、“釋丘”、“釋山”、“釋水”解釋天文地理方面詞語；卷十四至卷二十“釋草”、“釋木”、“釋蟲”、“釋魚”、“釋鳥”、“釋獸”、“釋畜”解釋植物動物方面詞語，可見卷五至卷末內容豐富，無所不包，相當於百科詞典。是書體例每條先列《爾雅》原文，次列晉郭璞注，再次列邵氏正義。其以郭氏注為主，凡郭注不詳明者，兼用其他諸家分疏於後，與郭注相為證明，均采證廣博。采用“經注畢詳，訓義兼辯”之訓釋方法，其文獻價值主要有：校勘文字，稽考聲韻，引經證注，辨別名物，補充郭注。

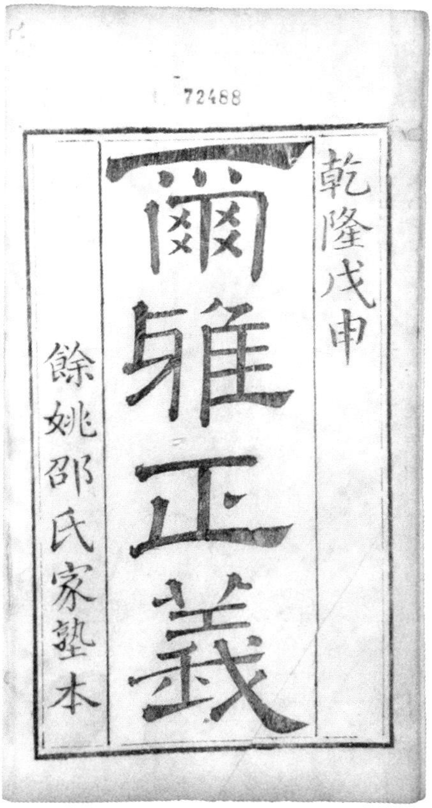

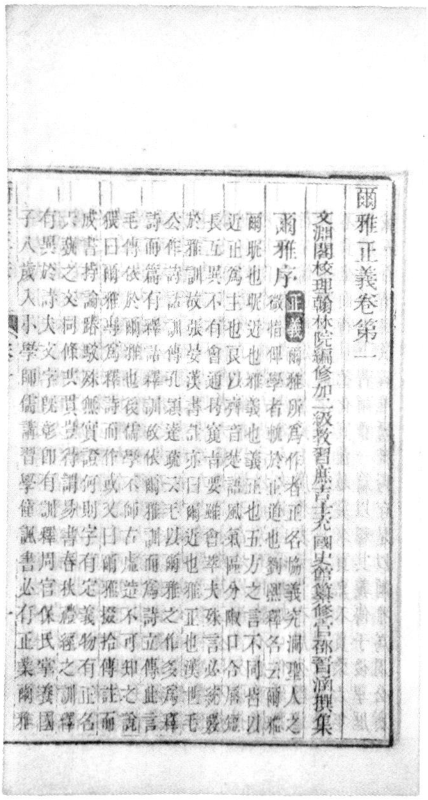
爾雅正義卷第一

文淵閣校理翰林院編修加一級教習庶吉士充國史館纂修官邵晉涵撰集

爾雅序 正義 爾雅所為作者正名協義究洞聖人之微指俾學者軌於正道也劉熙釋名云爾雅

爾雅釋文(爾雅音義)三卷　(唐)陸德明撰

清乾隆五十三年(1788)琉璃廠西門内金陵文炳齋劉德文刻餘姚邵氏家塾本　1册　半葉9行21字　雙行小字同　白口　單魚尾　四周雙邊　框高17.3厘米　寬12厘米

陸德明,生平参見《爾雅正義》。

《爾雅釋文》是《經典釋文》中之一種,《宋史·藝文志》稱其為《爾雅音義》,《文獻通考·經籍考》稱其為《爾雅釋文》,為同書異名。是書以郭注本為藍本,摘出《爾雅》正文和注文中之字加以音釋。標音主要采用直音和反切及標"如"字法。以常見常用音為主,兼收異讀音。釋義主要采集漢魏六朝諸家訓義,兼考各本異同,或引用衆家對同一名物之不同認識,或補充注釋疏陋。其考證字音,兼及釋義,是研究《爾雅》必讀之書。

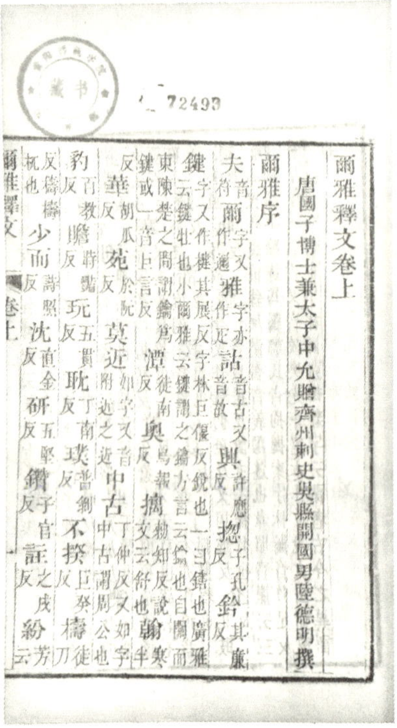

説文字原集注十六卷　附字原表一卷　表説一卷　(清)蔣和撰

清乾隆四十三年(1778)刻本　4册　半葉7行字数不等　白口　單魚尾　四周雙邊　框高19.2厘米　寬14厘米

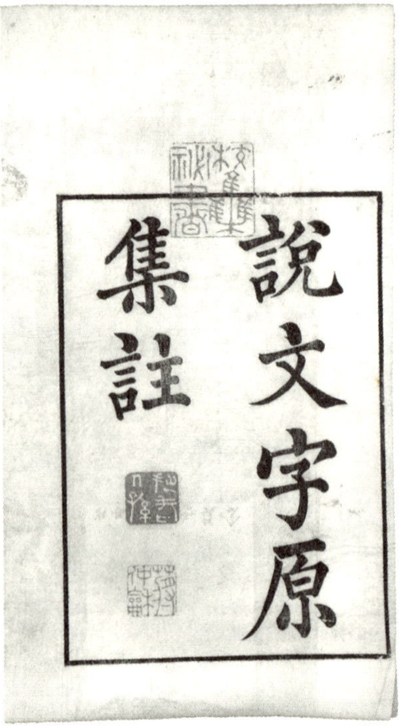

蔣和(生卒年不详),字仲和,一作重和、仲淑,號醉峰,一作最峰。江蘇金壇人,移家無錫。四庫館篆隸總校,乾隆欽賜舉人,官國子監學正。精通小學、書法,尤工篆隸,参以草隸奇字之法,為清代學者、書畫家。著有

《漢碑隸體舉要》、《说文集解》等。

《說文字原集注》根據漢代許慎《說文解字》540部為9353字之綱領,以篆體為字原,以隸書反映古今字體之變化,收集《說文》、《玉篇》、《夢英石刻》、《字原六書本義》等諸家注解。書前有蔣序,卷一為字原敘目,書後附字原表和表説,是研究古代文字學之工具書。

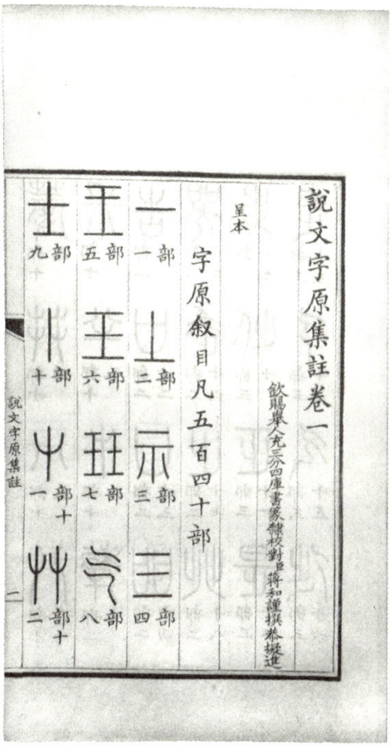
說文字原集註卷一
欽賜舉人充三分四庫書篆隸校對臣蔣和謹撰恭擬進呈本
字原敘目凡五百四十部
一部 二部 三部 四部
五部 六部 七部 八部
九部 十部 十一部 十二部
說文字原集註

說文真本十五卷 (漢)許慎撰 (宋)徐鉉等校

明末清初虞山毛氏汲古閣刻本 8冊 半葉7行字數不等 白口 單魚尾 左右雙邊 框高21.2厘米 寬15.7厘米

許慎(約58—約147),字叔重,汝南召陵(屬今河南郾城)人,東漢經學家、文字學家。師事賈逵,曾任太尉南閣祭酒等職。性情淳篤,博學經籍,精文字訓詁。歷二十一年著成《說文解字》,另著有《五經異義》、《淮南鴻烈解詁》等。

徐鉉(917—992,一作916—991),字鼎臣,廣陵(今江蘇揚州)人,五代宋初文學家、書法家。早年仕於南唐,官至吏部尚書。後隨李煜歸宋,官至散騎常侍,世稱徐騎省。北宋淳化二年(991)被貶謫為靜難行軍司馬,隨即逝於貶所。其長於書法,詩平易淺切,真率自然,不押險韻,不用奇字,頗近白居易詩風。著有《篆文大觀》、《成武王廟碑》、《嶧山銘》、《大鉦銘碑》等。

《說文真本》係研究《說文解字》之要籍,大字作篆,小字為楷,其分析字形、解說字義、辯識聲讀,是辨形、解義、注音之字典。

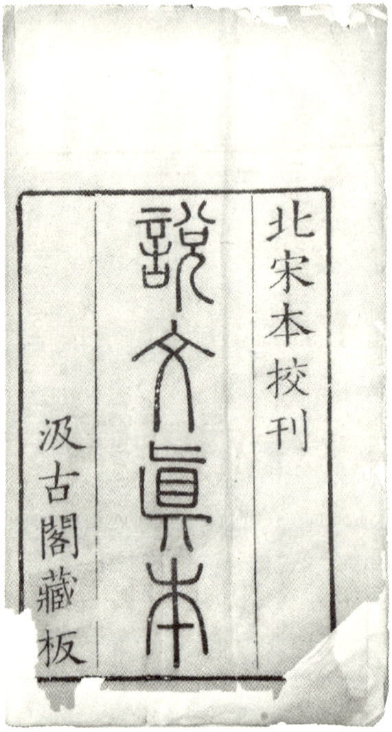
北宋本校刊
說文眞本
汲古閣藏板

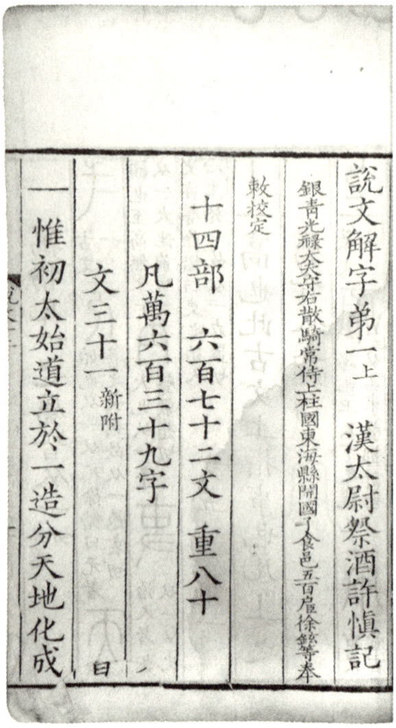
說文解字弟一上　漢太尉祭酒許慎記
銀青光祿大夫守右散騎常侍上柱國東海縣開國子食邑五百戶臣徐鉉等奉
敕校定
十四部　六百七十二文　重八十
凡萬六百三十九字
文三十一　新附
一　惟初太始道立於一造分天地化成

漢魏音四卷　（清）洪亮吉撰

清乾隆五十年(1785)刻本　1册　半葉12行24字　雙行小字同　黑口　雙魚尾　四周單邊　框高20厘米　寬15厘米

洪亮吉(1746—1809)，初名蓮，又名禮吉，字君直，一字稚存，號北江，晚號更生居士。陽湖(今江蘇常州)人，清乾嘉時期著名詩人、學者。幼喪父，刻苦讀書，清乾隆五十五年(1790)進士，授翰林院編修，充國史館編纂官，後督貴州學政等。其精於史地和聲韻、訓詁之學，善著詩及駢體文，以詞章考據聞名，尤其擅長輿地。著有《卷施閣詩文集》、《附鮚軒詩集》、《更生齋詩文集》、《北江詩話》、《春秋左傳詁》等。

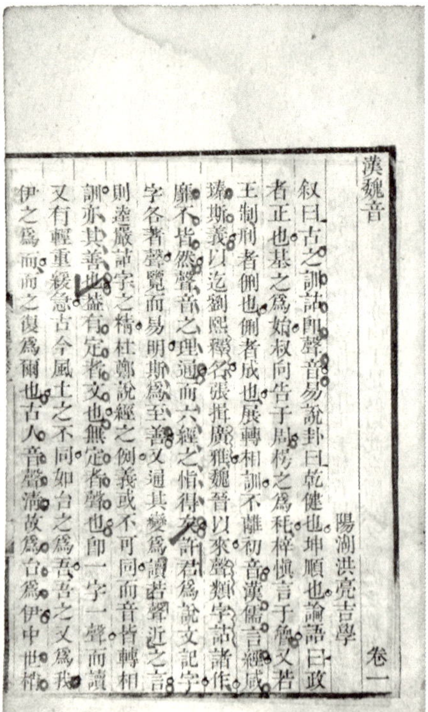
漢魏音　卷一
陽湖洪亮吉學
叙曰古之訓詁即聲音易說卦曰乾健也坤順也論語曰政
者正也基之爲始叔向告子梓之爲耗梓愼言于鄭又若
王制刑者侀也侀者成也展轉相訓不離初音漢儒言經咸
瑧斯義以迄劉熙釋名張揖廣雅魏晉以來聲類字詁諸作
靡不皆然聲音之理通而六經之恉得矣許君爲說文記字
字名者聲覽而易明斯爲至善又通其變爲讀若聲近之言
則逵嚴訓字之精杜鄭說經之例義或不可同而音皆轉相
訓亦其善也蓋有定者文也無定者聲也即一字一聲而讀
又有輕重緩急古今風土之不同如台之爲吾吾之又爲我
伊之爲而而之復爲爾也古人音聲滿故爲台爲伊中世相

《漢魏音》以漢魏古音為對象,“剌取漢魏古音如讀若音近者,多至數千百條,以《説文》舊部類聚區分”,“而以所無者附見於後,或《説文》所有,而後復訛為他字者,則注云某字本某字,不移其部。若傳訛已久,則亦各從其部,正附兩列焉,其後儒以反語改漢人之音者,亦置不録,以非其舊也。”是書以因聲求義作為解釋詞義之方法,認為“求漢魏之訓詁而不先求其聲音,是謂舍本事末”,為一部古音韻學專著。

隸辨八卷　(清)顧藹吉撰

清乾隆八年(1743)黄晟翻刻劉項氏玉淵堂本　8冊　半葉12行大字不等　小字20字　白口　單魚尾　四周單邊　框高19.8厘米　寬14.5厘米

顧藹吉(生卒年不詳),字畹先,一字天山,號南原,吴縣(今江蘇蘇州)人,清康熙四十七年(1708)以貢生任儀徵教諭,工山水。

《隸辨》采漢碑隸字,以宋《禮部韻略》之韻部為序編次,每字之下均注碑名,并引碑語。前五卷廣收漢碑之隸字,追本溯源,辨其形體;第六卷以隸書偏旁按《説文》部首進行分析;第七、八卷碑考,以碑碣年代先後為序,説明碑之存亡居處。是學研隸書之重要工具書。

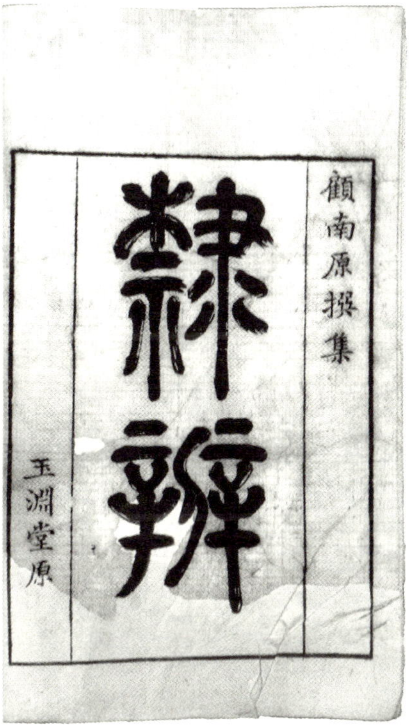
顧南原撰集
隸辨
玉淵堂原

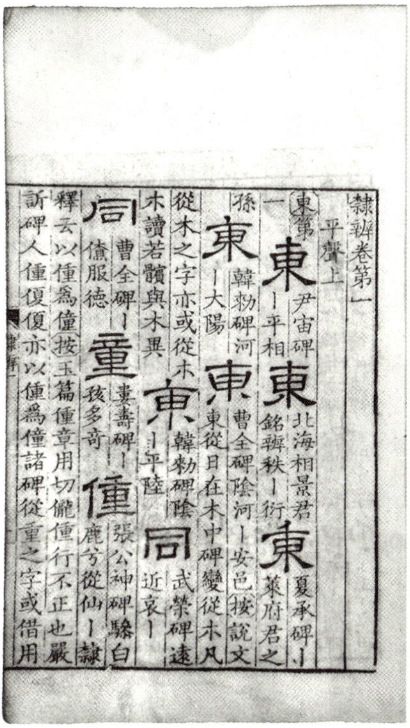
隸辨卷第一
平聲上
東第一 東 尹宙碑丨平相 東 北海相景君銘辨秩丨衍 東 夏承碑丨葉府君之
孫 東 韓勑碑河丨大陽 東 曹全碑陰河丨安邑按説文東從日在木中碑變從木凡
從木之字亦或從木木讀若䫿與木異 東 韓勑碑陰丨平陸 同 武榮碑遠近哀丨
同 曹全碑丨億服德 童 婁壽碑丨丨孩多奇 僮 張公神碑騶白鹿兮從仙丨隸
釋云以僮為僮按玉篇僮章用切儱僮行不正也嚴
訢碑人僮僮僮亦以僮為僮諸碑從重之字或借用

禮記注疏六十三卷　(漢)鄭玄注　(唐)陸德明音義　(唐)孔穎達疏　存卷三十九至卷四十四

清乾隆四年(1739)校刊本　存2册　半葉10行21字　白口　單魚尾　左右雙邊　框高21厘米　寬15.3厘米

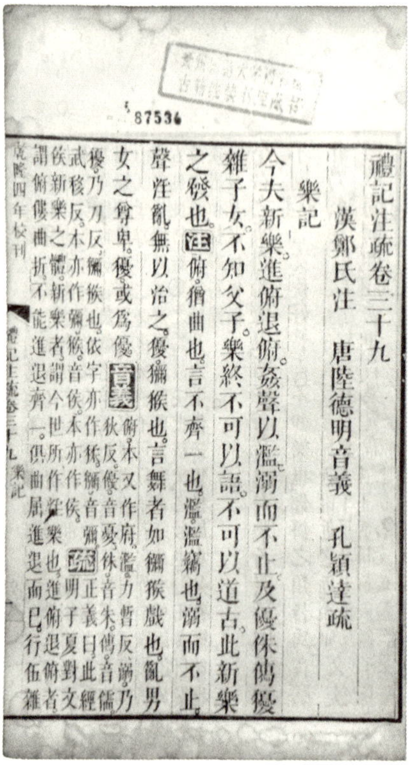
87536
禮記注疏卷三十九
漢鄭氏注　唐陸德明音義　孔穎達疏
樂記
今夫新樂進俯退俯姦聲以濫溺而不止及優侏儒獶
雜子女不知父子樂終不可以語不可以道古此新樂
之發也【注】俯猶曲也言不齊一也濫濫竊也溺而不止
聲淫亂無以治之獶獼猴也言舞者如獼猴戲也亂男
女之尊卑獶或為優【音義】俯本又作府濫力暫反溺乃狄反優音憂侏音朱儒音儒
獶乃刀反獼猴也依字亦作猱獼音彌武移反本亦作獼猴音侯本亦作猴【疏】正義曰此經明子夏對文
猴新樂之體新樂者謂今世所作淫樂也進俯退俯者
謂俯僂曲折不能進退齊一俱曲屈進退而已行伍雜
乾隆四年校刊
禮記注疏卷三十九　樂記

鄭玄,生平參見《毛詩注疏》。

陸德明,生平參見《爾雅正義》。

孔穎達,生平參見《毛詩注疏》。

《禮記注疏》為《十三經注疏》之一,《禮記》即對"禮"之解釋,主要是記載和論述先秦禮制、禮儀,記録孔子和弟子等之問答,記述修身作人之準則。内容涉及政治、法律、道德、哲學、歷史、祭祀、曆法、地理、文藝、日常生活等,是研究先秦社會之重要史料。是書先以鄭玄注,其次陸德明音義,再孔穎達疏,從詞義字音對經文逐句注釋,其結構嚴謹,音注義釋俱明,便於理解經文,是長期以來人們研讀《禮記》之主要工具書。

禮記省度四卷　(清)彭頤撰

清金閶書業堂刻兩截朱墨印本　4册　上截16行16字　下截16行16字　小字不等　白口　單魚尾　四周單邊　框高18.8厘米　寬13.5厘米

彭頤,字觀吉,江蘇淮陰人,其生平不詳。

《禮記省度》對《禮記》四十九篇逐句注釋,采集諸家名儒之説進行比較、推論、斟酌,注意繁簡適宜,標明出處,辨訛正謬。書分上下兩截,上截為校記。用朱筆批語及圈點,使各注分明,便於讀者辨别,是學習研究《禮記》之參考書。

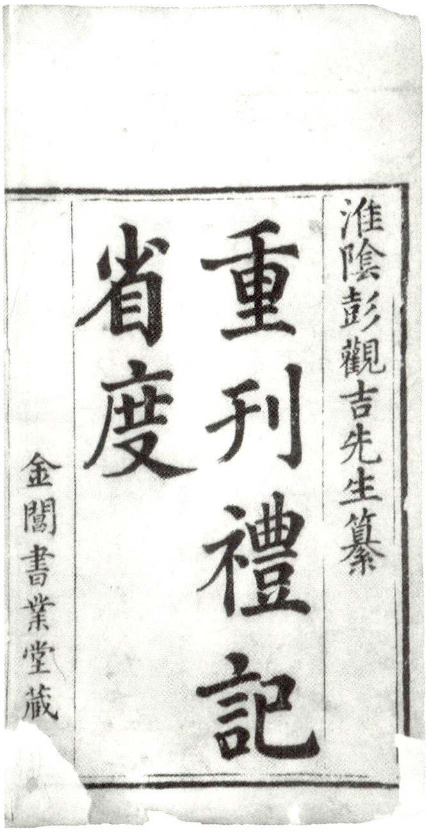
淮陰彭觀吉先生纂
重刊禮記省度
金閶書業堂藏

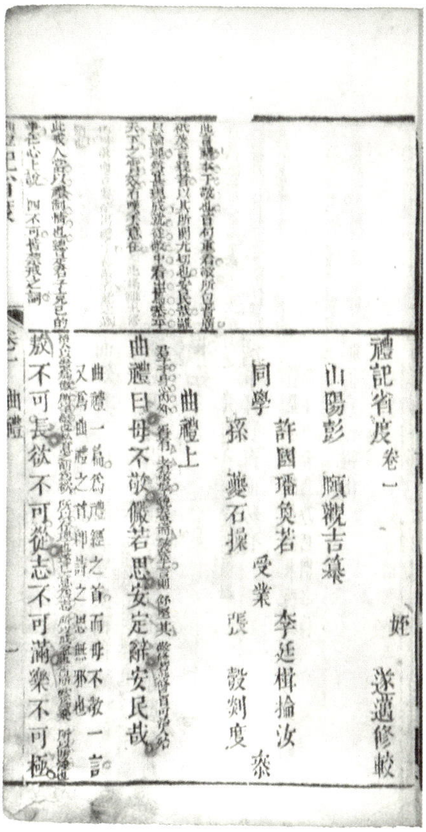
禮記省度卷一
山陽彭頤觀吉纂　姪　遂遹修較
同學　許國璠負若　受業　李廷樹掄汝
孫　夔石操　張　毅剡度　燊
曲禮上
曲禮曰毋不敬儼若思安定辭安民哉
敖不可長欲不可從志不可滿樂不可極

禮記庭訓十二卷　(清)潘炳綱輯

清乾隆五十六年(1791)兩截刻本　6 册　上截 20 行 16 字　下截 9 行 23 字　雙行小字同　白口　單魚尾　左右雙邊　框高 20 厘米　寬 13 厘米

潘炳綱,海南人,其生平不詳。

《禮記庭訓》是纂輯者為後人解讀《禮記》而編輯之注釋本,其上截為《欽遵欽定義疏》,下截為《禮記庭訓》,是書剖析編正,標明所自,以教育子孫,名曰“庭訓”。

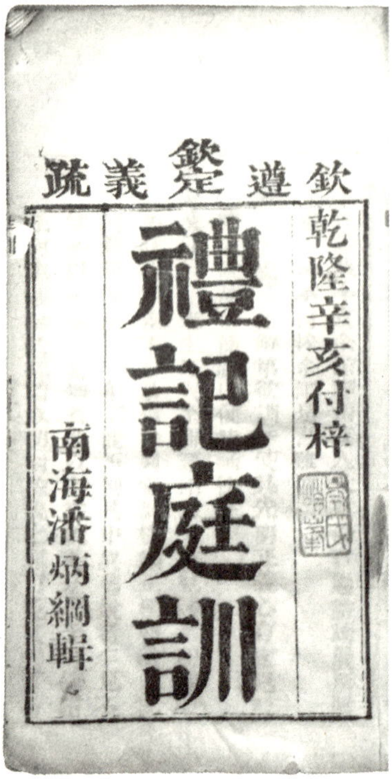

欽遵 欽定義疏

乾隆辛亥付梓

禮記庭訓

南海潘炳綱輯

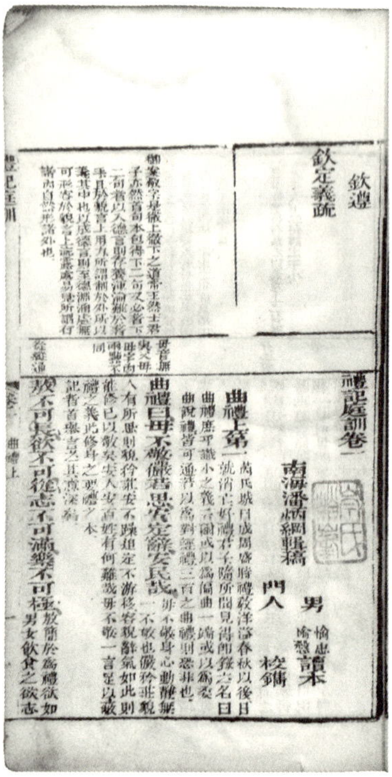

欽遵

欽定義疏

禮記庭訓卷一

南海潘炳綱輯稿

男 愉忠 喻懿 謹本

門人 校鐫

曲禮上第一 萬氏斯大曰成周盛時禮教洋溢春秋以後日就消亡好禮君子隨所聞見得即錄之名曰曲禮應乎識小之義云爾或以爲偏曲一端或以爲委曲說禮皆可通若以爲對經禮三百之曲禮則恐非也

曲禮曰毋不敬儼若思安定辭安民哉 毋不敬身心動靜無一不敬也儼矜莊貌人有所思則貌矜莊安不躁也定不游移容貌辭氣如此則能修己以敬矣安人安百姓有何難哉毋不敬一言足以蔽禮之義此修身之要禮之本記者首舉言之其意深矣

敖不可長欲不可從志不可滿樂不可極 放縱於爲禮欲如男女飲食之欲志

史

十七史商榷一百卷　目録一卷　(清)王鳴盛撰

清乾隆五十二年(1787)洞涇草堂刻本　20册　半葉10行20字　白口　四周雙邊　框高18.4厘米　寬13.3厘米

王鳴盛(1722—1797),字鳳喈,號禮堂、西莊,晚年改號西沚居士,清代江蘇嘉定(今屬上海市)人,歷任翰林院編修、内閣學士兼禮部侍郎、光禄寺卿,後辭官不仕,定居蘇州,擅長經學、史學、小學、目録學等多種專門學問,撰有《十七史商榷》、《尚書後案》、《蛾術編》等書,成就卓著,是乾嘉時期著名史學家。

《十七史商榷》對《史記》以下十三種正史,加上《南史》、《北史》、《舊唐書》、《新唐書》、《舊五代史》、《新五代史》,實際是十九部正史進行校勘和考訂,因宋人習慣稱為《十七史》,故沿用舊稱。《十七史商榷·序》中叙述:"商榷者,商度而揚榷之也。海虞毛晋汲古閣所刻行世已久,而從未有全校之一周者。予為改訛文、補脱文、去衍文,又舉其中典制事迹,詮解蒙滯,審核踳駁,以成是書,故名曰'商榷'也。"是書注重考證,尊重客觀事實,尤其注意考察史書體裁利弊,以及書志、論贊體例之進一步完善等,在考察歷代正史記載是否據事直書基礎上,把因各種原因所造成之記事失實,恢復其真相。在史書文字、歷史事迹、地理、職官等典章制度之校勘和考訂方面有所成就,為清理和總結我國古代史學作出了貢獻。

乾隆丁未新鐫
東吳王氏述
十七史商榷
洞涇艸堂藏版

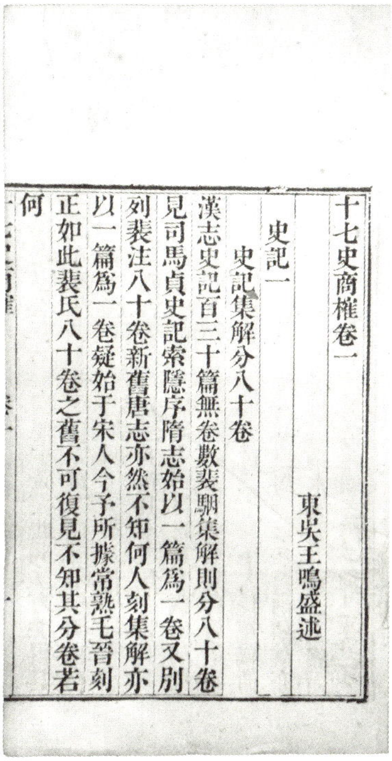
十七史商榷卷一　東吳王鳴盛述
史記一
史記集解分八十卷
漢志史記百三十篇無卷數裴駰集解則分八十卷見司馬貞史記索隱序隋志始以一篇爲一卷又別刻裴注八十卷新舊唐志亦然不知何人刻集解亦以一篇爲一卷疑始于宋人今予所據常熟毛晉刻正如此裴氏八十卷之舊不可復見不知其分卷若何

十國春秋一百一十四卷　拾遺一卷　備考一卷　(清)吴任臣撰

清乾隆五十三年(1788)戴氏澉石山房刻本
36册　半葉10行21字　雙行小字同　白口
單魚尾　左右雙邊　框高20.5厘米　寬13.6
厘米

吴任臣(生卒年不詳),名志伊,以字行,號托園。浙江仁和(今屬杭州)人。自幼聰穎好學,學識淵博。清康熙十八年(1679),參加博學鴻詞科考當選,授翰林院檢討,擔任《明史》纂修官,分修《律曆志》。對天文、術數、歷史造詣甚深,著有《周禮大義補》、《禮通》、《春秋正朔考辨》、《南北史合注》、《山海經廣注》、《字彙補》、《托園詩文集》等,是清代著名歷史學家。

《十國春秋》卷一至卷十四吴國;卷十五至卷三十四南唐;卷三十五至卷四十七前蜀;卷四十八至卷五十七後蜀;卷五十八至卷六十六南漢;卷六十七至卷七十六楚國;卷七十七至卷八十九吴越;卷九十至卷九十九閩國;卷一百至卷一百零三荆南;卷一百零四至卷一百一十四北漢。《四庫全書總目》言:"任臣以歐陽修作《五代史》,於十國仿《晋書》例為載記,每略而不詳,乃采諸霸史、雜史以及小説家言,并證以正史,彙成是書",記載十國創建、發展、鞏固、衰亡全過程,内容豐富,史料翔實,是研究五代十國之重要歷史文獻。

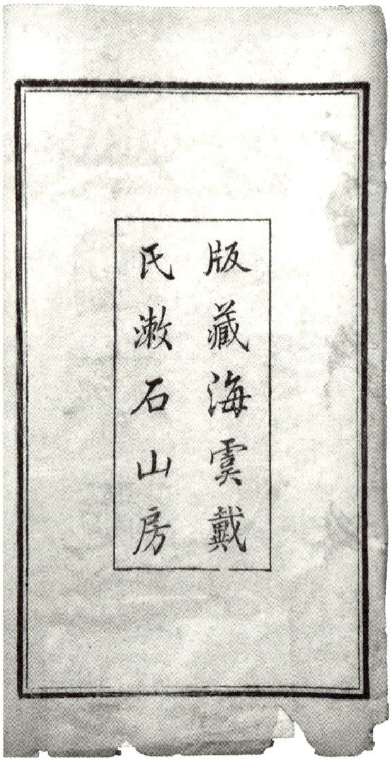

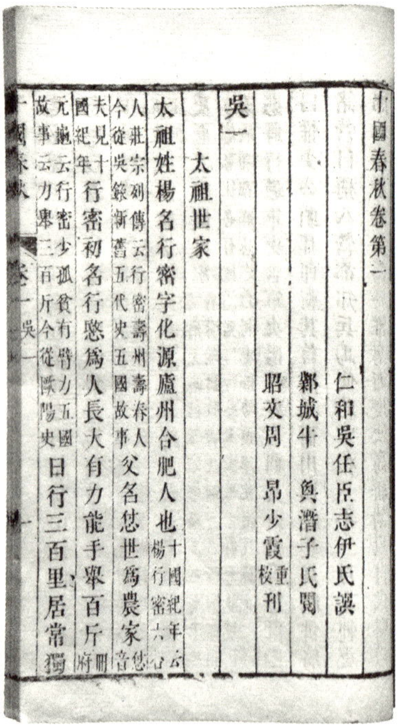

三國志六十五卷　(晋)陳壽撰　存六十二卷

明萬曆二十四年(1596)南監刻清初遞修本

存 14 册　半葉 12 行 23 字　白口　單魚尾　左右雙邊　版框不定

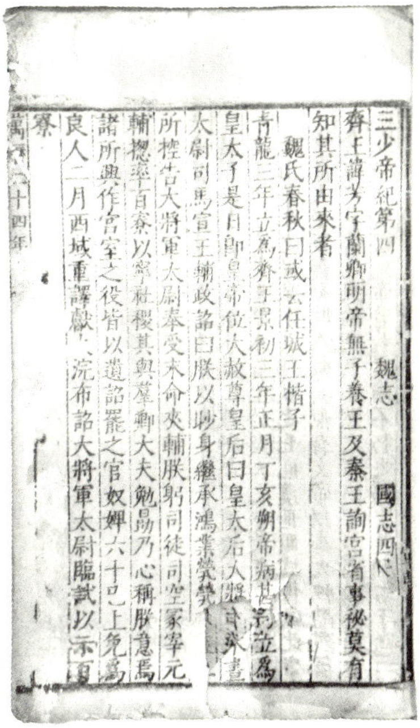
三少帝紀第四　魏志　國志四
齊王諱芳字蘭卿明帝無子養王及秦王詢宮省事秘莫有
知其所由來者
魏氏春秋曰或云任城王楷子
青龍三年立為齊王景初三年正月丁亥朔帝甚病乃立為
皇太子是日即皇帝位大赦尊皇后曰皇太后大將軍曹爽
太尉司馬宣王輔政詔曰朕以眇身繼承鴻業煢煢在疚靡
所控告大將軍太尉奉受末命夾輔朕躬司徒司空冢宰元
輔總率百寮以寧社稷其與羣卿大夫勉勗乃心稱朕意焉
諸所興作宮室之役皆以遺詔罷之官奴婢六十已上免為
良人二月西域重譯獻火浣布詔大將軍太尉臨試以示百
寮

陳壽（233—297），字陳祚，西晋史學家。巴西安漢（現四川南充）人。少時聰慧好學，對歷史著作頗感興趣。蜀漢時曾任衛將軍主簿、東觀秘書郎、觀閣令史、散騎黄門侍郎等職。入晋後，歷任著作郎、長平太守、治書侍御史等職。其一生坎坷，仕途多舛，遂潛心著述，治學謹嚴，著有《益部耆舊傳》、《古國志》等書，均亡佚。

《三國志》包括《魏志》三十卷，《蜀書》十五卷，《吴書》二十卷，記載自公元 184 年黄巾起義以後到晋武帝太康元年（280）六十年歷史。魏、蜀、吴三書，原是各自為書，直到北宋才合而為一，改稱《三國志》，是一部記載魏、蜀、吴三國鼎立時期之紀傳體國别史，全書僅有紀和傳，叙事簡略，常用簡潔之筆，寫出傳神人物，記事翔實，成為學習、研究三國歷史之主要史籍。

于清端公政書八卷　（清）于成龍撰　（清）于準　（清）蔡方柄等編

清乾隆二十六年（1761）刻本　11 册　圖 1 幅
半葉 8 行 20 字　白口　單魚尾　四周單邊
框高 17.4 厘米　寬 13.3 厘米

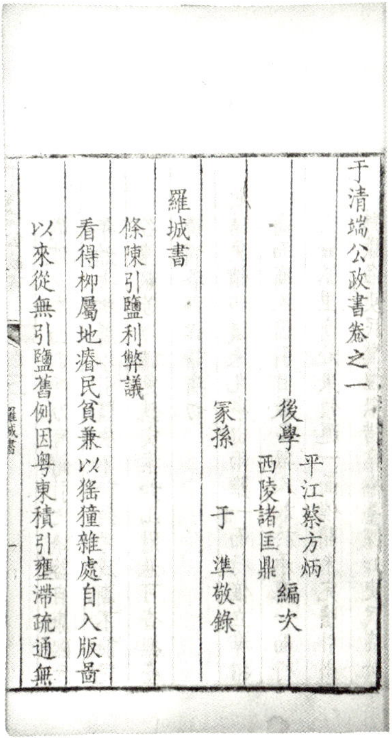
于清端公政書卷之一
後學　平江蔡方炳　西陵諸匡鼎　編次
冢孫　于　準敬錄
羅城書
條陳引鹽利弊議
看得柳屬地瘠民貧兼以猺獞雜處自入版啚
以來從無引鹽舊例因粤東積引壅滞疏通無

于成龍（1617—1684），字北溟，號于山，清山西永寧（今吕梁離石）人。謚“清端”、贈太子太保。于成龍明崇禎十二年（1639 年）舉副員，清順治十八年（1661 年）出仕，歷任知縣、知州、知府、道員、按察使、布政使、巡撫和總督，加兵部尚書、大學士等職。在二十餘年的宦海生涯中，以卓著的政績和廉潔刻苦的一生，深得百姓愛戴和康熙帝讚譽，以“天下廉吏第一”蜚聲朝野。于成龍擅長書法，詩詞亦工。其著述、奏稿等先後由其門人和孫于準輯成《于山奏牘》和《于清端公政書》。此外他任職直隸和兩江期間，組織編寫了《畿輔通志》四十六卷、《江南通志》五十四卷。

《于清端公政書》“首編”一册，由孫子于準收集的有關康熙帝給于成龍的御書等；卷一為“羅城書”四篇、“合州書”五篇、“武昌書”三十四篇；卷二至卷四為“黄州書”；卷五為“畿輔書”；卷六至卷七為“兩江書”；卷八為“吟詠書”，是于成龍寫的詩文；“外集”一册，有陳廷敬等寫的《于清端公傳》及所任各地建的于清端公祠碑文；“續集”一册，由羅城縣知縣金岳撰寫的《羅城創建于清端公祠》碑文和序以及曾孫大梃寫的記。内容主要是于成龍為官時在任上寫的疏文、諭文、檄文等，此書行格疏朗，字迹秀麗，實為寫刻佳品。

元史二百一十卷　(明)宋濂等撰　存一百二十五卷

明末南監刻清初遞修本　存30册　半葉10行20字　白口　魚尾不定　四周雙邊　版框不定

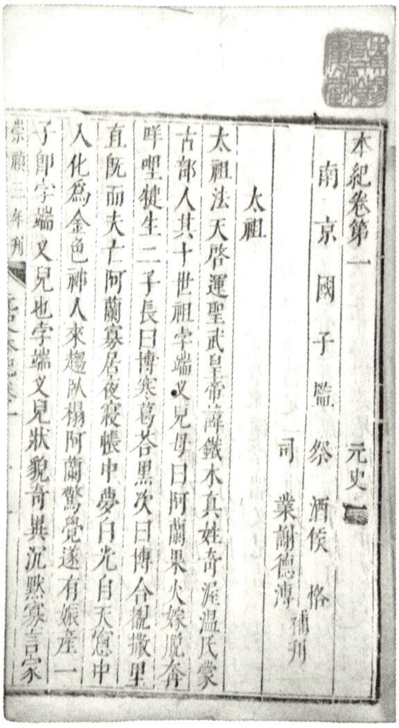
本紀卷第一　元史一
南京國子監祭酒侯　恪
司業蕭德溥　補刊
太祖
太祖法天啓運聖武皇帝諱鐵木真姓奇渥溫氏蒙
古部人其十世祖孛端叉兒母曰阿蘭果火嫁脱奔
咩哩犍生二子長曰博寒葛荅黑次曰博合覩撒里
直既而夫亡阿蘭寡居夜寢帳中夢白光自天窗中
入化為金色神人來趨臥榻阿蘭驚覺遂有娠産一
子即孛端叉兒也孛端叉兒狀貌奇異沉默寡言家
崇禎二年刊

宋濂(1310—1381)，字景濂，號潛溪，别號玄真子、玄真道士、玄真遁叟，浦江(今浙江金華)人。自幼家境貧寒，一生勤奮好學。明初朱元璋稱帝，其就任江南儒學提舉，為太子朱標講經。官至翰林院學士承旨、知制誥，明朝開國元勛。與劉基、高啓并稱“明初詩文三大家”，以傳記小品和記叙性散文為代表，很有藝術功力。明朝立國之初朝廷禮樂制度多為其所定，朱元璋稱其“開國文臣之首”，劉基贊其“當今文章第一”，四方學者譽其“太史公”。年輕时好藏書，其藏書樓為“青蘿山房”，為明代開私家藏書風氣先者，著有《潛溪集》、《孝經新説》等。

《元史》記述了從蒙古族興起到元朝建立和滅亡之歷史，包括本紀四十七卷，有太祖、太宗、定宗、憲宗、世祖、成宗、仁宗、英宗、泰定帝、明宗、文宗、寧宗、順帝。以記載忽必烈之《世祖本紀》最為詳盡，有十四卷之多，其次是《順帝本紀》；志五十八卷，有天文、五行、曆、地理、河渠、禮樂、祭祀、輿服、選舉、百官、食貨、兵、刑法。對元朝典章制度作了詳細記述，保存了大批珍貴史料；表八卷，有后妃表、宗室世系表、諸王表、諸公主表、三公表、宰相年表；列傳九十七卷，其中類傳有儒學、良吏、忠義、孝友、隱逸、列女、釋老、方技、工藝、宦者、奸臣、叛臣、逆臣、外夷。其中釋老傳為此書首創，記載宗教在元朝之地位和發展情況。列傳所叙之事，均有詳細年、月、日記載。其體例完整，文字淺顯，叙事明白易懂，同時還保留了當時不少方言土語，體現了“文詞勿致於艱深，事迹務令於明白”之編撰主旨。

元史紀事本末二十七卷　(明)陳邦瞻撰　(明)張溥論正

明末刻本　3 冊　半葉 9 行 20 字　雙行小字同　白口　單魚尾　左右雙邊　框高 18.4 厘米　寬 14 厘米

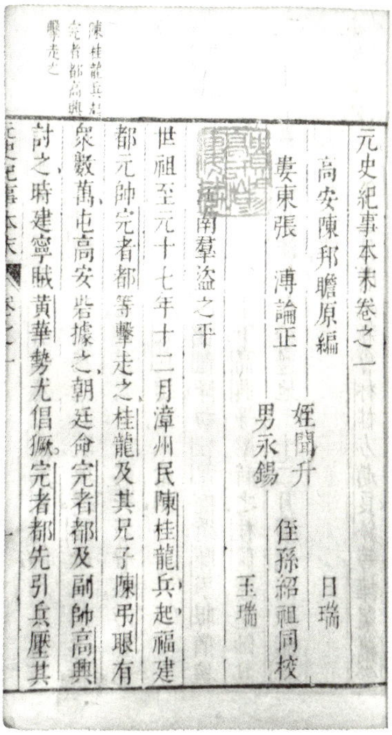
元史紀事本末卷之一
高安陳邦瞻原編　姪聞升　日瑞
婁東張　溥論正　男永錫　侄孫紹祖同校　王瑞
江南羣盜之平
世祖至元十七年十二月漳州民陳桂龍兵起福建
都元帥完者都等擊走之桂龍及其兄子陳弔眼有
衆數萬屯高安砦據之朝廷命完者都及副帥高興
討之時建寧賊黃華勢尤倡獗完者都先引兵壓其

陳邦瞻(1557—1623)，字德遠，江西高安荷嶺上寨村人。明萬曆二十六年(1598)進士，歷任南京大理寺評事、兵部右侍郎、總督兩廣軍務兼巡撫廣東、兵部左侍郎兼户工兩部侍郎等職，為官清正為民，政績突出。其精於史學和詩詞，著有《宋史紀事本末》、《元史紀事本末》和《荷華山房詩稿》，是明代史學家。

張溥(1602—1641)，字天如，號西銘，江蘇太倉人。明崇禎四年(1631)進士，選庶吉士。曾與郡中名士結為文社，即復社，興復古學，進行文學與社會活動，組織和領導復社與閹黨鬥争。其自幼發奮讀書，精通詩詞、散文、時論，著作頗豐，有《七録齋集》、《春秋三書》、《歷代史論二編》、《詩經注疏大全合纂》、《漢魏六朝百三名家集》等。

《元史紀事本末》對元朝重大政治、經濟事件，以及科舉、律令等各種制度，都有記述，尤其對於典章制度、河渠、海運、營田治河、天文曆法等記載較為詳細，其中第十三卷“治河”是我國水利史上极重要之歷史資料。是書為後人學元史入門的一部重要史籍。但其内容比較簡略，史料多取材於《元史》和商輅等的《通鑒綱目續編》，在史實考證方面價值不太高。

廿二史考異一百卷　(清)錢大昕撰

清嘉慶年間刻本　16 册　半葉 10 行 22 字　黑口　双黑鱼尾　左右雙邊　框高 19 厘米　寬 12.5 厘米

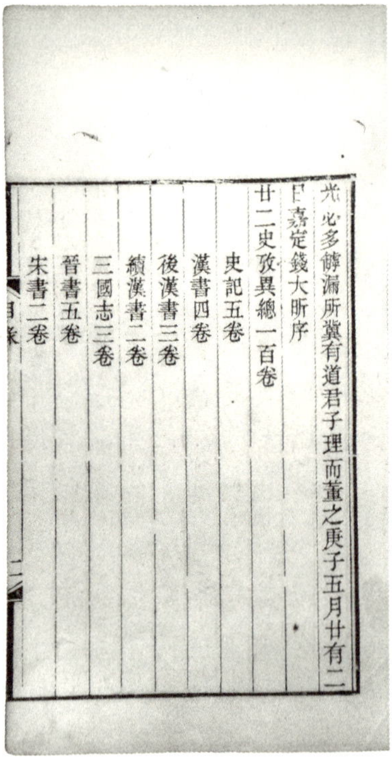
光必多傳漏所冀有道君子理而董之庚子五月廿有二
日嘉定錢大昕序
廿二史攷異總一百卷
史記五卷
漢書四卷
後漢書三卷
續漢書二卷
三國志三卷
晉書五卷
宋書二卷

錢大昕(1728—1804)，字曉征，號辛楣，又號竹汀，江蘇嘉定(今屬上海市)人。清乾隆十九年(1754)進士，選翰林院庶吉士。歷宫少詹事、廣東學政。清乾隆四十年(1775)丁憂後不復出仕，專心著述。先後擔任南京鍾山書院、松江婁東書院、蘇州紫陽書院山長。他一生著述經、史、子、集四部兼具，著有《廿二史考異》、《十駕齋養新録》、《潛研堂文集》等。其書法源於金石之學，善寫漢隸，用筆古茂，楷行蒼逸樸健，具有宋元之書法風致。

《廿二史考異》全書自《史記》、《漢書》，迄《金史》、《元史》，即從二十四史中除去《舊五代史》、《明史》，又將司馬彪《續漢書》之八志從《後漢書》分出，別立為《續漢書》二卷，所以總目實際列出二十三史。是書依正史原書卷次為綱，先列出子題，子題下再引所考原文作條目。對條目考證一般以按語形式出現。對所考條目類別大致可分為：義例、史法、史實、職官、地理、氏族、金石、小學、校勘、避諱、年號、謚法、天文年代曆日、點煩、疏漏、互見、補叙、議論等，以下擇要叙述。從清乾隆三十二年(1767)開始編次，至四十七年(1782)成書百卷。清嘉慶二年(1797)全書刊定。

五代史七十四卷　(宋)歐陽修撰　(宋)徐無黨注

明崇禎三年(1630)江蘇常熟琴川毛氏汲古閣雕　8册　半葉12行25字　雙行小字38字　白口　單魚尾　左右雙邊　框高21.5厘米　寬15厘米

五代史七十四卷　(宋)歐陽修撰　(宋)徐無黨注

明萬曆四年(1576)刻本　明清遞修本　10册　半葉10行21字　雙行小字同　白口　雙順魚尾　四周雙邊　框高20.5厘米　寬14.8厘米

歐陽修(1007—1072),字永叔,吉州永豐(今屬江西)人,官翰林學士、樞密副使、參知政事,以太子少師致仕。其一生著述繁富,成績斐然,除文史學外,經學研究有獨到見解,著有《新唐書》、《新五代史》、《歐陽文忠公文集》、《集古録跋尾》等。是宋代學術大師、史學名家,北宋古文運動領袖,"唐宋八大家"之一。

徐無黨(1024—1086),初名光,浙江永康人。北宋皇祐五年(1053)省試第一,賜進士出身。初任郡教授,升著作郎,轉任政和殿學士。跟隨歐陽修學古文辭,天資聰穎,刻苦勤學,文章條理通暢,氣勢磅礴,深受歐陽修喜愛。

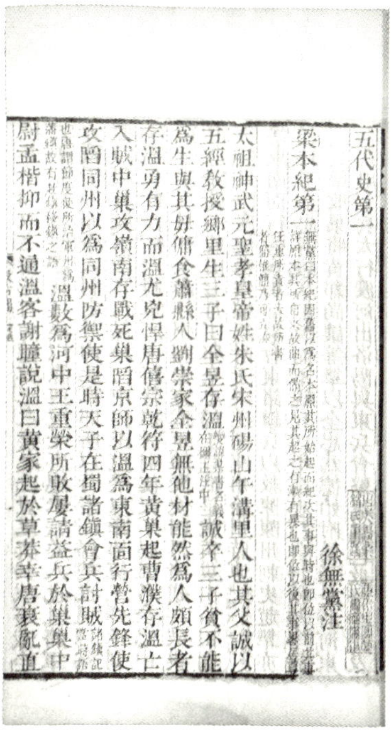

《五代史》為紀傳體史书,卷一至卷十二本紀,為五代帝王傳記;卷十三至卷五十七列傳,采用類傳形式立傳,每一類傳目内都寓以特定涵義,蕴含了作者之褒貶義例;卷五十八至卷六十天司考、職方考,相當於天文志和郡縣志,因作者認為五代是綱常顛倒之亂世,其典章制度一無可取,將"志"改為"考";卷六十一至卷七十一世家年譜將中原以外之割據政權吴、南唐、前蜀、後蜀、南漢、楚、吴越、閩、南平、東漢十國劃分編排,條理清晰,内容完整;卷七十二至卷七十四為四夷附録,記載少數民族及外國事。是書後為區别於薛居正等官修之《五代史》,稱為"新五代史"。

太平寰宇記二百卷　目録二卷　（宋）樂史撰　（清）陳蘭森　（清）萬廷蘭補撰

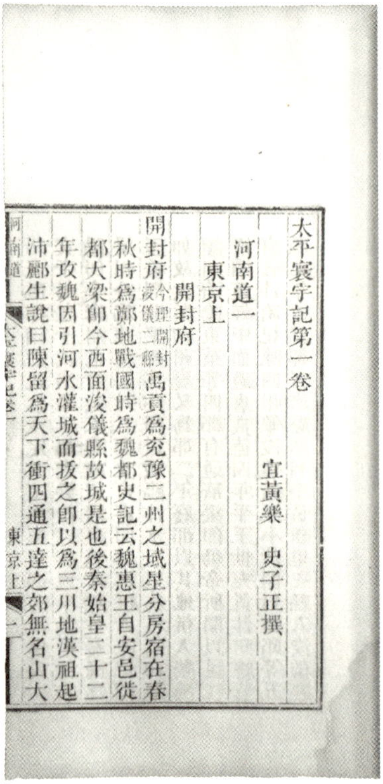
太平寰宇記第一卷
宜黃樂　史子正撰
河南道一
東京上
開封府
開封府今理浚儀開封二縣禹貢爲兗豫二州之域星分房宿在春
秋時爲鄭地戰國時爲魏都史記云魏惠王自安邑徙
都大梁即今西面浚儀縣故城是也後秦始皇二十二
年攻魏因引河水灌城而拔之即以爲三川地漢祖起
沛酈生説曰陳留爲天下衝四通五達之郊無名山大
河南道　寰宇記卷一　東京上　一

清乾隆五十八年(1793)萬廷蘭刻本　30册
半葉10行22字　黑口　雙魚尾　四周雙邊
框高18厘米　寬11.5厘米

樂史(930—1007),字子正,撫州宜黄(今屬江西)人,隋唐開科舉以來撫州第一位進士。初仕南唐,入宋後歷任知州、三館編修、水部員外郎等,仕宦六十餘年。他是宋代文學家和地理學家,學識淵博,勤於著述,前後著書二十餘種,《楊太真外傳》、《綠珠傳》等都是古代小説之優秀篇章,《太平寰宇記》是他一生中影響最大之地理學著作。

陳蘭森(生卒年不詳),廣西桂林人,清乾隆進士,官至江西布政使,詩文創作有一定成就,還參編《南昌府志》、《四書考輯要》等書。

萬廷蘭(1719—1807),字芝堂,號梅臯,南昌人。清乾隆進士,曾官懷柔、宛平、獻縣知縣及通州知州。後因事株連,免職歸里,潛心經籍,著有《儷紫軒詩偶存》、《計樹園詩存》等,清代文學家、刻書家、志書家。

《太平寰宇記》係北宋初期一部著名地理總志,卷一至卷一百七十一依宋初所置河南、關西、河東、河北、劍南西、劍南東、江南東、江南西、淮南、山南西、山南東、隴右、嶺南等十三道,分述各州府之沿革、領縣、州府境、户口、風俗、姓氏、人物、土産及所屬各縣之概况、山川湖澤、古迹要塞等;卷一百七十二至卷二百記述周邊“四夷”各族人口分布,經濟面貌等。上溯周秦漢,迄五代、宋初。是書增補了許多關於各地社會歷史、政治及風土習俗資料,為研究歷史人文地理增益了内容,是考察北宋初期政區建置變遷之主要文獻。

日下舊聞四十二卷　(清)朱彝尊撰輯　(清)朱昆田補遺

清康熙二十七年(1688)六峰閣刻本　16册　半葉12行21字　雙行小字同　白口　單魚尾　四周單邊　框高18.5厘米　寬13.5厘米

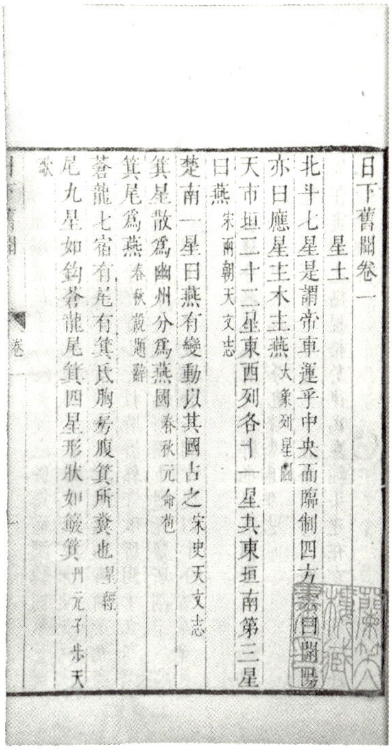
日下舊聞卷一
星土
北斗七星是謂帝車運乎中央而臨制四方
亦曰應星主木主燕 大象列星圖
天市垣二十二星東西列各十一星其東垣南第三星
曰燕 宋兩朝天文志
楚南一星曰燕有變動以其國占之 宋史天文志
箕星散爲幽州分爲燕國 春秋元命苞
箕尾爲燕 春秋說題辭
蒼龍七宿有尾有箕氐胸房腹箕所糞也 星經
尾九星如鉤蒼龍尾箕四星形狀如簸箕 丹元子步天
歌

朱彝尊(1629—1709),字錫鬯,號竹垞,又號醧舫,晚號小長蘆釣魚師,又號金風亭長。先世江蘇吴江人,明景泰四年(1453)遷於浙江嘉興府秀水縣,遂為秀水人。

朱昆田(1652—1699),字文盎,號西畯,秀水(今浙江嘉興)人,朱彝尊之子,清太學生。九歲善書,博學勤著,其詩詞獨具風韻,堪與父"朱十(彝尊)"媲美,人稱"小朱十",有《笛漁小稿》、《三體摭韻》等。

《日下舊聞》卷一星土、世紀;卷二形勝;卷三至卷九宫室;卷十至卷十八城市;卷十九至卷二十四郊埛;卷二十五至卷三十五京畿、僑治;卷三十六至卷三十八邊障、户版、風俗、物産;卷三十九雜綴;卷四十至卷四十二石鼓考,共十三門,以石鼓考列後。"日下"指京都,是書收羅豐富,辭雅義暢,詳細輯録京師地理沿革,歷代有關典章制度、遺聞舊事、山川地理、文物古迹、風情物産,可稱為研究北京地方史之百科全書,具有很高史料價值。

文獻通考三百四十八卷　(元)馬端臨撰

清乾隆十二年(1747)内府校刊　100册　半葉10行21字　雙行小字同　白口　單魚尾　左右雙邊　框高21.5厘米　寬15厘米

馬端臨(1254—1323),字貴與,一字貴輿,號竹洲,江西樂平人。出生於官宦家庭,宋末元初史學家。曾出任慈湖書院和柯山書院山長,台州儒學教授,其"門弟甚衆,有所論辯,吐言如泉涌,聞者必有得而返"。他學識廣博,史學造詣較深,青年時代就"有志於綴緝",一生多在家鄉隱居著書,《文獻通考》寫作規模宏大,涉及内容繁富龐雜,是其一生重要著作,經歷二十餘年成書。

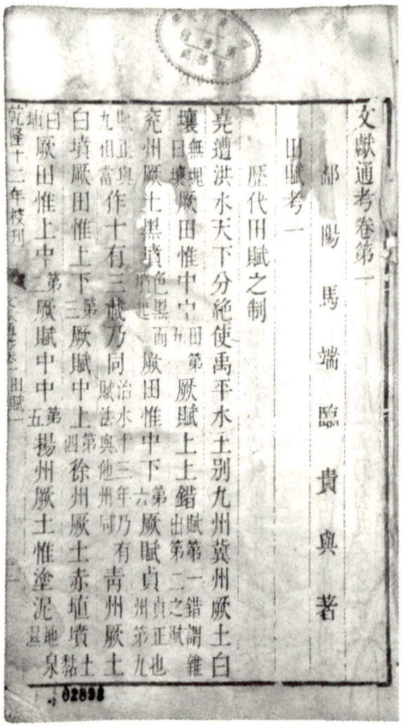

《文獻通考》全書二十四門，卷一至卷七田賦考；卷八至卷九錢幣考；卷十至卷十一户口考；卷十二至卷十三職役考；卷十四至卷十九征榷考；卷二十至卷二十一市糴考；卷二十二土貢考；卷二十三至二十七國用考；卷二十八至卷三十九選舉考；卷四十至卷四十六學校考；卷四十七至卷六十七職官考；卷六十八至卷九十郊社考；卷九十一至卷一百零五宗廟考；卷一百零六至一百二十七王禮考；卷一百二十八至一卷一百四十八樂考；卷一百四十九至卷一百六十一兵考；卷一百六十二至卷一百七十三刑考；卷一百七十四至卷二百四十九經籍考；卷二百五十至卷二百五十九帝系考；卷二百六十至卷二百七十七封建考；卷二百七十八至卷二百九十四象緯考；卷二百九十五至卷三百一十四物異考；卷三百一十五至卷三百二十三輿地考；卷三百二十四至卷三百四十八四裔考。其中十九門基本同於《通典》類目，而經籍考、帝系考、封建考、象緯考、物異考五門，是作者新增類目，其内容起自上古，終於南宋寧宗嘉定年間。是書各條之後録入前人及當時文人評論，最後以按語形式闡述著者見解。其史料豐富，内容充實，評論精闢，為中國古代典章制度方面集大成之作，是史學研究之重要參考資料。

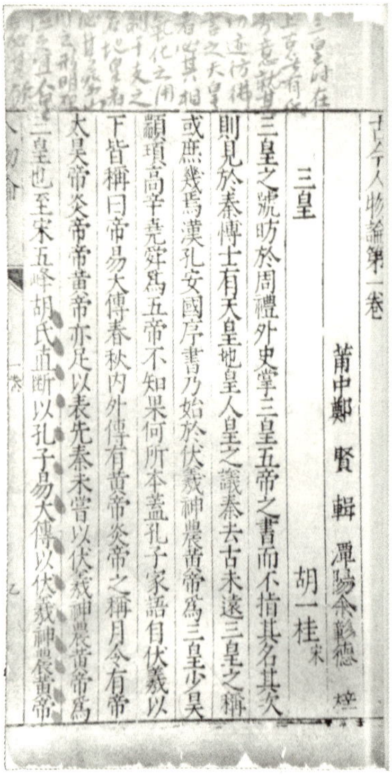

古今人物論三十六卷　(明)鄭賢撰

明萬曆三十六年(1608)潭陽余彰德刻　24册
半葉10行24字　白口　單魚尾　四周單邊
框高22.5厘米　寬14.8厘米

鄭賢(生卒年不詳)，字元直，福建莆田人，明天順四年(1460)進士,官震澤縣教諭。

《古今人物論》采集編輯史書中有關人物論述之文章“所采元以前人之説,僅一百二十七家,所采明人之説至二百四十七家”,裒為一編。按時代上自三皇,下迄宋元,體例仿《通鑒》,先君後臣,賢佞俱録,褒貶相次,情勢相揣,各呈所見,以史書評贊為主。

古今治平略三十三卷 (明)朱健撰 (明)朱徽訂

明崇禎十一年(1638)江西鍾鉉刻 40册 半葉 9行20字 白口 四周單邊 框高20.3厘米 寬13.8厘米

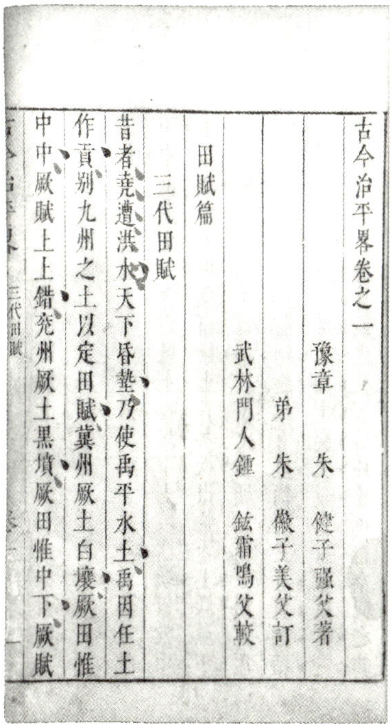
古今治平畧卷之一
豫章 朱 健子彊父著
弟 朱 徽子美父訂
武林門人鍾 鉉霜鳴父較
田賦篇
三代田賦
昔者堯遭洪水天下昏墊乃使禹平水土禹因任土作貢別九州之土以定田賦冀州厥土白壤厥田惟中中厥賦上上錯兖州厥土黑墳厥田惟中下厥賦

朱健(? —1646),字子强,南昌府進賢縣人,明天啓元年(1621)舉人。著有《蒼崖子》、《古今治平略》等書。

朱徽(生卒年不詳),字子美,江西進賢人,朱健之弟。幼聰穎,明崇禎四年(1631)進士,雖屢官要津,但兩袖清風,與李太虛、熊雪堂、李梅公、黎博庵聯爲“五老會”,有《測蠡草》及《耕道集》等。

《古今治平略》羅列三代、兩漢、唐朝、宋朝、明朝等歷代治平之策,卷一田賦篇,記述歷代政府對田畝徵收土地税,田收租、丁征庸、户課調,三税構成田賦基本内容;卷二户役篇,即按户分派差役;卷三國計篇,記述歷代統治階級治國方針大計,主要記載歷代王朝政治、經濟及財富;卷四農政篇,記述歷代以農為本,重視農耕,以農立國一系列農業政策;卷五屯田篇,列舉封建王朝組織勞動者在官地上進行開墾耕作,這種農業生産組織形式有軍屯和民屯之分,以軍屯為主,以給養軍隊;卷六水利篇,記述歷代王朝治河防洪、開渠通航、引水灌溉之史實;卷七貯糴篇,記述官府在豐年按平價購進糧食儲存,以備荒年出售,建平糴倉貯米之制度及政策;卷八漕運篇,記載歷朝利用水道,調運公糧之制度及其發展;卷九錢幣篇,記述歷代貨幣制度;卷十鹽課篇,記述歷代王朝對食鹽徵税和專賣制度;卷十一至卷十二雜徵篇,記載歷代王朝因國家財政困難，隨時隨地向百姓徵收額外稅賦；卷十三賑恤篇，記載歷代王朝灾荒賑恤之基本社會制度；卷十五官制篇，記載歷代封建國家機構設置和官吏之任用、考核等管理制度；卷十六銓選篇，記載歷朝封建王朝之選官制度；卷十七考課篇，記載歷代王朝官吏考核和獎懲制度；卷十八貢舉篇，記載歷代王朝選拔人才貢舉、科舉考試制度之演變和發展；卷十九薦辟篇，記載歷代王朝選拔人才推薦和徵召制度；卷二十學較篇，記載歷代學制變革發展；卷二十一律吕篇，記載歷代朝廷制定律曆，計算出二十四節氣準確時間；卷二十二曆法篇，記述歷代王朝推算年月日時間長度和它們之間之關係，制定時間之序列方法；卷二十三天文篇，記載歷代儀象形制；卷二十四地理篇，記載歷代疆域消長和政區之演變；卷二十五至卷二十七兵制篇，記載歷代軍事制度，它包括武裝體制，軍事領導體制和兵役制度等方面；卷二十八邊兵篇，記載歷代王朝邊兵之邊郡戍守及其軍事體制；卷二十九邊防篇，記載歷朝政府對邊境預防管理制度；卷三十至卷三十二馭夷篇，記載歷代王朝對少數民族和外交之馭夷策略；卷三十三弭盜篇，記載歷代王朝平息盜賊，穩定民生之措施和制度。是書無所不包，亦可視之為經世之作。

平臺紀略一卷　(清)藍鼎元撰　(清)王輔評

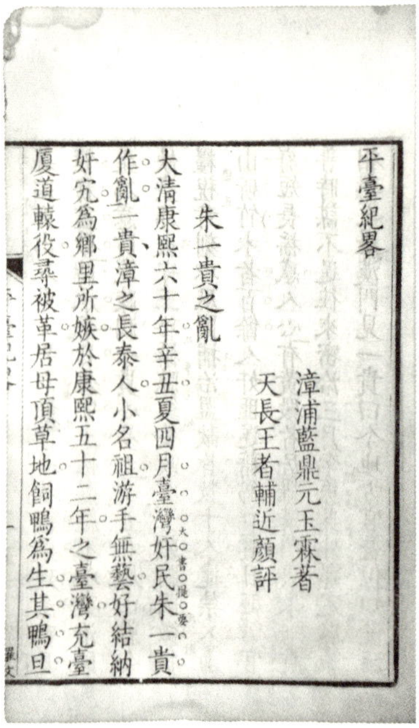
平臺紀畧
漳浦藍鼎元玉霖著
天長王者輔近顔評
朱一貴之亂
大清康熙六十年辛丑夏四月臺灣奸民朱一貴
作亂一貴漳之長泰人小名祖游手無藝好結納
奸宄爲鄉里所嫉於康熙五十二年之臺灣充臺
厦道轅役尋被革居母頂草地飼鴨爲生其鴨旦

清雍正十年(1732)刻本　1冊　半葉9行19字　無界欄　白口　單魚尾　左右雙邊　框高18.5厘米　寬13.7厘米

藍鼎元(1675—1733)，字玉霖，又字任庵，號鹿洲。福建漳浦縣赤嶺人。被譽為“經濟大儒”、“文章巨匠”。從小家境窮困，然勤奮學習，清康熙六十年(1721)隨堂兄藍廷珍入臺，協助平定朱一貴之亂。清雍正元年(1723)拔貢，官至廣州知府。其一生勤於著述，尤喜經濟，留心時事，學適於致用，對閩、粵、黔諸省形勢及征剿臺灣事宜，皆言之鑿鑿。著有《東征集》、《平臺紀略》、《鹿洲公案》、《女學》、《棉陽學準》、《修史試筆》等，主編

《潮州府志》，分修《大清一統志》。

王輔，字近顔，安徽人，其生平不詳。

《平臺紀略》述清康熙六十年(1721)臺灣朱一貴起事之前後經過，分析臺灣自然、地理、政治、社會等諸多因素及其重要性，自序曰：“臺灣雄據海外，直關内地東南半壁，沿海六七省，門户相通。其亂其平，非於國家渺無輕重者”。於治官、治軍、治民等方面提出治理臺灣之正確策略，多被朝廷所采納，其影響及至後代，被尊為“籌臺之宗匠”。

北史一百卷　(唐)李延壽撰　存八十九卷

明萬曆南監刻清初遞修本　存21册　半葉9行18字　白口　魚尾不定　四周雙邊　版框不定

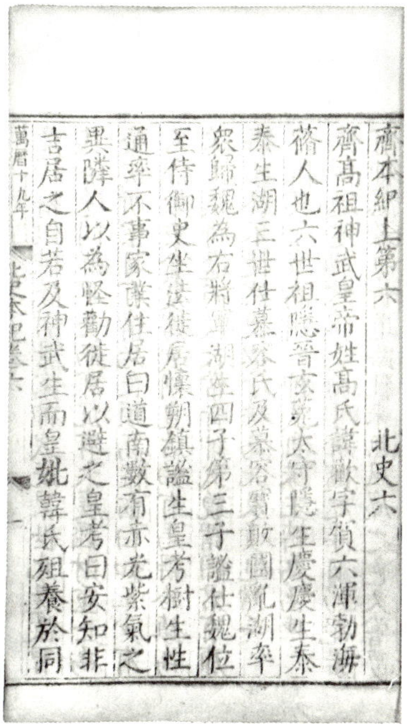
齊本紀上第六　北史六
齊高祖神武皇帝姓高氏諱歡字賀六渾勃海
蓨人也六世祖隱晉玄菟太守隱生慶慶生泰
泰生湖三世仕慕容氏及慕容寶敗國亂湖率
衆歸魏為右將軍湖生四子第三子謐仕魏位
至侍御史坐法徙居懷朔鎮謐生皇考樹生性
通率不事家業住居白道南數有赤光紫氣之
異隣人以為怪勸徙居以避之皇考曰安知非
吉居之自若及神武生而皇妣韓氏殂養於同
萬曆十九年　北史本紀卷六

李延壽(生卒年不詳)，字遐齡，唐初相州(今河南安陽)人，曾任太子典膳丞、崇賢館學士、御史臺主簿、符璽郎兼修國史，修《隋書》、《五代史志》、《晋書》，獨自撰寫《太宗政典》，主要成就是繼承其父李大師遺志，用十六年時間獨立修成《南史》和《北史》，為唐代著名歷史學家。

《北史》是《南史》的姊妹篇，記載北朝北魏、東魏、西魏、北齊、北周、隋六個皇朝二百三十三年封建政權歷史。共有本紀十二卷，其中魏本紀五卷、齊本紀三卷、周本紀二卷、隋本紀二卷；列傳八十八卷，其中類傳有后妃、宗室、外戚、儒林、文苑、孝行、節義、循吏、酷吏、隱逸、藝術、列女、恩幸、僭偽附庸等，專傳多用家傳形式。是書在魏、齊、周、隋四書基礎上删訂改編而成，雖然内容間呈蕪雜之弊，但體例完整、文字簡練、材料充實，是瞭解和研究南北朝之重要史料。

甲申朝事小紀(甲申小紀)十卷　續編八卷　(清)抱陽生編著

清道光年間抄本　18册　半葉7行20字　雙行小字同　朱欄　白口　四周雙邊　框高20厘米　寬13厘米

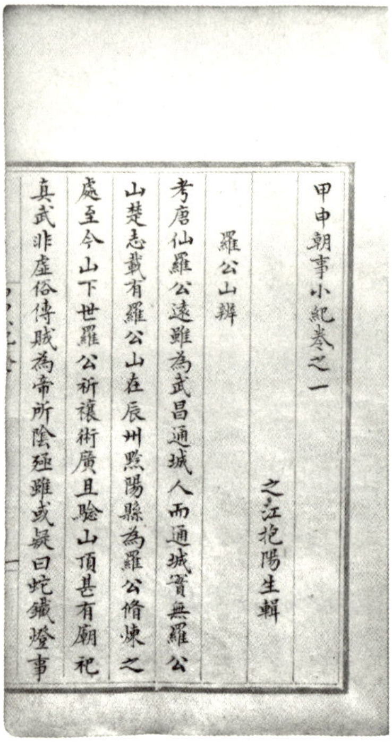
甲申朝事小紀卷之一
之江抱陽生輯
羅公山辯
考唐仙羅公遠雖為武昌通城人而通城實無羅公
山楚志載有羅公山在辰州黔陽縣為羅公脩煉之
處至今山下世羅公祈禳術廣且驗山頂甚有廟祀
真武非虛俗傳賊為帝所陰殛雖或疑曰蛇鐵燈事

抱陽生(生卒年不詳),又名抱陽、抱陽居士,浙江省一位普通讀書人。年輕時從學於湖州"小柯亭主人",善於作詩,精於考據之學,愛好歷史,尤致力於明末清初史事搜輯與整理。清嘉慶十九年(1814),輯成《甲申朝事小紀》初稿,清道光十年(1830),全書基本告成,藏稿於紹興,師友為之作序。清道光十六年(1836),他又對此書作了補充。其詩文以發揮"忠義"之氣為旨。其書齋名"屠蘇庵"。

《甲申朝事小紀》是記録明清之際朝野史事文獻之彙輯,主要記述明天啓、崇禎、清順治三朝史事,同時雜記南明弘光、魯王、隆武、紹武、永曆諸政權興衰,并上涉正德時劉七起義,下及雍正時海鹽鄉祀,内容不局限於甲申一年。取材廣泛,内容豐富,為研究明季史事不可缺少之文獻資料。是書抄寫小楷,字體工整、流暢,具有藝術欣賞價值。

史記索隱一百三十卷　史記補三皇本紀一卷　(漢)司馬遷撰　(南朝宋)裴駰集解　(唐)司馬貞索隱　(唐)張守節正義

明新安吴中珩校刊　60册　半葉10行20字　雙行小字同　白口　單魚尾　左右雙邊　框高20厘米　寬14厘米

司馬遷(約前154—前86),字子長,西漢夏陽龍門(今陝西韓城南)人。父親是漢武帝太史令。漢代元封三年(前108),他三十八歲時繼承父業,正式做了太史令,所著《史記》是中國第一部紀傳體通史,是我國西漢時期史學家、文學家、思想家。

裴駰(生卒年不詳),字龍駒,河東聞喜(今山西聞喜縣)人,為南中郎參軍。

受其父裴松之影響，繼承家學，博覽宏識，致力史學，有《史記集解》八十卷，是現存最早《史記》注本，以注史著稱於世，杰出史學家。

司馬貞(生卒年不詳)，字子正，唐河内(今河南沁陽)人。唐開元中官至朝散大夫，宏文館學士，主管編纂、撰述和起草詔令等。唐代著名史學家，著《史記索隱》三十卷，世號“小司馬”。

張守節(生卒年不詳)，唐開元時官諸王侍讀，守右清道率府長史，唐代歷史學家。他潛心研究《史記》，著有《史記正義》三十卷。與裴駰的《史記集解》八十卷和司馬貞的《史記索隱》三十卷合稱為“舊注《史記》三大書”。

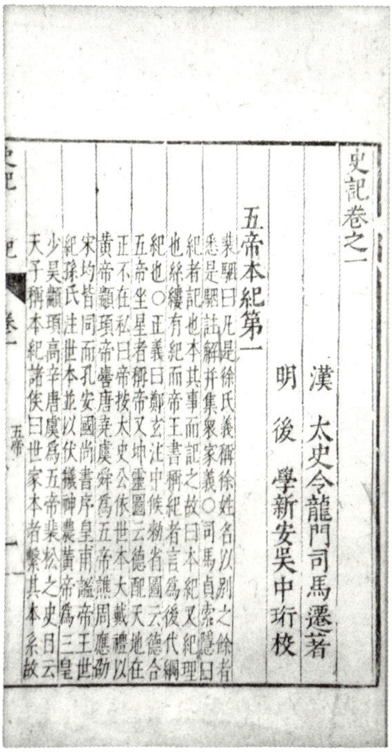
史記卷之一
漢 太史令龍門司馬遷著
明 後學新安吳中珩校
五帝本紀第一
裴駰曰凡是徐氏義稱徐姓名以別之餘者悉是駰註解并集衆家義○司馬貞索隱曰紀者記也本其事而記之故曰本紀又紀理也絲縷有紀而帝王書稱紀者言爲後代綱紀也○正義曰鄭玄注中候勑省圖云德合五帝坐星者稱帝又坤靈圖云德配天地在正不在私曰帝按太史公依世本大戴禮以黃帝顓頊帝嚳唐堯虞舜爲五帝譙周應劭宋均皆同而孔安國尚書序皇甫謐帝王世紀孫氏注世本並以伏羲神農黃帝爲三皇少昊顓頊高辛唐虞爲五帝裴松之史目云天子稱本紀諸侯曰世家本者繫其本系故

《史記索隱》，“索隱”之意相當於“探微”、“發微”。是書前有司馬貞“史記索隱序”，張守節“史記正義謚法解”和“史記正義論例”。彙集裴駰、司馬貞、張守節對《史記》之注，運用大量文獻作校勘材料，考證人名和史實，訓詁方面成就很高，包括音訓，詞訓，詮釋句子，訓釋物名、地名、典制等等，做到“解其所未解，申其所未申”，具有極高史學研究價值。《史記》是中國歷史上第一部紀傳體通史，開創了我國紀傳體通史體例，是古代著名典籍之一，記載了黃帝到漢武帝元狩元年(前 122)三千年左右歷史，全書包括十二本紀、三十世家、七十列傳、十表、八書，共一百三十篇，五十二萬六千五百餘字。同時它又是一部優秀文學著作，在中國文學史上具有重要地位，《史記》對後世史學和文學發展都産生了深遠影響。

史記評林一百三十卷　讀史總評一卷　(明)淩稚隆編輯

明萬曆五年(1577)刻本　24 册　半葉 11 行 24 字　雙行 24 字　白口　雙順魚尾　四周雙邊　框高 26 厘米　寬 14.5 厘米

淩稚隆(生卒年不詳)，字以棟，號磊泉。浙江烏程(今浙江湖州)人，出身史學世家，篤志好學，滿腹經綸。淩氏父子均鍾情於《史記》，其父撰有《史記評抄》。子繼父業，著有《史記評林》、《漢書評林》、《春秋評注測義》、《史記纂》、《五車韻瑞》等。

《史記評林》前有王世貞撰《史記評林序》，茅坤撰《刻史記評林序》，徐中行撰《史記評林序》，裴駰撰《史記集解序》，司馬貞《史記索隱序》、《史記索隱後序》和《補史記序》，張守節撰《史記正義序》、《史記正義論例謚法解》、《列國分野》，并附有圖譜説明。列出《史記評林》引用其他評論名家之姓名和書名。全書分别為帝紀十二卷，年表十卷，書八卷，世家三十卷，列傳七十卷。除了引用裴駰集解、司馬貞索隱、張守節正義，還廣搜博采，彙輯了由晋至明一百五十家評論，引用書目一百四十餘種，選録歷代名家對《史記》之評論，探本求源，對《史記》文義、段義、字義做出詮釋，勘誤或糾正三家注之失，可謂彙輯評點集大成之論著，是學習和研究《史記》之一大專著。

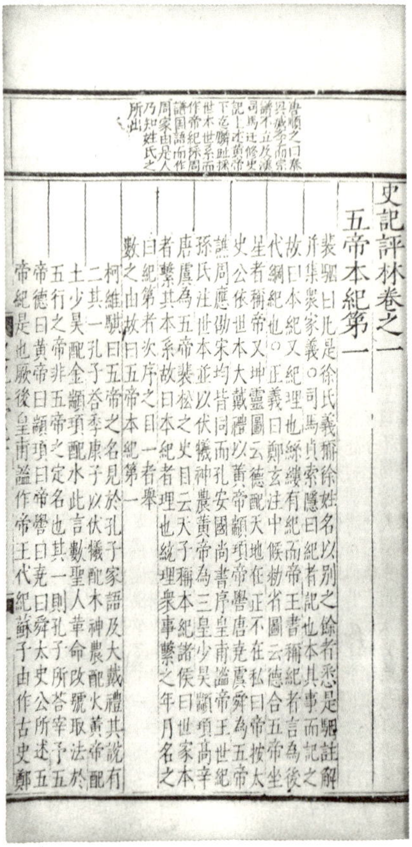
唐順之曰秦以滅學而宗譜不立及漢司馬遷修史記上本黃帝下迄麟趾採世本世系而作帝紀採周諸國語而作周家由是人乃知姓氏之所出

史記評林卷之一

五帝本紀第一

裴駰曰凡是徐氏義稱徐姓名以別之餘者悉是駰註解
并集衆家義○司馬貞索隱曰紀者記也本其事而記之
故曰本紀又紀理也絲縷有紀而帝王書稱紀者言為後
代綱紀也○正義曰鄭玄注中候勑省圖云德合五帝坐
星者稱帝又坤靈圖云德配天地在正不在私曰帝按太
史公依世本大戴禮以黃帝顓頊帝嚳唐堯虞舜為五帝
譙周應劭宋均皆同而孔安國尚書序皇甫謐帝王世紀
孫氏注世本並以伏犧神農黃帝為三皇少昊顓頊高辛
唐虞為五帝裴松之史目云天子稱本紀諸侯曰世家本
者繫其本系故曰本紀紀者理也統理衆事繫之年月名之
曰紀第者次序之目一者舉
數之由故曰五帝本紀第一

柯維騏曰五帝之名見於孔子家語及大戴禮其說有
二其一孔子荅季康子以伏犧配木神農配火黃帝配
土少昊配金顓頊配水此言數聖人革命改號取法於
五行之帝非五帝之定名也其一則孔子所荅宰予五
帝德曰黃帝曰顓頊曰帝嚳曰堯曰舜太史公所述五
帝紀是也厥後皇甫謐作帝王代紀蘇子由作古史鄭

史記纂二十四卷　附報任少卿書　(明)淩稚隆撰　(明)淩森美重校

明萬曆七年(1579)朱墨套印本　24 册　半葉 9 行 19 字　雙行小字同　無界行　白口　四周單邊　框高 20.5 厘米　寬 14.5 厘米

淩稚隆，生平参見《史記評林》。

淩森美(生卒年不詳)，字聖西，號滄州，一號蒿伍，江南定遠(今安徽定遠)人，拔貢。清康熙五十二年(1713)任廣西貴縣知縣，五十四年(1715)調任永淳(今横縣)知縣，五十八年(1719)升任雲南沾益知州，撰有《永淳縣志》等。清初著名藏書家和刻書家。

《史記纂》卷一至卷三“本紀”九篇，即五帝、周、秦、秦始皇、項羽、漢高祖、吕后、孝文、孝景帝王之傳記；卷四“表”六篇，即三代、十二諸侯、六國、秦楚、漢、高祖之表序，“書”三篇，即禮書、樂書、律書；卷五至卷六“書”三篇，即封禪書、河渠書、平準書；卷七至卷十“世家”二十三篇，即吴太伯、齊太公、燕世家、衛康叔、宋微子、晋世家、楚世家、越世家、趙世家、魏世家、韓世家、田敬仲完、孔子、外戚、荆燕、齊惠王、蕭相國、曹相國、留侯、陳丞相、絳侯、梁孝王之傳記；卷十一至卷二十四“列傳”五十七篇，即伯夷、管晏、老莊申韓、穰苴、孫子吴起、伍子胥、仲尼弟子、商君、蘇秦、張儀、樗里、穰侯、白起王翦、孟子荀卿、孟嘗君、平原君虞卿、信陵君、春申君、范雎蔡澤、樂毅、廉頗藺相如、田單、魯仲連鄒陽、屈原賈誼、刺客、李斯、蒙恬、張耳陳餘、魏豹彭越、黥布、淮陰侯、韓王信盧綰、田儋、樊酈滕灌、酈生陸賈、劉敬叔孫通、季布欒布、袁盎晁錯、張釋之馮唐、萬石君張叔、魏其武安侯、韓長孺、李將軍、匈奴、衛將軍驃騎、平津侯主父、西南夷、司馬相如、淮南衡山、汲鄭、儒林、酷吏、大宛、游俠、滑稽、日者、貨殖、太史公自序。書前有王世貞序、自序，自序末題“淩森美重校并書”，書中有朱色眉注、眉評，在《史記評林》基礎上精益求精，互為表裏。

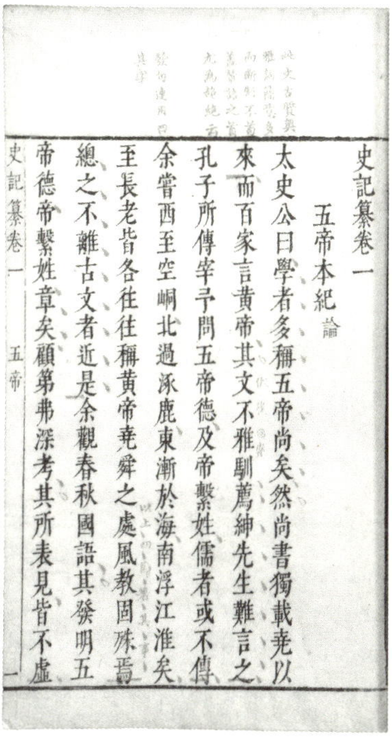
史記纂卷一
五帝本紀 論
太史公曰學者多稱五帝尚矣然尚書獨載堯以
來而百家言黃帝其文不雅馴薦紳先生難言之
孔子所傳宰予問五帝德及帝繫姓儒者或不傳
余嘗西至空峒北過涿鹿東漸於海南浮江淮矣
至長老皆各往往稱黃帝堯舜之處風教固殊焉
總之不離古文者近是余觀春秋國語其發明五
帝德帝繫姓章矣顧弟弗深考其所表見皆不虛
史記纂卷一 五帝 一

史書纂略二百二十卷 （明）馬維銘纂 存一百二十九卷

明萬曆天佚草堂刻本 存26册 半葉9行20字 白口 單魚尾 四周單邊 框高22.8厘米 寬14.8厘米

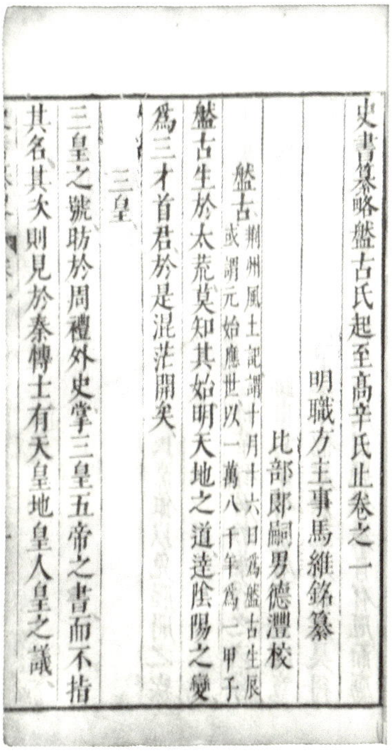
史書纂略盤古氏起至高辛氏止卷之一
明職方主事馬維銘纂
比部郎嗣男德澧校
盤古 荆州風土記謂十月十六日為盤古生辰或謂元始應世以一萬八千年為一甲子
盤古生於太荒莫知其始明天地之道達陰陽之變
為三才首君於是混茫開矣
三皇
三皇之號昉於周禮外史掌三皇五帝之書而不指
其名其人則見於秦博士有天皇地皇人皇之議

馬維銘（1556—?），字弘衢，號新甫，又號羼提生，浙江嘉興平湖人。明萬曆八年（1580）進士。任太平縣令，官至兵部職方司主事，明代文人和刻書家。一生好書，其書室名“衢原草堂”、“得月樓”。著有《羼提編》、《得月樓詩草》、《詹詹稿》等；明萬曆年間刻印有《經略朝鮮疏》、《廣文全》、《詩選》等。

《史書纂略》按時代順序，取“二十一史”本紀、列傳，各撮取大略，彙成一編。馬氏於每一史之前，均以評議。後世有是書“去取失宜，疏略太甚”之論。

江陰城守紀二卷　後附守城記一卷　（清）韓菼撰

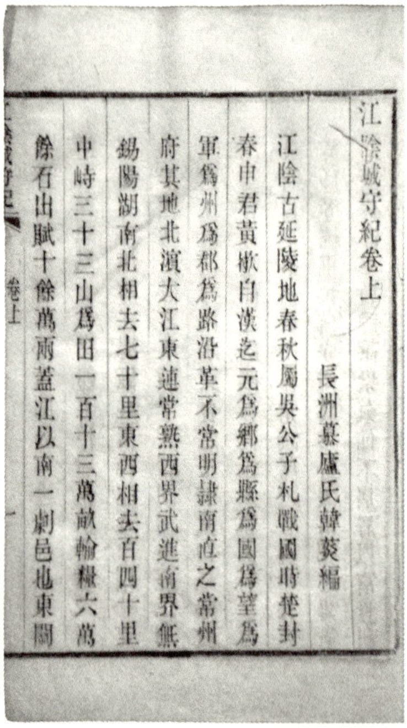
江陰城守紀卷上
長洲慕廬氏韓菼輯
江陰古延陵地春秋屬吳公子札戰國時楚封
春申君黃歇自漢迄元爲鄉爲縣爲國爲望爲
軍爲州爲郡爲路洎革不常明隸南直之常州
府其地北濱大江東連常熟西界武進南界無
錫陽湖南北相去七十里東西相去百四十里
中峙三十三山爲田一百十三萬畝輸糧六萬
餘石出賦十餘萬兩蓋江以南一劇邑也東關
江陰城守紀　卷上

清康熙五十四年(1715)刻本　1 册　半葉 9 行 19 字　白口　單魚尾　四周單邊　框高 19.2 厘米　寬 13.7 厘米

韓菼(1637—1704)，字元少，别號慕廬，謚文懿，人稱韓文懿公。祖籍鳳陽（今屬安徽），後遷於江蘇長洲，出身書香門第。其好學上進，擅長詩詞古文。清康熙十二年(1673)一甲一名進士，授編修，掌修國史，奉旨編著《太極圖説》、《孝經衍義》，充任《大清一統志》總裁官，著有《有懷堂文集》、《有懷堂詩集》、《春秋左傳句解彙鎸》，官至禮部尚書。

《江陰城守紀》分上下兩卷，記載清順治二年(1645)，江陰（今屬江蘇）軍民同仇敵愾，寧死不屈，抗擊清軍之城邑守衛戰，“守城八十一日，城内死者九萬七千餘人，城外死者七萬五千餘人”，終因彈盡糧絶，遭受屠城之慘，表現江陰“人心齊，民性剛”，不畏强暴、英勇鬥争之一段史實，江陰也成為著名“忠義之邦”。

汲冢周書（逸周書）十卷　（晋）孔晁注　（清）汪士漢校　秘書二十一種之一

清康熙八年(1669)文盛堂刻本　1 册　半葉 10 行 20 字　雙行小字同　白口　單魚尾　左右雙邊　框高 20.2 厘米　寬 13.8 厘米

汲冢周書(逸周書)十卷　(晉)孔晁注　(清)汪士漢校

清乾隆七年(1742)文盛堂重刻本　1 册　半葉 10 行 20 字　雙行小字同　白口　單魚尾　四周單邊　框高 19.2 厘米　寬 13.5 厘米

孔晁,晋朝五經博士,生平不詳。

汪士漢(生卒年不詳),字晤然,清代歲貢。著有《易經集解》、《古今記林》、《祖書存餘集》、《古山房文集》等。

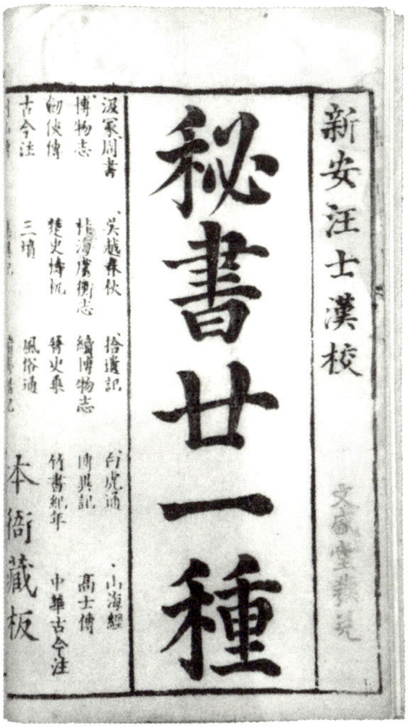

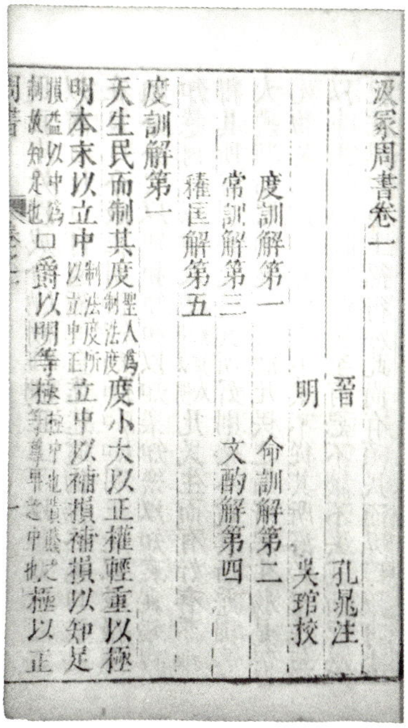

《汲冢周書》正文七十篇,有四十二篇為晋五經博士孔晁注。各篇篇名均贅"解"字。卷一:度訓解、命訓解、常訓解、文酌解、糴匡解;卷二:武稱解、允文解、大武解、大明武解、小明武解、大匡解、程典解、程寤解、秦陰解、九政解、九開解、劉法解、文開解、保開解、八繁解;卷三:酆保解、大開解、小開解、文儆解、文傳解、柔武解、大開武解、小開武解、寶典解、酆謀解、寤儆解、武順解、武穆解;卷四:和寤解、克寤解、克殷解、大匡解、文政解、大聚解、世俘解、箕子解、耆德解;卷五:商誓解、度邑解、武儆解、五權解、成開解、作雒解、皇門解、大戒解;卷六:周月解、時訓解、月令解、謚法解、明堂解、嘗麥解、本典解;卷七:官人解、王會解;卷八:祭公解、史記解、職方解;卷九:芮良夫解、大子晋解、王佩解、殷祝解、周祝解;卷十:武紀解、銓法解、器服解。其中十一篇有目無文,即:程寤解、秦陰解、九政解、九開解、劉法解、文開解、保開解、八繁解、箕子解、耆德解、月令解。是書内容龐雜，各篇體例、性質不盡相同，大體按史事年代早晚編次，上起周初文王、武王，下至春秋後期靈王、景王之歷史傳説。記載了許多先秦重要史事，如古代禮制、治國用兵、天文曆法、地理地名、氣候物産、民族方國等，是研究古代區域經濟、歷史地理、民族史等之重要史料，具有較高歷史文獻價值。

吴越備史四卷　補遺一卷　(宋)錢儼撰

清代敦古堂抄本　4 册　半葉 8 行 20 字　無界欄　白口　無邊框

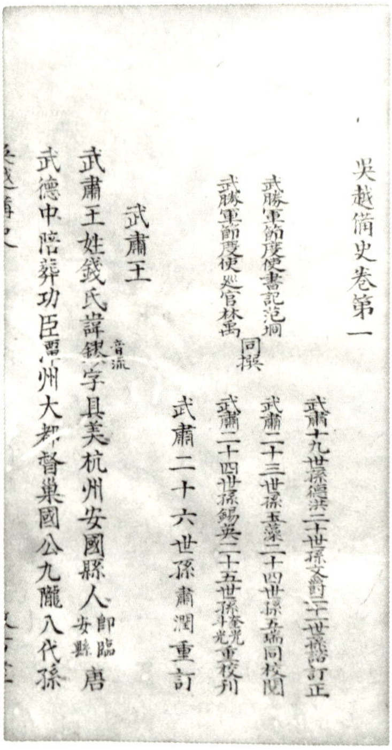
吴越備史卷第一
武勝軍節度使書記范坰
武勝軍節度使巡官林禹　同撰
武肅十九世孫德洪二十世孫文爵二十一世孫諧訂正
武肅二十三世孫玉藻二十四世孫五嵩同校閱
武肅二十四世孫錫英二十五世孫奎光重校刊
武肅二十六世孫肅潤重訂
武肅王
武肅王姓錢氏諱鏐音流字具美杭州安國縣人即臨安縣唐
武德中陪葬功臣四州大都督巢國公九龍八代孫

錢儼(937—1003)，本名弘信，字誠允，杭州錢塘(今浙江杭州)人，是五代十國吴越國王後裔，文穆王第十四子，曾任鎮東軍安撫副使及知湖州。據學術界研究，《吴越備史》作者實際上是錢儼，署名“范坰、林禹撰”衹是錢儼的假托。

《吴越備史》卷一武肅王錢鏐傳，卷二文穆王錢元瓘傳，卷三忠獻王錢弘佐和忠遜王錢弘倧傳，卷四忠懿王錢俶傳。全書各卷按編年順序，記述從錢鏐出生直至錢俶去世一個多世紀間，吴越國及錢氏家族之歷史，也涉及、記録了同時代其他政權。提供關於五代十國時期兩浙地區社會政治、經濟之重要史料，如其中錢鏐興修捍海塘和營建杭州城之記載，常被後代史家引用。是記載五代時吴越國創建、興起、納土歸宋而消亡具體過程之歷史著作。

宋史四百九十六卷　目録三卷　(元)脱脱等編撰　存三百三十六卷

明萬曆年間南監刻明清遞修本　85 册　半葉 10 行　20 字　白口　雙順魚尾　四周雙邊　框高 20.2 厘米　寬 15 厘米

脱脱(1314—1355)，字大用，蒙古族，蔑裏乞氏，曾任同知樞密院事、中書右丞等，主持修宋、遼、金三史，時譽為“賢相”。

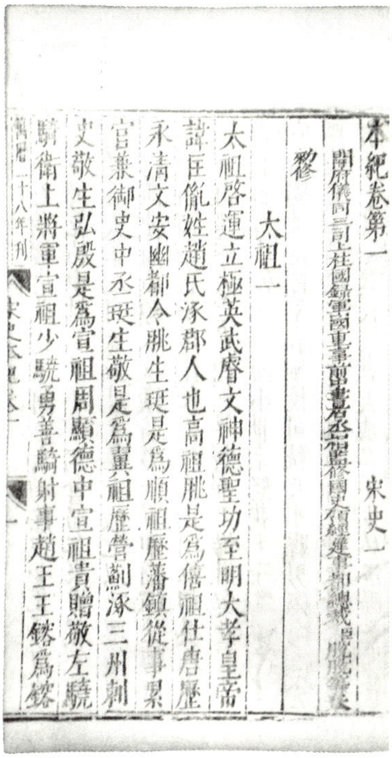
本紀卷第一　宋史一
開府儀同三司上柱國錄軍國重事前中書右丞相監修國史領經筵事都總裁臣脫脫等奉
敕修
太祖一
太祖啓運立極英武睿文神德聖功至明大孝皇帝
諱匡胤姓趙氏涿郡人也高祖朓是爲僖祖仕唐歷
永清文安幽都令朓生珽是爲順祖歷藩鎮從事累
官兼御史中丞珽生敬是爲翼祖歷營薊涿三州刺
史敬生弘殷是爲宣祖周顯德中宣祖貴贈敬左驍
騎衛上將軍宣祖少驍勇善騎射事趙王王鎔爲鎔
萬曆二十八年刊

《宋史》包括本紀四十七卷，志一百六十二卷，表三十二卷，列傳二百五十五卷，體例完備。其中“志”篇幅較大約占全書三分之一，僅次於列傳，“列傳”比前代史書都豐富，共收入兩千多人，對宋代之政治、經濟、軍事、文化、民族關係、典章制度等都做了較為詳盡之記載，是研究兩宋三百多年歷史之基本史料。是書卷帙浩繁，史料豐富，敘事詳盡。但由於編撰人多，成書時間短，檢校難周，因此在文字修飾、史料剪裁、史事考訂、全書體例等方面，不免舛謬抵牾，顯得較為粗糙、草率。然畢竟例目多，分量大，為中國二十四史中最龐大之一部，保存了大量失散之原始資料，故考兩宋史事，終主以此書為據。

宋史紀事本末一百九卷　（明）馮琦編　（明）陳邦瞻增訂　（明）張溥論正

清康熙十八年(1679)張聞升重刻本　17 册

半葉 9 行 20 字　白口　單魚尾　左右雙邊

框高 18.5 厘米　寬 14 厘米

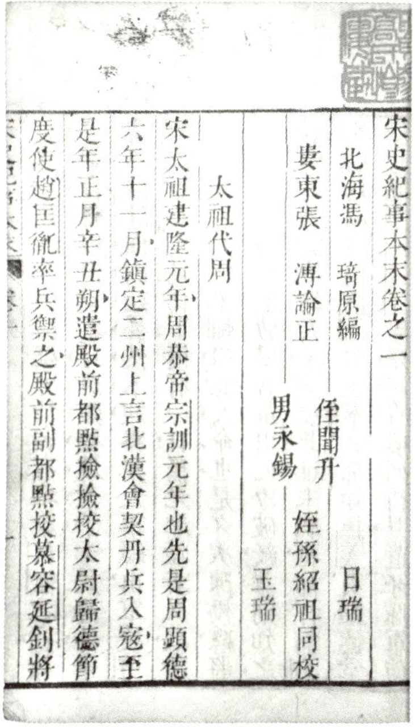
宋史紀事本末卷之一
北海馮　琦原編　姪聞升　日瑞
婁東張　溥論正　男永錫　姪孫紹祖同校　玉瑞
太祖代周
宋太祖建隆元年周恭帝宗訓元年也先是周顯德
六年十一月鎮定二州上言北漢會契丹兵入寇至
是年正月辛丑朔遣殿前都點檢檢校太尉歸德節
度使趙匡胤率兵禦之殿前副都點校慕容延釗將

馮琦(1557—1602)，字用韞，號琢庵，山東臨朐人。明萬曆五年(1577)進士，歷任編修、侍講、禮部右侍郎、禮部尚書等職。其著作有《宗伯集》，撰寫《宋史紀事本末》以續《通鑒紀事本末》，未成而卒。

陳邦瞻，生平參見《元史紀事本末》。

張溥，生平參見《元史紀事本末》。

《宋史紀事本末》記載宋太祖建立宋朝到文天祥等殉國，南北兩宋三百餘年(960—1279)歷史，包括宋、遼、金和元初之史事，其中宋史八十九卷，涉及遼、金、元十二卷，專述遼、金、元者八卷，采用宋朝年號，按年代先後順序，詳述史事始末，叙述清晰明瞭，人物形象鮮明，具有較高史料價值。

宋書一百卷　（梁）沈約撰　存九十五卷

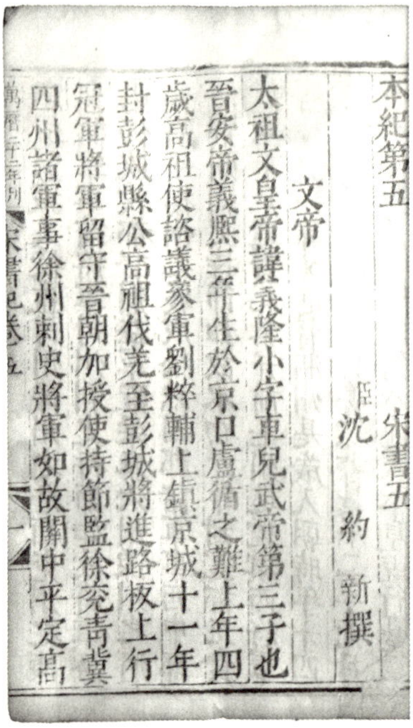
本紀第五　宋書五
文帝　臣沈約新撰
太祖文皇帝諱義隆小字車兒武帝第三子也
晉安帝義熙三年生於京口盧循之難上年四
歲高祖使諮議參軍劉粹輔上鎮京城十一年
封彭城縣公高祖伐羌至彭城將進路板上行
冠軍將軍留守晉朝加授使持節監徐兗青冀
四州諸軍事徐州刺史將軍如故關中平定高

明萬曆二十二年（1594）南監刻明清遞修本
27 册　半葉 9 行 18 字　白口　三黑魚尾　四周雙邊　框高 21.8 厘米　寬 16.5 厘米

沈約（441—513），字休文，吴興武康（今浙江德清縣）人，出身於門閥士族家庭，先後在宋、齊、梁三朝做官，一般稱其為梁朝人。少篤志好學，青年時已博通群籍，擅長詩文，創造了詩歌之“永明體”，并對史學有濃厚興趣。著有《齊紀》、《梁武紀》、《邇言》、《謚例》、《宋文章志》、《四聲譜》等，是南朝史學家、文學家和政治家。

《宋書》為記述南朝劉宋歷史之紀傳體史書，本紀十卷，含武帝、少帝、文帝、孝武帝、前廢帝、明帝、後廢帝、順帝八朝；志三十卷，含曆三卷、禮五卷、樂四卷、天文四卷、符瑞三卷、五行五卷、州郡四卷、百官二卷；列傳六十卷，含雜傳四十八卷，類傳十二卷，有后妃、明四王、孝義、良吏、隱逸、恩倖、索虜、鮮卑、吐谷渾、夷蠻、氐胡、二凶、自序。是書“傳”開創“家傳”形式，以子孫之傳附父祖之傳，而“志”比“傳”在史學上價值更為突出，八志之首《志序》，概述志之由來和演變，叙述志撰述之不易，以及志之所本和補撰情況，反映出中國古代史學理論之基礎。記載多從三國起，部分甚至追述到東漢，其重視典章制度沿革變流。另收録詔令奏議、書札、文章等文獻亦較多，具有較高史料價值。

宋書文鈔二十卷　(梁)沈約撰　(明)戴羲摘鈔

明崇禎年間刻本　3 册　半葉 9 行 19 字　白口　單魚尾　四周單邊　框高 21 厘米　寬 14.5 厘米

沈約，生平參見《宋書》。

戴羲(生卒年不詳)，字取畏，號灌叟、馭長，明崇禎時官光禄寺典簿，著有《二十一史文鈔》、《養餘月令》等。

《宋書文鈔》為《二十一史文鈔》之一，卷一摘録武帝紀、文帝紀、孝武帝紀、明帝紀、後廢帝紀；卷二摘録曆志、禮志、樂志、符瑞志；卷三及之後均為列傳摘録，某些人物不單獨立傳，衹把其事迹或生平在别人傳中插叙一段。是書多以《南史》參訂，削繁就簡，提要鈎玄，卷帙不大，易於閲讀。

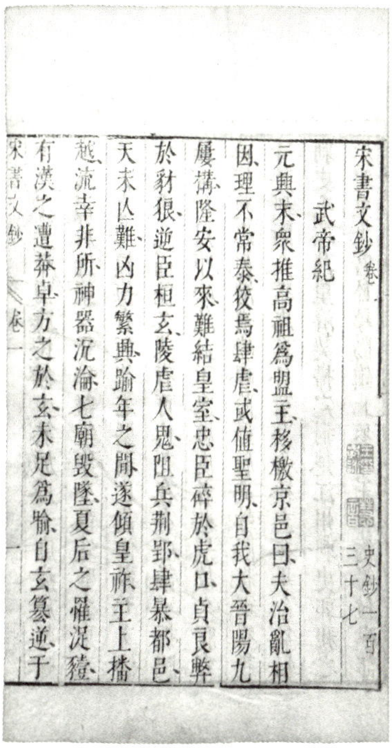
宋書文鈔卷一　史鈔一百三十七
武帝紀
元興末衆推高祖爲盟主移檄京邑曰夫治亂相
因理不常泰伐爲肆虐或值聖明自我大晉陽九
屢構隆安以來難結皇室忠臣碎於虎口貞良斃
於豺狼逆臣桓玄陵虐人鬼阻兵荆郢肆暴都邑
天未亡難凶力繁興踰年之閒遂傾皇祚王上播
越流幸非所神器沉淪七廟毀墜夏后之罹浞殪
有漢之遭莽卓方之於玄未足爲喻自玄篡逆于
宋書文鈔　卷一

長白山録一卷　補遺一卷　(清)王士禛撰

清康熙三十六年(1697)刻本　1 册　半葉 10 行 19 字　黑口　黑魚尾　左右雙邊　框高 16.5 厘米　寬 13 厘米

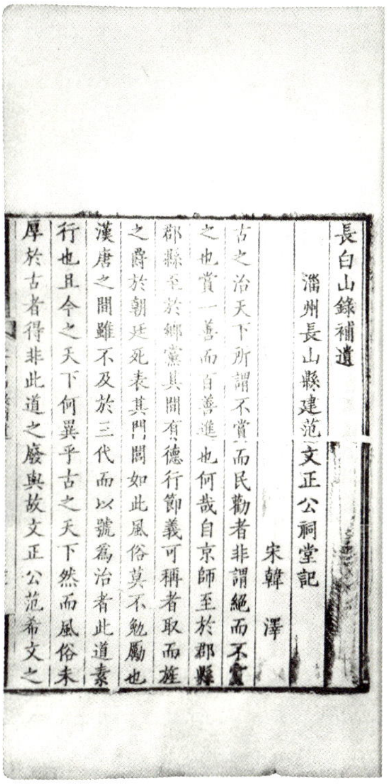
長白山錄補遺
淄州長山縣建范文正公祠堂記
宋韓　澤
古之治天下所謂不賞而民勸者非謂絕而不賞
之也賞一善而百善進也何哉自京師至於郡縣
郡縣至於鄉黨其間有德行節義可稱者取而旌
之爵於朝廷死表其門閭如此風俗莫不勉勵也
漢唐之間雖不及於三代而以號爲治者此道素
行也且今之天下何異乎古之天下然而風俗未
厚於古者得非此道之廢與故文正公范希文之

王士禛(1634—1711)，字子真，又字貽上，號阮亭、漁陽山人，山東新城人。清順治十五年(1658)進士。歷任鄉會試考官，禮部、户部主事，户部郎中。清康熙十七年(1678)，任翰林院侍講學士，入值南書房。後任國子監祭酒，升至刑部尚書。謚文簡。博學好古，能鑒别書、畫、鼎、彝之屬，精金石篆刻，詩為一代宗匠，與朱彝尊并稱。為康熙年間詩壇領袖，論詩主"神韻説"。亦為清初文壇領袖，文亦與朱彝尊齊名，有“南朱北王”之稱。

《長白山録》系王士禛記述山東鄒平縣境内長白山地理形勢、歷史古迹及相關傳説之專著。末附《補遺》一卷，主要記載范仲淹在長白山之游迹。

東都事略一百三十卷　(南宋)王稱撰

清寶華堂仿宋刻本　8 册　半葉 12 行 24 字　白口　雙魚尾　左右雙邊

框高 18.8 厘米　寬 13 厘米

王稱(生卒年不詳)，字季平，眉州(今四川省眉山市)人，承議郎，後任龍州知州，官至直秘閣。青年時曾隨父居都城臨安，在其父王賞參預實録編撰工作後，有機會瞭解不少北宋史實，目睹朝廷所珍藏之文獻資料，使其對編撰北宋歷史有濃厚興趣和願望，於是立志繼承父業，埋頭著述。除此書外，還編撰有《西夏事略》、《柳文評論》、《張邦昌事略》、《除直秘閣謝表》等。

宋人原本

東都事畧

寶華堂梓行

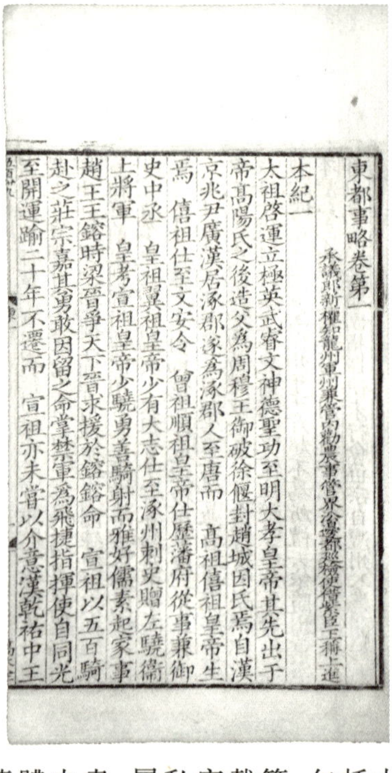
東都事略卷第一

承議郎新權知龍州軍州兼管內勸農事管界沿邊都巡檢使臣王稱上進

本紀一

太祖啓運立極英武睿文神德聖功至明大孝皇帝其先出于

帝高陽氏之後造父為周穆王御破徐偃封趙城因氏焉自漢

京兆尹廣漢居涿郡遂為涿郡人至唐而　高祖僖祖皇帝生

焉　僖祖仕至文安令　曾祖順祖皇帝仕歷藩府從事兼御

史中丞　皇祖翼祖皇帝少有大志仕至涿州刺史贈左驍衛

上將軍　皇考宣祖皇帝少驍勇善騎射而雅好儒素起家事

趙王王鎔時梁晉爭天下晉求援於鎔鎔命　宣祖以五百騎

赴之莊宗嘉其勇敢因留之命掌禁軍為飛捷指揮使自同光

至開運踰二十年不遷而　宣祖亦未嘗以介意漢乾祐中王

《東都事略》係記載北宋九朝歷史之紀傳體史書，屬私家載籍，包括本紀十二卷，為各代帝王在位大事記；世家五卷，記叙后妃和宗室傳記；列傳一百零五卷，記載北宋九朝政治、軍事、學術等各界重要人物共六百九十七人傳記；附録八卷，列舉遼、金、西夏、西蕃、交趾等國傳記。是書取材於宋朝實録、國史以及野史、雜記等，無表和志，叙述簡明扼要，因北宋建都開封，稱東京，故此書名，史料價值較高。

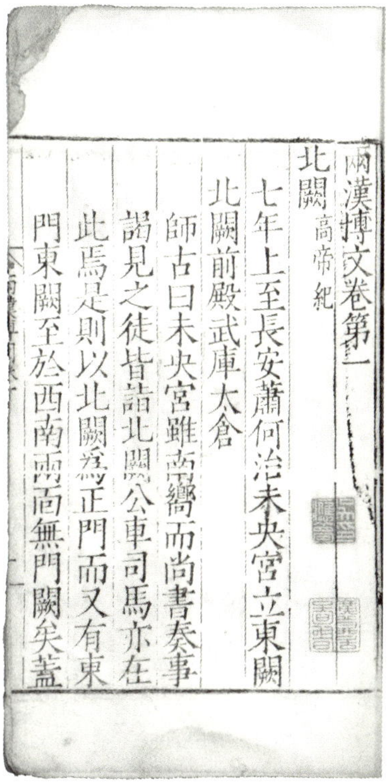
兩漢博文卷第一
北闕 高帝紀
七年上至長安蕭何治未央宮立東闕
北闕前殿武庫太倉
師古曰未央宮雖南嚮而尚書奏事
謁見之徒皆詣北闕公車司馬亦在
此焉是則以北闕為正門而又有東
門東闕至於西南兩面無門闕矣蓋

兩漢博聞十二卷　(宋)楊侃編　缺卷四　卷六　卷九　卷十　卷十二

明嘉靖三十七年(1558)黄魯曾刻本　存8册　半葉8行16字　白口　左右雙邊　框高17.5厘米　寬12厘米

楊侃(964—1032)，避真宗藩邸諱改名大雅，字子正，錢塘(今浙江杭州)人。宋太宗端拱二年(989)進士，官至集賢院學士，後為知制誥。著有《大隱集》、《西垣集》、《職林》等。

《兩漢博聞》摘録前後《漢書》中各種名詞作為標目，節取顔師古及李賢注加以解釋。前漢七卷，後漢五卷，皆直抄注文，無所辨證。是書既不按原書次序編排，亦不分類編排，摘録一書中片段，鮮華字句，或新異事迹。雖顯雜亂無章，與史學研究無關，但采摘精詳，尚雅訓，益初學。有可考典制、故實、名物、訓詁之效。

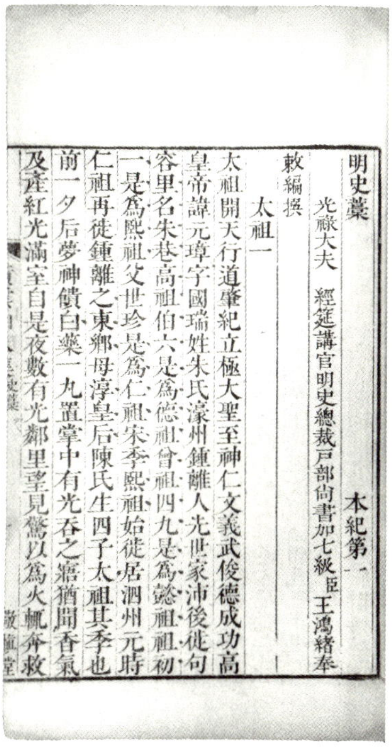
明史藳　本紀第一
光祿大夫　經筵講官明史總裁戶部尚書加七級臣王鴻緒奉
敕編撰
太祖一
太祖開天行道肇紀立極大聖至神仁文義武俊德成功高
皇帝諱元璋字國瑞姓朱氏濠州鍾離人先世家沛後徙句
容里名朱巷高祖伯六是為德祖曾祖四九是為懿祖祖初
一是為熙祖父世珍是為仁祖宋季熙祖始徙居泗州元時
仁祖再徙鍾離之東鄉母淳皇后陳氏生四子太祖其季也
前一夕后夢神饋白藥一丸置掌中有光吞之寤猶聞香氣
及產紅光滿室自是夜數有光鄰里望見驚以為火輒奔救

明史稿三百一十卷　目録三卷　(清)王鴻緒撰

清雍正元年(1723)敬慎堂刻本　80册　半葉11行23字　白口　單魚尾　左右雙邊　框高19.7厘米　寬14.2厘米

王鴻緒(1645—1723)，字季友，號儼齋，别號横雲山人，松江華亭人，出身官宦之家。清康熙十二年(1673)進士，主持順天鄉試，不久升贊善、侍讀，任《明史》總裁官，撰寫列傳，參與纂修《佩文韻府》。其工書法，“奄有魏晋以來諸家之長”，兼通醫學，有醫著《王鴻緒外科》，另有《横雲山人集》。

《明史稿》為明代紀傳體史書。有本紀十九卷，記載明太祖至莊烈帝十七位明皇帝之傳記；志七十七卷，有天文、五行、曆、地理、河渠、禮、樂、議衛、輿服、選舉、職官、食貨、兵、刑法、藝文十五類；表九卷，有諸王世表、宰輔年表、七卿年表；列傳二百零五卷，有后妃、諸王、公主、儒林、文苑、忠義、孝義、烈女、外戚、宦官、土司、外國、西域等。涉及明代政務、典章、經濟、軍事、民族關係、社會狀況等内容。後張廷玉撰《明史》據此為底本。

明季北略二十四卷　(清)計六奇撰

清中期木活字本　12册　半葉9行20字　白口　單魚尾　左右雙邊　框高20厘米　寬13.5厘米

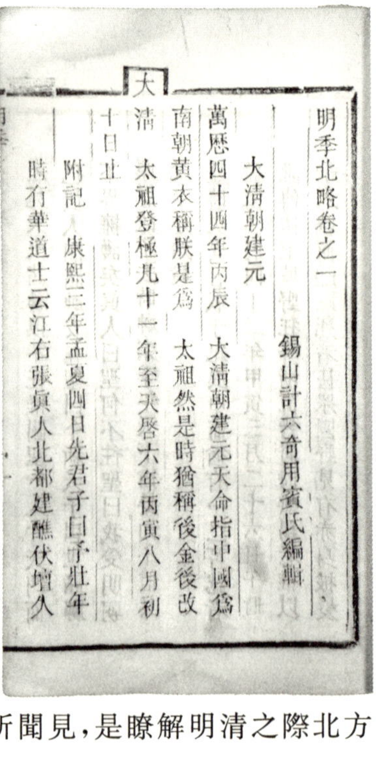
明季北略卷之一
錫山計六奇用賓氏編輯
大清朝建元
萬歷四十四年丙辰　大清朝建元天命指中國爲
南朝黃衣稱朕是爲　太祖然是時猶稱後金後改
大清　太祖登極凡十一年至天啓六年丙寅八月初
十日止
附記　康熙三年孟夏四日先君子曰予壯年
時有華道士云江右張眞人北都建醮伏壇久

計六奇(1622—?)，字用賓，號天節子，别號九峰居士，無錫縣興道鄉人。幼小家貧，早年寄讀塾館，兩次鄉試不舉，從此無意科舉仕進，在無錫做塾師了此一生。明清兩代交替變故，他作為親身經歷者，大量搜集資料、實地調查，用盡苦心，將自己的所見所聞、所思所想，把明清之際的社會巨變，明朝由亂而亡歷史教訓記録下來，寫成《明季北略》和《明季南略》兩書。此外還有《粤滇紀聞》、《金壇獄案》、《南京紀略》，史稱一代史學奇人。

《明季北略》記載明萬曆二十三年(1595)清太祖努爾哈赤興起東北到明崇禎十七年(1644)吴三桂引清兵入關，北方五十年之史實，内容主要涉及明末農民戰争、階級矛盾、民族關係等。分年記事，每年之中，以紀事本末體逐事標立名目。是書取材以文獻和口碑并重，多出於當事人所聞見，是瞭解明清之際北方階級矛盾、民族關係，明清兩朝興廢交替之重要史料。

明季南略十八卷　(清)計六奇撰

清嘉慶道光年間琉璃廠半松居士木活字本　12 册　半葉 9 行 20 字　白口單魚尾　左右雙邊　框高 16.5 厘米　寬 12.8 厘米

計六奇，生平參見《明季北略》。

《明季南略》卷一至卷九記南都事，卷十記浙江事，卷十一記福建，卷十二記粵東，卷十三至卷十七記永曆始末，卷十八餘紀。上起清順治元年(1644)五月，止於清康熙四年(1665)二月南明永曆帝被害，記述南明史略與鄭成功事迹，共二十餘年歷史。是書以編年為綱，雜以紀事本末、傳記形式。各卷按年分事記述，但編年不編月，有些事目中，又多以事件為題，也有傳記、章奏、詩文。每卷幾乎都有“志異”，專記星象變化和天灾異象，自序曰：“雖敘次不倫、見聞各異，而筆之所至，雅俗兼收，有明之微緒餘燼，皆畢於是矣。嗟嗟！禍亂之作，天之所以開皇清也；豈人力歟！爰是識數言於左。”

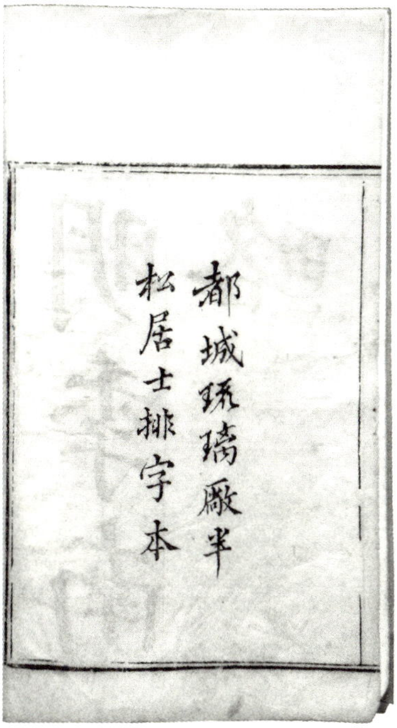
都城琉璃廠半
松居士排字本

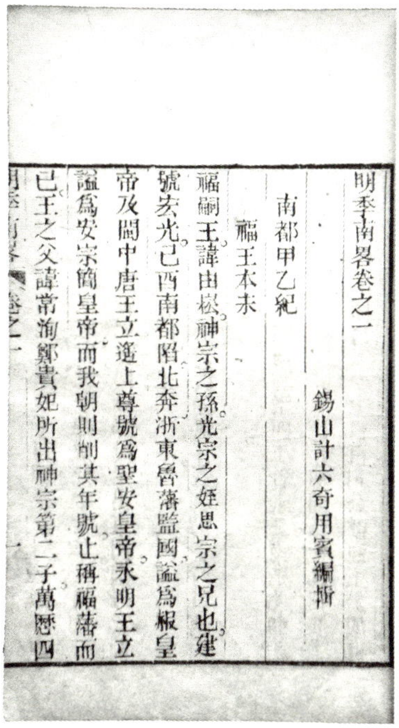
明季南畧卷之一　錫山計六奇用賓編輯
南都甲乙紀
福王本末
福王諱由崧神宗之孫光宗之姪思宗之兄也建
號宏光乙酉南都陷北奔浙東魯藩監國謚爲赧皇
帝及閩中唐王立遥上尊號爲聖安皇帝永明王立
謚爲安宗簡皇帝而我朝則削其年號止稱福藩而
已王之父諱常洵鄭貴妃所出神宗第二子萬曆四

明會要八十卷 (清)龍文彬輯

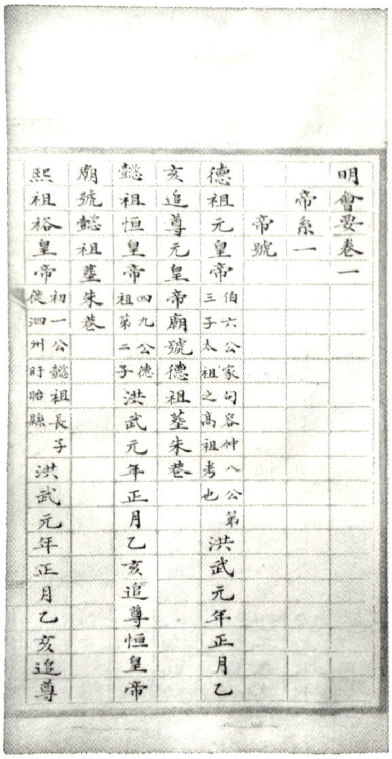
明會要卷一
帝系一
帝號
德祖元皇帝伯六公家句容仲八公第三子太祖之高祖考也洪武元年正月乙
亥追尊元皇帝廟號德祖墓朱巷
懿祖恒皇帝四九公德祖第二子洪武元年正月乙亥追尊恒皇帝
廟號懿祖墓朱巷
熙祖裕皇帝初一公懿祖長子徙泗州盱眙縣洪武元年正月乙亥追尊

清抄本 20 册 半葉 8 行 22 字 朱欄 白口 赤單魚尾 四周雙邊 框高 17.5 厘米 寬 10.5 厘米

龍文彬(1821—1893),字擷菁,號筠圃,江西永新人,晚清文學家。幼小父母雙亡,叔父撫養其成人,少從劉繹游,清同治四年(1865)進士,任吏部主事,清光緒元年(1875)充校《穆宗實録》加四品銜。在京為官十五年後告老還鄉,主講鷺洲書院、章山書院。其一邊教授,一邊著書立説,經、史、詩、文均有成就,著有《永懷堂詩文鈔》、《明紀事樂府》、《周易繹説》等。

《明會要》分帝系、禮、樂、輿服、學校、運曆、職官、選舉、民政、食貨、兵、刑、祥異、方域、外蕃等十五門,四百九十八子目,詳盡記載明代政治、典章制度掌故,對研究明史具有重要參考價值。是書雖為清末抄本,但字迹清秀、工整,加上朱色格欄,使整個版面色彩鮮明、分層,賞心悦目,不失為藝術佳品,故入善。

知聖道齋讀書跋尾二卷 (清)彭元瑞撰

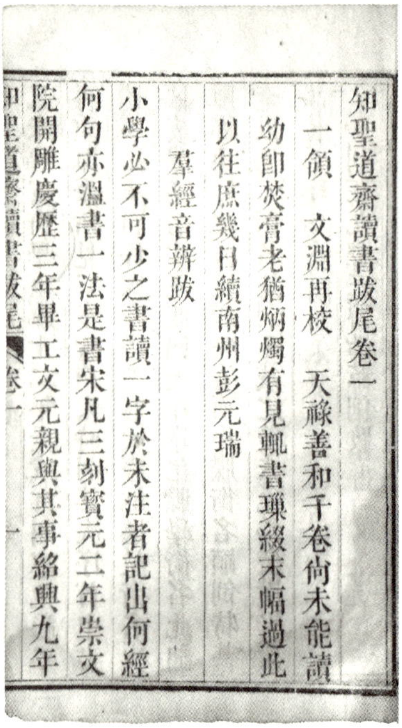
知聖道齋讀書跋尾卷一
一領 文淵再校 天祿善和千卷尙未能讀
幼卽焚膏老猶㶿燭有見輒書㵎綴末幅過此
以往庶幾日續南州彭元瑞
羣經音辨跋
小學必不可少之書讀一字於未注者記出何經
何句亦濫書一法是書宋凡三刻寶元二年崇文
院開雕慶歷三年畢工文元親與其事紹興九年
知聖道齋讀書跋尾 卷一 一

清乾嘉年間刻本 1 册 半葉 8 行 19 字 白口 單魚尾 四周雙邊 框高 22.2 厘米 寬 14.8 厘米

彭元瑞(1731—1803),字掌仍,一字輯五,號芸楣(一作雲楣),江西南昌人,清代重臣、學者,楹聯名家。清乾隆二十二年(1757)進士,選翰林院庶吉士,繼授編修,歷任工户兵吏诸部尚書,及《續三通》館、《四庫全書》館、《清會典》館總裁。

清嘉慶四年(1799)充《高宗實録》總裁。其博學多才,精於古代器物、書畫鑒定,著有《恩餘堂輯稿》、《經進稿》、《宋四六話》等,還編有《秘殿珠林》、《石渠寶笈》、《西清古鑒》、《寧壽鑒古》、《天禄琳琅書目》等。與父廷訓、弟元琥、子翼蒙,一家三代四人皆為翰林。

《知聖道齋讀書跋尾》是作者讀書札記,上卷論經史,下卷論子集,各有五十餘種,大多為要籍,涉及各書内容和傳本情况,雖隨筆散記,其考證和評論,言簡意賅。隨手記載之掌故和佚聞,引證經史典籍和百家之説,也不乏重要史料,對治學之士極有啓發。

金史一百三十五卷　附進金史表一卷　(元)脱脱　(元)歐陽玄等編

明嘉靖年间刻清順治康熙乾隆三朝遞修本　24 册　半葉 10 行 22 字　白口雙順魚尾　左右雙邊　版框不等

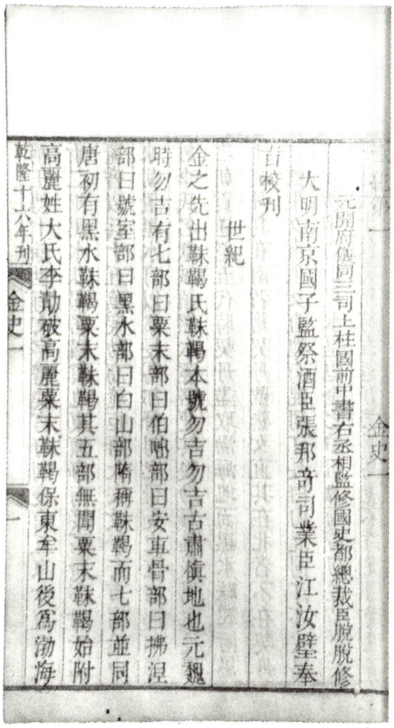
金史一
元開府儀同三司上柱國前中書右丞相監修國史都總裁臣脱脱修
大明南京國子監祭酒臣張邦奇司業臣江汝璧奉
旨校刊
世紀
金之先出靺鞨氏靺鞨本號勿吉勿吉古肅慎地也元魏
時勿吉有七部曰粟末部曰伯咄部曰安車骨部曰拂涅
部曰號室部曰黑水部曰白山部隋稱靺鞨而七部並同
唐初有黑水靺鞨粟末靺鞨其五部無聞粟末靺鞨始附
高麗姓大氏李勣破高麗粟末靺鞨保東牟山後爲渤海
乾隆十六年刊　金史一　一

脱脱,生平參見《宋史》。

歐陽玄(1273—1357),又名歐陽元,字原功,號圭齋,湖南瀏陽人。祖籍江西廬陵,與歐陽修同出一宗。元延祐二年(1315)進士,先後任翰林、祭酒、主考官等,負責編修《泰定帝實録》、《明宗實録》、《文宗實録》和《寧宗實録》,合稱"四朝實録",主編宋、遼、金三史,以史學成就最高,詩文也聞名天下,有《圭齋文集》,其學識淵博,文績卓著,文章道德都值得稱頌,被稱為"一代宗師"。

《金史》記載金朝興衰始末重要史迹,金朝係女真族建立,前後一百二十年歷史。是書卷一至卷十九本紀,卷二十至卷五十八志,卷五十九至卷六十二表,卷六十三至卷一百三十五列傳。在體例和内容方面有獨特之處,即"本紀"以"世紀"開始,以便讀者瞭解女真先世在氏族部落時期之社會狀况,末有"世紀補",記述幾位未曾即位稱帝者,被後代追認為帝之事迹;最末"金國語解",用漢語標出官稱、人事、物象、姓氏等女真語之稱謂,是釋讀《金史》及研究女真語言文字之重要資料。

建文朝野彙編二十卷 (明)屠叔方輯

明萬曆二十六年(1598)秀水屠氏原刊本 8 册 半葉9行18字 雙行小字同 白口 左右雙邊 單魚尾 框高19厘米 寬14.3厘米

屠叔方(生卒年不詳),字宗真,號瞻山,秀水(今浙江嘉興)人,明萬曆五年(1577)進士。授郡陽縣令,官至廣東監察御史,著有《英鳳紀異》等。

《建文朝野彙編》卷一至卷六為遜國編年,卷七至卷十八為報國列傳,卷十九為建文傳紀,卷二十為建文定論。其雜采野史傳聞之説,裒合成編,内容頗富,其特點有彌補國史,表彰忠義,反思現實,徵引博洽,編次清晰完整,注重考證,記載求實等,保存了許多有價值之史料。

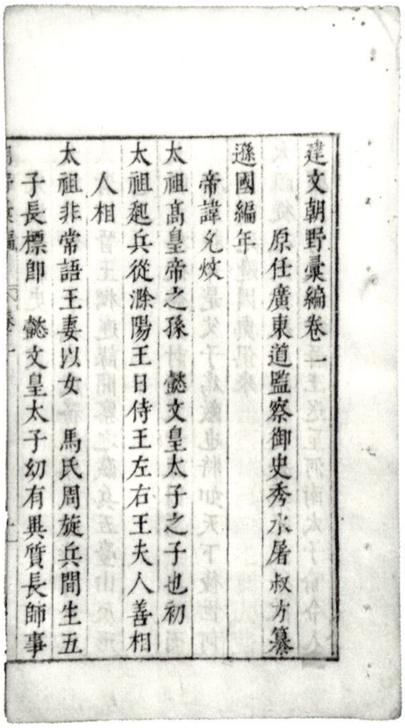
建文朝野彙編卷一
原任廣東道監察御史秀水屠叔方纂
遜國編年
帝諱允炆
太祖高皇帝之孫懿文皇太子之子也初
太祖起兵從滁陽王日侍王左右王夫人善相
人相
太祖非常語王妻以女馬氏周旋兵間生五
子長標即懿文皇太子幼有異質長師事

函史一百零二卷 (明)鄧元錫撰

明刻本 48册 半葉10行21字 白口 單魚尾 左右雙邊 框高20厘米 寬13.7厘米

鄧元錫(1529—1593),字汝極,號潛穀,人稱"潛穀先生"。新城縣城南津(今屬江西省黎川縣日峰鎮)人,明代中後期理學家、文學家、史學家。從小敏穎好學,志向高遠,喜觀經史,明嘉靖三十四年(1555)中舉,未仕,杜門謝客,潛心著述,其學淵源王守仁,為江右王門學派代表人物之一。著有《五經繹》、《皇明書》、《三禮編繹》、《潛學稿》等。

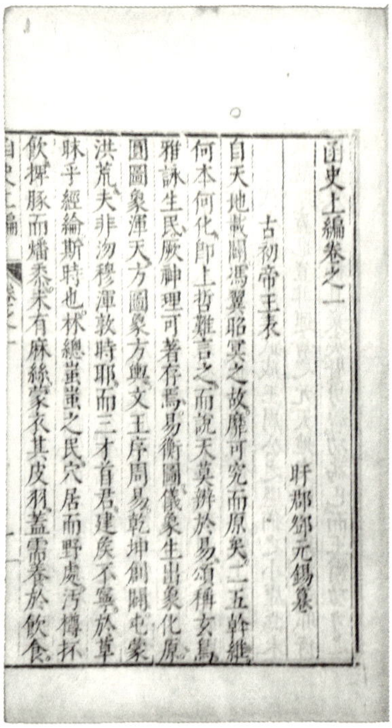
函史上編卷之一
盱郡鄧元錫纂
古初帝王表
自天地載闢馮翼昭冥之故靡可究而原矣二五幹維
何本何化即上哲難言之而況天莫辨於易須稱玄鳥
雅詠生民厥神理可著存焉易衛圖儀象生出象化原
圜圖象渾天方圖象方輿文王序周易乾坤闢屯蒙
洪荒夫非沕穆渾敦時耶而三才首君建侯不寧於草
昧乎經綸斯時也林總蚩蚩之民穴居而野處汙樽抔
飲捭豚而燔黍未有麻絲豢衣其皮羽蓋需養於飲食

《函史》分上下兩編，取材於歷代史料，記載原始時代至元朝，上編八十一卷，内容有表、紀、謨、訓、述、傳、志等；下編二十一卷，分為天官、方域、人官等二十一類，貫通古今歷代典章制度。是書不是傳統意義上之史著，而是哲理化之通史著作，即“考天人貞一之統，察古今迕合之變，王路隆污、道術善敗之故”。

契丹國志二十七卷　（宋）葉隆禮撰

清乾隆五十八年（1793）承恩堂刻本　4 册　半葉 10 行 20 字　雙行小字同　白口　單魚尾　左右雙邊　框高 18.7 厘米　寬 13.4 厘米

葉隆禮（生卒年不詳），號漁林，嘉興人，宋理宗淳佑七年（1247）進士，由建康府通判，歷官秘書丞等，奉詔編撰是書。宋末謫居袁州，入元後，聲迹銷匿。

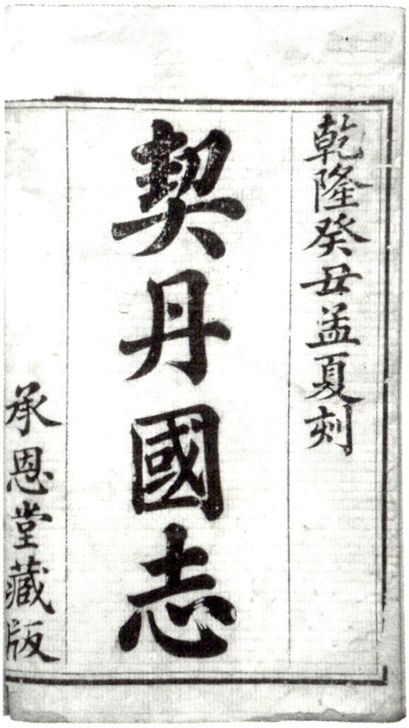
乾隆癸丑孟夏刻
契丹國志
承恩堂藏版

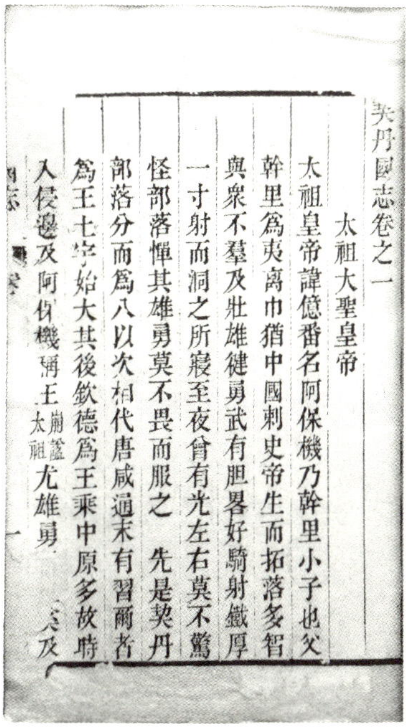
契丹國志卷之一
太祖大聖皇帝
太祖皇帝諱億番名阿保機乃斡里小子也父
斡里爲夷离巾猶中國刺史帝生而拓落多智
與衆不羣及壯雄健勇武有胆畧好騎射鐵厚
一寸射而洞之所寢至夜嘗有光左右莫不驚
怪部落憚其雄勇莫不畏而服之　先是契丹
部落分而爲八以次相代唐咸通末有習爾者
爲王土宇始大其後欽德爲王乘中原多故時
入侵邊及阿保機稱王崩謚太祖尤雄勇

《契丹國志》卷首附《契丹國志表》，《契丹國九主年譜》，《契丹國初興本末》，《地理圖》。正文卷一至卷十二帝紀；卷十三至卷十五后妃、諸王、外戚；卷十六至卷十九大臣列傳；卷二十遼與晋、北宋往來文牘；卷二十一録遼與北宋、西夏及其他鄰國相通饋獻禮物；卷二十二地理方域；卷二十三政治制度；卷二十四至卷二十五宋人使遼行程録；卷二十六諸蕃雜記；卷二十七歲時風俗。可謂宋朝所存有關契丹材料之總匯，是較早系統記載遼代二百一十八年歷史之專著。

南史八十卷　（唐）李延壽撰　（明）趙用賢　（明）張一桂校　存七十三卷

明萬曆十七年（1589）南監刻清初遞修本　22 册　半葉 9 行 18 字　白口　魚尾不定　四周雙邊　框高 20.3 厘米　寬 15 厘米

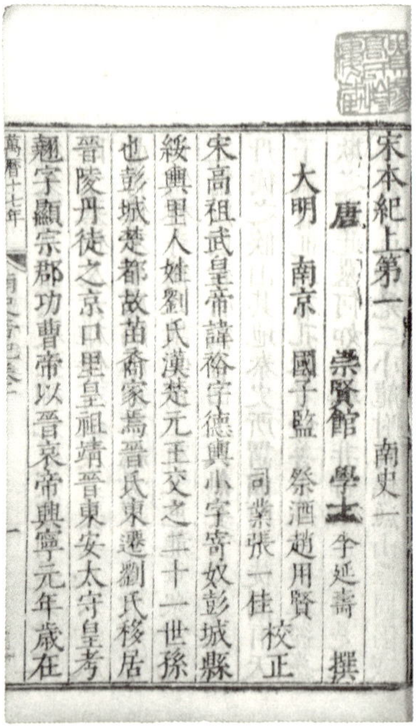
宋本紀上第一　南史一
唐　李延壽　撰
大明　南京　國子監　祭酒趙用賢
司業張一桂　校正
宋高祖武皇帝諱裕字德輿小字寄奴彭城縣
綏輿里人姓劉氏漢楚元王交之二十一世孫
也彭城楚都故苗裔家焉晉氏東遷劉氏移居
晉陵丹徒之京口里皇祖靖晉東安太守皇考
翹字顯宗郡功曹帝以晉哀帝興寧元年歲在
萬曆十七年

李延壽，生平參見《北史》。

趙用賢（1535—1596），字汝師，江蘇常熟人。明隆慶五年（1571）進士，明萬曆初，官檢討，終吏部侍郎，卒後贈禮部尚書。其剛直嫉惡，議論風發，學術上師從陽明心學，文學方面體現復古新變之走向和特徵，為“續五子”之一。著有《松石齋文集》、《松石齋詩集》、《趙定宇書目》等，為明代隆慶、萬曆間著名政治家、藏書家。

張一桂（生卒年不詳），曾任明代禮部左侍郎兼翰林院侍讀學士、翰林國史編修、明萬曆十三年（1585）順天鄉試考官等職，著有《新安王弼張氏家譜》等，明代史學家。

《南史》是以南朝宋、齊、梁、陳四代歷史為一編之紀傳體史著，記載自南朝宋武帝元年（420），至陳後主禎明三年（589），南朝四代一百七十年之歷史。有本紀十卷，其中《宋本紀》三卷，《齊本紀》二卷，《梁本紀》三卷，《陳本紀》二卷；列傳七十卷，其中類傳十卷。其編撰方法按朝代順序、帝王在位先後，排列各朝帝王、宗室、諸王、大臣等紀傳。是書删繁就簡，事增文省，文字簡明。為突出門閥士族地位，多采用家傳形式，將不同朝代之一族一姓人物集中於一卷中叙述，有族譜之特點，為瞭解和研究門閥制度盛行之南北朝社會提供了大量史料。

南巡盛典一百二十卷　(清)高晉等纂　(清)姚成烈等校勘

清乾隆三十六年(1771)内府本　48 册　半葉 9 行 19 字　白口　單魚尾　四周雙邊　框高 21.4 厘米　寬 16.5 厘米

高晋(1707—1778),字昭德,凉州總兵述明之子。高晋初授山東泗水知縣,累遷安徽布政使,兼江寧織造。清乾隆二十年(1755),擢安徽巡撫;二十六年(1761),遷江南河道總督;三十年(1765),遷兩江總督,仍統理南河事務;三十六年(1771),兼署漕運總督,授文華殿大學士,兼禮部尚書,仍任總督。

姚成烈(1716—1786),字申甫,杭州府錢塘縣(今浙江省杭州市)人,清乾隆十年(1745)進士,曾任湖北巡撫、廣西巡撫等,官至禮部尚書。

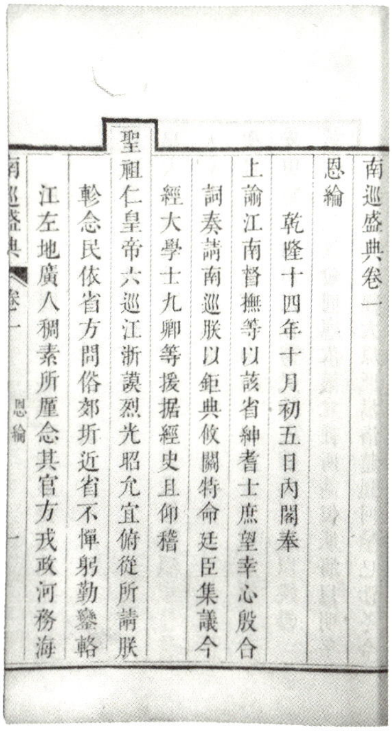
南巡盛典卷一
恩綸
乾隆十四年十月初五日内閣奉
上諭江南督撫等以該省紳耆士庶望幸心殷合
詞奏請南巡朕以鉅典攸關特命廷臣集議今
經大學士九卿等援据經史且仰稽
聖祖仁皇帝六巡江浙謨烈光昭允宜俯從所請朕
軫念民依省方問俗郊圻近省不憚躬勤鑾輅
江左地廣人稠素所廑念其官方戎政河務海
南巡盛典　卷一　恩綸　一

《南巡盛典》記録乾隆皇帝途經直隸、山東,四次南巡兩江兩浙之實况。是書由高晋清乾隆三十一年(1766)請旨撰輯,三十三年(1768)成初稿,於三十六年(1771)修成全書。分為十二部分:卷一至卷四恩綸,記録乾隆帝南巡期間之恩詔、恩宴、賞賚等;卷五至卷三十六天章,收録乾隆帝巡行中御制詩、文;卷三十七至卷四十二蠲除,記録乾隆帝巡行期間蠲通省之賦,免所過之租,豁積歲之逋,除耗羡之額,軫恤萬民;卷四十三至卷五十三河防,記録乾隆帝南巡期間普幸水利、敷土惠民;卷五十四至卷五十九海塘,記録乾隆帝巡視海塘工程;卷六十至卷六十七祀典,記録乾隆帝南巡中之朝會、祭告、鑾儀、樂章等;卷六十八至卷七十五褒賞,記録乾隆帝南巡期間對隨從人員、地方文武官員、兵丁等之加恩賞賜;卷七十六至卷八十四籲俊,記録乾隆帝南巡期間選招賢俊之人,以為事天之實;卷八十五至卷八十九閱武,記載乾隆帝出巡時官兵接駕事宜、視察兵營陣地、檢閱戰陣演練等;卷九十至卷九十三程途,記載乾隆帝巡視途經地區之風土人情;卷九十四至卷一百零六名勝,記載乾隆帝出巡由河北至浙江所到各地之名勝古迹;卷一百零七至卷一百二十奏議,記録乾隆帝巡行期間地方大臣上呈之奏書。這是一部著名典禮文獻，對研究清代江南政治、經濟、軍事、文化具有較高史料價值。

南唐書十八卷　(宋)陸游撰　音釋一卷　(元)戚光撰

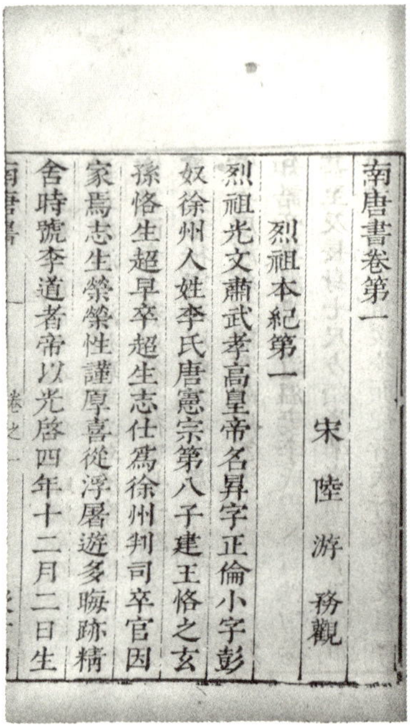
南唐書卷第一

烈祖本紀第一　宋 陸游 務觀

烈祖光文肅武孝高皇帝名昪字正倫小字彭奴徐州人姓李氏唐憲宗第八子建王恪之玄孫恪生超早卒超生志仕爲徐州判司卒官因家焉志生榮榮性謹厚喜從浮屠遊多晦跡精舍時號李道者帝以光啓四年十二月二日生

明末毛氏汲古閣刊本　4册　半葉8行18字　白口　左右雙邊　框高18.5厘米　寬14.4厘米

陸游(1125—1210)，字務觀，號放翁，南宋越州山陰(今浙江紹興)人，曾參加國史、實録編撰，官至寶章閣待制。一生創作詩歌很多，今存九千餘首，内容極為豐富。還兼長詞，現存一百三十餘首。亦工書翰，精行草和楷書。著有《放翁詞》、《渭南文集》、《劍南詩稿》、《老學庵筆記》等，是南宋著名愛國詩人。

戚光，金陵(今江蘇南京)人，生平不詳。

《南唐書》是記載五代時南唐歷史之紀傳體史書，本紀三卷，記李昪、李璟、李煜事；卷四至卷十五為群臣列傳；卷十六后妃諸王列傳；卷十七雜藝方士節義列傳；卷十八浮屠、契丹、高麗列傳，分述南唐佛教盛行始末以及與契丹、高麗往來諸事，是書補充不少史料，叙述簡賅有法，極為後人推崇。《音釋》一卷，對《南唐書》加以校定并作音釋，但較簡略。

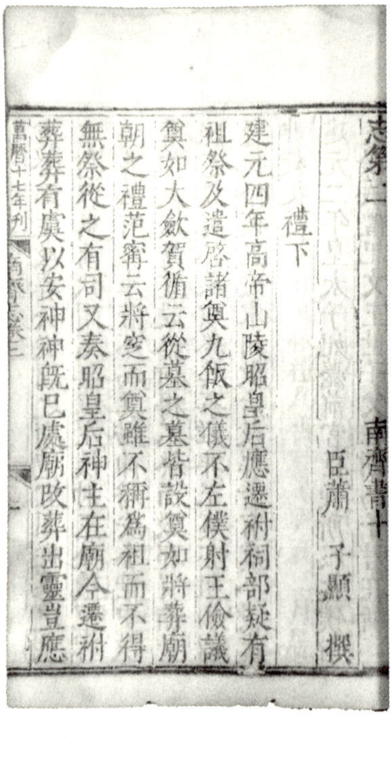
志第二　南齊書十

臣蕭子顯　撰

禮下

建元四年高帝山陵昭皇后應遷祔祠部疑有祖祭及遣啓諸奠九飯之儀不左僕射王儉議奠如大斂賀循云從墓之墓皆設奠如將葬廟朝之禮范甯云將窆而奠雖不稱爲祖而不得無祭從之有司又奏昭皇后神主在廟今遷祔葬舊有虞以安神神既已虞廟改葬出靈豈應

南齊書(齊書)五十九卷　(南朝梁)蕭子顯撰

明萬曆年间刻清順治康熙二朝遞修本　12册　半葉9行18字　白口　雙順魚尾　四周雙邊　框高20.5厘米　寬14.8厘米

蕭子顯(487—537)，字景陽，南朝梁南蘭陵

(今江蘇常州)人,齊高帝蕭道成孫。歷任太子中舍人、國子祭酒、侍中、吏部尚書等職。其才華出衆,撰寫《後漢書》、《晋史草》、《南齊書》、《普通北伐記》、《貴儉傳》,除《南齊書》外均佚。為南朝史學家、文學家。蕭子顯以皇族宗室身份撰寫皇朝歷史,是《二十四史》作者中唯一之人。

《南齊書》有本紀八卷,主要追叙蕭道成政治活動及蕭齊皇朝史事;志十一卷,州郡志除地理建置沿革外,還簡略叙述風土人情,有不少記録少數民族地區史事;列傳四十卷,通過前後史事對比揭示人物性格。是書記述齊高帝建元元年(479)至齊和帝中興二年(502),南朝蕭齊王朝二十三年史事,是現存關於南齊最早之紀傳體斷代史書。

重訂國語國策合注五十四卷　國語注二十一卷　(吴)韋昭原注　(明)郭子章　(明)周光鎬重校　戰國策注三十三卷　(宋)鮑彪原注　(元)吴師道重校

清乾隆五十一年(1786)則古堂刻本　8册　半葉10行21字　雙行小字同　白口　單魚尾　四周單邊　框高19.5厘米　寬14厘米

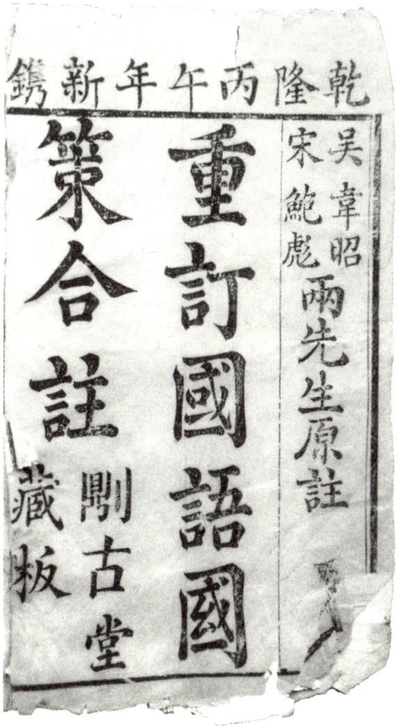

韋昭(201—273),字弘嗣,三國時吴國吴郡雲陽(今江蘇丹陽市)人,《三國志》為避司馬昭名諱,改韋昭為韋曜。其好學能文,曾任尚書郎、太子中庶子、黄門侍郎、太史令、中書郎、博士祭酒等官。校定朝廷藏書,因其生性剛正,不好言嘉應,又不為孫和作紀,為孫皓所怒,遂之下獄誅死。遺著《吴書》、《春秋外傳國語注》、《孝經解贊》、《官儀質訓》、《辯釋名》等。

郭子章(1542—1618),字相奎,號青螺,又自號曰玭衣生,江西泰和縣人。明隆慶五年(1571)進士,為廣東潮州府知府,督學四川、浙江參政、山西按察使、湖廣右布政、福建左布政。明萬曆二十六年(1598)被任命為右副都御史巡撫貴州、兼制蜀楚軍事,與總督李化龍合力剿平播州楊應

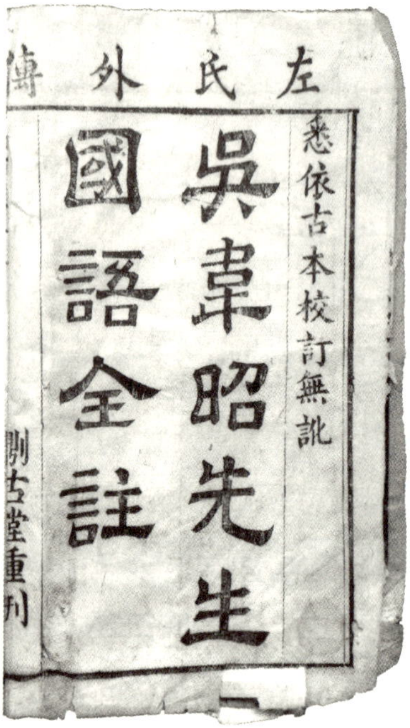

龍叛亂，消滅了盤踞播州（今貴州遵義）八百餘年之楊氏土司，後多次平定貴州苗、瑶起義，以功封兵部尚書、右都御史，加太子少保銜。其雖久在官場，仍“於書無所不讀”，“宦轍所至，隨地著書”，著述有數百卷之多，可謂“文章、勛業亦爛然可觀矣”。有《粵草》、《蜀草》、《晋草》、《楚草》、《黔草》、《閩草》、《留草》、《浙草》、《閩藩草》、《家草》、《養草》、《苦草》、《傳草》、《平播始末》、《豫章書》、《聖門人物志》、《阿育王山志》、《馬記》、《劍記》、《六語》、《豫章詩話》、《易解》、《郡縣釋名》等，《四庫總目》存二十餘種。

周光鎬（1536—1616），字國雍，號耿西，潮陽桃溪鄉（今汕頭市潮南區峡山桃溪村）人。明嘉靖四十一年（1562）舉人，明隆慶五年（1571）進士，授浙江寧波府推官、歷南京户部、吏部主事、郎中，四川順慶府（今南充市）知府，四川按察副使，升調陝西按察使，寧夏巡撫等。其雖為文臣，却兼具韜略，親歷軍旅。才兼文武，著有《明農山堂集》、《左傳節文注略》、《周氏宗乘》等。

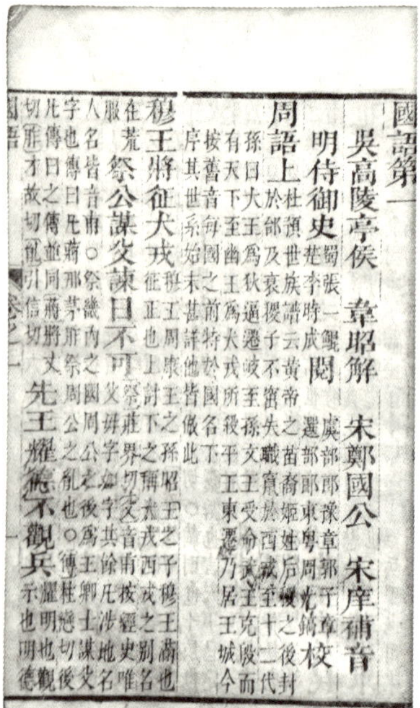

鮑彪（生卒年不詳），字文虎，龍泉（今屬浙江）人（一説為縉雲壺鎮人）。宋高宗建炎二年（1128）進士。南宋紹興二十六年（1156），以大學博士累遷司封員外郎。其為人忠懇，不善攀結，但博學多才，精於學術，高宗皇帝曾下旨誇獎他“淡泊名利，安於進取，篤學於道”，很受古今文壇贊賞。南宋紹興三十年（1160），毅然决定辭官歸里，專學術研究。著有《戰國策注》、《杜詩注》、《杜詩譜論》等。

吴師道（1283—1344），字正傳，婺州蘭溪縣城隆禮坊（今浙江蘭溪）人。元至治元年（1321）進士，為官清正，曾任高郵縣丞、建德縣尹、國子助教、國子博士、奉議大夫、禮部郎中致仕。其生平以道學自任,致力理學研究,晚年益精於學。撰《敬鄉録》、《敬鄉後録》、《禮部集》、《易雜説》、《書雜説》、《詩雜説》、《春秋胡氏傳附辨》、《蘭溪山房類稿》等。

左丘明所作《國語》是關於我國春秋時期社會、政治、軍事、文化之國别體史書,也是一部優秀歷史散文集。以記西周末年至春秋時期各國貴族言論為主,故名《國語》。韋昭《國語注》是今最早最全的《國語》注解本,其特點:保留鄭衆、賈逵、虞翻、唐固及周氏等之注釋和漢魏異説三十一處;無論文中章句訓詁、事實補充、典章制度説明,均簡潔明瞭,使淺聞初識者能傳習;為兩漢三國《國語》研究成果之作。

劉向所輯《戰國策》是我國古代史學和文學名著,它記載我國戰國時期縱横大家、游説之士為其所輔國之政治主張和外交策略。宋代鮑彪《戰國策注》收集參考了許多史籍和諸子著作,進行修訂和重新編録,疏略繆妄,補正脱誤,考校注釋,疏通詮解,"考《史記》諸書為之注,定其章條,正其衍説,而存其舊,慎之也","以之論是非,辨得失,而考興亡,亦有補於世"。是書重訂,對其兩書之注進一步疏理、刊誤、補充,是研究先秦語言、文化、歷史之重要文獻。

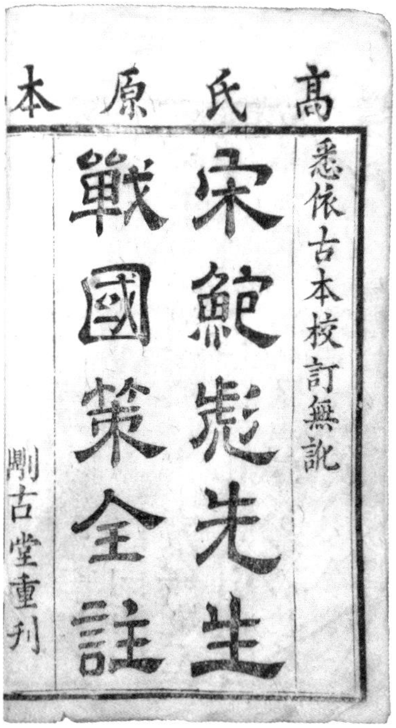

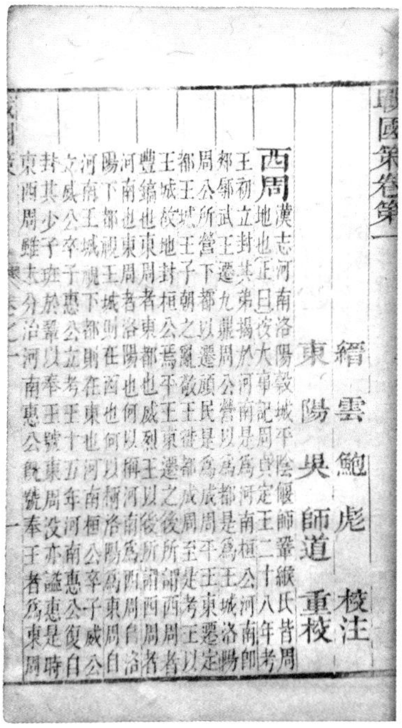

皇清開國方略三十二卷　發祥世紀一卷
(清)阿桂　(清)梁國治等撰修

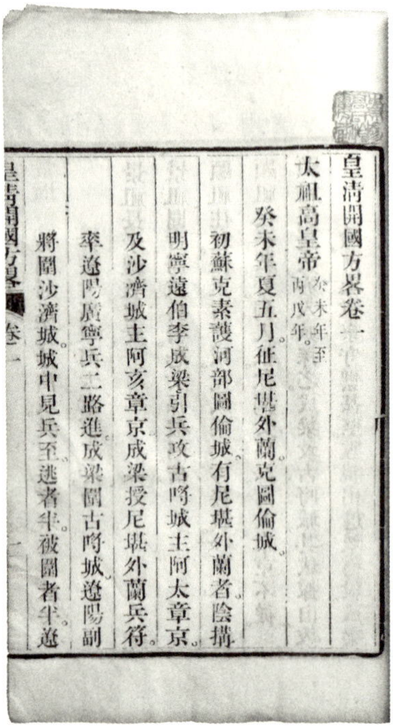
皇清開國方畧卷一
太祖高皇帝 癸未年至丙戌年。
癸未年夏五月。征尼堪外蘭。克圖倫城。
初。蘇克素護河部圖倫城。有尼堪外蘭者。陰搆
明寧遠伯李成梁。引兵攻古哷城主阿太章京。
及沙濟城主阿亥章京。成梁授尼堪外蘭兵符。
率遼陽廣寧兵。二路進。成梁圍古哷城。遼陽副
將圍沙濟城。城中見兵至。逃者半。被圍者半。遼
皇清開國方畧 卷一 一

清乾隆五十一年(1786)刻本　16册　半葉8行21字　雙行小字同　白口　單魚尾　左右雙邊　框高28厘米　寬19.7厘米

阿桂(1717—1797),字廣廷,號雲岩,章佳氏,滿洲正藍旗人,後以新疆戰功擡入正白旗。大學士阿克敦子。清乾隆三年(1738)舉人,後授鑲紅旗蒙古副都統,長期戍守西北邊疆,是乾隆朝出將入相少數重臣之一,文武雙全。晚年官至武英殿大學士兼軍機大臣,任《四庫全書》館總裁,編撰《盛京通志》、《平定兩金川方略》等。

梁國治(1723—1786),字階平,一字豐山,號瑶峰,又號梅塘,謚文定。上虞中塘梁巷(一説為浙江會稽,今紹興)人。清乾隆十三年(1748)狀元,先後授編修、廣東道員、督察院左副都御史、吏部左侍郎、江蘇學政、湖南布政使、湖北巡撫、署湖廣總督,兼荆州將軍、湖南巡撫、户部尚書、協辦大學士、東閣大學士兼軍機大臣,并先後任廣東、江西、順天鄉試正考官,又充任過《四庫全書》副總裁。博通經史,書法、詩文均堪稱一時,著《敬思堂集》。

《皇清開國方略》係清朝建國史事之官修編年體史書,始於明萬曆十一年(1583)清太祖努爾哈赤起兵,迄於清順治元年(1644)十月清世祖福臨北京即位,六十一年間清朝建國歷史過程。卷首"發祥世紀"記努爾哈赤前史;卷一至卷八記太祖高皇帝時期事迹;卷九至卷三十一記清太宗皇太極時期事迹;卷三十二記世祖章皇帝嗣位、入關、定都北京事迹。乾隆敕命撰修該書,是要"直書"清朝開國創業之艱辛歷程,包括遠古傳説、南征北討、遷都定鼎等。

皇朝通典(清通典)一百卷　(清)高宗弘曆撰　(清)乾隆時三通館臣編修　缺卷九十八至卷一百

清乾隆五十一年至五十二年(1786—1787)　武英殿本　存21册　半葉9行21字　白口　單魚尾　四周雙邊　框高20厘米　寬14.8厘米

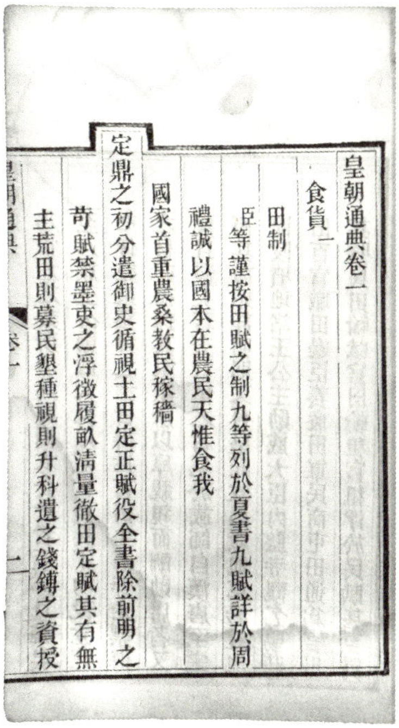
皇朝通典卷一
食貨一
田制
臣等謹按田賦之制九等列於夏書九賦詳於周
禮誠以國本在農民天惟食我
國家首重農桑教民稼穡
定鼎之初分遣御史循視土田定正賦役全書除前明之
苛賦禁墨吏之浮徵履畝清量徹田定賦其有無
主荒田則募民墾種視則升科遺之錢鎛之資授

高宗弘曆(1711—1799),清乾隆帝,在位期間政治上實行“寬嚴相濟”之策,整頓吏治,厘定各項典章制度;經濟上獎勵墾荒,興修水利,蠲免錢糧,促進了封建經濟繁榮;軍事上多次平定西部少數民族貴族叛亂,完善了清朝對新疆和西藏等地區之管理,鞏固了多民族封建國家之統一;文化上招納天下人才,下令徵求書籍,完成《明史》、《皇朝文獻通考》、《大清會典》、《大清一統志》、《四庫全書》等大型文化典籍。其最擅長詩文、書法、騎射、駕馭群臣,將“康乾盛世”推向高峰。

三通館臣,指奉敕編修《皇朝通典》、《皇朝通志》、《皇朝通考》之修書大臣,有永瑢、慶桂、戴衢、英和等翰林院編修官五十餘人。

《皇朝通典》共分九典,“食貨典”十七卷,“選舉典”五卷,“職官典”十八卷,“禮典”二十二卷,“樂典”五卷,“兵典”十二卷,“刑典”十卷,“州郡典”七卷,“邊防典”四卷。是書主要根據《清律例》、《大清一統志》、《大清通禮》、《大清會典》等書編纂而成,匯總了清代開國至清乾隆中期一百七十多年間之社會典章制度,反映此階段之歷史,内容較充實。

後漢書鈔上下卷　(清)高塘集評

清乾隆五十三年(1788)酉餘堂刻本　2册　半葉9行25字　雙行小字同　白口　單魚尾　四周雙邊　框高19.7厘米　寬15厘米

高塘,生平參見《批點左傳鈔》。

《後漢書鈔》以人物事件為主“取姿體生動或議論淳樸”者,上卷文五十篇,下卷文四十二篇，所輯文章大多有眉批、行間夾批及篇後總評，數量繁多，且多出自名人手筆，如茅坤、鍾惺、浦起龍、蔡世遠、孫月峰等，主要係教人作文，具有很高參考價值。

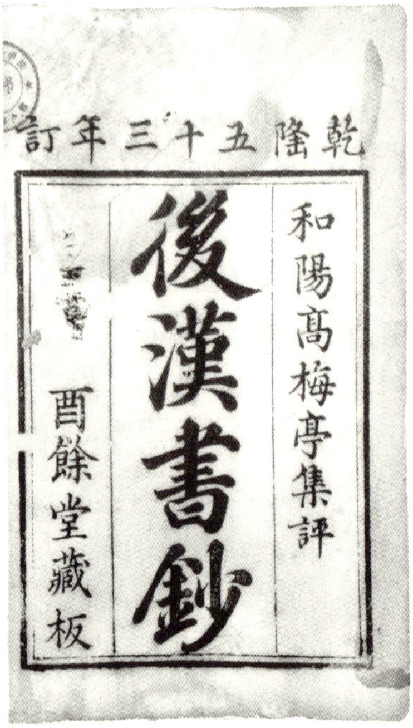

前漢記三十卷　（漢）荀悦撰　後漢記三十卷　（晋）袁宏撰　附兩漢紀字句異同考一卷

清康熙三十五年(1696)襄平蔣毓英振鷺堂刻本　12 册　半葉 11 行 21 字　大黑口　單魚尾　左右雙邊　框高 18 厘米　寬 14 厘米

荀悦(148—209)，字仲豫，潁川潁陰(今河南許昌)人。幼時聰慧好學，因幼年喪父，家貧無書，每到人家，遇書即讀，過目成誦。十二歲時能説《春秋》，尤好著述。獻帝時為宫廷侍講，頗為獻帝賞識，升任秘書監、侍中。時曹操擅權，謀略不得所用，於是以著述為務，作《申鑒》、《漢紀》、《崇德正論》及諸論數十篇。是東漢政論家、史學家、文學家。

袁宏(約 328—約 376)，字彦伯，小字虎。陳郡陽夏(今河南太康)人。初入仕途，謝尚引為參軍，累遷至大司馬桓温府記室，深受桓温器重。後為吏部郎，授東陽太守，太元初去世。他文筆典雅，才思敏捷，著有詩、賦、序、贊、碑、銘、疏、表等作品，是東晉文學家和史學家。

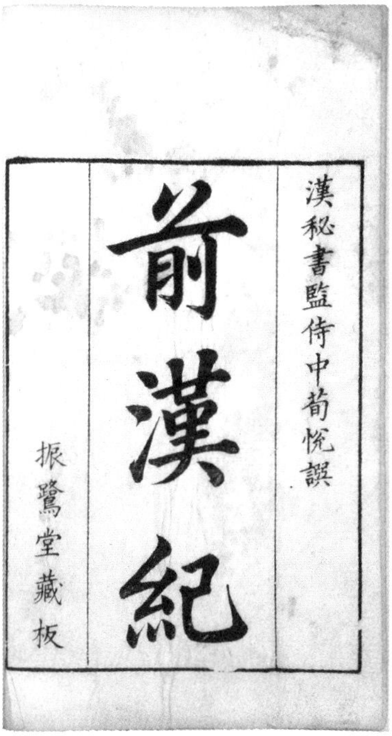
漢秘書監侍中荀悅譔
前漢紀
振鷺堂藏板

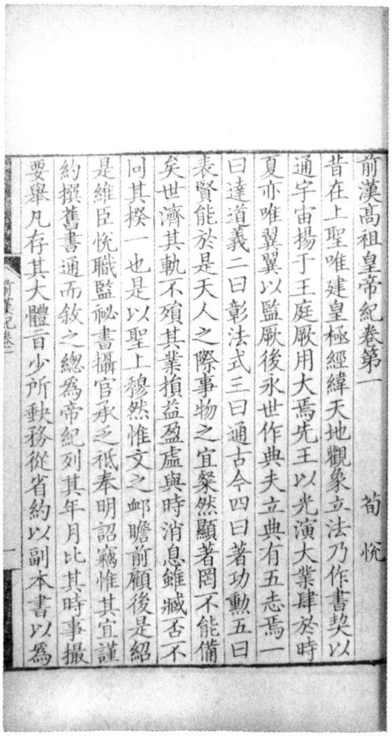
前漢高祖皇帝紀卷第一　　荀悅
昔在上聖唯建皇極經緯天地觀象立法乃作書契以
通宇宙揚于王庭厥用大焉先王以光演大業肆於時
夏亦唯翼翼以監厥後永世作典夫立典有五志焉一
曰達道義二曰彰法式三曰通古今四曰著功勳五曰
表賢能於是天人之際事物之宜粲然顯著罔不能備
矣世濟其軌不殞其業損益盈虛與時消息雖臧否不
同其揆一也是以聖上穆然惟文之卹瞻前顧後是紹
是維臣悅職監祕書攝官承乏祇奉明詔竊惟其宜謹
約撰舊書通而敘之總爲帝紀列其年月比其時事撮
要舉凡存其大體旨少所缺務從省約以副本書以爲

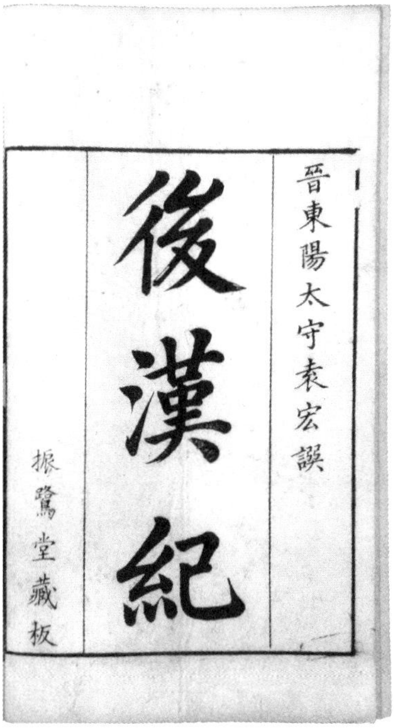
晉東陽太守袁宏譔
後漢紀
振鷺堂藏板

後漢光武皇帝紀卷第一　　袁宏
孝景帝生長沙定王發武帝世諸侯得分封子弟以冷
道縣舂陵封發中子買爲舂陵節侯買生鬱林太守外
外生鉅鹿都尉回回生南頓令欽欽生光武皇帝元帝
時節侯之孫孝侯以南方卑溼請徙南陽於是以蔡陽
白水鄉爲舂陵侯封邑而與從昆弟鉅鹿君及宗親俱
徙焉湖陽人樊重女曰歸都自爲童兒不正容不出於
房南頓君聘焉生齊武王縯魯哀王仲世祖新野穿平
公主
世祖諱秀字文叔初南頓君爲濟陽令而世祖生夜有
赤光室中皆明使卜者筮之曰貴不可言是歲嘉禾生

《前漢紀》在《漢書》基礎上，采取了編年史體例，取材不限於《漢書》，而偏重於國家大事、灾異祥瑞和典章制度，探討古今、天命和人事之關係，采用豐富多樣之形式評價歷史事件和人物，在内容上有"依經附聖"之特點，因此《漢紀》對《漢書》有一定校勘價值，在校勘學和史學史上有較為重要之地位和影響。

《後漢紀》采用編年體體例，以時間為經，人物、事件為緯，闡明了東漢歷史發展綫索，以及當時人物、事件在歷史發展過程中之作用，結合編年體與紀傳體之長處，使用"言行趣舍，各以類書"之編撰方法，描述了鮮活生動之人物和事件，給人們留下東漢史之整體印象。

前漢書(漢書)一百卷　(漢)班固撰　(唐)顏師古注　顏師古注實為一百二十卷　存七十六卷

明崇禎十五年(1642)琴川毛氏刻本　存14册　半葉12行25字　白口　單魚尾　左右雙邊　框高21.8厘米　寬15.8厘米

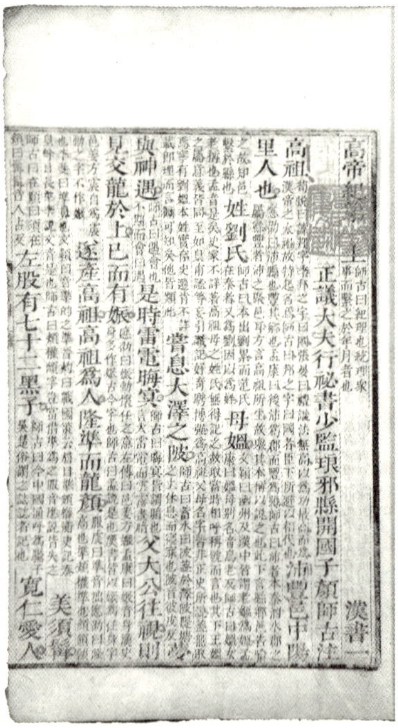
漢書一
高帝紀第一上　正議大夫行祕書少監琅邪縣開國子顏師古注
高祖沛豐邑中陽里人也姓劉氏母媼嘗息大澤之陂與神遇是時雷電晦冥父大公往視則見交龍於上已而有娠遂產高祖高祖為人隆準而龍顏美須髯左股有七十二黑子寬仁愛人

班固(32—92)，東漢史學家班彪之子，字孟堅，扶風安陵(今陝西咸陽)人，東漢前期著名辭賦家和史學家。自幼聰慧，九歲能屬文誦詩賦，十六歲入太學就讀，及長，貫通群書，諸子百家無不窮究，受父影響研究史學。先後任蘭臺令史、典校秘書、玄武司馬等。著有《兩都賦》、《答賓戲》、《幽通賦》、《白虎通德論》等。

顏師古(581—645)，名籀，以字行，京兆萬年(今陝西西安市)人，祖籍琅邪臨沂(今山東)。名儒顏之推孫，父親顏思魯。其少傳家業，博覽群書，學問通博，擅長於文字訓詁、聲韻、校勘之學，注《漢書》、《急就章》等，撰有《匡謬正俗》，為唐初儒家學者，經學家、語言文字學家、歷史學家。

《前漢書》係我國第一部紀傳體斷代史書，主要記述漢高祖劉邦元年(前206)至新朝王莽地皇四年(23)之史事。包括紀十二篇，係從漢高祖至漢平帝之編年大事記；表八篇，依《史記》舊表，新增漢武帝後之沿革，將著名人物，以儒家思想為標準，分為四類九等表列；志十篇，專記典章制度之興廢沿革，其中新增“刑法志”、“五行志”、“藝文志”、“地理志”，各志内容多貫通古今，不限於西漢一朝；傳七十篇，仍依《史記》之法，公卿將相入列傳，以時代順序為主，先專傳，次類傳，再次為邊疆各族傳和外國傳，亂臣賊子居末，列傳各篇後均附贊，係對人或事之評價。是書共一百卷，後人劃分為一百二十卷，以史料豐富、聞見博洽著稱，在史學上有重要價值和地位。顏師古的《漢書》注，參酌二十家注釋，對前人注釋之甄別却繁簡適應，補正糾錯，酌情處理。

前漢書鈔四卷　(清)高塘集評

清乾隆五十三年(1788)酉餘堂刻本　4 册
半葉 9 行 25 字　雙行小字同　白口　單魚尾
四周雙邊　框高 19.7 厘米　寬 15 厘米

高塘，生平參見《批點左傳鈔》。

《前漢書鈔》卷一，四十五篇；卷二，十七篇；卷三，三十一篇；卷四，四十五篇。以人物事件為主，首列詔令大王之言，次列書疏論議等作，後列表序傳贊等作。所輯文章大多有眉批、行間夾批及篇後總評，文章評點集説廣泛，有所創見，係學習研究《前漢書》之要籍。

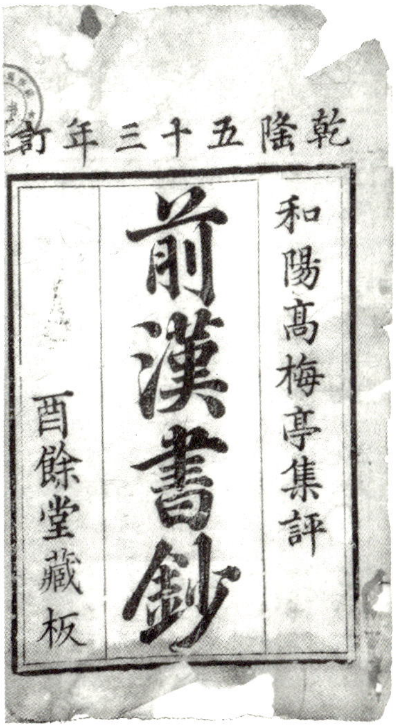

晉書一百三十卷　音義三卷　(唐)房玄齡(唐)褚遂良等撰　存一百零三卷

明嘉靖十年(1531)南監刻明清遞修本　存 32 册　半葉 9 行 18 字　白口
魚尾不定　四周雙邊　版框不定

房玄齡(579—648)，名喬，字玄齡，以字行，唐朝初年名相。唐代齊州臨淄(今山東淄博)人，房彦謙之子。其博覽經史，工書善文，十八歲本州舉進士，授羽騎尉、隰城尉。他輔佐太宗，總領百司，掌政務達二十年，調整政府機構，參與制定刑事法典《唐律疏議》，主編《晋書》。其智能高超、功勛卓越、地位顯赫。

是唐代初年著名良相、杰出謀臣，大唐“貞觀之治”主要締造者之一。

褚遂良(596—659)，字登善，錢塘(今浙江杭州)人。政治家，書法家，與歐陽詢、虞世南、薛稷并稱“初唐四大家”。唐貞觀二十三年(649)受太宗遺詔輔政。因反對唐高宗立武則天為皇后，武后即位，遭貶斥後亡。

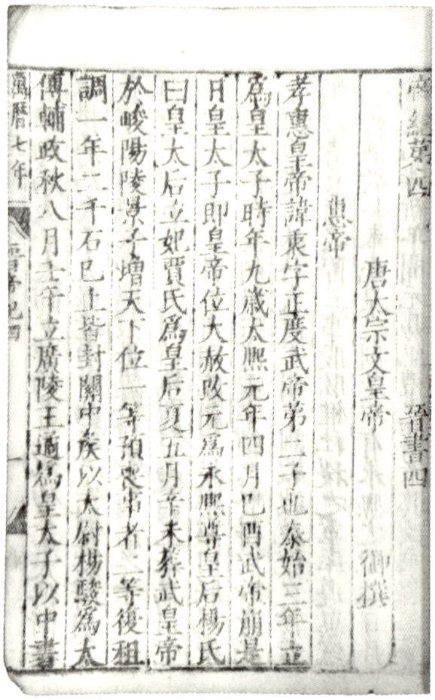
晉書四
唐太宗文皇帝 御撰
惠帝
孝惠皇帝諱衷字正度武帝第二子也泰始三年立
爲皇太子時年九歲太熙元年四月己酉武帝崩是
日皇太子即皇帝位大赦改元爲永熙尊皇后楊氏
曰皇太后立妃賈氏爲皇后夏五月辛未葬武皇帝
於峻陽陵景子增天下位一等預喪事者二等復租
調一年二千石已上皆封關中侯以太尉楊駿爲太
傅輔政秋八月壬午立廣陵王遹爲皇太子以中書
萬曆七年

《晉書》含帝紀十卷、志二十卷、列傳七十卷、載記三十卷，叙事從司馬懿開始到劉裕取代東晋為止，包括西晋和東晋一百五十六年歷史，用“載記”形式述十六國割據政權之興亡。是書參編者較多，忽視史料甄别取捨，語涉神怪，選材蕪雜，有損其史料價值，但博采衆家之長，參考很多史書，集中和系統地保存了兩晋時期重要史實，故仍然是研究兩晋最重要之文獻資料。

晉書文鈔四十卷 (唐)房玄齡等撰修 (明)戴羲輯 存卷九至卷四十

明天啓元年(1621)刻本 存4册 半葉9行 19字 白口 單魚尾 四周單邊 框高21厘米 寬14.5厘米

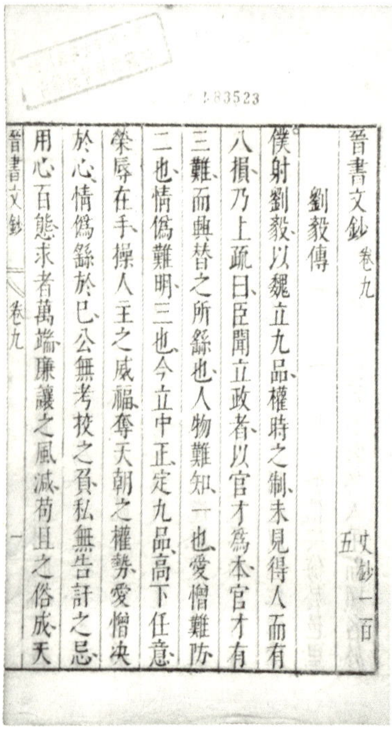
晉書文鈔 卷九
劉毅傳
僕射劉毅以魏立九品權時之制未見得人而有
八損乃上疏曰臣聞立政者以官才爲本官才有
三難而興替之所繇也人物難知一也愛憎難防
二也情僞難明三也今立中正定九品高下任意
榮辱在手操人主之威福奪天朝之權勢愛憎決
於心情僞繇於己公無考校之負私無告訐之忌
用心百態求者萬端廉讓之風滅苟且之俗成天
晉書文鈔 卷九 一
史鈔一百五

房玄齡，生平參見《晉書》。

戴羲，生平參見《宋書文鈔》。

《晉書文鈔》為《二十一史文鈔》之一，用“載記”之形式鈔録《晉書》之内容，不分類，按卷編序。是書以後學習文之便，故論者讀其書足以論世，足以觀人，足以占時代之變，起衰挽俗。

唐陸宣公奏議(翰苑集)二十二卷　(唐)陸贄撰　存卷十一至卷十三　卷十七至卷二十二

明萬曆年間鄭氏光裕堂刻本　存 3 册　半葉 10 行 20 字　白口　單魚尾　四周單邊　框高 21.7 厘米　寬 14.5 厘米

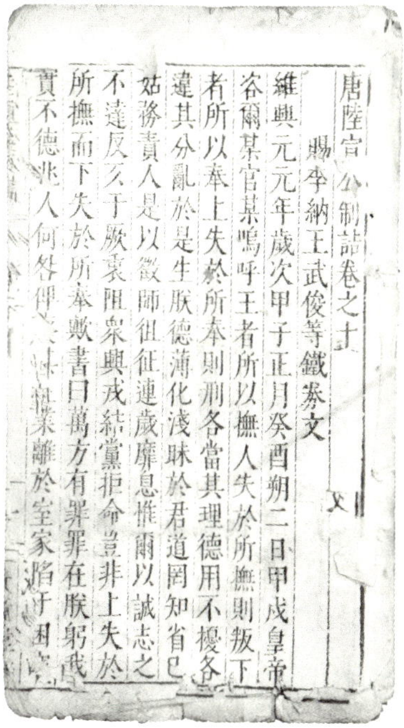
唐陸宣公制誥卷之十一
賜李納王武俊等鐵券文
維興元元年歲次甲子正月癸酉朔二日甲戌皇帝
咨爾某官某嗚呼王者所以撫人失於所撫則叛下
者所以奉上失於所奉則刑各當其理德用不擾各
違其分亂於是生朕德薄化淺昧於君道罔知省己
姑務責人是以徵師徂征連歲靡息惟爾以誠志之
不達反乂于厥衷阻衆興戎結黨拒命豈非上失於
所撫而下失於所奉歟書曰萬方有罪罪在朕躬武
貫不德兆人何咎俾……離於室家陷于困……

陸贄(754—805),字敬輿,蘇州嘉興(今屬浙江)人,唐大曆八年(773)進士,中博學宏詞、書判拔萃科。歷任鄭縣尉、渭南縣主簿、監察御史、翰林學士、兵部侍郎、中書侍郎等。唐貞元八年(792)出任宰相,執政期間,公忠體國,勵精圖治,具有遠見卓識。其善駢文,有《陸宣公文集》、《陸氏集驗方》等,為唐代政治家,文學家。

《陸宣公奏議》卷一至卷十為制誥,卷十一至卷十六為奏草,卷十七至卷二十二為中書奏議。均為陸贄任宰相前所作,是書對當時社會、政治、經濟、軍事及少數民族等方面進行探索、分析和闡述,有相當史料價值。

通志二百卷　(宋)鄭樵撰

元至大二年(1309)福建三山郡庠刻明成化十年(1474)至十二年(1476)間遞修公文紙印本　264 册　半葉 9 行 21 字　雙行小字同　有刻工　左右雙邊　白口　雙魚尾　框高 29.5 厘米　寬 21 厘米

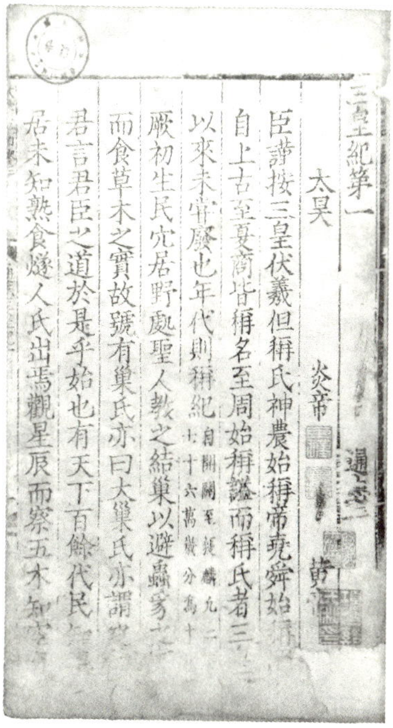
三皇紀第一　通志二
太昊　炎帝　黃帝
臣謹按三皇伏羲但稱氏神農始稱帝堯舜始稱
自上古至夏商皆稱名至周始稱謚而稱氏者三
以來未嘗廢也年代則稱紀 自開闢至獲麟凡二百七十六萬歲分為十紀
厥初生民穴居野處聖人教之結巢以避蟲豸之
而食草木之實故號有巢氏亦曰大巢氏亦謂之
君言君臣之道於是乎始也有天下百餘代民
君未知熟食燧人氏出焉觀星辰而察五木知……

鄭樵(1104—1162),字漁仲,自號溪西遺民,南宋興化軍莆田(福建莆田)人,隱居夾漈山,世稱“夾漈先生”。畢生從事學術研究,在經學、禮樂之學、語言學、自然科學、文獻學、史學等方面都取得了很大成就。他一生著述,據統計達八十四種，但大部分已佚亡。今僅存《通志》、《夾漈遺稿》、《爾雅注》、《詩辨妄》及一些零散遺文。他提倡實學，注重實踐，富於科學精神，是宋代史學家和目録學家。

《通志》是一部紀傳體通史，全書由紀、傳、略、譜、世家和載記等部分組成，記載上古至隋唐制度。鄭樵在改“表”為“譜”、易“志”為“略”，以及全書綱目體例統一，史事考訂改編，二十略創，受後人重視。其體例和編纂方法，對我國史學發展有一定影響，即先從各專科門類入手，對其史料進行實踐調查和考訂，盡可能全面地把所有史料“會同”起來，按照年代先後予以整理、編排，探其源流，理出各種事物從古到今發展過程。是書包羅萬象，不僅記載了古代社會歷史，還涉及到動物學、植物學、文字學、音韻學、文獻學等内容。

通鑑紀事本末二百三十九卷　（宋）袁樞編　（明）張溥論正　缺卷一百七十四至卷二百零八

明末刻本　存 50 册　半葉 9 行 20 字　白口　單魚尾　左右雙邊　框高 18.6 厘米　寬 14 厘米

袁樞（1131—1205），字機仲，南宋建安（今福建建甌）人。宋孝宗隆興元年（1163）進士，歷任温州判官、嚴州教授、太府丞兼國史院編修、大理少卿、工部侍郎兼國子祭酒、右文殿修撰、江陵知府等職。其為人正直，學識淵博，著有《易學索引》、《周易辯異》等。《通鑑紀事本末》開創史書類型以“事”為綱之紀事本末體。

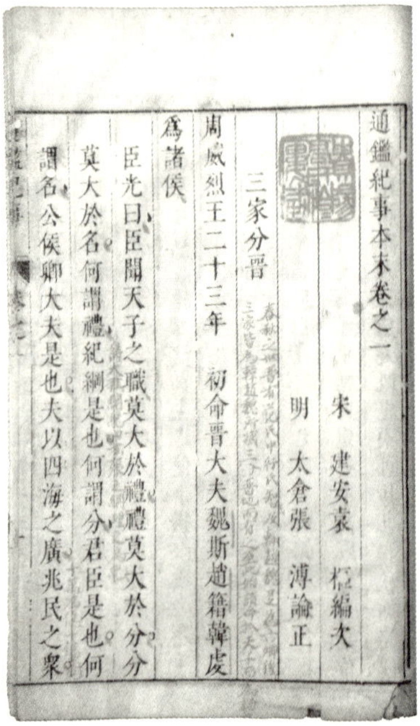
通鑑紀事本末卷之一
宋　建安袁　樞編次
明　太倉張　溥論正
三家分晉
周威烈王二十三年　初命晉大夫魏斯趙籍韓虔
為諸侯
臣光曰臣聞天子之職莫大於禮禮莫大於分分
莫大於名何謂禮紀綱是也何謂分君臣是也何
謂名公侯卿大夫是也夫以四海之廣兆民之衆

張溥，生平參見《元史紀事本末》。

《通鑑紀事本末》根據《資治通鑑》記載之重要史實，以事件為中心，始於“三家分晉”，終於“世宗征淮南”，總括了一千三百多年歷史，各事按年代順序輯録，自立標題，獨立成篇，起訖瞭然，自成一體，故名“紀事本末”。袁樞以“專取關國家興衰，係生民休戚，善可為法，惡可為戒”之原則，内容絶大部分與軍事、政治有關，對當時現實政治起到警示作用。是書由明代張溥寫成史論若干篇，附在各篇之後，一事一卷。解决了閱讀《資治通鑒》之困難，是學習、研究歷史之重要文獻。

陳書三十六卷　(唐)姚思廉撰

明萬曆十六年(1588)南監刻清順康遞修本　7册　半葉10行21字　白口　雙順魚尾　四周雙邊　框高21.2厘米　寬14.5厘米

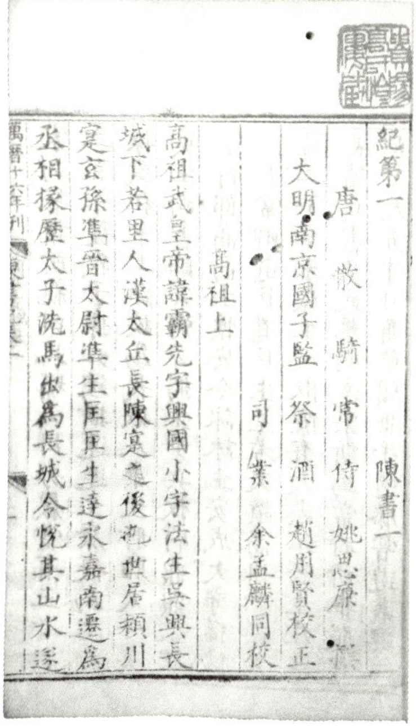
紀第一　陳書一
唐　散騎常侍　姚思廉　撰
大明南京國子監　祭酒　趙用賢校正
司業　余孟麟同校
高祖上
高祖武皇帝諱霸先字興國小字法生吳興長
城下若里人漢太丘長陳寔之後也世居穎川
寔玄孫準晉太尉準生匡匡生達永嘉南遷爲
丞相掾歷太子洗馬出爲長城令悅其山水遂

姚思廉(557—637)，字簡之，一説名簡，字思廉，吴興(今浙江湖州)人，唐初著名史學家。陳朝亡後隨父姚察到隋朝做官，遷至北方。姚思廉歷仕陳、隋、唐三朝，唐貞觀初，任著作郎、弘文館學士，後官至散騎常侍，"十八學士"之一。姚察在陳時任吏部尚書，著陳梁二史未成。思廉自幼習史，有豐厚史學功底，繼父遺志，續修撰陳梁二史。於唐貞觀十年(636)修成《梁書》、《陳書》。

《陳書》是南朝陳之紀傳體斷代史作，其中本紀六卷、傳記三十卷，主要記述梁、陳之際政治變化和陳皇朝三十三年之史事。是書主要參考了陳朝史官陸瓊、顧野王、傅縡等人有關陳史之撰述，用散文體寫成，其語言通曉簡練，叙事亦嚴。本紀和列傳都過於簡略，但保存了大量有價值之歷史資料，是研究南朝史要籍。

硃批諭旨三百六十卷　(清)世宗胤禛批　(清)允禄　(清)鄂爾泰等編

清雍正十年(1732)至清乾隆三年(1738)北京武英殿朱墨印本　112册　半葉10行21字　無界欄　白口　單魚尾　四周雙邊　框高20.2厘米　寬15.8厘米

清世宗愛新覺羅・胤禛(1678—1735)，滿族，母為康熙孝恭仁皇后烏雅氏，清聖祖玄燁第四子，是清朝入關後第三位皇帝，1722—1735年在位，年號雍正，死後葬於清西陵之泰陵，廟號世宗，謚號敬天昌運建中表正文武英明寬仁信毅睿聖大孝至誠憲皇帝。

允禄(1695—1767),清康熙帝第十六子,康熙末年,命掌内務府。清乾隆元年(1736),任總理事務大臣,兼管工部事務,食親王雙俸。二年(1737),獎其總理事務業績,加封一鎮國公。三年(1738)二月,攝理藩院尚書。不久,犯事奪爵,仍厚與田宅。四年(1739)十月,坐與胤礽子理親王弘晳往來"詭秘",停雙俸,罷都統。七年(1742),命總理樂部事。十八年(1753)正月,復授議政大臣。有詩見《熙朝雅頌集》。

鄂爾泰,生平參見《欽定周官義疏》。

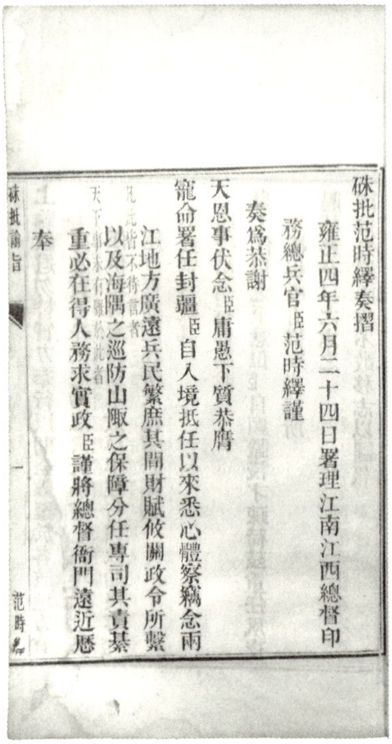
硃批范時繹奏摺
雍正四年六月二十四日署理江南江西總督印
務總兵官臣范時繹謹
奏爲恭謝
天恩事伏念臣庸愚下質恭膺
寵命署任封疆臣自入境抵任以來悉心體察竊念兩
江地方廣遠兵民繁庶其間財賦攸關政令所繫凡此皆不待言者
以及海隅之巡防山陬之保障分任專司其責綦天下事未有不繇於此者
重必在得人務求實政臣謹將總督衙門遠近歷
硃批諭旨 奉 一 范時繹

《硃批諭旨》是清雍正十年(1732),世宗胤禛從自己即位以來親筆批閲群臣之二萬二千多奏章中,檢選出七千餘件彙為此書。前有總目録,按册、人排列,共十八函,卷首有雍正帝御制序,卷末有乾隆帝為此書新作之後序,奏摺為墨色,批語為硃色。是雍正皇朝政務活動重要記録,作為雍正皇帝處理政事之原始檔案,為研究清代政治、經濟、民族、文化等領域提供了寶貴歷史資料。

國語選八卷　(清)儲欣選評

清乾隆五十年(1785)二南堂刻本　2册　半葉9行25字　單行小字不等　有眉注　白口　單魚尾　左右雙邊　框高20厘米　寬14.5厘米

儲欣,生平參見《公羊傳選》。

《國語》體例為國別體,以記西周末年和春秋時期周魯等國貴族言論為主,記事為輔,由二百多個大小故事組成,語言特點通俗化。是書采用夾批、眉批之評點方式,對《國語》中故事、人物、語言、義理、辭章進行選評,評語精煉。

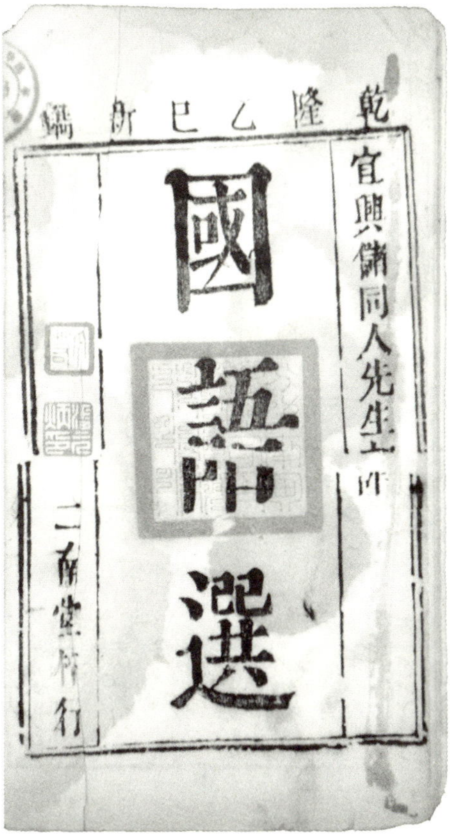

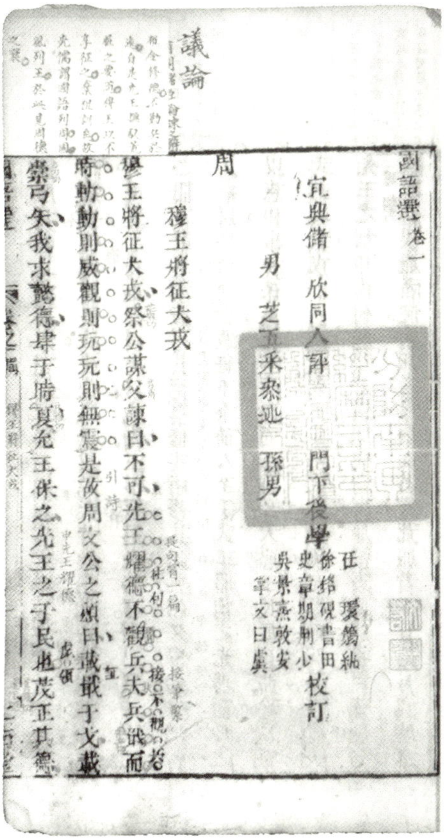

鹿忠節公年譜二卷　(清)陳鋐撰

清康熙六年(1667)尋樂堂刻本　2冊　半葉7行18字　白口　單魚尾　四周雙邊　框高18.7厘米　寬13.3厘米

陳鋐(生卒年不詳),字國鎮,涿州(今河北保定)人。與父兄一起受業於定興鹿善繼,善繼研講陽明之學,鋐研精學業,探經考傳,務求實底,得鹿氏家法。

《鹿忠節公年譜》卷一記載鹿善繼於明萬曆三年(1575)出生,至明崇禎四年(1631)五十七歲之經歷;卷二記載鹿善繼崇禎五年(1632)五十八歲到崇禎九年(1636)六十二歲人生最後四年之經歷。鹿善繼,字伯順,號乾嶽,晚年自號江村漁隱,謚號“忠節”,北直定興(今河北定興)人。生於以忠正節義著稱之家庭,其究心理學,教授生徒,一生仁義正直,潔修亮節。明崇禎九年(1636)七月,清兵攻定興,率諸紳赴難,與敵相持六日,城破,清兵“刃脅降,公不屈,罵不絶聲，兵怒斫公三刀，復射一矢，遂遇害”。

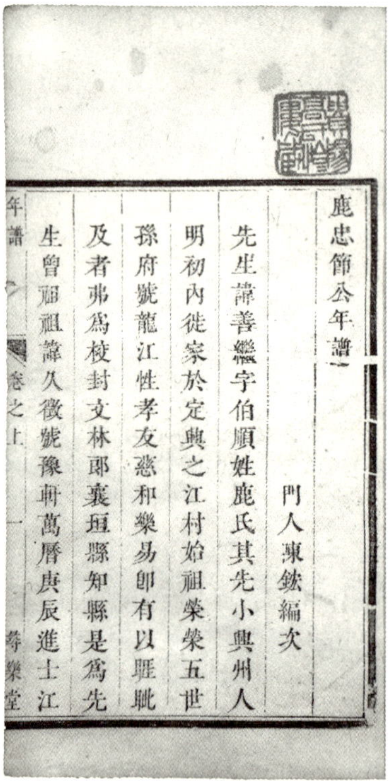
鹿忠節公年譜卷之上

門人陳鋐編次

先生諱善繼字伯順姓鹿氏其先小興州人
明初內徙家於定興之江村始祖榮榮五世
孫府號龍江性孝友慈和樂易郎有以畦畛
及者弗爲梃封文林郎襄垣縣知縣是爲先
生曾祖祖諱久徵號豫軒萬曆庚辰進士江

年譜 卷之上 一 尋樂堂

清江志·藝文志一卷　(清)胡章纂修

清乾隆五十五年(1790)貴州刻本　1 册　半葉 9 行 20 字　白口　單魚尾　四周雙邊　框高 19 厘米　寬 13.5 厘米

胡章(生卒年不詳)，字理齋，咸寧(今湖北咸寧市)人，進士，乾隆五十三年(1788)任貴州鎮遠府分駐清江廳通判。

《清江志·藝文志》係清乾隆五十五年(1790)《清江志》(清江，今貴州省劍河縣。元代為南木洞長官司，明代為赤溪南洞蠻夷長官司，柳霽寨，清雍正六年(1728)置清江理苗府，八年(1730)平苗後置清江廳，民國三年(1914)改清

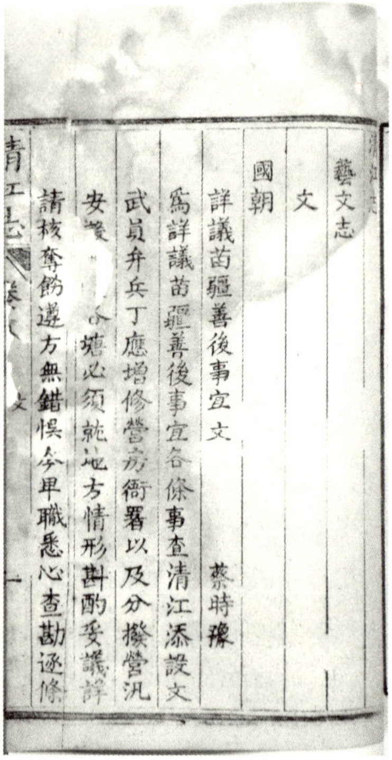
藝文志

文

國朝

詳議苗疆善後事宜文　蔡時豫

爲詳議苗疆善後事宜各條事查清江添設文
武員弁兵丁應增修營房衙署以及分撥營汛
安設塘必須就地方情形斟酌妥議詳
請核奪飭遵方無錯悞今卑職悉心查勘逐條

清江志 卷 文 一

江廳為劍河縣。)之第八卷，前有序引，撮述梗概，内容為疏、文、序、記、詩、跋等文體，集本地山川、人物等史實，如清江八景、柳川書院等。

梁書五十六卷　(唐)姚思廉撰

明萬曆三年(1575)南監刻清順康二朝遞修本　7册　半葉10行21字　白口　雙順魚尾　四周雙邊　框高21.2厘米　寬14.5厘米

姚思廉，生平參見《陳書》。

《梁書》包括帝紀六卷、列傳五十卷，主要記述蕭齊末年和蕭梁皇朝五十餘年之史事。每卷後有編撰者論署，其中半數為"陳吏部尚書姚察曰"，出於姚察之手。姚思廉撰《梁書》，除了繼承其父之遺稿外，還參考吸取了梁、陳、隋歷朝史家編撰梁史之成果。敘梁朝史事内容較全面，文字簡練，史論除一般評論人物功過、長短外，還涉及對社會風氣和時代特點之概括。

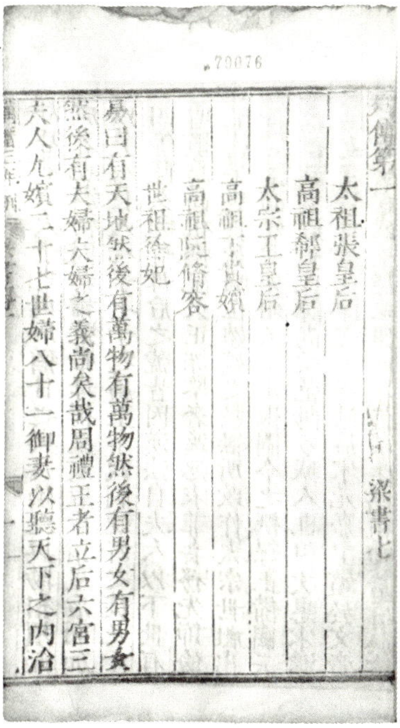
列傳第一　梁書七
太祖張皇后
高祖郗皇后
太宗王皇后
高祖丁貴嬪
高祖阮脩容
世祖徐妃
易曰有天地然後有萬物有萬物然後有男女有男女
然後有夫婦夫婦之義尚矣哉周禮王者立后六宮三
夫人九嬪二十七世婦八十一御妻以聽天下之內治

隋書八十五卷　(唐)魏徵等撰

明萬曆年間南監刻清初遞修本　12册　半葉9行18字　白口　魚尾不定　四周雙邊　版框不定

魏徵(580—643)，字玄成，鉅鹿(今河北)人。少時喪父家貧，曾出家為道，好讀書，有大志，隋末入李密瓦崗軍，後隨李密歸唐，先後任太子洗馬、諫議大夫、尚書左丞、秘書監、侍中、監察御史等，唐貞觀七年(633)被封為鄭國公。以性格剛直，才識超卓，敢於犯顔直諫著稱，為唐初重臣。著有《大唐儀禮》、《群書治要》、《次禮記》等，重要言論大都收録入《魏鄭公諫録》和《貞觀政要》兩

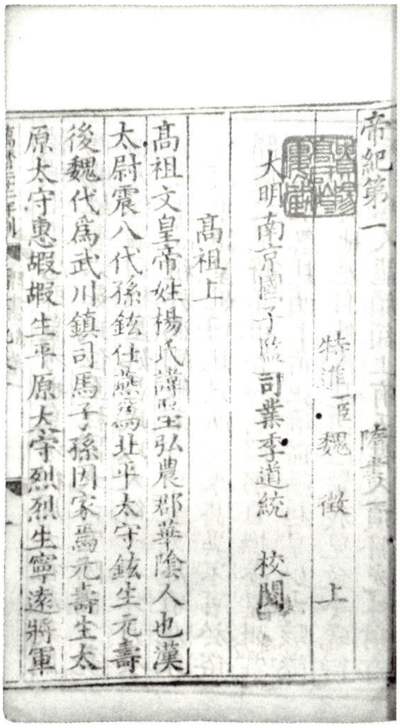
帝紀第一　隋書一
特進臣魏徵上
大明南京國子監司業季道統　校閱
高祖上
高祖文皇帝姓楊氏諱堅弘農郡華陰人也漢
太尉震八代孫鉉仕燕為北平太守鉉生元壽
後魏代為武川鎮司馬子孫因家焉元壽生太
原太守惠嘏嘏生平原太守烈烈生寧遠將軍

書中。

《隋書》含帝紀五卷，其中文帝楊堅二卷、煬帝楊廣二卷、恭帝楊侑一卷；志三十卷，包括禮儀、音樂、律曆、天文、五行、食貨、刑法、百官、地理、經籍；列傳五十卷，其中卷三十六至四十九為類傳，有誠節、孝義、循吏、酷吏、儒林、文學、隱逸、藝術、外戚、列女、東夷、南蠻、西域、北狄。《隋書》十志不僅叙述隋朝典章制度，還概括梁、陳、北齊、北周之政治、經濟情况，部分甚至追溯到漢魏。其中《經籍志》是繼《漢書・藝文志》後一部重要書目，記録漢至隋六百年書籍存亡、學術流變，分為經、史、子、集四大類，其下再分四十小類。為四部圖書分類奠定了基礎。紀傳在編次上注重以類相從，體例較嚴整，較少曲筆，據事直書，不為尊者諱。書中"史論"也是一篇重要文章，總結了隋朝興亡之經驗教訓，對唐初之施政方針有極其重要之引導意義。

蜀道驛程記二卷　秦蜀後記二卷　（清）王士禛撰

清康熙三十年(1691)刻本　2 册　半葉 10 行 19 字　黑口　單魚尾　左右雙邊　框高 16.5 厘米　寬 13.3 厘米

王士禛，生平參見《長白山録》。

《蜀道驛程記》記録王士禛清康熙十一年(1672)赴四川任鄉試正考官時沿路之經歷。上卷記述從京至成都，下卷記述從成都至河南新鄉縣。王士禛康熙三十五年(1696)奉旨到陝西、四川等地，《秦蜀後記》為此次秦蜀旅程游記，文或描述棧道等沿途奇險景觀，或抒發對歷史、現實、人生之感歎，具有文化史意義和歷史地理學價值。

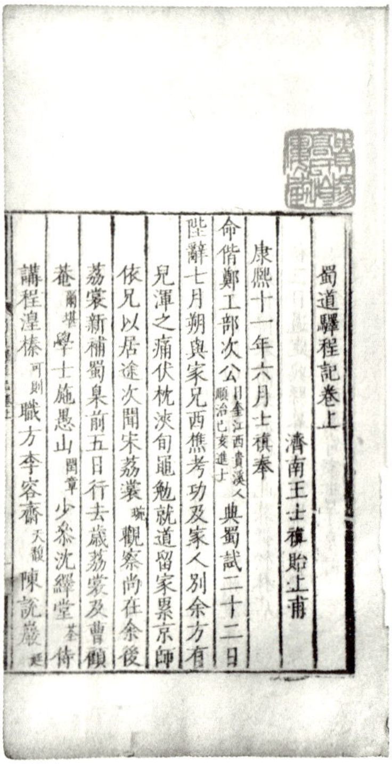
蜀道驛程記卷上　濟南王士禛貽上甫
康熙十一年六月士禛奉
命偕鄭工部次公（日奎江西貴溪人順治己亥進士）典蜀試二十二日
陛辭七月朔與家兄西樵考功及家人別余方有
兒渾之痛伏枕浹旬黽勉就道留家累京師
依兄以居途次聞宋荔裳（琬）觀察尚在余後
荔裳新補蜀臬前五日行去歲荔裳及曹頌
菴（爾堪）學士施愚山（閏章）少參沈繹堂（荃）侍
講程湟榛（可則）職方李容齋（天馥）陳說巖（廷

蜀碧四卷　（清）彭遵泗編述　存卷一至卷二

清乾隆二十八年(1763)石室寫刻本　存 1 册　半葉 8 行 20 字　白口　單魚尾　四周雙邊　框高 21.2 厘米　寬 14.5 厘米

彭遵泗(1702—1758),字磐泉,號丹溪生,四川丹棱縣高橋翠籠山人,清代學者、詩人。清乾隆二年(1737)進士,入選翰林院庶吉士,後調兵部主事,兵部員外郎,任甘肅凉州(今甘肅武威縣)同知,署黄州府(今湖北黄岡)同知等,為官頗有政績。其學問廣博淹雅,長於古文,亦工詩。好著述,有《蜀中烟説》、《丹溪遺編》等,與兄端淑、肇洙齊名,并稱“丹棱三彭”。

《蜀碧》記載明崇禎元年(1628)至清康熙二年(1663),張獻忠在四川活動之始末,序曰“蜀碧者,哭蜀也。哭蜀者,所以著楊嗣昌之罪而憫邵捷春之愚,以吊忠魂烈魄於地下也”。其書大旨以沈雲祚稱獻逆殘蜀,由風俗之惡,故為此書。書名“蜀碧”,取用萇弘之血三年化碧之含義。作者雖收集了相關史料,但記事多據傳聞而又體例冗雜、神怪。

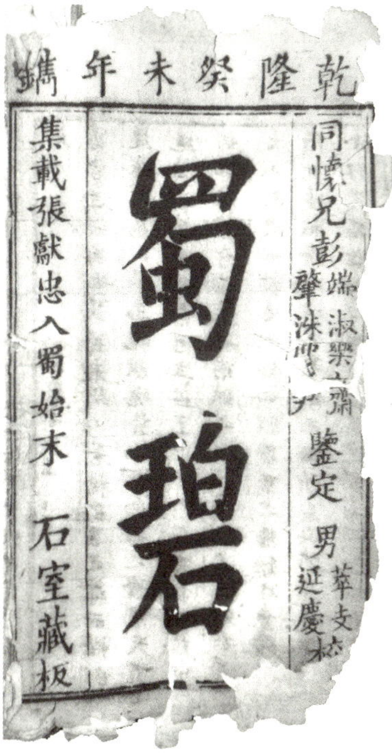

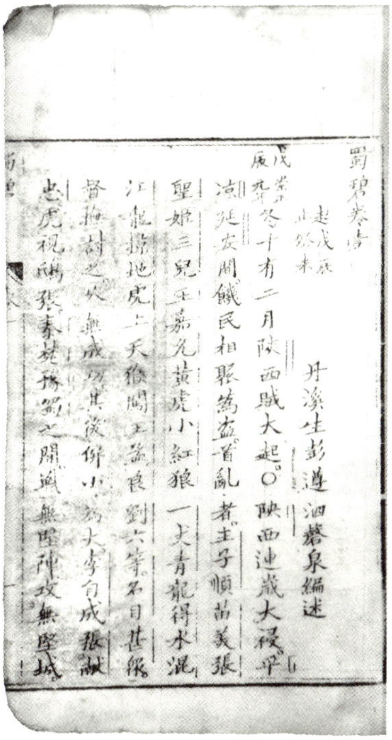

新唐書二百二十五卷　(宋)歐陽修　(宋)宋祁等撰

明毛氏汲古閣刻本　48 册　半葉 12 行 25 字　白口　單魚尾　左右雙邊
框高 21.5 厘米　寬 15.5 厘米

歐陽修,生平參見《五代史記》。

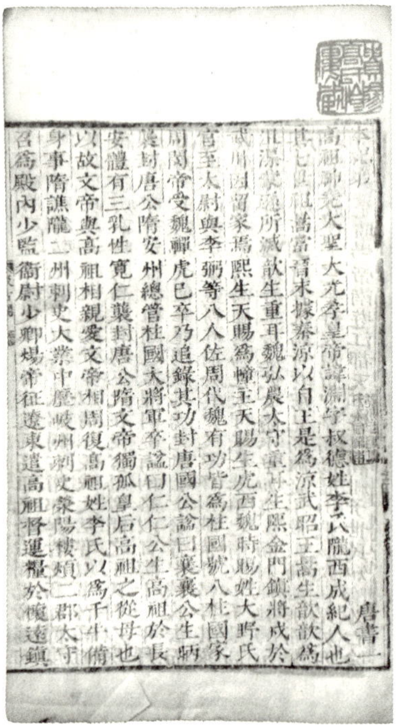
本紀第一　唐書一
高祖神堯大聖大光孝皇帝諱淵字叔德姓李氏隴西成紀人也
其七世祖暠當晉末據秦涼以自王是爲涼武昭王暠生歆歆爲
沮渠蒙遜所滅歆生重耳魏弘農太守重耳生熙金門鎮將戍於
武川因留家焉熙生天賜爲幢主天賜生虎西魏時賜姓大野氏
官至太尉與李弼等八人佐周代魏有功皆爲柱國號八柱國家
周閔帝受魏禪虎已卒乃追錄其功封唐國公謚曰襄襄公生昞
襲封唐公隋安州總管柱國大將軍卒謚曰仁仁公生高祖於長
安體有三乳性寬仁襲封唐公隋文帝獨孤皇后高祖之從母也
以故文帝與高祖相親愛文帝相周復高祖姓李氏以爲千牛備
身事隋譙隴二州刺史大業中歷岐州刺史滎陽樓煩二郡太守
召爲殿內少監衛尉少卿煬帝征遼東遣高祖督運糧於懷遠鎮

宋祁(998—1061),字子京,安州安陸(今湖北安陸)人。宋天聖二年(1024)與兄宋庠同舉進士,為“雙狀元”,時稱“二宋”。累遷同知禮儀院、知制誥、史館修撰、工部尚書、翰林學士。著有《宋景文公集》、《大樂圖》等,因其詞《玉樓春》中有“紅杏枝頭春意鬧”之句,人稱“紅杏尚書”,是宋代史學家、文學家。

《新唐書》為唐代歷史之紀傳體史書,包括本紀十卷,志五十卷,表十五卷,列傳一百五十卷。新增了《儀衛志》、《選舉志》和《兵志》,其中《兵志》為首創,系統整理了唐朝科舉制度和兵制之演變資料。又增加了少數民族種族、部落之記載,所增列傳多取材於本人章奏或後人追述,碑志石刻和各種雜史、筆記、小説都被采輯編入。恢復了表圖體例,在原《舊唐書》基礎上補充了大量原始材料。是書也有不足之處,苛求文字精煉,部分紀、傳失之太簡,甚至作無理砍削,對佛教偏見排斥,兩位大翻譯家和科學家玄奘、一行事迹均未記載,使此書未能完全忠實於歷史。然《新唐書》仍為宋代編修較佳之大型史書,《進新修唐書表》中説“唐有天下幾三百年,其君臣行事之始終,所以治亂興衰之迹,與其典章制度之英,宜其粲然著在簡册”,是客觀之評價。

[乾隆]廣州府志六十卷　卷首一卷　(清)金烈　(清)張嗣衍修　(清)沈廷芳等撰

清乾隆二十四年(1759)道署刻本　32册　半葉10行21字　雙行小字同　白口　單魚尾　四周雙邊　框高22厘米　寬15厘米

金烈(生卒年不詳),字慎齋,浙江桐鄉人,監生,任惠潮嘉兵備道,後充廣東糧驛道兼分巡廣州府。

張嗣衍(生卒年不詳),字神山,山西浮山人,監生,清乾隆十八年(1753)任廣州知府。期間重教育,重修廣府學宮。

沈廷芳(1702—1772),字畹叔,號椒園,清仁和(今杭州)人。初以國子生為《大清一統志》校録。清乾隆元年(1736)舉博學鴻詞科,選為翰林院庶吉士,授編修,曾任山東道監察御史、河南按察使、廣州粵秀書院掌教等。能詩善文,尤精於古文。晚年曾掌教於粵秀、敬敷等書院。著有《隱拙齋詩文集》、《盥蒙雜著》、《古文指綬》、《鑒古録》、《十三經注疏正字》、《讀經義考》等。清代學者、藏書家。

《[乾隆]廣州府志》卷一星野;卷二疆域輿圖;卷三建置沿革;卷四城池;卷五至卷六山川;卷七海防;卷八關津;卷九古迹;卷十風俗;卷十一貢賦;卷十二倉貯;卷十三至卷十四兵制;卷十五鹽政;卷十六學校;卷十七祠壇;卷十八公署;卷十九至卷二十四職官;卷二十五至卷二十八名宦;卷二十九至三十一選舉;卷三十二至卷四十二人物;卷四十三至卷四十六列女;卷四十七至卷四十八物産;卷四十九至卷五十八藝文;卷五十九至卷六十雜録。其中藝文仿《文選》體例,是書收集經史百家特别是通志、縣志中之有關記載,歷史沿革徵引較豐富,是嶺南之重要地方歷史文獻。

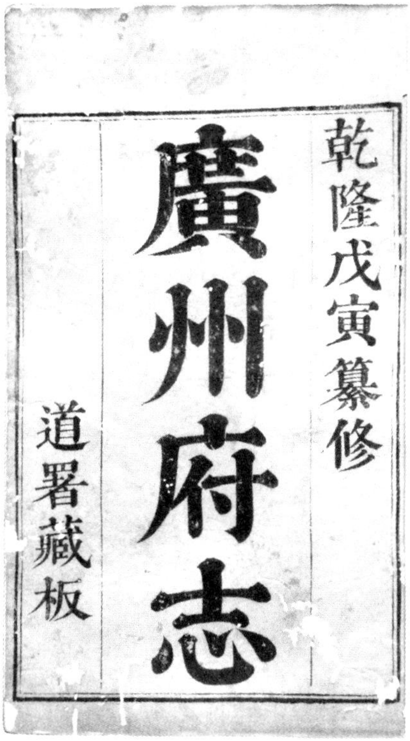
乾隆戊寅纂修
廣州府志
道署藏板

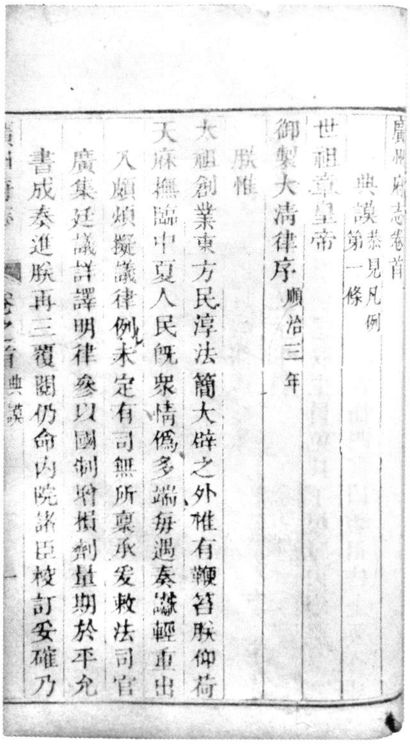
廣州府志卷首
典謨恭見凡例第一條
世祖章皇帝
御製大清律序 順治三年
朕惟
太祖創業東方民淳法簡大辟之外惟有鞭笞朕仰荷
天庥撫臨中夏人民既衆情僞多端每遇奏讞輕重出
入頗煩擬議律例未定有司無所稟承爰敕法司官
廣集廷議詳譯明律參以國制增損劑量期於平允
書成奏進朕再三覆閱仍命內院諸臣校訂妥確乃
卷之首 典謨 一

綱鑑正史約三十六卷　附甲子紀元一卷　(明)顧錫疇編　(清)陳弘謀增訂

清乾隆二年(1737)培遠堂刻本　24册　半葉11行20字　雙行小字同　白口　單魚尾　左右雙邊　框高17.5厘米　寬13厘米

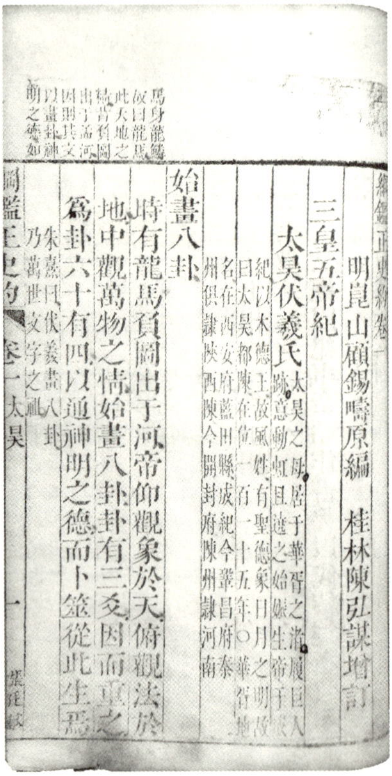
綱鑑正史約卷一
明昆山顧錫疇原編　桂林陳弘謀增訂
三皇五帝紀
太昊伏羲氏
始畫八卦
時有龍馬負圖出于河帝仰觀象於天俯觀法於地中觀萬物之情始畫八卦卦有三爻因而重之為卦六十有四以通神明之德而卜筮從此生焉

顧錫疇(生卒年不詳),字九疇,號瑞屏,明蘇州昆山人,萬曆年間進士,授檢討,崇禎末官至禮部侍郎。著有《綱鑒正史約》三十六卷、《秦漢鴻文》二十五卷、《尚書講意》、《天文易學》、《古學彙纂》、《迪吉録》、《握日草》、《文彙稿》等。

陳弘謀(1696—1771),字汝咨,號榕門,謚號文恭,臨桂(今廣西桂林)人。清雍正年間進士,畢生為官,歷任布政使、巡撫、總督,至東閣大學士兼工部尚書。其勤奮好學,學識淵博,編著甚豐,主要有:《綱鑒正史約》(增訂)、《司馬文公年譜》(輯)、《三通序目》(録)、《甲子紀元》(輯)、《培遠堂偶存稿》、《大學衍義輯要》(輯)、《大學衍義補輯要》(輯)、《吕子節録》(輯)、《女訓約言》、《培遠堂文集》、《手札節要》、《課士直解》、《培遠堂文録》、《湖南通志》(監修)、《五種遺規》(輯)、《培遠堂全集》、《陳榕門先生遺書》、《陳榕門先生遺書補遺》。是清代敦崇實學,主張經世致用之理學家、政治家。

《綱鑒正史約》上起唐堯,下迄元代,編年記載歷代故事粗存梗概。卷一三皇五帝紀、夏紀、商紀、周紀;卷二至卷三周紀;卷四始皇帝、二世皇帝;卷五至卷九漢紀;卷十至卷十三東漢紀;卷十四後漢紀;卷十五晋紀;卷十六至卷十七東漢紀;卷十八南北朝宋紀(附北朝魏);卷十九南北朝齊紀、南北朝梁紀(附北朝魏);卷二十南北朝梁紀、南北朝隋紀;卷二十一至卷二十七唐紀;卷二十八後五代梁紀、後唐紀、後晋紀、後漢紀、後周紀;卷二十九至卷三十六宋紀、元紀。是書於史事之後羅列前人注釋、解説、評論,“凡國統之興亡,年號之改革,世數之修短，政治之美惡，燦如指掌，一覽靡遺。斯之為約”。删繁舉要，挈領提綱，為舊時私塾中童蒙習用之歷史教材，也是學者研讀之便捷專著。

遼史一百一十六卷　(元)脱脱　(元)歐陽玄等主編

明嘉靖刻清順治康熙乾隆三朝遞修本　10 册　半葉 10 行 22 字　白口　雙順魚尾　左右雙邊　版框不等

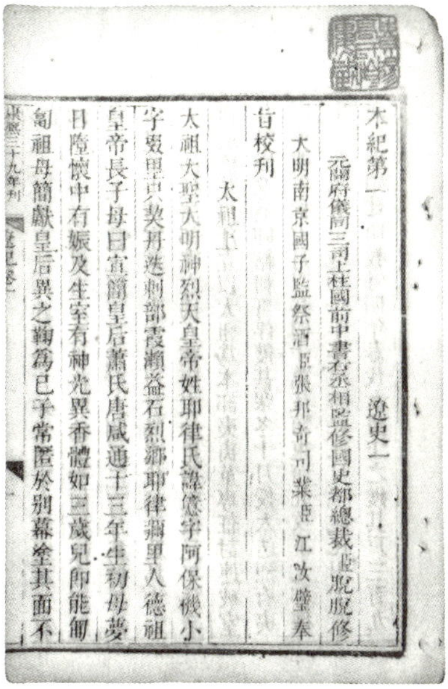
本紀第一　遼史一
開府儀同三司上柱國前中書右丞相監修國史都總裁臣脱脱修
大明南京國子監祭酒臣張邦奇司業臣江汝璧奉
旨校刊
太祖上
太祖大聖大明神烈天皇帝姓耶律氏諱億字阿保機小
字啜里只契丹迭剌部霞瀨益石烈鄉耶律彌里人德祖
皇帝長子母曰宣簡皇后蕭氏唐咸通十三年生初母夢
日墮懷中有娠及生室有神光異香體如三歲兒即能匍
匐祖母簡獻皇后異之鞠為已子常匿於别幕塗其面不
康熙三十九年刊

脱脱，生平參見《宋史》。

歐陽玄，生平參見《金史》。

遼朝是十世紀至十二世紀契丹族在我國北方遼闊地區建立之王朝。《遼史》有本紀三十卷，志三十二卷，表八卷，列傳四十五卷，國語解一卷，記載遼朝近三百年歷史。是書特點列表較多，新創“營衛志”，記載契丹營衛概況及各部族建置和分布等，“國語解”，對契丹語記載官制、宫衛、部族、地名等分别加以注釋。雖然《遼史》成書倉促，史料範圍狹窄，書中缺陷較多。但是作為現存唯一比較系統、完整地記載遼朝歷史事實之著作，其史料價值還是較高的。

歷仕録一卷　(明)王之垣撰　(清)王士禎較

清康熙四十一年(1702)惶心樓王氏家壁刻本　1 册　半葉 10 行 19 字　黑口　雙順魚尾　左右雙邊　框高 18.7 厘米　寬 13.5 厘米

王之垣(1527—1604)，字爾式，號見峰，新城(今山東桓臺)人，出生於峨冠博帶、縉紳滿門之官僚世家。明嘉靖四十一年(1562)進士，歷任刑科給事中、府尹、户部左侍郎、刑部尚書等，為官積極進取。後居鄉二十餘年，課教諸孫，閉户著書，制定經典之科舉教育體系，提高了王氏家族子弟科舉能力，將王氏家族推向鼎盛，是新城王氏家族發展史上舉足輕重之人物。著有《承天大志記録事實》、《律解附例》等。

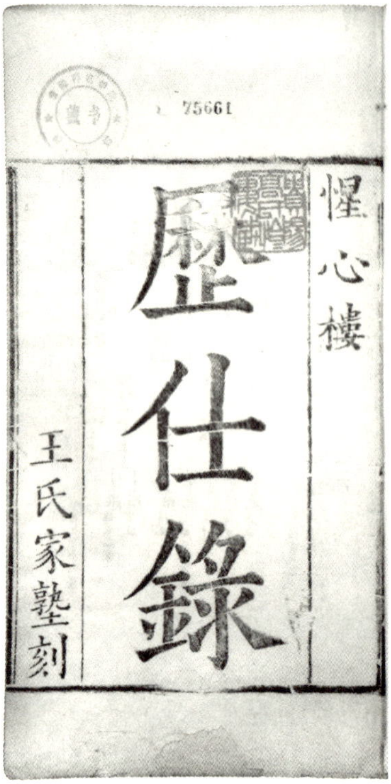
惺心樓

歷仕錄

王氏家塾刻

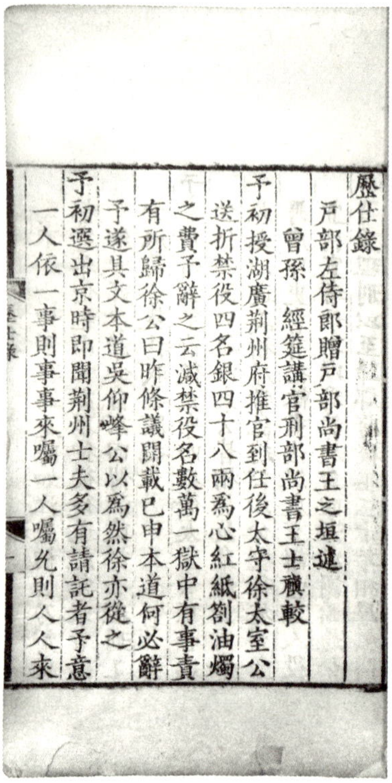
歷仕錄

戶部左侍郎贈戶部尚書王之垣述

曾孫　經筵講官刑部尚書王士禛較

予初授湖廣荆州府推官到任後太守徐太室公送折禁役四名銀四十八兩爲心紅紙劄油燭之費予辭之云減禁役名數萬一獄中有事責有所歸徐公曰昨條議開載巳申本道何必辭予遂具文本道吳仰峰公以爲然徐亦從之

予初選出京時即聞荆州士夫多有請託者予意一人依一事則事事來囑一人囑允則人人來

王士禛，生平參見《長白山録》。

《歷仕録》是編者自記其歷官行事，自荆州府推官歷御史、給事中、太僕寺少卿、鴻臚卿、順天府尹、湖廣巡撫至户部左侍郎止。後《附録》二條，《紀友》、《紀夢》、《紀異》各一條。將生平仕宦經歷著成一書，以垂訓後世。

歷代名臣奏議三百二十卷　目録一卷　（明）黄淮　（明）楊士奇等編　（明）張溥删正　（明）陳明卿鑒定

清初聚英堂刻本　64 册　半葉 9 行 18 字　白口　四周單邊　單魚尾　框高 20.7 厘米　寬 14 厘米

黄淮（1367—1449），字宗豫，號介庵，浙江永嘉人（現温州市鹿城區）人。洪武末年進士，授中書舍人。歷翰林編修、侍讀、左中允。仁宗即位擢禮部侍郎兼華蓋殿大學士，進少保、少傅，兼兵部尚書等。詔修《太祖實録》，著有《省愆集》、《古今列女傳》等書。

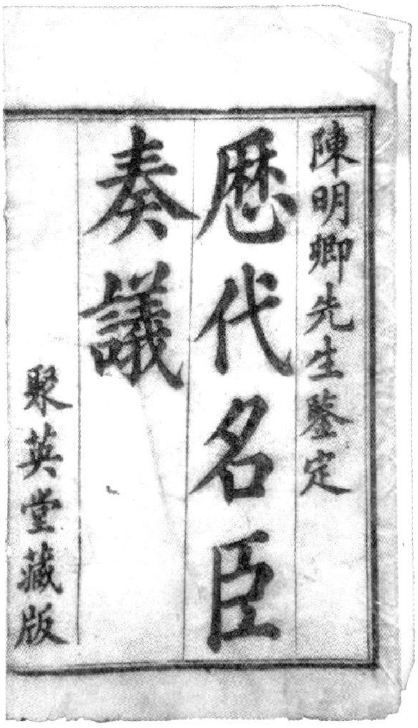
陳明卿先生鑒定
歷代名臣奏議
聚英堂藏版

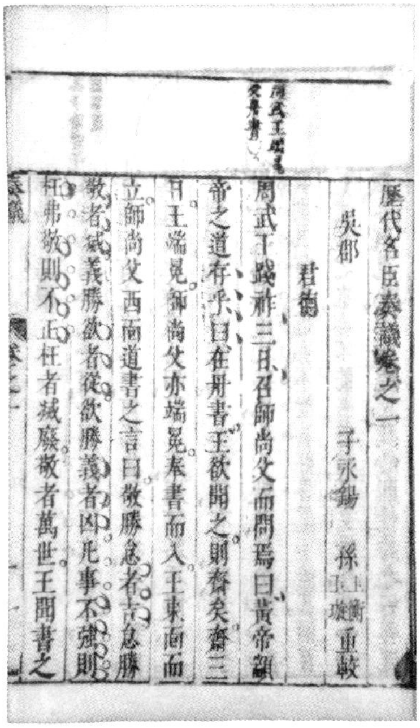
歷代名臣奏議卷之一
吳郡　子承錫　孫王璣　重較
君德
周武王踐祚三日召師尚父而問焉曰黃帝顓
帝之道存乎曰在丹書王欲聞之則齋矣齋三
日王端冕師尚父亦端冕奉書而入王東面而
立師尚父西面道書之言曰敬勝怠者吉怠勝
敬者滅義勝欲者從欲勝義者凶凡事不強則
枉弗敬則不正枉者滅廢敬者萬世王聞書之

楊士奇(1365—1444),名寓,以字行,號東里,江西泰和人,曾多年在湖廣各地做塾師,明建文元年(1399),朝廷準備修撰《明太祖實録》,從社會上徵集文人參加。因學識出衆,被薦入翰林,主管編纂。後任吴王府審理副、翰林院侍講、左諭德、兵部尚書等,前後侍奉過永樂、洪熙、宣德、正統四代皇帝,是名副其實之"四朝元老"。著有《東里全集》、《文淵閣書目》、《三朝聖諭録》、《奏對録》、《周易直指》、《西巡扈從紀行録》、《北京紀行録》等。

張溥,生平參見《元史紀事本末》。

陳明卿(1579—1634),名仁錫,字明卿,號芝臺。明末長洲(今江蘇蘇州)人。少年有志,篤性好學,博覽經史,明天啓二年(1622)進士。任編修、經筵講官,後召為南京國子監祭酒,未赴任而病逝。其學識淵博,精研經史之學,喜好著書立説,著述豐富,有《皇明世法録》、《續大學衍義》、《四書語録》、《性理綜要》、《六經圖考》、《四書析義》等。

《歷代名臣奏議》為商朝到元朝之奏議彙編。全書分為君德、聖學、孝親、敬天、郊廟、治道、法祖、儲嗣、内治、宗室、經國、守成、都邑、封建、仁民、務農、田制、學校、風俗、禮樂、用人、求賢、知人、建官、選舉、考課、去邪、賞罰、勤政、節儉、戒佚欲、慎微、謹名器、求言、聽言、法令、赦宥、兵制、宿衛、征伐、任將、馬政、荒政、水利、賦役、屯田、漕運、理財、崇儒、經籍、圖讖、國史、律曆、謚號、褒贈、禮臣、巡幸、外戚、寵倖、近習、封禪、灾祥、營繕、弭盜、禦邊、夷狄六十六門,輯録名臣奏疏八千餘篇。内容涉及政治、經濟、文化、軍事、民族關係以及歷史上發生之重要事件等，凡歷代政治得失、典制沿革、用人賞罰等有關奏議之文，儘量收入，是研究中國歷史，尤其是宋元史之重要原始資料。

歷代名儒傳八卷　卷首一卷　（清）朱軾　（清）蔡世遠訂　（清）李清植分纂

清雍正七年(1729)刻本　4册　半葉9行22字　白口　雙對魚尾　左右雙邊　框高18.7厘米　寬13.4厘米

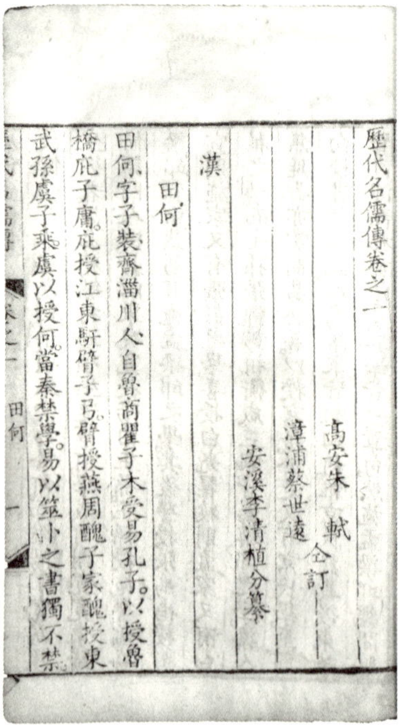
歷代名儒傳卷之一
高安朱　軾
漳浦蔡世遠　仝訂
安溪李清植分纂
漢
田何
田何字子裝齊淄川人自魯商瞿子木受易孔子以授魯橋庇子庸庇授江東馯臂子弓臂授燕周醜子家醜授東武孫虞子乘虞以授何當秦禁學易以筮卜之書獨不禁
歷代名儒傳　卷之一　田何　一

朱軾(1665—1736)，字若瞻，號可亭，江西高安人。清康熙三十三年(1694)進士，歷任湖北潛江知縣、陜西學政、奉天府尹、浙江巡撫、左都御史。清雍正時，充《聖祖實録》總裁，拜文華殿大學士，兼吏部、兵部尚書。清乾隆時，充《世宗實録》總裁，命協同總理事務。其居官廉潔，處事公正，執法嚴明，廣施惠政，被百姓稱為“大清官”，也是康、雍、乾三世“恩寵極人臣之分”之顯赫人物。其博學多才，著述豐富，著有《周禮注解》、《周易注解》、《文端公集》、《春秋鈔》、《歷代名臣傳》、《歷代名儒傳》、《儀禮節要》等，是清代著名經學家、史學家、教育家。

蔡世遠(1683—1734)，字聞之，號梁村。清福建漳浦縣人。生於世代書香之家，是宋代理學家蔡元鼎後裔，父親蔡璧主持福州鰲峰書院。因其世居漳浦梁山，被學者稱為“梁山先生”。清康熙四十八年(1709)進士，改庶吉士。清雍正元年(1723)授編修，特召直上書房，侍諸皇子讀書。清雍正六年(1728)，遷禮部侍郎，主持鄉試、會試事務，清乾隆時追封禮部尚書。其學識淵博，尤精於性理之學，强調道學、經濟、文章、氣節應合為一事。著有《二希堂文集》、《鰲峰書院學約》、《朱子家禮輯要》、《性理精要》、《歷代名臣言行録》、《古文雅正》、《漢魏六朝四唐詩》等，纂修《漳州府志》，是清代著名學者和教育家。

李清植(1690—?)，字立侯，别號穆亭。福建安溪感化里(今安溪湖頭鎮)

人。幼失父母，長期在京隨侍祖父李光地，備受薰陶。清雍正二年(1724)進士，欽點翰林院庶吉士。清雍正五年(1727)授編修。後遷翰林院侍講，出督浙江學政。清乾隆元年(1736)補翰林院侍讀，後升内閣學士兼禮部侍郎，充武英殿總裁兼理經史館事，主持校刊《十三經》和《二十四史》。次年，升禮部左侍郎。其崇樸實，弃浮華，以經學育士。

《歷代名儒傳》依據《二十一史》收録漢至元八十六位儒學人物生平簡歷和儒學觀點，"然多采傳記及各家文集以成"是書，"傳以名儒稱，何也？猶言純儒真儒，君子儒也"。所以，在這部書中，"飾節而墜行者，雖有儒名必黜，毋取其隘；服古而清修者，確守先緒必録；學者苟能志道以明經，復因經以求道，不歧於異説，不汩於功利，明善克私唯恐不及，以兼收漢宋諸儒之益，將藴為德行，行之為事業，國家有用之儒，彬彬然輩出矣！""凡傳一人，必叙其人之所學、所守、所行，所值之時，所居之官，原始要終，無虚美，無隱惡，而後加以褒貶，以為勸為懲，猶用藥之按病症，折獄之比罪惡，舍此不能為臆斷也。"

戰國策選四卷　(清)儲欣選評　存卷三至卷四

清乾隆五十年(1785)二南堂刻本　存2册　半葉9行25字　白口　無界欄　有眉注　單魚尾　四周單邊　框高20.3厘米　寬14厘米

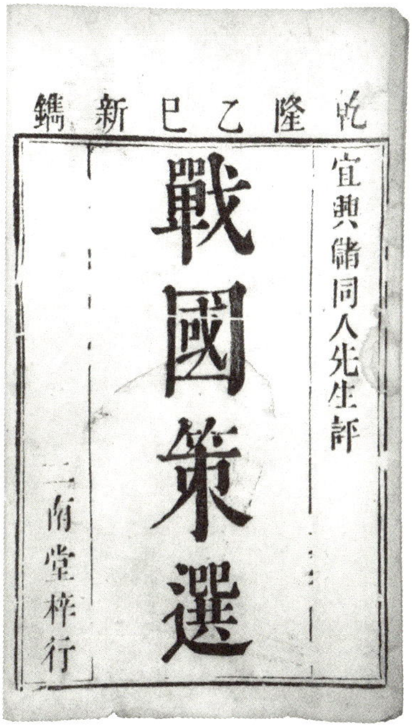

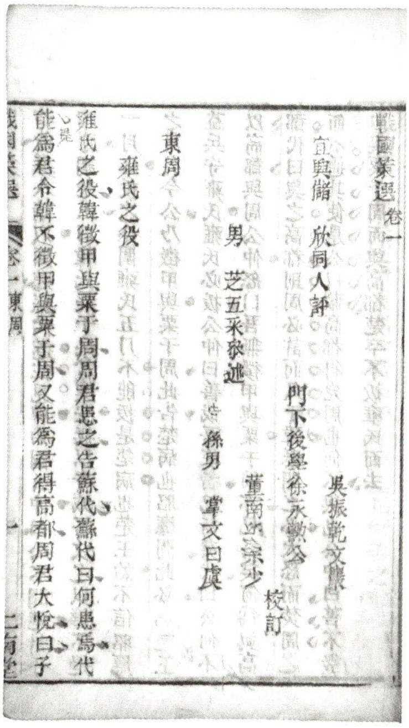

儲欣，生平參見《公羊傳選》。

《戰國策選》卷一選東周二篇、西周三篇、秦國二十一篇；卷二選齊國十一篇、楚國八篇；卷三選趙國十八篇、魏國十五篇；卷四選韓國七篇、燕國十一篇、宋國二篇、衛國四篇、中山國三篇，依次分國編寫。是戰國時期策士及其各類人士縱論國事與時勢之言論輯録，反映出戰國時期特有之社會風貌。

學仕遺規四卷　補編四卷　（清）陳宏謀輯

清乾隆三十四年(1769)培遠堂寫刻本　6冊　半葉10行20字　白口　單魚尾　四周雙邊　框高17.4厘米　寬13厘米

陳宏謀，一作陳弘謀，生平參見《綱鑑正史約》。

《學仕遺規》彙集了宋、明、清時期著名學仕之有關著述，卷一，真德秀、魏了翁、黃震、呂坤；卷二，方孝孺、高拱、馮從吾、呂柟、冠慎；卷三，陸隴其、辛全、葛錫璠、葛端調、刁包、李顒、王心敬、魏禧；卷四，王雲廷、李鎧、黃施鍔、王之鐵、石天基。内容均為從政為官、讀書做人之一般原則和基本品德，處理各種事務等之實際經驗、學習感言及治學論述。各篇附有按、評語，闡述治學和仕途中之問題、要求、楷模等，為後人借鑒。補編：卷一蔡雲怡儲積議；卷二蔡雲怡約保法；卷三陳容駟仕學一貫録抄；卷四策略匯抄。全書為其子鍾珂，侄鍾理、鍾琛，孫蘭森同編校。

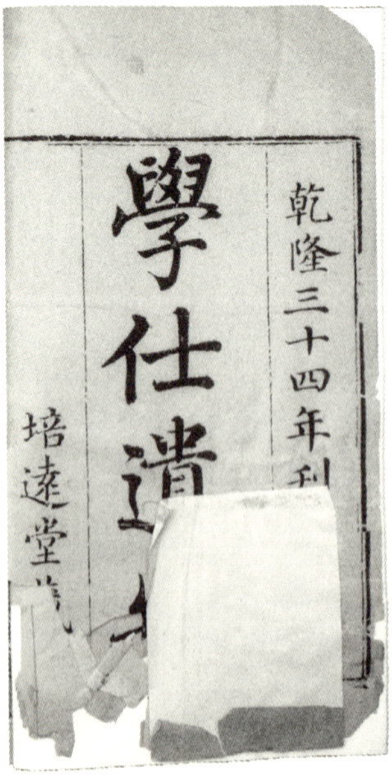

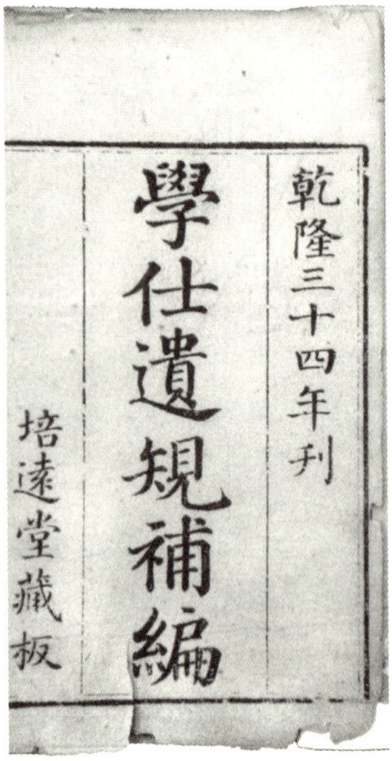

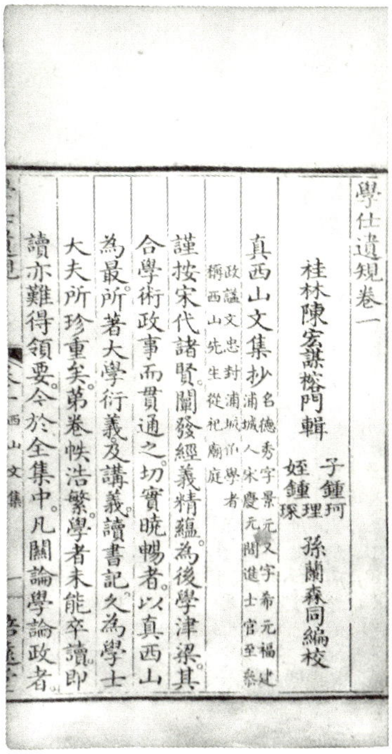

學仕遺規卷一

桂林陳宏謀榕門輯　子鍾珂　姪鍾理　孫蘭森同編校

真西山文集抄（名德秀字景元又字希元福建浦城人宋慶元間進士官至參政謚文忠封浦城伯學者稱西山先生從祀廟庭）

謹按宋代諸賢闡發經義精蘊為後學津梁其合學術政事而貫通之切實曉暢者以真西山為最所著大學衍義及講義讀書記久為學士大夫所珍重矣第卷帙浩繁學者未能卒讀即讀亦難得領要今於全集中凡關論學論政者

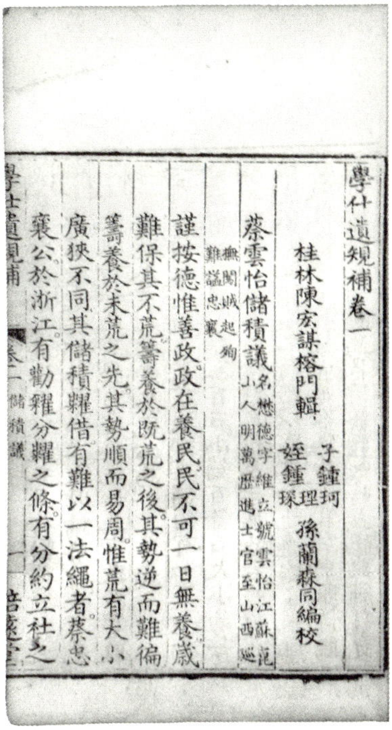

學仕遺規補卷一

桂林陳宏謀榕門輯　子鍾珂　姪鍾理　孫蘭森同編校

蔡雲怡儲積議（名懋德字維立號雲怡江蘇崑山人明萬歷進士官至山西巡撫闖賊起殉難謚忠襄）

謹按德惟善政政在養民民不可一日無養歲難保其不荒籌養於既荒之後其勢逆而難徧籌養於未荒之先其勢順而易周惟荒有大小廣狹不同其儲積糶借有難以一法繩者蔡忠襄公於浙江有勸糶分糶之條有分約立社之

魏書一百一十四卷　（北齊）魏收撰　存一百零九卷

明萬曆二十四年(1596)南京國子監刻清初遞修本　27 册　半葉 10 行 21 字　白口　單魚尾　左右雙邊　框高 19.7 厘米　寬 14.6 厘米

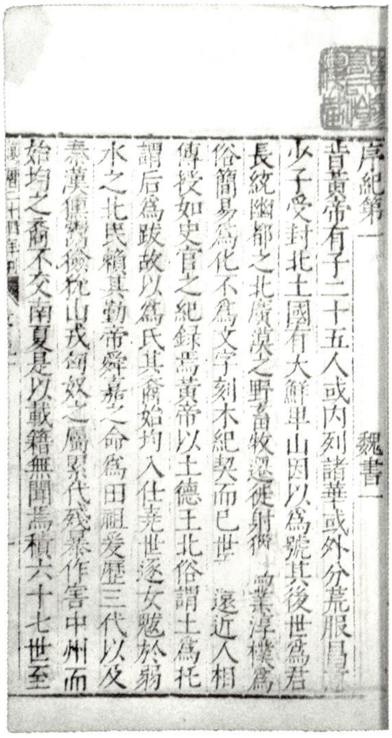

序紀第一　魏書一

昔黃帝有子二十五人或內列諸華或外分荒服昌意少子受封北土國有大鮮卑山因以為號其後世為君長統幽都之北廣漠之野畜牧遷徙射獵為業淳樸為俗簡易為化不為文字刻木紀契而已世事遠近人相傳授如史官之紀錄焉黃帝以土德王北俗謂土為托謂后為跋故以為氏其裔始均入仕堯世逐女魃於弱水之北民賴其勤帝舜嘉之命為田祖爰歷三代以及秦漢獯鬻獫狁山戎匈奴之屬累代殘暴作害中州而始均之裔不交南夏是以載籍無聞焉積六十七世至

魏收(506—572)，字伯起，小字佛助，北齊巨鹿下曲陽（今河北晋州市西）人。少年時，刻苦讀書，頗具文學才華，與温子升、邢子才號稱“三才子”，先後任太學博士、司徒記室參軍等，歷仕北魏、東魏、北齊三朝，通史能文，始終兼任史職，負責修史，著有《南狩賦》、《庭竹賦》等，是北齊史學家、文學家。

《魏書》記載鮮卑拓跋部早期至公元 550 年東魏被北齊取代這一階段歷史，含本紀十二卷，列傳九十八卷，志二十卷，有些紀、傳、志篇幅較長，分為二卷或三卷，實有一百三十卷，舉凡政治、經濟、文化、軍事、社會生活等各個領域。其中“志”尤有價值。《刑罰志》記載北魏政權司法制度，對北魏各族人民反抗統治鬥争做如實記録；《食貨志》對於北魏之均田制和與之相關之三長制、租調制有詳細記述，為後人研究北魏土地制度，提供了可貴材料；《官氏志》記録北魏官制，兼及拓跋所屬各部原有姓氏及所改漢姓之變化，反映當時漢族和少數民族融合情況；《釋老志》為《魏書》首創，記載佛道兩教在中原地區之傳播及其變革，詳細記述佛教發展過程，可視為一部中國佛教簡史；《靈徵志》記載北魏建國以來幾十年間各地所發生之地震，是十分寶貴之資料。儘管有人稱之為“穢史”，但它仍是研究北魏歷史之重要專著。

闕里文獻考一百卷　卷首一卷　卷末一卷　（清）孔繼汾撰

清乾隆二十七年(1762)刻本　8册　半葉13行26字　黑口　雙魚尾　左右雙邊　框高18.2厘米　寬14.5厘米

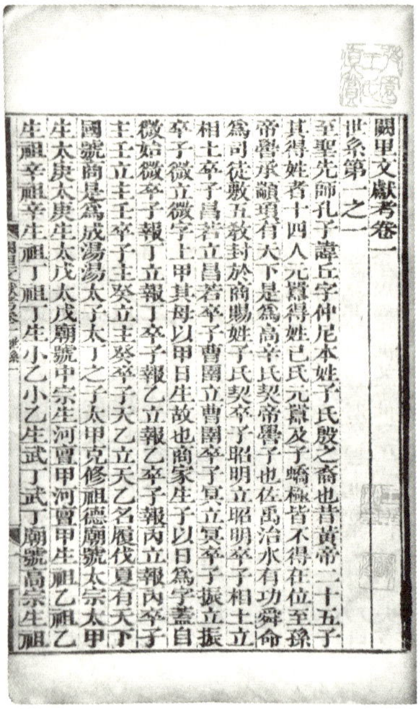
闕里文獻考卷一
世系第一之一
至聖先師孔子諱丘字仲尼本姓子氏殷之裔也昔黄帝二十五子其得姓者十四人元囂得姓己氏元囂及子蟜極皆不得在位至孫帝嚳承顓頊有天下是爲高辛氏契帝嚳子也佐禹治水有功舜命爲司徒敷五教封於商賜姓子氏契卒子昭明立昭明卒子相土立相土卒子昌若立昌若卒子曹圉立曹圉卒子冥立冥卒子振立振卒子微立微字上甲其母以甲日生故也商家生子以日爲字蓋自微始微卒子報丁立報丁卒子報乙立報乙卒子報丙立報丙卒子主壬立主壬卒子主癸立主癸卒子天乙立天乙名履伐夏有天下國號商是爲成湯湯太子太丁之子太甲克修祖德廟號太宗太甲生太庚太庚生太戊太戊廟號中宗生河亶甲河亶甲生祖乙祖乙生祖辛祖辛生祖丁祖丁生小乙小乙生武丁武丁廟號高宗生祖

孔繼汾(1725—1786)，字體儀，號止堂，山東曲阜人，孔子六十九代孫，清乾隆間進士，由内閣中書補户部廣西司主事，後入選軍機處行走。他篤志勵學，知識淵博，深通經學和金石圖像，手校經史諸書，一生從事孔氏家族史研究，著作頗豐，有《孔氏家儀》、《劻議糾謬集》、《樂舞全譜》等。清代學者、經學家。

《闕里文獻考》“闕里”即孔子故居，相傳春秋時為孔子授徒之所，以城中有二石闕，故名闕里，在今山東曲阜縣。卷首序、摺子、目録；卷一至卷十世系考；卷十一至卷十三林廟考；卷十四至卷十七祀典考；卷十八世爵職官考；卷十九至卷二十二禮考；卷二十三至卷二十五樂考；卷二十六户田考；卷二十七至卷二十八學校考；卷二十九城邑山川考；卷三十卷宗譜考；卷三十一孔氏著述考；卷三十二至卷四十一藝文考；卷四十二聖門弟子考；卷四十三至卷七十七從祀賢儒考；卷七十八至卷九十九子孫著聞者考；卷一百叙考；卷末附識、辨僞。是書專辨舊志、新志之失，不僅考孔子事實，而且兼及孔門弟子及從祀諸儒等各敘事迹，相當於一部學術史，為研究孔子及儒學史之重要參考資料。

繹史一百六十卷　徵言一卷　世系圖一卷　（清）馬驌撰

清康熙年間刻本　48 册　半葉 11 行 24 字　雙行小字 36 字　白口　左右雙邊　框高 19.5 厘米　寬 14.3 厘米

馬驌，生平參見《左傳事緯》。

《繹史》正文分為太古、三代、春秋、戰國和外録五部分。卷一至卷十，太古三皇五帝；卷十一至卷三十，三代，即夏、商、西周；卷三十一至卷一百，春秋十二公時事；卷一百零一至卷一百五十，戰國至秦亡；卷一百五十一至卷一百六十，外録，記天官、地志、名物、制度等。是書記載先秦各代治亂興替及其規律，詳載諸子百家之學説和典章制度，反映當時社會生活各個側面。取材相當全面，考訂精詳。體裁有紀事本末特色，又相容了編年體和紀傳體之長，創造了記人、記事、圖表、書表於一書之綜合史書體裁。他在某些篇章之後發表議論，總結歷史經驗，充分表達其史學思想，具有重要史學價值。

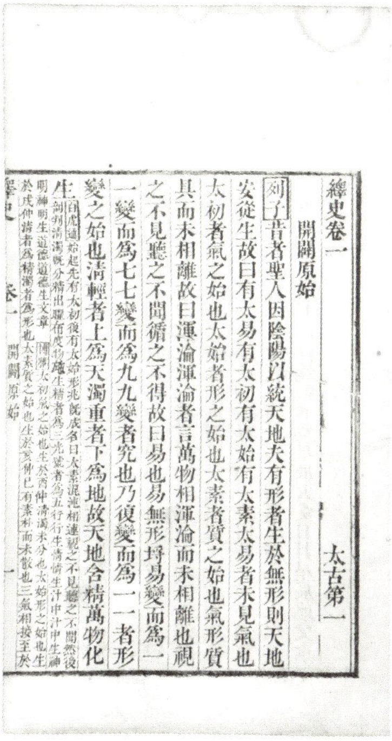
繹史卷一　太古第一

開闢原始

列子昔者聖人因陰陽以統天地夫有形者生於無形則天地安從生故曰有太易有太初有太始有太素太易者未見氣也太初者氣之始也太始者形之始也太素者質之始也氣形質具而未相離故曰渾淪渾淪者言萬物相渾淪而未相離也視之不見聽之不聞循之不得故曰易也易無形埒易變而為一一變而為七七變而為九九變者究也乃復變而為一一者形變之始也清輕者上為天濁重者下為地故天地含精萬物化生白虎通始起先有太初後有太始形兆既成名曰太素混沌相連視之不見聽之不聞然後剖判清濁既分精出曜布度物施生精者為三光號者為五行行生情情生汁中汁中生神明神明生道德道德生文章　易緯太初氣之始也生於酉仲清濁未分也太始形之始也生於戌仲清者為精濁者為形也太素質之始也生於亥仲已有素朴而未散也三氣相接至於

繹史　卷一　開闢原始　一

子

大般若波羅蜜多經六百卷　(唐)釋玄奘譯　存卷十三

五代歸義軍時期手抄卷　存1卷　每張28行17字　框高20厘米　寬49厘米　卷長7900厘米　卷軸裝

玄奘(602—664),俗姓陳,名褘,河南洛陽洛州緱氏縣(今河南洛陽偃師)人。唐代著名三藏法師,唐貞觀元年(627)玄奘結侶陳表西行求法,歷經我國新疆,途經阿富汗、巴基斯坦等西域諸國,最後到達天竺(今印度),在印度求法十餘年,於貞觀十九年(645)返抵長安。將六百五十七部佛經帶回中國。一生翻譯佛經七十三部,一千三百三十卷,是漢傳佛教史上最偉大之譯經師,中國佛教法相唯識宗創始人。

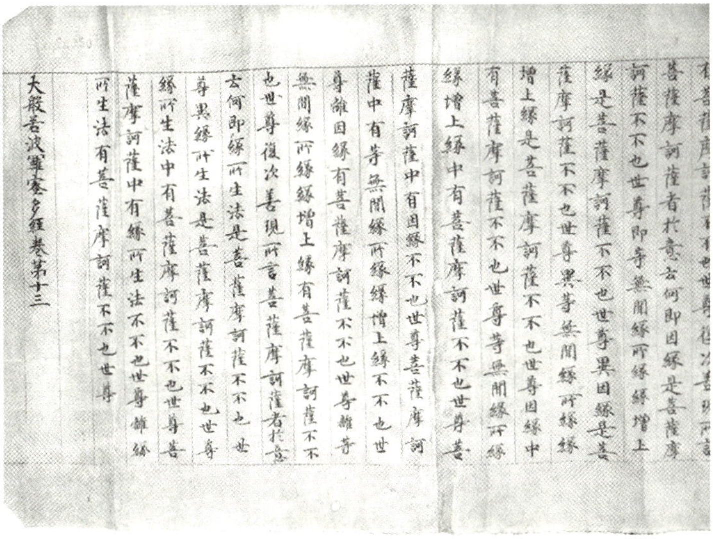
菩薩摩訶薩者於意云何即因緣是菩薩摩
訶薩不不也世尊即等無間緣所緣緣增上
緣是菩薩摩訶薩不不也世尊異因緣是菩
薩摩訶薩不不也世尊異等無間緣所緣緣
增上緣是菩薩摩訶薩不不也世尊因緣中
有菩薩摩訶薩不不也世尊等無間緣所緣
緣增上緣中有菩薩摩訶薩不不也世尊菩
薩摩訶薩中有因緣不不也世尊菩薩摩訶
薩中有等無間緣所緣緣增上緣不不也世
尊離因緣有菩薩摩訶薩不不也世尊離等
無間緣所緣緣增上緣有菩薩摩訶薩不不
也世尊復次善現所言菩薩摩訶薩者於意
云何即緣所生法是菩薩摩訶薩不不也世
尊異緣所生法是菩薩摩訶薩不不也世尊
緣所生法中有菩薩摩訶薩不不也世尊菩
薩摩訶薩中有緣所生法不不也世尊離緣
所生法有菩薩摩訶薩不不也世尊
大般若波羅蜜多經卷第十三

《大般若波羅蜜多經》略稱《大般若經》,“般若”為梵語音譯,本義為“智慧”,但這智慧是指佛教“妙智妙慧”;“波羅蜜多”梵文意為“度”,“般若波羅蜜多”,意即“通過智慧到達彼岸”。全經旨在説明世俗認識及其面對之一切物件,均屬因緣和合,假而不實,唯有通過“般若”對世俗真相之認識,方能把握絶對真理,達於覺悟解脱之境,為大乘佛教之基礎理論,亦為諸部般若經之集大成者。般若部乃《大藏經》中最大部之經典,約占全部經藏三分之一,而《大般若經》即占般若部四分之三。全經文辭典雅暢達,也是一部富有哲理之佛教文學作品。

大學衍義補一百六十卷　卷首一卷　(明)丘濬撰

明崇禎年間陳仁錫白松堂刻本　32 册　半葉 10 行 20 字　雙行小字同　白口　單魚尾　四周雙邊　框高 21.5 厘米　寬 14 厘米

丘濬(1418—1495),字仲深,號瓊臺,別號海山道人,世以“瓊山”尊之,謚文莊,廣東瓊州府瓊山縣(今海南省瓊山市)人。幼年家貧,却聰慧好學,明景泰五年(1454)進士,任翰林院編修,國子監祭酒,晚年官至户部尚書兼文淵閣大學士,歷仕景泰、天順、成化、弘治四朝。其志向遠大,博覽群書,學識淵博,晚年右目失明,“猶披覽不輟”。在文學、史學、哲學、經濟、政治理論等領域均有造詣,參與編纂《寰宇通志》、《憲宗實録》、《宋元綱目》,著有《瓊台會集》、《家禮儀節》、《大學衍義補》、《丘文莊集》、《投筆記》等。明代史家稱其為“中興賢輔”、“當代通儒”,是明代中葉之理學名臣,著名文學家、教育家,與海瑞一同被譽為“海南雙璧”。

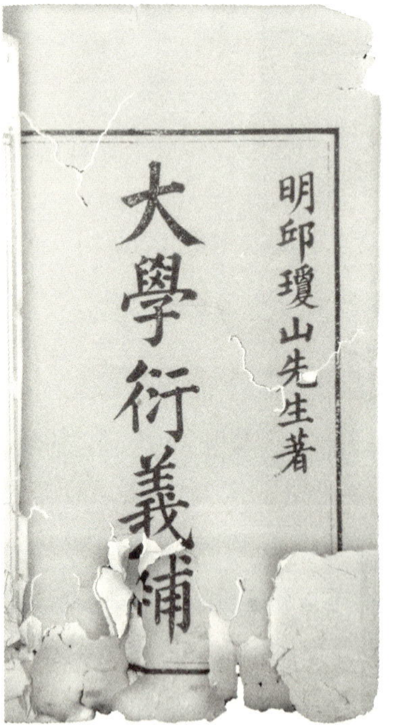
大學衍義補
明邱瓊山先生著

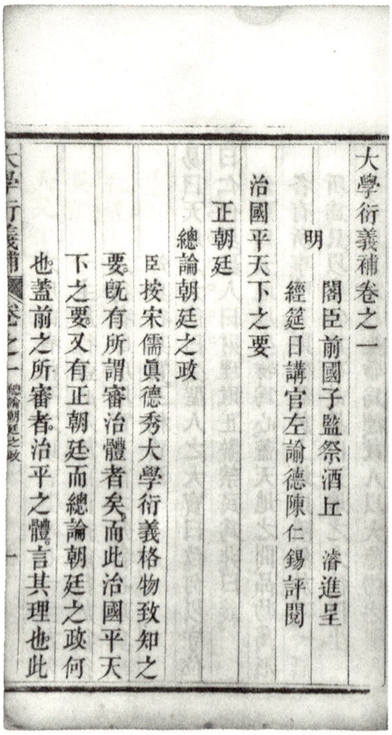
大學衍義補卷之一
明　閣臣前國子監祭酒丘　濬進呈
經筵日講官左諭德陳仁錫評閱
治國平天下之要
正朝廷
總論朝廷之政
臣按宋儒真德秀大學衍義格物致知之
要既有所謂審治體者矣而此治國平天
下之要又有正朝廷而總論朝廷之政何
也蓋前之所審者治平之體言其理也此

“格物、致知、誠意、正心、修身、齊家、治國、平天下”是《大學》提倡之君子至善之道,南宋哲學家真德秀《大學衍義》對其中“格物、致知、誠意、正心、修身、齊家”進行了衍義,而《大學衍義補》却是對未衍義之後兩條“治國、平天下”

進行補充。卷首有“誠意正心之要”補述。全書以“治國平天下”為綱,下分正朝廷、正百官、固邦本、制國用、明禮樂、秩祭祀、崇教化、備規制、慎刑憲、嚴武備、馭夷狄、成功化十二目,目下再分一百一十九子目。以儒家經典為依據探討施政方針,為研究明代前中期經濟、政治、文化、教育、司法、軍事發展之重要資料。對於《大學衍義》與《大學衍義補》兩書之作用,丘濬曰:“前書主於理,而不出乎身家之外,故其所衍之義大而簡。臣之此書主於事,而有以包乎天地之大,故所衍之義細而詳。其詳其簡,各惟其宜。若合二書言之,前書其體,此書其用也。”

五經類編二十八卷　(清)周世樟輯

清康熙二十五年(1686)穀詒堂刻本　10 冊　半葉 8 行 20 字　雙行小字同
白口　單魚尾　左右雙邊　框高 16.5 厘米　寬 13.5 厘米

周世樟(約 1634—1712),字章成,江蘇太倉人。一生醇謹好學,明天文算學,研經書,著有《十三經分類政要》等書。

婁東周章成先生編輯
五經類編
穀詒堂藏板

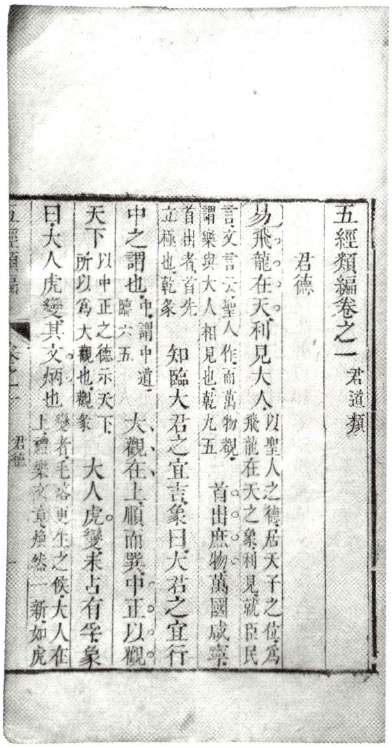
五經類編卷之一　君道類
君德
易飛龍在天利見大人以聖人之德居天子之位爲飛龍在天之象利見就臣民
言文言云聖人作而萬物覩謂樂與大人相見也乾九五首出庶物萬國咸寧
首出者首先立極也乾象知臨大君之宜吉象曰大君之宜行
中之謂也中謂中道臨六五大觀在上順而巽中正以觀
天下以中正之德示天下所以爲大觀也觀象大人虎變未占有孚象
曰大人虎變其文炳也變者毛落更生之候大人在上禮樂文章煥然一新如虎
五經類編　卷之一　君德　一

《五經類編》雜取《詩》、《書》、《禮》、《易》、《春秋》五經内容分為君道、治道、禮樂、制度、人倫、儒術、技術、天文、地理、物産十門，門下又分子目。每門下對難懂之經文略加注釋，最後是貫串事類之範文。“範文”材料大都取自經書，每條資料之後附有程朱學派之注釋説解，并標明資料出處，末附《諸經略説》、《經義辨訛》及《辨疑》。

日知録三十二卷　(清)顧炎武撰

清康熙三十四年(1695)潘耒刻本　12 册　半葉 11 行 22 字　白口　單魚尾　左右雙邊　框高 19 厘米　寬 15 厘米

顧炎武(1613—1682)，初名絳，字忠清，入清後改名炎武，字寧人，號亭林，人稱亭林先生，蘇州府昆山人，明末諸生，青年時發憤為經世致用之學，清康熙間被舉鴻博，堅拒不就。其學識淵博，在經學、史學、音韻、小學、金石、考古、方志、輿地以及詩文方面均有建樹，與黄宗羲、王夫之并稱為明末清初“三大家”。著有《音學五書》、《肇域志》、《天下郡國利病書》及《顧亭林詩文集》等，是明末清初著名思想家、史學家、語言學家。

《日知録》是顧炎武“稽古有得，隨時札記，久而類次成書”之作。書名取之於《論語·子張》，子夏曰：“日知其所亡，月無忘其所能，可謂好學也已矣”，以示其篤學之志。全書内容大體分“經術、治道、博聞”三部分。卷一至卷七論經；卷八至卷十二論政治；卷十三論世界風氣；卷十四至卷十五論禮制；卷十六至卷十七論科舉；卷十八至卷二十一論藝術、文學；卷二十二至卷二十四論名義；卷二十五論古事真妄；卷二十六論史法；卷二十七論注書；卷二十八論雜事；卷二十九論兵事、外國；卷三十論天象術數；卷三十一論地理；卷三十二論雜考。内容大體劃為經義、史學、官方、吏治、財賦、典禮、輿地、藝文八類，“意在撥亂滌污，法古用夏，啓多聞於來學，待一治於後王”，是寄托作者“經世思想”、

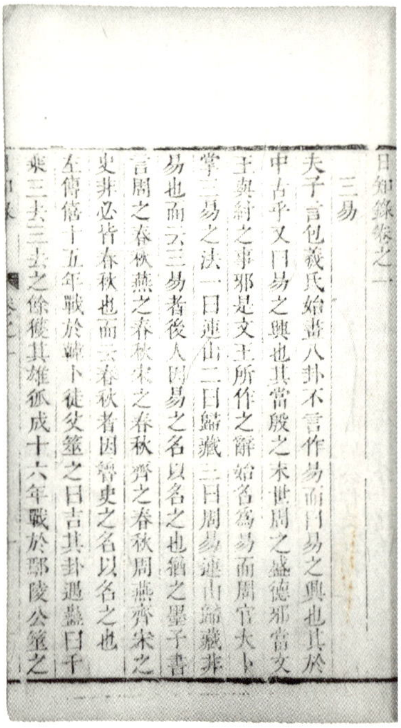
日知錄卷之一
三易
夫子言包羲氏始畫八卦不言作易而曰易之興也其於
中古乎又曰易之興也其當殷之末世周之盛德邪當文
王與紂之事邪是文王所作之辭始名爲易而周官大卜
掌三易之法一曰連山二曰歸藏三曰周易連山歸藏非
易也而云三易者後人因易之名以名之也猶之墨子書
言周之春秋燕之春秋宋之春秋齊之春秋周燕齊宋之
史非必皆春秋也而云春秋者因魯史之名以名之也
左傳僖十五年戰於韓卜徒父筮之曰吉其卦遇蠱曰千
乘三去三去之餘獲其雄狐成十六年戰於鄢陵公筮之

"博學於文"之治學救國思想。

分類字錦六十四卷 (清)何焯 (清)陳鵬年等纂輯

清康熙六十一年(1722)武英殿本 64 册 半葉 8 行 22 字 雙行小字同 無界欄 白口 單魚尾 四周雙邊 框高 18 厘米 寬 12.5 厘米

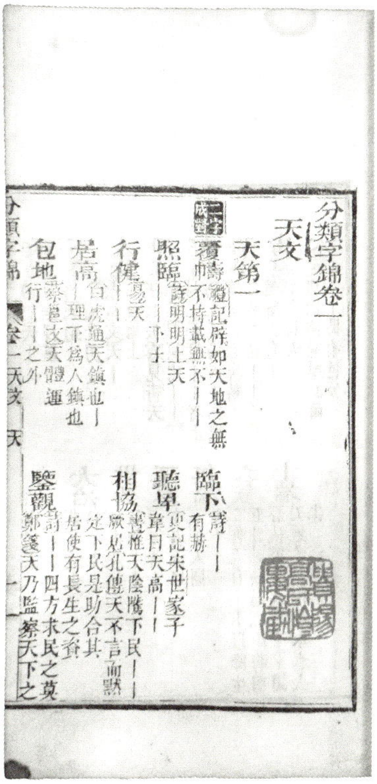

何焯(1661—1722),初字潤千,後字屺瞻,晚字茶仙,號義門,江蘇蘇州人。武英殿纂修,學問淵博,經、史、詩文等都有較深造詣,擅長校勘經、史書籍,成績斐然。先世曾以"義門"旌,學者稱其"義門先生"。

陳鵬年(1663—1723),字北溟,謚恪勤,湖南湘潭人。清康熙三十年(1691)進士。歷任地方官,後於親王府侍讀,兼任武英殿纂修,為官清廉,被民衆稱為陳青天。康熙六十年(1721)任河道總督,康熙六十一年(1722)兼任漕運總督。著有《滄州詩集》、《道榮堂文集》、《歷仕政略》、《分類字錦》、《物類輯古略》、《月令輯要》等書。與笪重光、姜宸英、汪士鋐并稱為康熙年間"帖學四大家"。

《分類字錦》卷一至卷二天文;卷三至卷四節令;卷五至卷六地理;卷七至卷九山水;卷十至卷十一帝后;卷十二至卷十三倫常;卷十四至卷十五肢體;卷十六至卷十七人物;卷十八至卷二十佩服;卷二十一至卷二十二飲饌;卷二十三至卷二十四宫室;卷二十五至卷二十七器用;卷二十八至卷二十九禮儀;卷三十至卷三十一音樂;卷三十二至卷三十四職官;卷三十五至卷三十八政教;卷三十九至卷四十文事;卷四十一至卷四十二武備;卷四十三至四十四技藝;卷四十五境遇;卷四十六至卷四十七釋道;卷四十八菽粟;卷四十九布帛;卷五十珍寶;卷五十一至卷五十二果木;卷五十三至卷五十四花卉;卷五十五至卷五十八鳥獸;卷五十九至卷六十蟲魚;卷六十一數目、干支;卷六十二卦名、采色、巧對、借對、雙聲、疊韻;卷六十三偶字、通用;卷六十四祥瑞。是書薈萃古籍中"字之麗雅",分天文、節令、地理、山水、帝后等四十門,門下又析為六百一十八類,每類詞語又分為"成對"及"備用"二屬。各屬詞語按字數順序排列。各條詞語均詳引原書於條下,首列出典,次列例句,連篇累牘,集成巨帙,體例詳明。便於讀者作詩、填詞、聯句、著文時選用。

文房肆考圖説八卷 (清)唐秉鈞輯撰

清乾隆四十三年(1778) 竹映山莊刻本 4 册 半葉 9 行 20 字 黑口 單魚尾 有圖 左右雙邊 框高 18 厘米 寬 12.5 厘米

唐秉鈞,字衡銓,江蘇嘉定人,其生平不詳。

《文房肆考圖説》從經史子集等古籍中輯録歷代筆、墨、紙、硯及陶、瓷、銅、玉、文字、書畫之考釋鑒賞。其中繪刻插圖七十餘幅,卷一至卷二名硯、古硯考;卷三古硯考下、紙墨筆、古窑器考;卷四古銅器、古玉器、古琴考;卷五文字、書法、畫學考;卷六文章考;卷七人參考、竹莊文獻考;卷八竹莊文獻考下、雜考。是書圖文并茂為文人文房專著,書房陳式之要典。

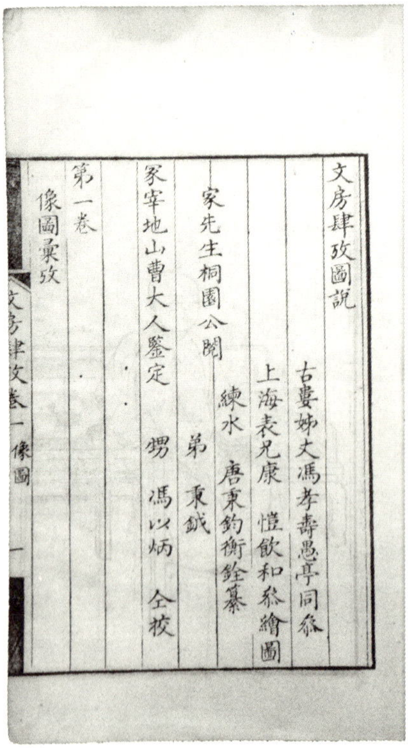
文房肆攷圖說
古婁姊丈馮孝壽愚亭同叅
上海表兄康 愷飲和叅繪圖
練水 唐秉鈞衡銓纂
家先生桐園公閱 第 秉鉞
冢宰地山曹大人鑒定 甥 馮以炳 仝校
第一卷
像圖彚攷

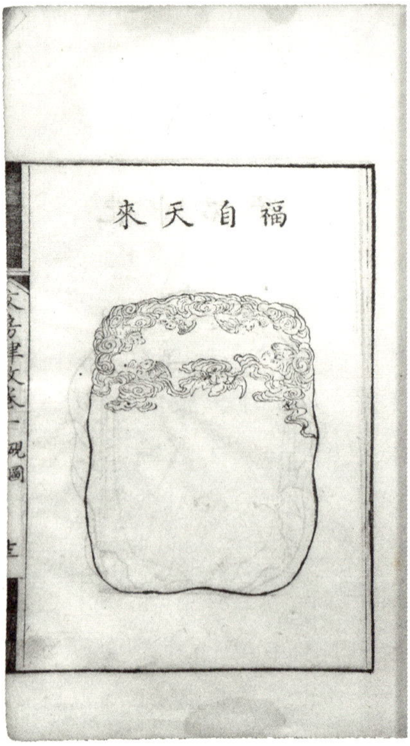

孔叢子三卷　(秦)孔鮒撰　(清)孔毓圻　(清)孔毓埏校刻

清康熙三十六年(1697)刻本　2冊　半葉10行19字　白口　單魚尾　四周單邊　框高19.5厘米　寬14厘米

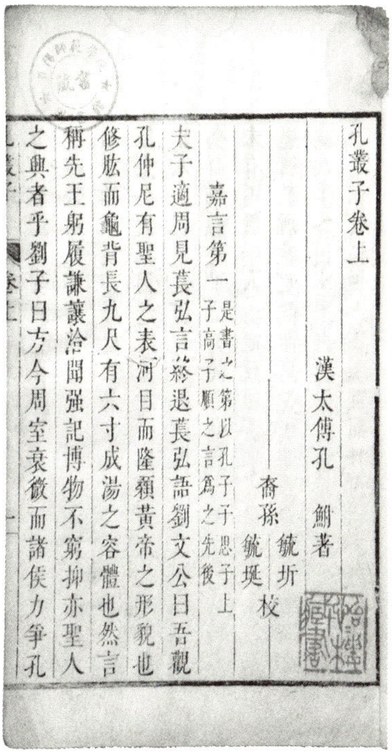

孔叢子卷上

漢太傅孔　鮒著

裔孫　毓圻　毓埏　校

嘉言第一 是書之第以孔子子思子上子高子順之言爲之先後

夫子適周見萇弘言終退萇弘語劉文公曰吾觀孔仲尼有聖人之表河目而隆顙黄帝之形貌也修肱而龜背長九尺有六寸成湯之容體也然言稱先王躬履謙讓洽聞强記博物不窮抑亦聖人之興者乎劉子曰方今周室衰微而諸侯力爭孔

孔鮒(約前264—前208),字甲,山東曲阜人,孔子八世孫,秦末儒生,博通經史,因秦下令焚書,其藏《論語》、《尚書》、《孝經》等於孔子舊宅壁中,走隱嵩陽,教授弟子百餘人。陳勝起,他從軍反秦為博士,後在與秦將章邯戰鬥中陣亡。

孔毓圻(1657—1723),字鐘在,又字翊宸,號蘭堂,山東曲阜人,孔子六十七世長孫,清康熙六年(1667)襲封衍聖公(衍聖公是孔子嫡派後裔之世襲封號),授光禄大夫,加太子少保,晋階太子少師。其好詩文,工擘窠大字,善畫墨蘭,得元人趙孟頫之旨,著有《蘭堂集》、《幸魯盛典》、《編正孔子家語》等。

孔毓埏(生卒年不詳),字鐘輿,號宏輿,山東曲阜人,孔子六十七世孫。襲翰林院五經博士,著有《遠秀堂集》、《拾籜餘聞》、《曲阜縣賦》等。

《孔叢子》三卷,卷上十一篇,有嘉言、論書、記議、刑論、記問、雜訓、居衛、巡狩、公儀、抗志、小雅;卷中十篇,有公孫龍、儒服、對魏王、陳士義、論勢、執師、詰墨、獨治、問軍禮、答問;卷下二篇為孔臧所著之賦和書,名為連叢子。是書相當於"孔家雜記",要述從戰國初到東漢中十幾位孔子後代子孫子思、子上、子高、子順、子魚(即孔鮒)等之言行,時間跨度近六百年,涉及内容廣泛而豐富。後世對此書有真偽之争,亦多有考證。其對瞭解漢以前孔子世家發展、演變以及一些著名人物之嘉言懿行、家學淵源等仍有重要文獻價值。

白虎通四卷(白虎通義　白虎通德論)　闕文一卷　補遺一卷　(漢)班固撰　存卷三至卷四

清乾隆年間盧文弨抱經堂校刻本　存1冊　半葉10行20字　白口　單魚

尾　左右雙邊　框高 18 厘米　寬 13.3 厘米

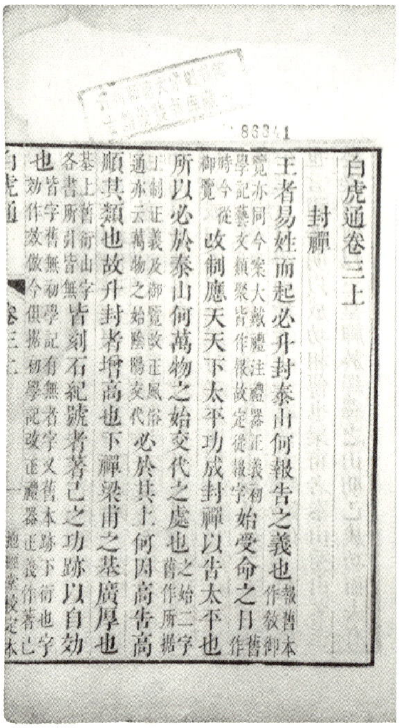
白虎通卷三上
封禪
王者易姓而起必升封泰山何報告之義也報舊本作敎御覽亦同今案大戴禮注禮器正義初學記藝文類聚皆作報故定從報字始受命之日舊作時今從御覽改制應天天下太平功成封禪以告太平也所以必於泰山何萬物之始交代之處也之始二字舊作所據王制正義及御覽改正風俗通亦云萬物之始陰陽交代必於其上何因高告高順其類也故升封者增高也下禪梁甫之基廣厚也基上舊衍山字各書所引皆無皆刻石紀號者著己之功跡以自効也皆字舊無初學記有無者字又舊本跡下衍也字効作效做今俱據初學記改正禮器正義作著己
白虎通　卷三上　一　抱經堂校定本

班固，生平參見《前漢書》。

《白虎通》全書分成四十三篇，有爵、號、謚、祭祀、禮樂、封賞、建都、陰陽、五行、軍隊、誅罰、諫諍、致仕、教育、祥瑞、灾異、封禪、巡狩、卜筮、聖人、商賈、曆法、綱常、情性、壽命、宗族、姓名、天地、日月、四時、五經、五刑、嫁娶、冠冕、喪葬等，涉及社會和政治生活各個方面，是一部系統解釋古代社會生活、政治制度、文化觀念、倫理道德之經學著作，可稱漢代經學全書。因是書為漢章帝建初四年(79)召集各地著名儒生於洛陽白虎觀，討論五經異同，歷史上稱其“白虎觀會議”，會議記録由班固整理編輯成《白虎通德論》，簡稱《白虎通》。

考古辭宗二十卷　(明)况叔祺編

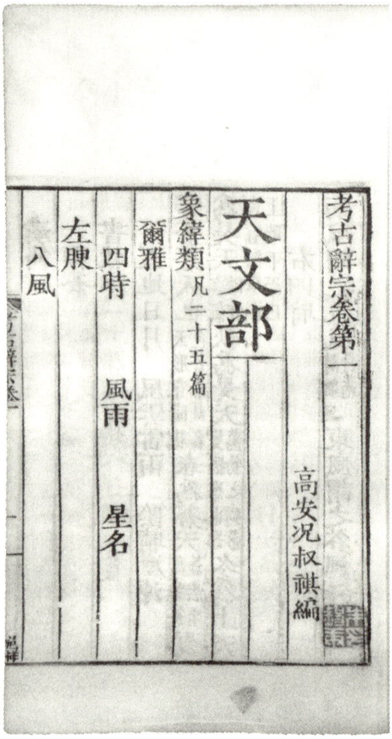
考古辭宗卷第一
高安况叔祺編
天文部
象緯類凡二十五篇
爾雅
四時　風雨　星名
左腴
八風

明嘉靖四十一年(1562)刻本　12 册　半葉 9 行 18 字　雙行小字同　白口　單魚尾　左右雙邊　框高 19 厘米　寬 13 厘米

况叔祺(生卒年不詳)，字吉甫，江西高安人。明嘉靖二十九年(1550)進士，授工部主事，官至貴州提學僉事。其為官不忘問學，喜讀書，對古代文字、器物、制度等均有研究，著有《考古辭宗》、《大雅堂集》、《丹湖督學稿》等。

《考古辭宗》為類書。卷一天文，卷二地理，卷三人物，卷四宫室，卷五器用，卷六音樂，卷七軍旅，卷八草木，卷九鳥獸，卷十通用，卷十一人事，卷十二制令，卷十三職守，卷十四刑法，卷十五貨寶，卷十六文學，卷十七身體，卷十八冠服，卷十九酒食，卷二十藝術，凡二十部四十類八百零二篇。是書以浦南金所編《修辭指南》為藍本，而增抄蘇易簡《文選雙字類要》於各類之下，一切分目體式及每類之前半皆仍沿浦氏之舊

西溪叢語二卷　(宋)姚寬撰

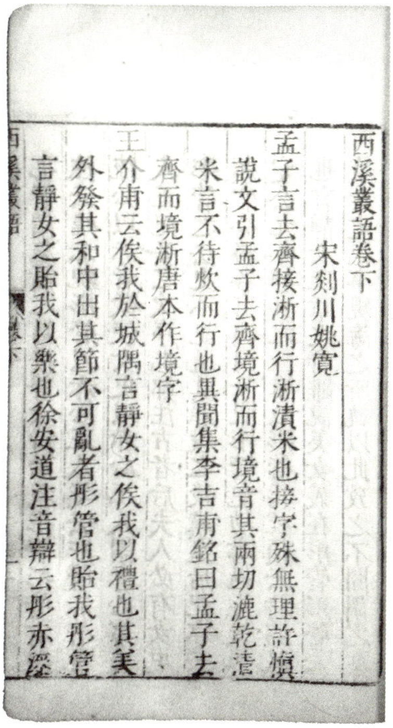
西溪叢語卷下
宋剡川姚寬
孟子言去齊接淅而行淅漬米也接字殊無理許慎
說文引孟子去齊境淅而行境音其兩切漉乾漬
米言不待炊而行也異聞集李吉甫銘曰孟子去
齊而境淅唐本作境字
王介甫云俟我於城隅言靜女之俟我以禮也其美
外發其和中出其節不可亂者彤管也貽我彤管
言靜女之貽我以樂也徐安道注音辯云彤赤漆
西溪叢語　卷下

明末刻本　1冊　半葉9行20字　雙行小字同　白口　單魚尾　四周單邊　框高20厘米　寬14.3厘米

姚寬(1105—1162)，字令威，號西溪，越州嵊縣(今屬浙江嵊州)人。南宋著名史學家、科學家。以父任補官，後官至權尚書户部員外郎、樞密院編修。因親身經歷靖康之變，具有强烈的愛國意識。博覽群書，精天文，工詞章，詞風屬婉約一派，曾注《史記》、《五代史》、《韓文公集》，補注《戰國策》，可惜均已散失。其治學務實，以博學知名。

《西溪叢語》為撰者之筆記作品，上卷一百二十八篇，下卷一百四十一篇，是書主要考證歷代詩文、史籍，涉及宋代著名文學家范仲淹、歐陽修、王安石、蘇軾、黄庭堅、沈括等人之詩文及議論，也記載一些聲聞不彰之宋人詩篇，記叙琴、鏡、鼎、玉磬等古器物，記載歷代職官制度，具有相當高的史料價值。

列子冲虚真經(列子冲虚至德真經)八卷　(戰國)列御寇撰　(漢)劉向注

明萬曆年間新安吴氏校刻本　2冊　半葉9行18字　雙行小字同　白口　單魚尾　左右雙邊　框高20厘米　寬14.1厘米

列御寇(生卒年不詳)，亦作周寇，圄寇。東周威烈王時期鄭國圃田(今河南省鄭州市)人。其一生安於貧寒，不求名利，潛心著述。他主張空静無為，獨

立處世，修身養性。唐玄宗天寶元年(742)封為“冲虛真人”，為道家著名代表，是戰國早期著名思想家、寓言家和文學家。

劉向(約前77—前6)，原名劉更生，字子政，沛縣(今江蘇沛縣)人。漢宣帝時，為諫大夫。元帝時，任宗正。成帝時，任光禄大夫，改名為“向”，官至中壘校尉。曾奉命領校秘書，所撰《别録》為我國最早之圖書分類目録。還編著《新序》、《説苑》、《列女傳》等，為西漢經學家、目録學家、文學家。

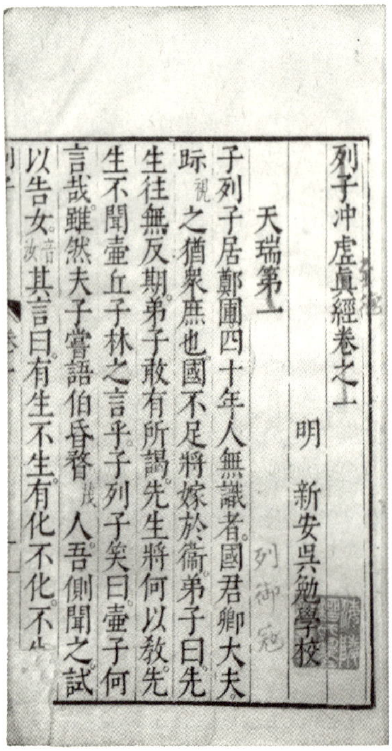
列子冲虛眞經卷之一
明 新安吳勉學校
天瑞第一
子列子居鄭圃四十年人無識者國君卿大夫
眎視之猶衆庶也國不足將嫁於衞弟子曰先
生往無反期弟子敢有所謁先生將何以教先
生不聞壷丘子林之言乎子列子笑曰壷子何
言哉雖然夫子嘗語伯昏瞀茂人吾側聞之試
以告女音汝其言曰有生不生有化不化不

《列子冲虛真經》，宋真宗於景德四年(1007)加“至德”二字，故又名《冲虛至德真經》，共有八篇，其中《天瑞》篇論述人生觀和宇宙觀；《黃帝》篇論述養生之道；《周穆王》篇叙述周穆王西游至昆侖山，與西王母觴於瑶池之故事，為道教修煉成仙之依據；《仲尼》篇論述如何以“道”之本性認識世界；《湯問》篇描繪仙界奇景和神人靈異；《力命》篇反映生死有命、富貴在天之宿命論；《楊朱》篇反映個人享樂主義之頹廢思想；《説符》篇反映神秘主義、相對主義認識論。每篇皆以若干寓言故事述其思想，不但有很深哲理性，還有較高文學價值，是研究我國文學史與道教史之重要資料。

夷堅志二十卷　(宋)洪邁撰

清乾隆四十三年(1778)涇縣洪氏刻本　10册　半葉9行20字　黑口　左右雙邊　框高12厘米　寬9.8厘米

洪邁(1123—1202)，字景廬，别號野處，南宋鄱陽(今江西波陽)人。出身於士大夫家庭，幼而强記，博極群書，宋高宗紹興十五年(1145)中進士，先後任知州、中書舍人兼侍讀、直學士院、端明殿學士等官職，并兼修國史。知識淵博，著作甚豐，有《野處類稿》、《史記法語》、《南朝史精語》、《經子法語》、《容齋隨筆》及編纂《萬首唐人絶句》等書。

《夷堅志》是宋朝著名志怪小説集。取材繁雜，大多神奇詭異，虚誕荒幻，内容多為神仙鬼怪，異聞雜録，也有不少反映當時現實生活故事，反映了宋代社會階級剥削慘重以及官場之腐敗。还記載了宋人一些遺文軼事、詩詞歌賦、風尚習俗以及中醫方藥等，這些記述幾乎都照實筆録，為研究宋代社會生活，保存了不少可貴資料。是書搜羅廣泛，卷帙浩瀚，為宋人小説中篇幅最大之志怪小説集。

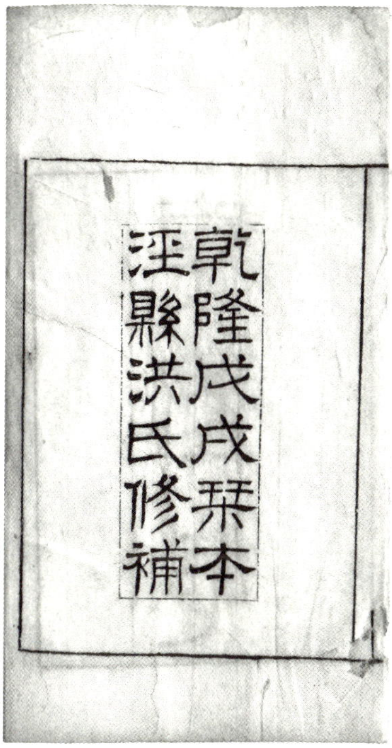
乾隆戊戌栞本
涇縣洪氏修補

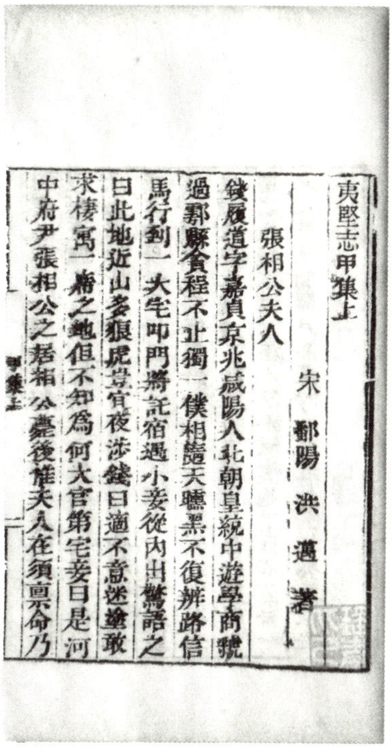
夷堅志甲集上
宋　鄱陽　洪　邁　著
張相公夫人
錢履道字嘉貞京兆咸陽人北朝皇統中遊學商虢
過鄠縣貪程不止獨一僕相隨天曛黑不復辨路信
馬行到一大宅叩門將託宿遇小妾從内出驚語之
曰此地近山多狼虎豈宜夜涉錢曰適不意迷塗敢
求棲寓一席之地但不知為何大官第宅妾曰是河
中府尹張相公之居相公薨後惟夫人在須禀命乃
甲集上

朱子全書六十六卷　(南宋)朱熹撰　(清)李光地等編

清康熙五十三年(1714)武英殿淵鑒齋刻　25 册　半葉 9 行 20 字　黑口單魚尾　四周單邊　框高 19 厘米　寬 14 厘米

朱熹(1130—1200)，字元晦，後改仲晦，號晦庵，别號紫陽，祖籍徽州婺源(今屬江西省)，宋紹興十八年(1148)進士，初任泉州同安縣主簿。任滿後辭官，潛心研究理學，四處講學。南宋著名理學家、思想家、哲學家、教育家、文學家，儒家思想主要代表人物之一。著有《四書集注》、《四書或問》、《太極圖説解》、《通書解》、《西銘解》、《易學啓蒙》、《周易本義》等。

李光地，生平參見《御纂周易折中》。

《朱子全書》是李光地等奉旨編輯，卷一至卷九學類；卷十至卷十九論語；卷二十至卷二十三孟子；卷二十四至卷二十五中庸；卷二十六至卷三十二易；卷三十三至卷三十四書；卷三十五詩；卷三十六春秋；卷三十七至卷四十禮；卷四十一樂；卷四十二至卷四十八性理；卷四十九至卷五十理氣；卷五十一鬼神；卷五十二至卷五十七道統；卷五十八至卷六十諸子；卷六十一至卷六十二歷代；卷六十三至卷六十四治道；卷六十五文章；卷六十六詩詞樂賦等。共十九門類，是書為理學、儒學理論集大成者，對中國思想文化産生極大影響。

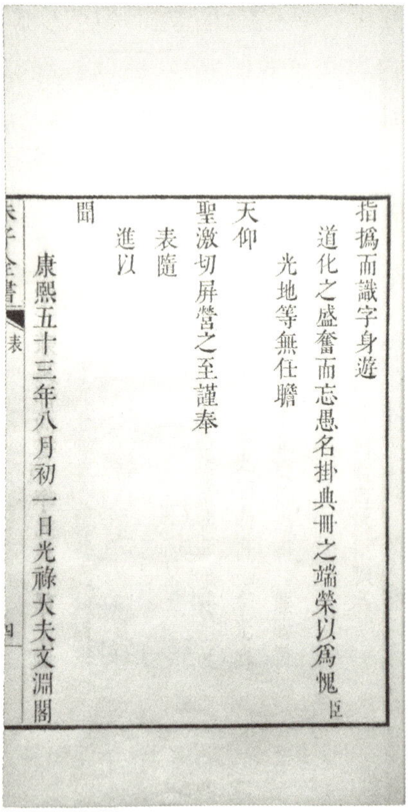
指撝而識字身遊
道化之盛奮而忘愚名掛典冊之端榮以爲愧 臣
光地等無任瞻
天仰
聖激切屛營之至謹奉
表隨
進以
聞
康熙五十三年八月初一日光祿大夫文淵閣
朱子全書 表 四

池北偶談(石帆亭紀談)二十六卷 (清)王士禛撰 存談故卷一至卷四 談藝卷十四至卷十七

清康熙四十年(1701)三槐堂刻本 存2册 半葉10行23字 黑口 單魚尾 左右雙邊 框高19.4厘米 寬14.5厘米

王士禛，生平參見《長白山録》。

《池北偶談》亦名《石帆亭紀談》，卷一至四為“談故”，記叙清代典章與科甲制度、衣冠勝事等；卷五至十為“談獻”，主要記叙明中葉至清初名臣、畸人、烈女等事；卷十一至十九為“談藝”，評論詩畫，采擷佳句；卷二十至二十六為“談異”，記叙神怪傳聞故事。是書以談故、談獻、談藝内容最具參考價值，保留了若干史料，補史籍載記之缺。書自序稱，詩人住所西側之地北面有屋數間，藏書數千卷，因取白居易“池北書庫”之意，將本書取名《池北偶談》，又因書庫旁有石帆亭，所以又名《石帆亭紀談》。

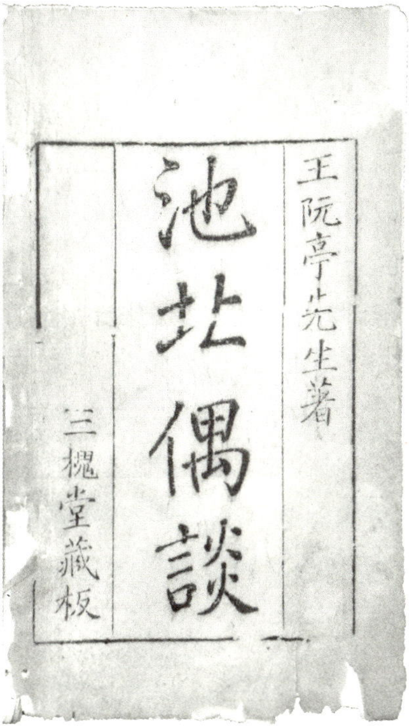
王阮亭先生著

池北偶談

三槐堂藏板

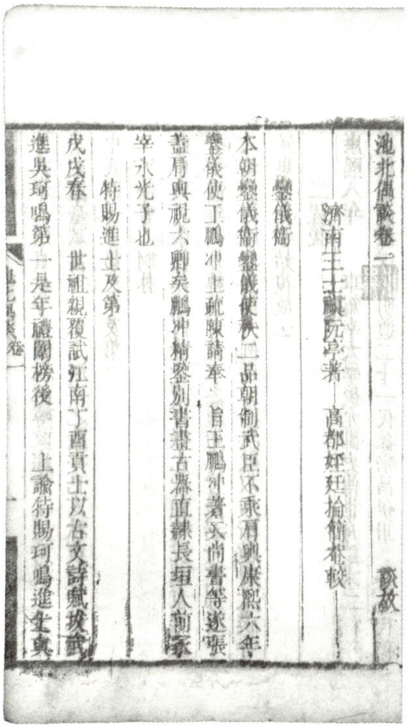
池北偶談卷一

濟南王士禛阮亭著　高郵姬廷掄御者較

鑾儀衛

本朝鑾儀衛鑾儀使秩二品朝例武臣不乘肩輿康熙六年

鑾儀使丁鵰冲上疏陳請奉旨王鵰冲著入尚書等班

蓋肩輿視六卿矣鵰冲精鑒別書畫右幕直隸長垣人前

辛未光子也

特賜進士及第

戊戌春世祖親覆試江南丁酉貢士以吾文詩無拔武

進與珂鳴第一是年禮闈榜後上諭特賜珂鳴進士與

刪定管子一卷　(春秋)管仲撰　(清)方苞刪定

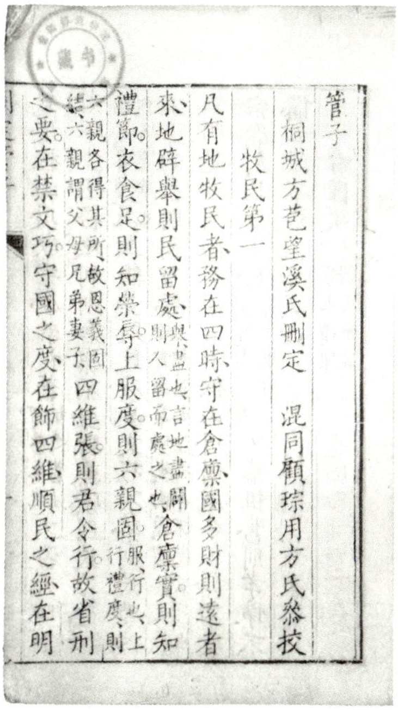
管子

桐城方苞望溪氏刪定　混同顧琮用方氏校

牧民第一

凡有地牧民者務在四時守在倉廩國多財則遠者

來地辟舉則民留處倉廩實則知

禮節衣食足則知榮辱上服度則六親固四維張則君令行故省刑

之要在禁文巧守國之度在飾四維順民之經在明

清乾隆嘉慶間方氏抗希堂刻本　3 冊　半葉 8 行 20 字　雙行小字同　白口　單魚尾　左右雙邊　框高 19.5 厘米　寬 12.8 厘米

管仲(約前 723 或前 716—前 645),姬姓,管氏,名夷吾,字仲,謚“敬仲”,潁上(今安徽潁上)人,春秋時期齊國著名政治家、軍事家,史稱“管子”。出身破落貴族,少年時家境困窘,曾替人養馬,維持生計,與好友鮑叔牙合夥經商,後從軍。到齊國,幾經曲折,經鮑叔牙力薦,為齊國上卿(即丞相),被稱為“春秋第一相”,輔佐齊桓公成為春秋第一霸主。

方苞(1668—1749),字鳳九,一字靈皋,號望溪,安徽桐城人,桐城文派創始人,清代著名文學家。清康熙四十五年(1706)進士,官至禮部右侍郎。主張"義法","義即易之所謂言有物也,法即易之所謂言有序也,義以為經,而法以緯之,然後為成體之文"。先後為《一統志》總裁,《皇清文穎》、《三禮義疏》副總裁,著有《周官集注》、《周官析疑》、《考工記析疑》、《周官辯》、《儀禮析疑》、《禮記析疑》、《喪禮或問》、《春秋比事目録》、《詩義補正》、《左傳義法舉要》、《史記注補正》、《離騷正義》等。

《刪定管子》在《管子》原書基礎上刪其繁辭,除引舊注及劉向補注外,内多刪節,間亦自行解説,并加圈點。大多有評語和注釋。其内容博大精深,涉及天文、哲學、政治、地理、教育等問題,如:"牧民"、"形勢"、"權修"、"立政"等講述國家為政之道與治國方略;"小匡"等談及軍事編制;"内業"提出"天道之數,人心之變"之哲學思想;"任法"、"法禁"體現法家思想;"宙合"體現陰陽家思想;"水地"提出水是萬物本原之思想等等。主要以法家和道家思想為主,兼有儒家、兵家、縱横家、農家、陰陽家之思想。

何義門讀書記五十八卷 (清)何焯撰 (清)蔣維鈞編

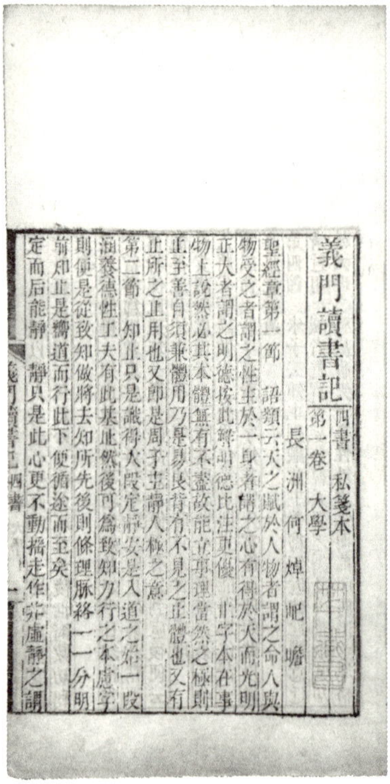

清乾隆三十四年(1769)吴郡鐵瓶巷王景桓鎸 12册 半葉14行22字 粗黑口 單魚尾 左右雙邊 框高14.5厘米 寬12厘米

何焯,生平參見《分類字錦》。

《何義門讀書記》為何焯評閱和闡釋經義、史書,釋文内容豐富之讀書札記。其校勘,非祇限於一字一句之糾謬,旨在"發先哲之精義,究未顯之微言",故對全章、全句之義大致宗於程朱,而斷以己意,其考證精密,對於讀研經、史皆有幫助,是清代著名讀書筆記之一。

汪子中詮六卷 (明)汪應蛟撰

明萬曆四十六年(1618)敬思堂刻本 6册

半葉10行20字　白口　單魚尾　四周單邊　框高20.5厘米　寬14厘米

汪應蛟(約1550—1620),字潛夫,號登原,江西婺源段莘人。明萬曆二年(1574)進士,初授南京兵部主事,後歷任南京禮部郎中、代鎮天津巡撫、保定巡撫、南京户部尚書,加太子少保。著有《古今夷語》、《海防奏疏》、《撫畿奏疏》、《計部奏疏》等。

《汪子中詮》為汪應蛟講學之語彙集,多詳於儒釋之辨,畢懋康序云:"中詮一書,尤其以心得為名理者也,其精以闡發性命,次則杼軸經濟;其緒餘旁及千古上下、六合内外、本地風光,絶無依傍。六經注我,我注六經,以此詮中。""中詮"之名,主不偏意。

萬曆戊午年鐫
新安汪登原手著
中詮
敬思堂藏板

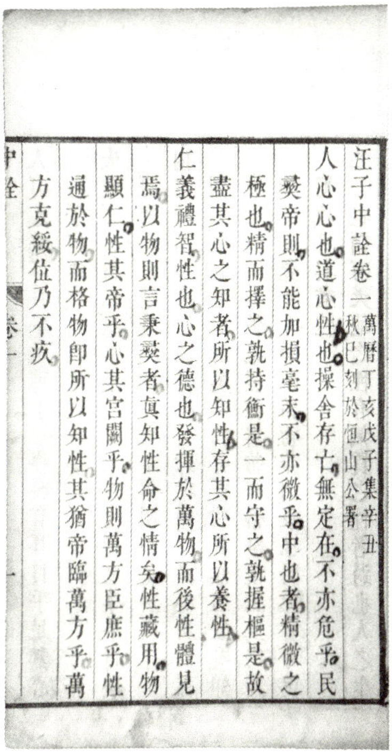
汪子中詮卷一　萬曆丁亥戊子集辛丑秋已刻於恒山公署
人心心也道心性也操舍存亡無定在不亦危乎民彝帝則不能加損毫末不亦微乎中也者精微之極也精而擇之孰持衡是一而守之孰握樞是故盡其心之知者所以知性存其心所以養性
仁義禮智性也心之德也發揮於萬物而後性體見焉以物則言秉彝者真知性命之情矣性藏用物顯仁性其帝乎心其宮闕乎物則萬方臣庶乎性通於物而格物即所以知性其猶帝臨萬方乎萬方克綏位乃不疚
中詮　卷一　一

表異録二十卷　(明)王志堅輯

清乾隆年間最宜草堂刻本　2册　半葉11行21字　黑口　雙魚尾　左右雙邊　框高16.2厘米　寬11.3厘米

王志堅(1576—1633),字弱生,更字淑士,一字聞修,昆山(今屬江蘇)人。明萬曆三十八年(1610)進士,官至湖廣提學僉事。其博學多才,善詩文,有《讀史商語》、《四六法海》等。

《表異録》十二部，部下有若干類，即：一天文部（象緯、歲時、灾祥、祭禱）；二地理部（邑里、山川）；三人物部（親戚、帝王、士庶）；四宫室部（宫殿、室堂）；五器用部；六音樂部；七軍旅部；八植物部（蔬穀、花果）；九動物部（羽族、毛蟲、蟲魚）；十人事部（賢愚、寵辱、言動、身體、凶喪、衣服、飲食）；十一國制部；十二職官部；十三刑法部；十四錢幣部；十五藝文部；十六仙趣部；十七佛乘部；十八栖逸部；十九技術部；二十通用部（駢語、虚字）。是書經史子集、天文地理、歷數之説，無不有之，具有極高之文獻資料及學術價值。

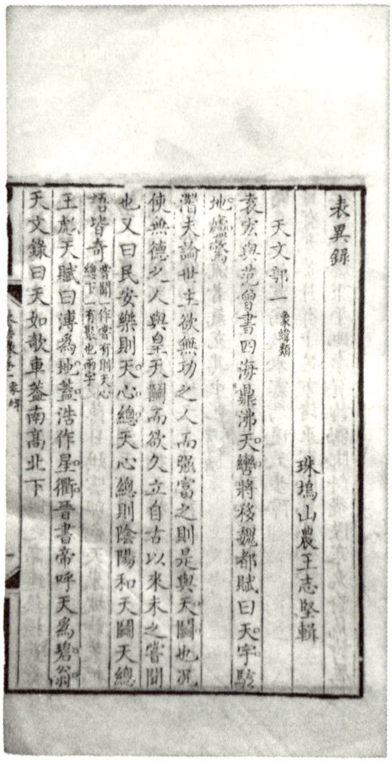

事類賦三十卷 (宋)吴淑撰注 (明)華麟祥校

清乾隆五十八年(1793)劍光閣新鐫 4册 半葉11行20字 雙行小字同 無界欄 白口 單魚尾 左右雙邊 框高18厘米 寬13.8厘米

吴淑(947—1002)，字正儀，原籍潤州丹陽（今屬江蘇），博學多才，經州府舉薦，試學士院，授為大理評事，參與編撰《太平御覽》、《太平廣記》、《文苑英華》、《太宗實録》。個人著述有《説文五義》、《秘閣閑談》、《江淮易人録》、《異僧記》、《煉師傳》等。其擅長水墨，對古籀書法研究精深，在考古方面亦有建樹。表現其卓越才能，深得宋太宗嘉獎，升遷為職方員外郎。

華麟祥（生卒年不詳），字時禎，號海月，江蘇無錫人，經商致富。

《事類賦》包括天、歲時、地、寶貨、樂、服用、什物、飲食、禽、獸、草木、果、鱗介、蟲等十四部類；每類又有若干子目，如"天部"有天、日、月、星等，凡十二小類。全書共一百個子目，也就有賦一百篇。是一部主要用於科場，特別强調記誦，以賦體形式精心結撰之類書，功能是以賦類事。全文以整個文化為物件，分門別類作藝術化處理，類似百科全書。

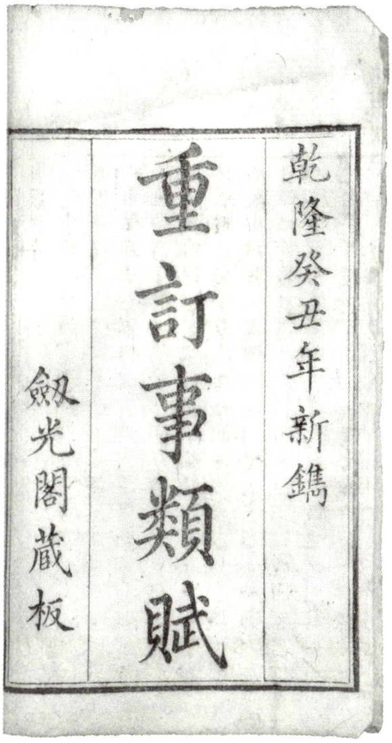
乾隆癸丑年新鐫
重訂事類賦
斂光閣藏板

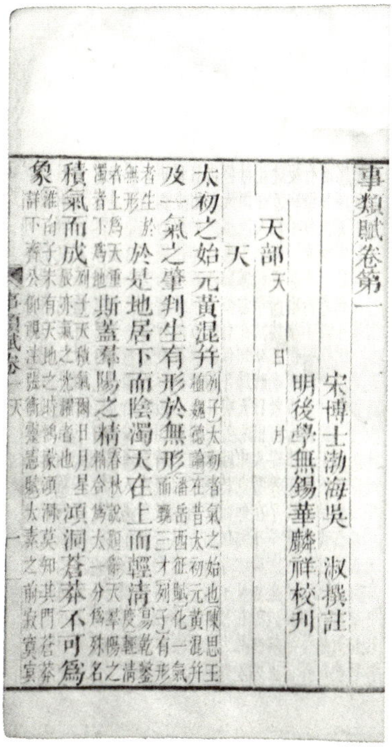
事類賦卷第一
宋博士渤海吳淑撰註
明後學無錫華麟祥校刊
天部 天 日 月
天
太初之始元黃混并
及一氣之肇判生有形於無形
於是地居下而陰濁天在上而輕清
斯蓋乘陽之精
積氣而成
顥洞蒼莽不可爲
象

兩漢金石記二十二卷　（清）翁方綱撰

清乾隆五十四年（1789）南昌使院刻本　8 册　半葉 10 行 20 字　白口　單魚尾　左右雙邊　框高 20 厘米　寬 15 厘米

翁方綱（1733—1818），字正三，一字忠叙，號覃溪，晚號蘇齋。直隸大興（今屬北京）人。清乾隆十七年（1752）進士，官至內閣大學士。曾主持江西、湖北、江南、順天鄉試，又曾督廣東、江西、山東學政，官至內閣學士，為官清廉。

他精於考據、金石，書法與同時之劉墉、梁同書、王文治齊名。能詩文，“肌理”學説倡始人，著作頗多，有《粤東金石略》、《漢石經殘字考》、《石州詩話》、《經義考補正》、詩集《小石帆亭稿》等，是清代之詩人、書法家、金石學家。

《兩漢金石記》共録漢代碑刻二百八十六種，附魏、吴、晋碑刻十種，卷一年月表；卷二《集古録》、《隸釋》、《隸續》目次考及金石諸目；卷三石經；卷四至卷五古器物文、篆釋；卷六禮器碑等六種；卷七孔君碑等八種；卷八魯君碑等七種；卷九嵩山太室石闕銘等六種；卷十華山碑、夏承碑；卷十一倉頡廟等五種；卷十二張君表頌等七種；卷十三西狹頌等十種；卷十四比干墓字等十二種；卷十五武梁祠畫像等三種；卷十六魏君碑等九種；卷十七楊君碑等五種；卷十八魏吴碑九種；卷十九《隸續》補、《急就章》注；卷二十隸八分考；卷二十一補遺范氏碑等七種；卷二十二班馬字類附記。皆列全文，標明行數、款式，逐條考證，為我國第一部斷代金石專著。

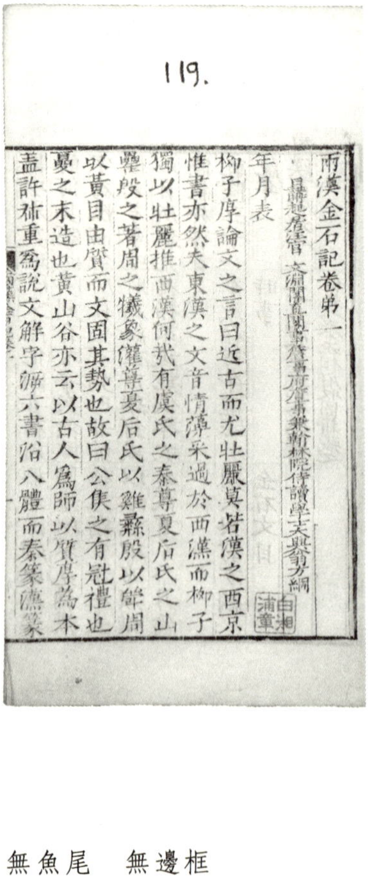

抱朴子内外篇　(晋)葛洪撰

清抄本　6冊　半葉11行20字　白口　無魚尾　無邊框

葛洪(約 284—364),字稚川,自號抱朴子,晋丹陽郡句容(今江蘇句容縣)人。三國方士葛玄之侄孫,世稱小仙翁。曾受封為關内侯,後隱居羅浮山煉丹。其對道教理論發展卓有建樹,且學兼内外,於治術、醫學、音樂、文學等方面亦多成就,是東晋時期著名道教領袖,内擅丹道,外習醫術,精研道儒,學貫百家,思想淵深,著作弘富,有《神仙傳》、《肘後備急方》、《西京雜記》等。

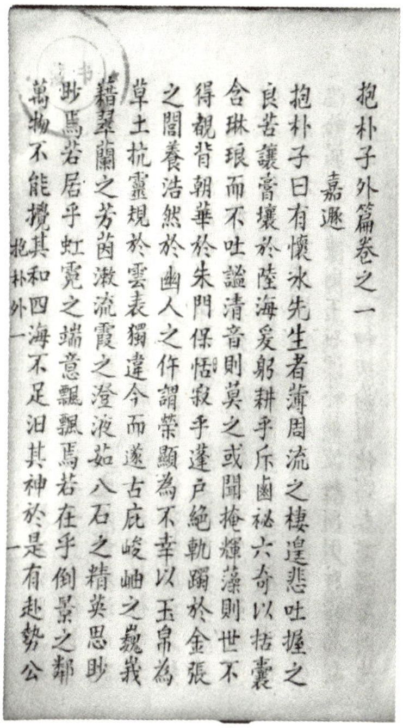
抱朴子外篇卷之一
嘉遯
抱朴子曰有懷冰先生者薄周流之棲遑悲吐握之良苦讓膏壤於陸海爰躬耕乎斥鹵秘六奇以括囊含琳琅而不吐謐清音則莫之或聞掩輝藻則世不得覩背朝華於朱門保恬寂乎蓬戶絕軌躅於金張之閭養浩然於幽人之仵謂榮顯為不幸以玉帛為草土抗靈規於雲表獨違今而遂古庇峻岫之巍峩藉翠蘭之芳茵漱流霞之澄液茹八石之精英思眇眇焉若居乎虹霓之端意飄飄焉若在乎倒景之鄰萬物不能攪其和四海不足汩其神於是有赴勢公
抱朴外一

《抱朴子》有“内篇”二十篇,論述宇宙本體、論證神仙之存在,金丹和仙藥製作方法、應用以及各種方術,説明道經之各種書目和世人之修煉,自稱“屬道家”;“外篇”五十篇,論時政得失,世事臧否,愛民節欲,克己思君,講治民之法,修身著書等,自稱“屬儒家”。是書將玄學與道教神學,方術與金丹,丹鼎與符,儒學與仙學納為一體,確立了道教神仙理論。此抄本字體工整、流暢、整潔,具相當觀賞價值。

佩文韻府一百六卷　(清)張玉書　(清)陳廷敬等編輯

清康熙年間刻本　存 92 册　半葉 12 行 25 字　雙行小字同　白口　單魚尾　四周雙邊　框高 17 厘米　寬 11.7 厘米

張玉書,生平參見《康熙字典》。

陳廷敬,生平參見《康熙字典》。

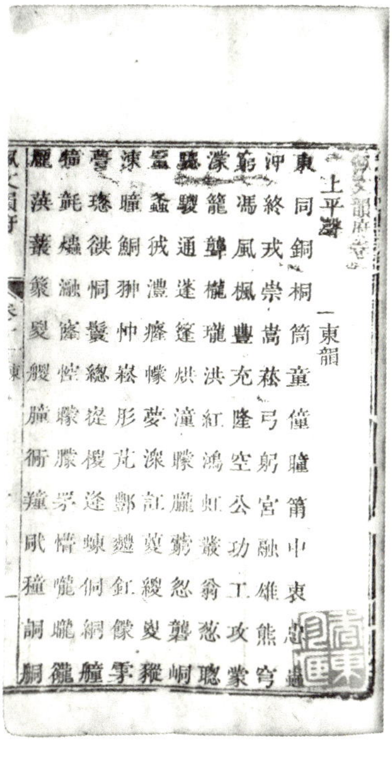
佩文韻府卷一之一
上平聲
一東韻
東同銅桐筒童僮瞳筩中衷忠

《佩文韻府》在元陰時夫《韻府群玉》和明淩稚隆《五車韻瑞》基礎上,再增補其他書中有關材料彙輯而成,“佩文”為康熙帝之書齋名,“韻府”有韻書之庫含義。是書按平水韻分平、上、去、入四聲,每一聲按韻目依次排列,原書依韻分為一百六卷，其中平聲東韻等三十卷，上聲董韻等二十九卷，去聲送韻等三十卷，入聲屋韻等十七卷，共收單字一万零二百五十二個，辭彙近五十條。將單字各按平水韻分成一百六部，即每韻一部，再將同一韻字的詞語按二字、三字、四字順序加以排列，字數相同者，又以經、史、子、集順序加以排列，兼顧時間先後。單字下有注音與釋義，詞語下舉書證，列典故，引文一般衹注書名，引詩衹標作者。收詞又分"韻藻"、"增"、"對語"、"摘句"四類，卷帙浩大，内容豐富，是一部查找詞藻、典故之類書。

周子全書二十二卷　附從政體仁編五卷　（宋）周敦頤撰　（清）董榕輯

清乾隆年間寫刻本　8册　半葉10行18字　雙行小字同　黑口　單魚尾　四周單邊　框高17.8厘米　寬13.5厘米

周敦頤（1017—1073），字茂叔，號濂溪，世稱"濂溪先生"，宋營道樓田堡（今湖南道縣）人。年幼喪父，隨母到衡陽投靠舅父龍圖閣直學士鄭向，其喜愛讀書，聰慧仁孝，得舅父鄭向喜愛，保薦任監主簿，一生不慕錢財，愛談名理，著有名篇《愛蓮説》，體現其潔身自愛之高潔人格。作《太極圖説》、《通書》，推明陰陽五行之理，成為北宋著名哲學家，學術界公認之理學派開山鼻祖。

董榕（1711—1760），字念青，號漁庵，又號繁露樓居士，河北豐潤人。清雍正十三年（1735）拔貢，歷官江西贛寧道。被史書稱為"讀書立政，務實不華"之人，是周敦頤、二程理學忠誠追隨者。清乾隆二十五年（1760），回故鄉探母，官船行至南昌滕王閣下，贛江之上突然風高浪急，舟船摇蕩，墮水溺死。著有《芝龕記》、《庚洋集》、《庚陽篇集》、《繁露樓詩》等書，編輯《周子全書》、《洛學編》、《聖學入門》諸書，為弘揚周程理學作了貢獻。

《周子全書》為闡述程朱理學而作，卷一至卷二太極圖説；卷三至卷六太極發明；卷七至卷十通書；卷十一至卷十六太極通書發明；卷十七遺文并詩；卷十八周子遺事；卷十九周子交游贈述；卷二十周子年譜；卷二十一周子列代褒崇；卷二十二周子文録。後附《成檔講義》、《洛學篇》、《庚溪詩意》、《聖學入門》四篇文章。自謂"周子《太極圖説》、《通書》，誠為學庸語孟以後僅見之書，悉載全文，附以朱子解説，使學者知道理之根源、學問之樞要"。

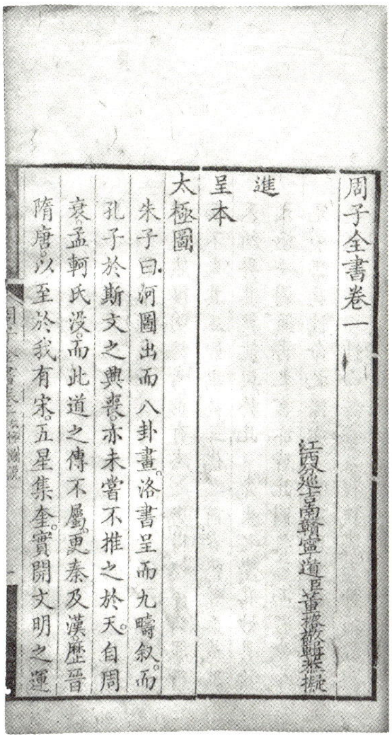
周子全書卷一
江西巡吉南贛寧道呈董榕輯
進
呈本
太極圖
朱子曰河圖出而八卦畫洛書呈而九疇叙而
孔子於斯文之興喪亦未嘗不推之於天自周
衰孟軻氏没而此道之傳不屬更秦及漢歷晉
隋唐以至於我有宋五星集奎實開文明之運

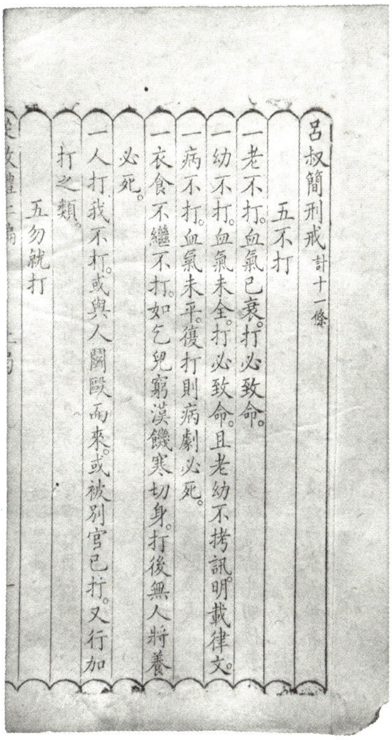
呂叔簡刑戒計十一條
五不打
一老不打。血氣已衰。打必致命。
一幼不打。血氣未全。打必致命。且老幼不拷訊明載律文。
一病不打。血氣未平。復打則病劇必死。
一衣食不繼不打。如乞兒窮漢饑寒切身。打後無人將養
必死。
一人打我不打。或與人鬬毆而來。或被別官已打。又行加
打之類。
五勿輕打

河南邵氏聞見後録(聞見後録)三十卷　(宋)邵博撰　(明)毛晉訂　存卷十四至卷二十

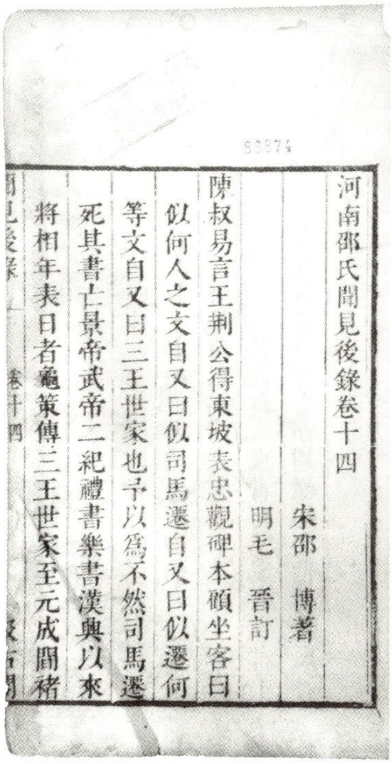
河南邵氏聞見後録卷十四
宋邵　博著
明毛　晉訂
陳叔易言王荆公得東坡表忠觀碑本頗坐客曰
似何人之文自又曰似司馬遷自又曰似遷何
等文自又曰三王世家也予以爲不然司馬遷
死其書亡景帝武帝二紀禮書樂書漢興以來
將相年表日者龜策傳三王世家至元成間褚

明汲古閣刻本　存1册　半葉8行19字　白口　無魚尾　左右雙邊　框高19厘米　寬13.5厘米

邵博(？—1158),字公濟,號西山,河南洛陽人,邵伯温之子。宋高宗紹興八年(1138)賜同進士出身。以詩文名於世,著有《邵博文集》、《西山集》等。

毛晉(1599—1659),字子晉,原名鳳苞,江蘇常熟人。父毛清以"力田"起家,出身比較寒微。毛晉為明末諸生,他愛書如命,可以説是集藏書、讀書、刻書於一身,而在刻書方面成就最大,且好抄録罕見秘籍,繕寫精良。所刻各書版心下端均

具“汲古閣”或“緑君亭”名，世稱“毛鈔”，遠近聞名，有“毛氏之書走天下”之稱，後以刻書為業而使家業興盛。著有《隱湖題跋》，并輯《毛詩陸疏廣要》，明末著名藏書家、出版家。

《河南邵氏聞見後録》自序説撰寫是書係續其父邵伯温《聞見録》，故以“後録”名書。為紀實性史料筆記，《四庫提要》稱：“兼及經義、史論、詩話，又參以神怪俳諧”，所記載都是本人平時所學、所聞、所論之文字，還記載了一些北宋初年之朝章制度，對研究宋代歷史尤其是變法歷史具有參考價值。

陔餘叢考四十三卷　(清)趙翼撰

清乾隆五十五年(1790)湛貽堂刻本　11 册　半葉 11 行 21 字　雙行小字 31 字　白口　單魚尾　左右雙邊　框高 19.5 厘米　寬 14.3 厘米

趙翼(1727—1814)，字耘菘，號甌北，晚號三半老人，江蘇陽湖(今江蘇武進)人。清初著名文學家、史學家。清乾隆二十六年(1761)進士，授翰林院編修，官至貴西兵備道，旋辭官，主講安定書院。長於史學，考據精賅。論詩主“獨創”，反摹擬。所著有《廿二史札記》、《甌北詩鈔》、《甌北詩話》、《簷曝雜記》、《皇朝武功紀盛》等。

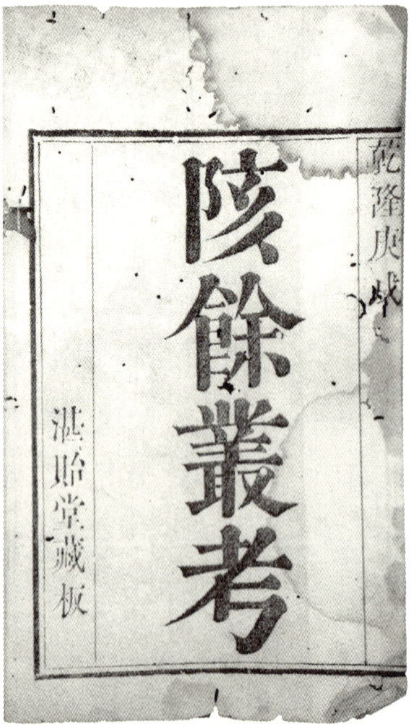
乾隆庚戌
陔餘叢考
湛貽堂藏板

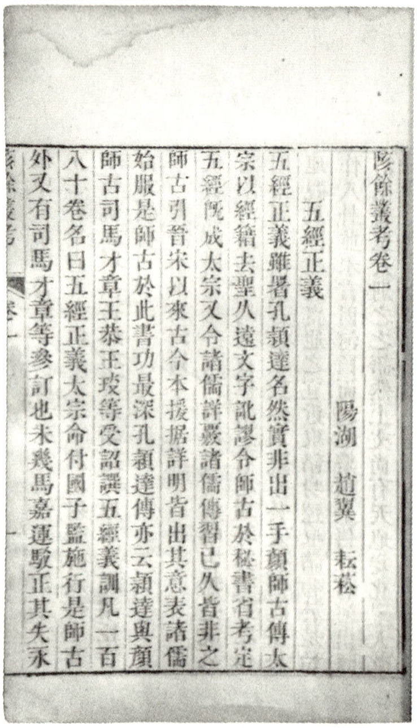
陔餘叢考卷一
陽湖 趙翼 耘崧
五經正義
五經正義雖署孔穎達名然實非出一手顔師古傳太
宗以經籍去聖久遠文字訛謬令師古於秘書省考定
五經既成太宗又令諸儒詳議諸儒傳習已久皆非之
師古引晉宋以來古今本援據詳明皆出其意表諸儒
始服是師古於此書功最深孔穎達傳亦云穎達與顔
師古司馬才章王恭王琰等受詔譔五經義訓凡一百
八十卷名曰五經正義太宗命付國子監施行是師古
外又有司馬才章等參訂也未幾馬嘉運駁正其失永
陔餘叢考 卷一 一

《陔餘叢考》為趙翼之讀書筆記，卷一至卷四論經義；卷五至卷十五論史學；卷十六至卷二十一論掌故；卷二十二至卷二十四論藝文；卷二十五論紀年；卷二十六至卷二十七論官制；卷二十八至卷二十九論科舉；卷三十至卷三十一論風俗；卷三十二論喪禮；卷三十三論器物；卷三十四論術數，卷三十五論神佛，卷三十六至卷三十八論稱謂，卷三十九至卷四十三雜考。是書經史雜著，無所不包，尤廿四史之論述更加詳密，明辨源流，其每篇之首，均有標題，對研讀文史均有參考價值。

莊子因六卷　(清)林雲銘評述

清康熙二十七年(1688)挹奎樓刻本　6 册　半葉 9 行 22 字　雙行小字同　白口　單魚尾　四周雙邊　框高 20 厘米　寬 14 厘米

林雲銘(1628—1697)，字道昭，號西仲，福建閩縣林浦(今屬福州市倉山區)人。少嗜學，每探索精思，竟日不食，里人皆呼其為書痴。清順治十五年(1658)進士，官徽州府通判。著有《挹奎樓文集》、《吴山鷇音》、《楚辭燈》等。

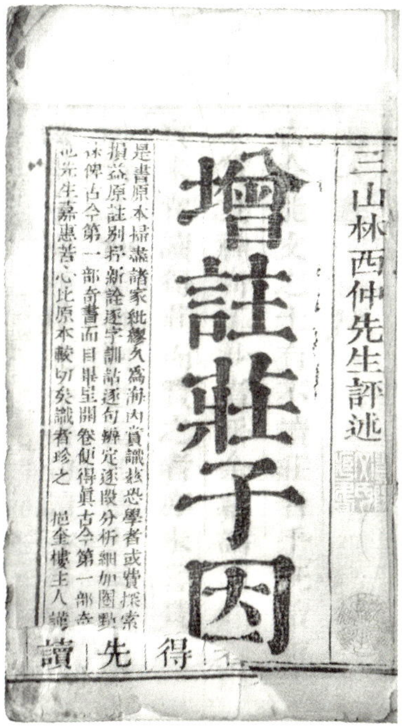

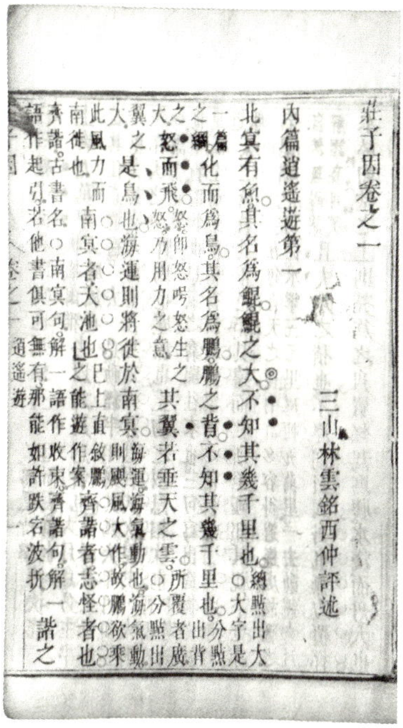

《莊子因》係解釋《莊子》之作。卷一内篇：逍遥游、齊物論、養生主；卷二内篇：人間世、德充符、大宗師、應帝王；卷三外篇：駢拇、馬蹄、胠篋、在宥、天地、

天道、天運；卷四外篇：刻意、繕性、秋水、至樂、達生、山水、田子方、知北游；卷五雜篇：庚桑楚、徐無鬼、則陽外物；卷六雜篇：寓言、讓王、盜蹠、説劍、漁父、列御寇、天下。是書對《莊子》"逐段分析，逐句辨定，逐字訓詁"，有段落評論，句意説明，文字訓詁，每篇之後附有總論。所謂"因"意其思想内容之相互因應和聯屬，故名為《莊子因》。

莊子郭注十卷　(戰國)莊周撰　(晉)郭象注　(唐)陸德明音義　(明)鄒之嶧校刻

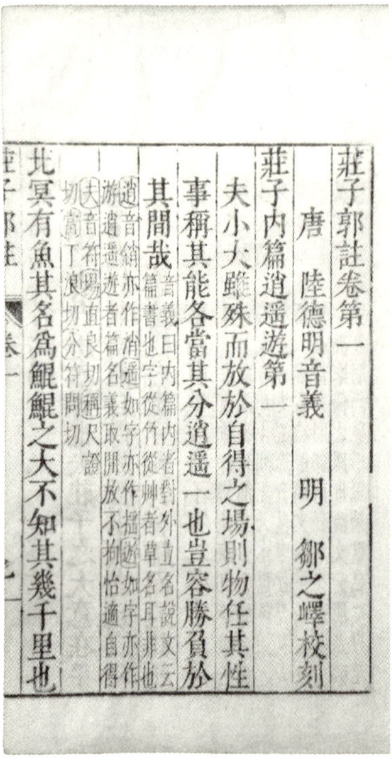
莊子郭註卷第一
唐　陸德明音義　　明　鄒之嶧校刻
莊子内篇逍遥遊第一
夫小大雖殊而放於自得之場則物任其性事稱其能各當其分逍遥一也豈容勝負於其間哉音義曰内篇内者對外立名説文云篇書也字從竹從艸者草名耳非也逍音銷亦作消遥如字亦作搖遊如字亦作游逍遥遊者篇名義取閒放不拘怡適自得夫音符場直良切稱尺證切當丁浪切分符問切
北冥有魚其名為鯤鯤之大不知其幾千里也
莊子郭註　卷一

明萬曆三十三年(1605)鄒之嶧刻本　10 册
半葉 9 行 18 字　雙行小字同　白口　單魚尾
四周單邊　框高 20.5 厘米　寬 14 厘米

莊子(約前 369—前 286)，名周，字子休(一説子沐)。戰國時宋國蒙地(今安徽省蒙城縣境内，一説今河南商丘)人，其家境貧寒，但厭弃官場，蔑視權勢，不願做官。性格開朗，不拘俗禮，曠達超脱。學識淵博，深入探索萬物産生及宇宙本源，為先秦莊子學派創始人，老子哲學思想繼承者，後人將他們并稱為"老莊"；道家學派之代表人物，人稱之"南華真人"，《莊子》一書被稱為《南華真經》，是中國歷史上著名之思想家、哲學家、文學家。

郭象(約 252—312)，字子玄，河南洛陽人。官至黄門侍郎、太傅主簿。少有才理，好老莊，善清談。州郡辟召，不就。常閒居，以文論自娱。著碑論十餘篇，中國西晋著名玄學家。

陸德明，生平參見《爾雅正義》。

鄒之嶧(1574—1643)，字孟陽，明萬曆間錢塘人。有書室名遁園，亦名小築，取杜詩"畏人成小築"意。其通書畫，讀書好修，與聞子將、嚴印持兄弟以才名著稱吴、越間，如唐人之所謂四夔者。不事生産，淡於榮利，與李長蘅友，游迹武林山水，老而貧困。撰有《小築詩十章》等，為明代畫家、文學家。

《莊子郭注》卷一至卷三内篇即：逍遥游、齊物論、養生主、人間世、德充符、大宗師、應帝王；卷四至卷七外篇即：駢拇、馬蹄、胠篋、在宥、天地、天道、天運、刻意、繕性、秋水、至樂、達生、山木、田子方、知北游；卷八至卷十雜篇即：庚桑楚、徐無鬼、則陽、外物、寓言、讓王、盜蹠、説劍、漁父、列御寇、天下。《莊子》一書以奇幻而豐富之想像著稱，寓真於幻，寓實於玄。利用神話、寓言表達其哲學思想和人生體驗。郭注廣羅衆本，集各家之精華，合莊周之本義，從比喻中領會其精神實質，以“寄言出意”之注釋方法，在關於“自然”、“自生”、“獨化”、“無為”、“逍遥”、“迹”與“所以迹”等哲學問題上，提出更為深入周詳之見解，具有“辯名析理”之特點。

格致鏡原一百卷　（清）陳元龍編

清雍正十三年（1735）粤中刻本　16 册　半葉 11 行 21 字　黑口　雙魚尾　左右雙邊　框高 17 厘米　寬 11.5 厘米

陳元龍（1652—1736），字廣陵，號乾齋，江蘇海寧鹽官人。清康熙二十四年（1685）一甲二名進士（榜眼），授翰林院編修，入值南書房。任陝西鄉試主考官，後遷侍講學士轉侍讀學士、翰林院掌院學士、教習庶吉士、經筵講官、吏部侍郎。五十年（1711），出任廣西巡撫，賑濟灾民，興修水利，廣建穀倉。五十七年（1718），升工部尚書，後轉禮部尚書。清雍正七年（1729），授文淵閣大學士兼禮部尚書。撰有《愛日堂文集》，還編了一部科技類書《格致鏡原》。

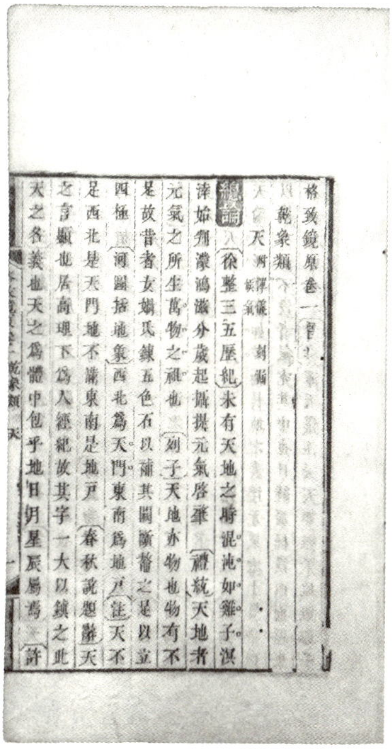
格致鏡原卷一
乾象類
天
總論
徐整三五歷紀未有天地之時混沌如雞子溟涬始牙濛鴻滋萌歲起攝提元氣啓肇 禮統天地者元氣之所生萬物之祖也 列子天地亦物也物有不足故昔者女媧氏鍊五色石以補其闕斷鼇之足以立四極 河圖括地象西北爲天門東南爲地戸 注天不足西北是天門地不足東南是地戸 春秋說題辭天之言鎮也居高理下爲人經紀故其字一大以鎮之 此天之名義也天之爲體中包乎地日月星辰屬焉 許

《格致鏡原》為類書，有三十個大類，即：乾象類、坤輿類、身體類、冠服類、宫室類、飲食類、布帛類、舟車類、朝制類、珍寶類、文具類、武備類、禮器類、樂器類、耕織器物、日用器物、居處器物、香奩器物、燕賞器物、玩戲器物、穀類、蔬類、木類、草類、花類、果類、鳥類、獸類、水簇類、昆蟲類。類下分目，共八百八十六目。“是書專務考訂，以助格致之學。每紀一事一物，必究其原委，詳其名號，疏其體類，考其製作，以資實用”。“格致”，即研究事物之意；“鏡原”，為探求本原，猶事物紀原之意。是研究我國古代科學技術和文化史之重要參考書。

唐類函二百卷 (明)俞安期彙纂 (明)徐顯卿校訂

明萬曆三十一年(1603)俞氏刻本 40册 半葉10行20字 白口 單魚尾 四周單邊 框高20.8厘米 寬14.5厘米

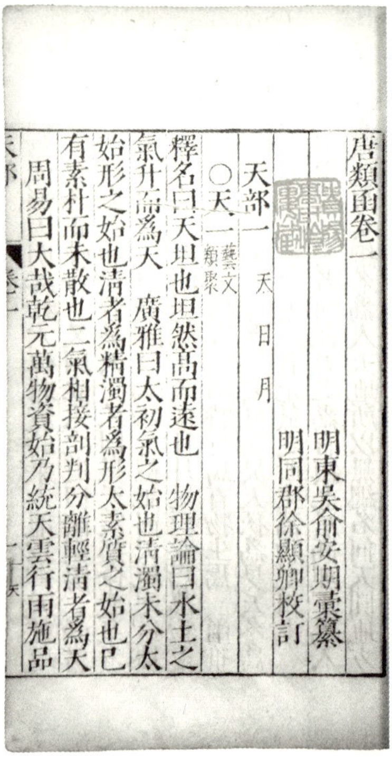
唐類函卷一
明東吳俞安期彙纂
明同郡徐顯卿校訂
天部一 天 日 月
○天一 藝文類聚
釋名曰天坦也坦然高而遠也 物理論曰水土之
氣升而為天 廣雅曰太初氣之始也清濁未分太
始形之始也清者為精濁者為形太素質之始也已
有素朴而未散也二氣相接剖判分離輕清者為天
周易曰大哉乾元萬物資始乃統天雲行雨施品

俞安期(生卒年不詳)，字羨長，初名策，吴江(今江蘇蘇州)人，未仕，能詩，詩風清新明麗，亦工書法。有《翏翏集》、《類苑瓊荼》、《啓雋類函》等。

徐顯卿(生卒年不詳)，字公望，號檢庵，長洲縣(今江蘇蘇州)人。明隆慶二年(1568)進士，官至吏部侍郎。著有《天遠樓集》等。

《唐類函》將唐人所編類書《藝文類聚》、《初學記》、《北堂書鈔》、《白氏六帖》刪去重複，彙為一編，又采用《通典》、《歲華紀麗》兩書部分内容，分為天、歲時、地、帝王、后妃、儲宫、帝戚、設官、封爵、政術、禮儀、樂、文學、武功、邊塞、人、釋、道、靈異、方術、巧藝、京邑、州郡、居處、産業、火、珍寶、布帛、儀飾、服飾、器物、舟、車、食物、五穀、藥菜、果、草、苗木、鳥、獸、鱗介、蟲豸等四十三類，每類又分若干子目。類目下釋名為首，其次典故，再次對偶、摘句，詩文最後。是書多為六朝前古籍文獻彙録，材料豐富，對唐人類書所分之部類，有承襲，亦有更新，為檢索唐以前典故、詩文提供了方便。

理學宗傳二十六卷 (清)孫奇逢輯 存卷一至卷二十五

清康熙五年(1666)夏峰刻本 存10册 半葉9行20字 白口 單魚尾

四周單邊　框高 18.5 厘米　寬 13.7 厘米

孫奇逢(1584—1675),字啓泰,號鐘元,直隸保定府容城縣(今屬河北)人,清初遷居河南衛輝府輝縣蘇門山下夏峰村。晚年講學於該村二十餘年,世稱"夏峰先生",明末清初之理學大師。明萬曆二十八年(1600)中舉人,後四次會試皆落第,但其以儒學砥礪身行,數次拒朝廷徵聘,著書立説,沈潛傳統學術。創辦書院,教授士民,傳播儒學。著有《聖學録》、《北學編》、《洛學編》、《四書近指》、《讀易大旨》、《書經近指》等。

《理學宗傳》分三部分,其一為理學發展之宗統,分别述周敦頤、程顥、程頤、張載、邵雍、朱熹、陸九淵、薛瑄、王守仁、羅洪先、顧憲成;其二為各代名儒,主要有董仲舒、申公培、倪寬、毛公萇、王通及其門人、韓愈及其門人、楊文靖及程門弟子、朱門弟子、陸門弟子等;其三為與理學道統相背者。是書按人立傳,摘其語録、著述,加以評述,充分展現孫奇逢之理學思想。

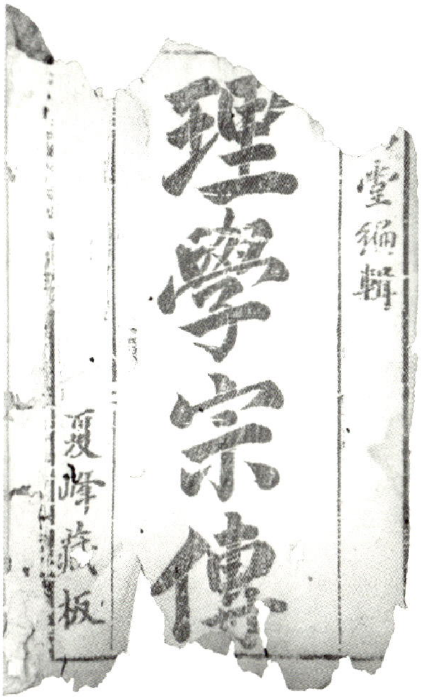

堂編輯

理學宗傳

夏峰藏板

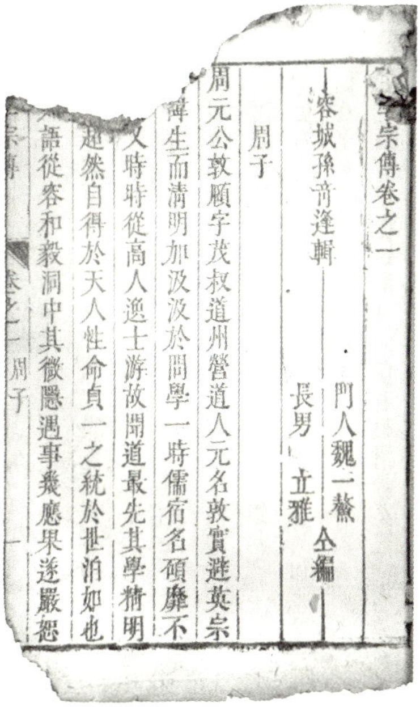

宗傳卷之一

容城孫奇逢輯　門人魏一鰲仝編

長男立雅

周子

周元公敦頤字茂叔道州營道人元名敦實避英宗

諱生而清明加汲汲於問學一時儒宿名碩靡不

又時時從高人逸士游故聞道最先其學精明

超然自得於天人性命貞一之統於世泊如也

語從容和教洞中其微悶遇事發應果遂嚴毅

庸行編八卷　(清)牟允中撰

清康熙三十年(1691)尚朝柱等澹寧堂刻本　4 册　半葉 9 行 21 字　白口單魚尾　四周單邊　框高 20 厘米　寬 14 厘米

牟允中，字叔庸，天津衛人，其生平不詳。

《庸行編》凡三十三類。每類采輯數十則，皆先正格言，分門編輯：卷一達觀類、德量類、檢身類、省過類、安命類、言語類；卷二操守類、敬畏類、讀書類、立教類；卷三孝行類、忠順類、刑於類；卷四和睦類、慎交類、正家類、詒謀類；卷五勤儉類、惜福類、積德類、利濟類；卷六體恤類、思義類、醫藥類、産育類；卷七攝生類、婚姻類、喪祭類、風水類；卷八治化類、勸誡類、對越類、警醒類。是書在揚州史典《願體集》基礎上補充，大都選擇明白易懂之句，訓俗化愚。立教類有撰者讀書之法，兼論及時文，以訓家塾子弟。

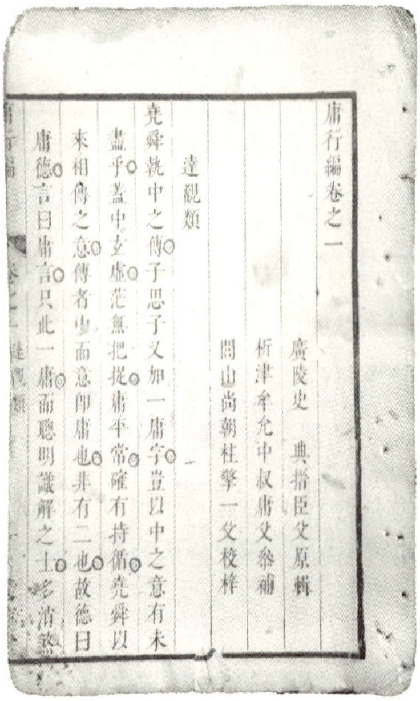
庸行編卷之一
廣陵史　典搢臣父原輯
析津牟允中叔庸父參補
閩山尚朝柱擎一父校梓
達觀類
堯舜執中之傳子思子又加一庸字豈以中之意有未
盡乎蓋中之虛茫無把捉庸平常確有持循堯舜以
來相傳之意傳者少而意卽庸也非有二也故德曰
庸德言曰庸言只此一庸而聰明識解之士多消

清異録二卷　（宋）陶穀撰

清乾隆間最宜草堂刻本　2 册　半葉 11 行 21 字　黑口　雙魚尾　左右雙邊　框高 16.2 厘米　寬 11.3 厘米

陶穀（903—970），字秀實，邠州新平（今陝西彬縣）人。本姓唐，因避後晉高祖諱而改姓陶。後晉、後周，以及宋初時，均在朝廷任職，北宋時官至禮部尚書，依舊任翰林承旨，累加刑、户二部尚書，後世稱之為“陶内翰”、“陶尚書”。陶穀以文章聞名於世，博學多識，無書不覩，善書畫，尤擅隸書，并精通禮制、曆象之學。

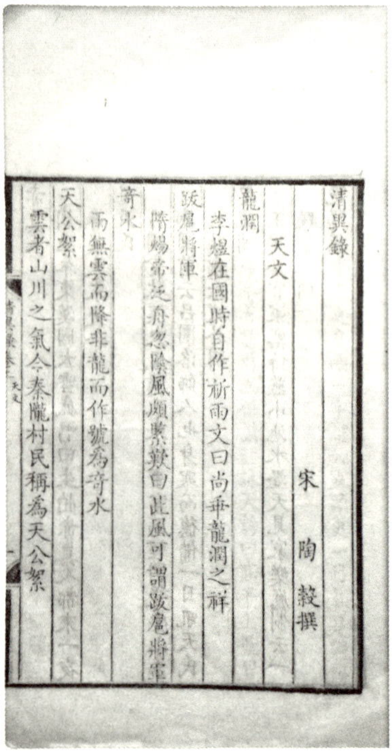
清異錄
宋　陶　穀撰
天文
龍潤
李煜在國時自作祈雨文曰尚乖龍潤之祥
跋扈將軍
隋煬帝泛舟忽陰風頗緊歎曰此風可謂跋扈將軍
奇水
雨無雲而降非龍而作號爲奇水
天公絮
雲者山川之氣今秦隴村民稱爲天公絮

《清異録》是一部筆記，借鑒類書形式，分為天文、地理、君道、官志、人事、女行、君子、么麽、釋族、仙宗、草、木、花、果、蔬、藥、禽、獸、蟲、魚、肢體、作用、居室、衣服、裝飾、陳設、器具、文用、武器、酒漿、茗荈、饌羞、薰燎、喪葬、鬼、神、妖，共三十七門，每門若干條。是書記載唐、五代時人、事、物之新奇名稱，每一名稱列為一條，而於其下記此名稱之來歷，許多還含有戲謔意味。這些新奇名稱因後代詞人墨客引用而成為典故，有些成為了漢語辭彙。而飲食、烹飪方面材料極為豐富，約占全書條目三分之一。在名物服飾、科技工藝、民俗民情等方面也有較高文獻價值。

澍喥存愚二卷　（清）李清植撰

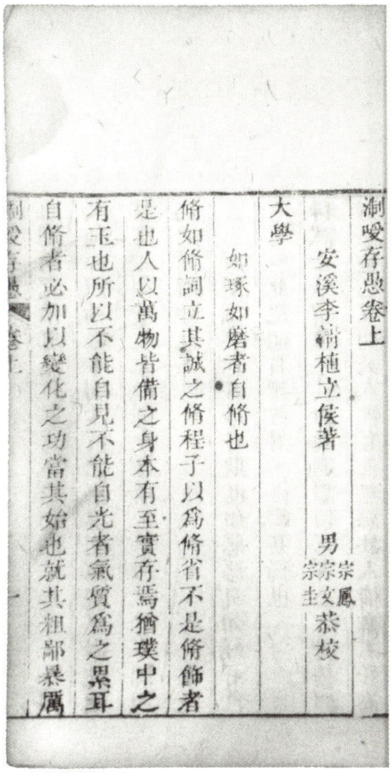
澍喥存愚卷上
安溪李清植立侯著　男宗鳳 宗文 宗圭恭校
大學
如琢如磨者自脩也
脩如脩詞立其誠之脩程子以為脩省不是脩飾者是也人以萬物皆備之身本有至實存焉猶璞中之有玉也所以不能自見不能自光者氣質為之累耳自脩者必加以變化之功當其始也就其粗鄙暴厲
澍喥存愚　卷上　一

清乾隆年間刻本　1 册　半葉 8 行 20 字　白口　單魚尾　左右雙邊　框高 17 厘米　寬 12.8 厘米

李清植，生平參見《歷代名儒傳》。

《澍喥存愚》是李清植出任浙江學政時，以經學育士之講稿，卷一講解《大學》、《論語》，卷二講解《中庸》、《孟子》，勸導學者沿宋儒之途研討六經，其中頗多精闢見解。

陽明先生集要三編十五卷　年譜一卷　（明）王守仁撰　（明）施邦曜評輯

清乾隆五十二年（1787）濟美堂刻本　28 册　半葉 10 行 20 字　白口　單魚尾　左右雙邊　框高 17 厘米　寬 13.2 厘米

王守仁（1472—1528），字伯安，曾被貶至貴州龍場驛（今貴陽市修文縣境內），結廬於陽明洞，自號陽明子，世稱陽明先生，故又稱王陽明，明代著名思想家、哲學家、文學家和軍事家。浙江餘姚人，出生於書香門第、官宦世家，二十八歲中進士，授兵部主事。早期尊崇程朱理學，精通儒家、佛家、道家學説，且能統軍征戰。因反對宦官劉瑾，被廷杖四十，謫貶後，龍場悟道，遂成陸王心學之集大成者。其“知行合一”和“知行并進”等學説，形成了陽明學派，影響極大。其廣收門徒，遍及各地。後世“王學”雖分成數個流派，但同出一宗，各見其長。其哲學思想遠播海外，特別對日本學術界有很大影響，其著作後人輯成

《王文成公全書》。

施邦曜(1585—1644),字爾韜,號四明,浙江餘姚人。明萬曆四十一年(1613)進士,歷任國學博士、工部員外郎、福建漳州知府、四川按察使、南京通政使等。其受陽明心學影響,對王學深學精研。李自成起義軍威逼北京,其為左都尉使護城,城破自盡。

《陽明先生集要三編》包含《理學集》四卷、《經濟集》七卷、《文章集》四卷,另附《年譜》一卷。是書在《王文成公全書》研讀之基礎上,選出其精粹部分,并對原著之要點、難點用眉批、旁批、按語等進行注釋、評析。揭示陽明思想之同時,也反映了施邦曜觀點。是研究陽明思想及其學派之要籍。

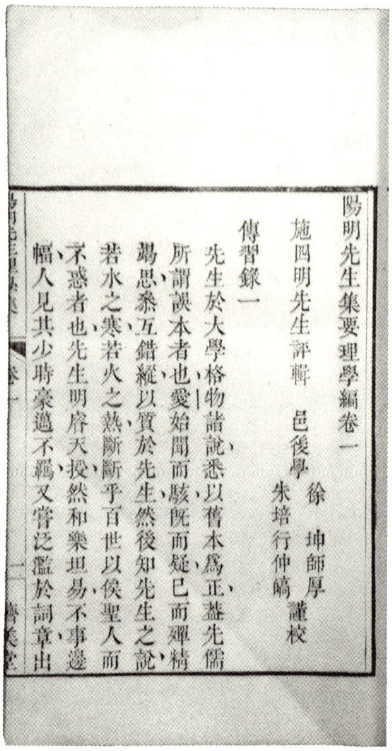
陽明先生集要理學編卷一
施四明先生評輯　邑後學　徐　坤師厚
朱培行仲嶠　謹校
傳習錄一
先生於大學格物諸說、悉以舊本爲正、葢先儒所謂誤本者也、愛始聞而駭、既而疑、已而殫精竭思、參互錯縱、以質於先生、然後知先生之說若水之寒、若火之熱、斷斷乎百世以俟聖人而不惑者也、先生明睿天授、然和樂坦易、不事邊幅、人見其少時豪邁不羈、又嘗泛濫於詞章、出

棉陽學準五卷　(清)藍鼎元撰

清雍正六年(1728)閑存堂刻本　2册　半葉9行17字　無界欄　白口　單魚尾　左右雙邊　框高18.8厘米　寬14厘米

藍鼎元,生平參見《平臺紀略》。

《棉陽學準》卷一曰同人規約;卷二曰講學禮儀、丁祭禮儀、書田志;卷三至卷四曰閑存録;卷五曰道學源流、太極要義、西銘要義。棉陽者,廣東潮州府潮陽縣也。清雍正六年(1728),藍鼎元在潮陽任上,創建棉陽書院,特為書院撰此書,以“用訓吾邑之人士”,導以正學。

鹿洲藍子著

棉陽學準

開存堂藏板

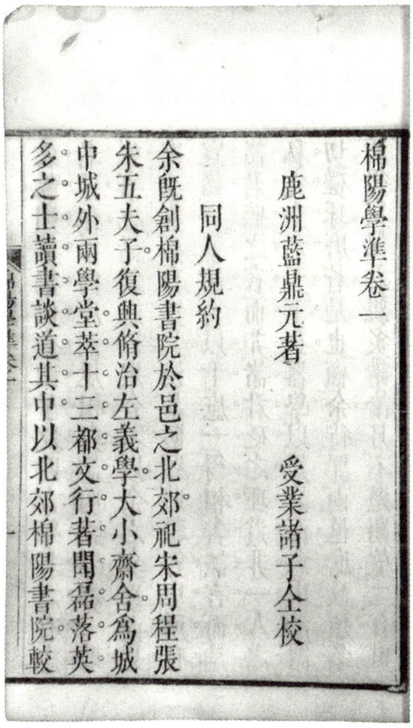

棉陽學準卷一

鹿洲藍鼎元著　受業諸子仝校

同人規約

余既創棉陽書院於邑之北郊祀宋周程張朱五夫子復興脩治左義學大小齋舍爲城中城外兩學堂萃十三都文行著聞磊落英多之士讀書談道其中以北郊棉陽書院較

焦氏易林四卷　附易林總評一卷　易林紀驗一卷　上經考異一卷　(漢)焦延壽撰　(明)鍾惺評

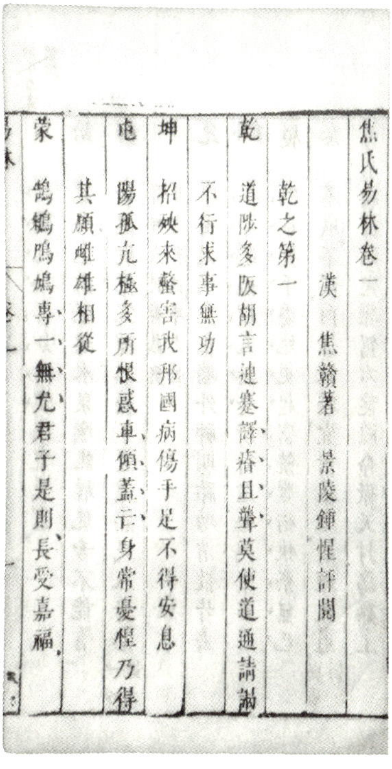

焦氏易林卷一

漢　焦贛著　景陵鍾惺評閱

乾之第一

乾　道陟多阪胡言連蹇譯瘖且聾莫使道通請謁不行求事無功

坤　招殃來螫害我邦國病傷手足不得安息

屯　陽孤亢極多所恨惑車傾蓋亡身常憂惶乃得其願雌雄相從

蒙　鴻鶴鴟鴞專一無尤君子是則長受嘉福

明末刻本　3 册　半葉 9 行 20 字　白口　單魚尾　左右雙邊　框高 19.7 厘米　寬 14.5 厘米

焦延壽(生卒年不詳),字贛,西漢梁(今河南商丘)人,西漢易學家。少時家貧,因好學而得到梁敬王資助。學成後,為郡吏察舉,補小黄(今河南蘭考附近)縣令。任職期間,頗有政績,升遷外地為官。其曾從孟喜學《易》,后專治易學,并一邊講授,一邊著書,著有《易林》、《易林變占》等。

鍾惺(1572—1624),字伯敬,號止公,又號退穀、退庵,湖北竟陵(今湖北天門)人。萬曆三十八年(1610)進士,官至福建提學僉事。萬曆四十二年至萬曆四十六年(1614—

1618)期間,他與譚元春互相切磋,共同商定選評了《詩歸》。

《焦氏易林》是一部占筮之書,在《易經》六十四卦基礎上複變六十四,計四千零九十六卦。較之《易經》卦爻辭有十倍之多。六十四卦中之一卦變為另一卦稱為"之卦",在"之卦"後配以相應之文辭。四言詩卜辭,采用《詩經》四言韻語形式和《周易》運象示意手法,將其中卜辭當作詩來寫,皆四言韻語,語頗雅訓,具有一定文學色彩。

欽定錢録十六卷 (清)梁詩正等撰

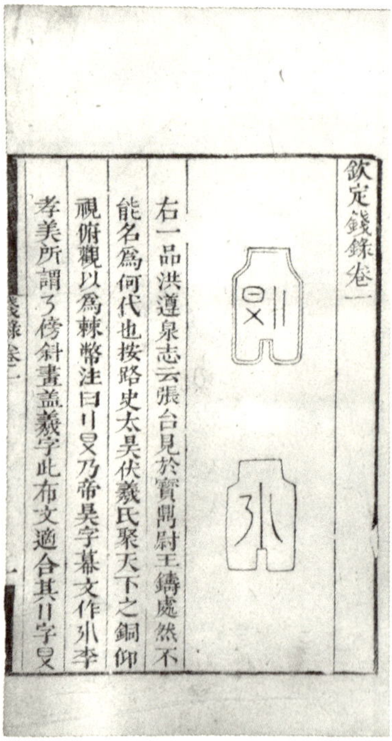
欽定錢錄卷一
右一品洪遵泉志云張台見於寶鼎尉王鑄處然不
能名爲何代也按路史太昊伏羲氏聚天下之銅仰
視俯觀以爲棘幣注曰卄旻乃帝昊字篆文作仌李
孝美所謂ろ傍斜畫蓋羲字此布文適合其卄字旻

清乾隆年間刻本 6冊 半葉11行20字 黑口 有圖 四周單邊 框高19.3厘米 寬14厘米

梁詩正(1697—1763),字養仲,號薌林,浙江錢塘(今杭州)人。清雍正八年(1731)進士,授編修,累遷侍講學士,擅長文學,曾受命撰《唐宋詩醇》,充任《文獻通考》館總裁,朝廷重要文稿多出其手,謚文莊。著有《矢音集》,與沈德潛同修《西湖志纂》。

《欽定錢録》共收錢幣五百六十七枚,皆為内府儲藏。卷一至卷十三上古迄明代錢幣;卷十四外域諸品;卷十五撒帳、吉語諸品;卷十六壓勝諸品。是我國第一部官修錢譜,每錢繪圖,注文詳明,"千古錢幣之利颼,一覽具睹,又不徒為博物之資矣"。

淵鑒類函四百五十卷 (清)張英 (清)王世禎等編撰

清康熙四十九年(1710)刻本 106冊 半葉10行21字 黑口 雙魚尾 四周雙邊 框高17厘米 寬11.5厘米

張英(1637—1708),字敦複,號樂圃,謚文端,安徽桐城人。清康熙初年進士,授編修,充日講起居注官、侍讀學士。康熙十六年(1677)設南書房,首中入選,一時制誥多出其手。二十八年(1689)遷工部尚書、翰林院掌院學士。他始終勤慎而深得康熙重用，先後任《國史》、《一統志》、《淵鑒類函》、《政治典訓》、《平定朔漠方略》等總裁，為相恭敬謹慎，忠諍直諫，知無不言。著有《聰訓齋語》、《恒産瑣言》、《張文端集》等，其次子張廷玉為清雍正、乾隆兩任宰相。

王世禛，生平參見《長白山録》。

《淵鑒類函》全書分四十三部二千三百六小類，每類内容各分五項，第一為釋名、總論、沿革，第二為典故，第三為對偶，第四為摘句，第五為詩文。因康熙帝在暢春園之書房名為“淵鑒齋”，便以此為書名。是書以明代俞安期之《唐類函》作為底本，采輯唐至明嘉靖年間的《藝文類聚》、《玉海》、《山堂考索》等十七種類書之内容，采録了二十一史和子、集、雜書中之材料編撰而成，涵蓋了中西方科技、人文等多門學科内容，蔚為大觀，是查閲唐宋至明嘉靖時期典故、詞藻之大型綜合性類書。

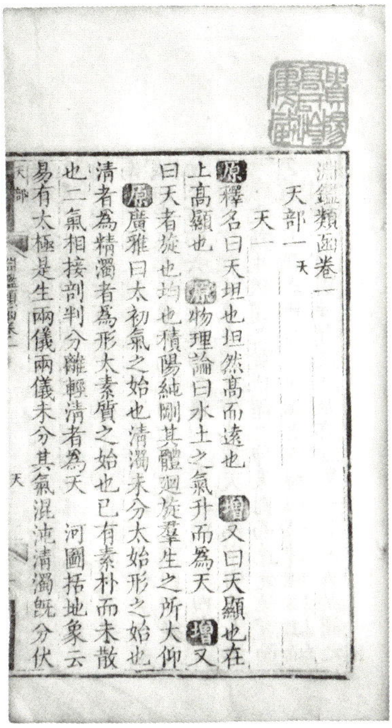
淵鑑類函卷一
天部一 天
天一
原釋名曰天坦也坦然高而遠也 增又曰天顯也在
上高顯也 原物理論曰水土之氣升而爲天 增又
曰天者旋也均也積陽純剛其體廻旋羣生之所大仰
原廣雅曰太初氣之始也清濁未分太始形之始也
清者爲精濁者爲形太素質之始也已有素朴而未散
也二氣相接剖判分離輕清者爲天 河圖括地象云
易有太極是生兩儀兩儀未分其氣混沌清濁既分伏
天部 淵鑑類函卷一 天

稗海二百八十八卷　續稗海一百六十卷

(明)商濬編

明萬曆年間商氏半野堂刻本　80 册　半葉 9 行 20 字　雙行小字同　白口　單魚尾　四周單邊　框高 21 厘米　寬 14.3 厘米

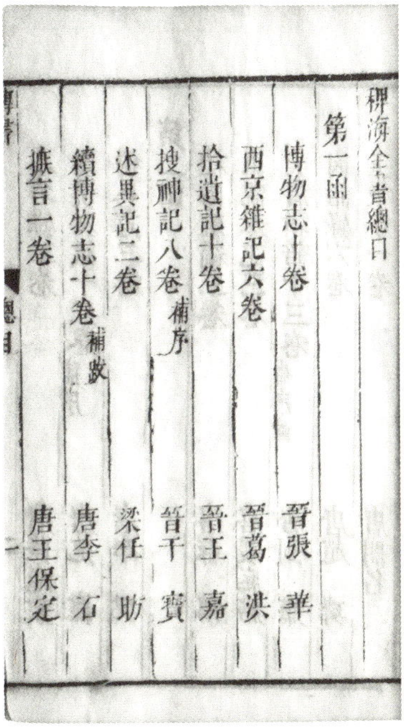
稗海全書總目
第一函
博物志十卷 晉張華
西京雜記六卷 晉葛洪
拾遺記十卷 晉王嘉
搜神記八卷補序 晉干寶
述異記二卷 梁任昉
續博物志十卷補跋 唐李石
摭言一卷 唐王保定
稗海 總目 一

商濬(生卒年不詳)，又名維濬，字初陽，明萬曆間會稽(今紹興)人。其岳父人稱“鈕石溪先生”，藏書世學樓，積至百萬卷，維濬得以縱觀。他好藏書刻書，鋭情稽古，廣購窮收，藏書甚富，商氏半野堂刻書頗多，他與岳父鈕石溪先生均為當地著名學者、藏書家、刊刻家。

《稗海》起自晋張華《博物志》，迄於元蔣子正《山房隨筆》，收書七十四種，其中以宋人筆記、詩文、事迹為多。是書補以世家藏書，編輯了古代雜史、筆記小説，故事傳説、人物瑣事，收羅既富，還間有立論、考證、疏舛，重加校訂。此為紹興歷史上私家出版之一部著名綜合性叢書，是文學、歷史等研究之重要文獻。

傳家寶(家寶全集)三十二卷　卷首一卷　(清)石成金撰

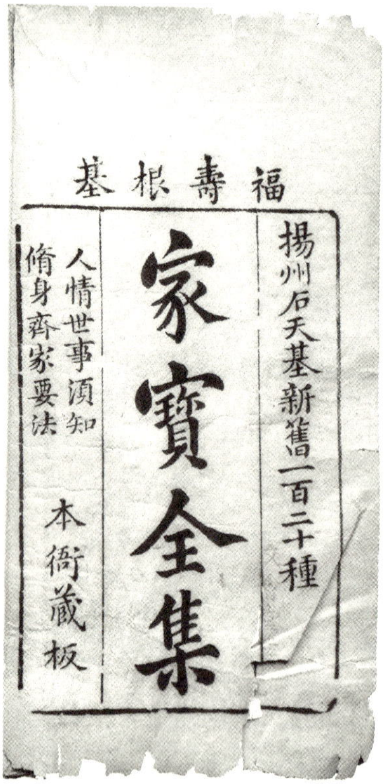

清乾隆四年(1739)揚州石府刻本　32 册　半葉 8 行 20 字　有圖　白口　單魚尾　左右雙邊　框高 17 厘米　寬 11.7 厘米

石成金(1660—1747)，字天基，號惺齋，江蘇揚州人。係清代著名養生學家。著有《養生鏡》、《長生秘訣》、《石成金醫書六種》(即《舉業蓓蕾》、《長壽譜》、《救命針》、《食鑒本草》、《食愈方》、《秘傳延壽單方》)，均存於世。

《傳家寶》共有四集，每集均為八卷，内容涉及頗廣，是為人情世事須知，修身齊家、警醒明通要法；怡情悦性須知，樂事賞心要法，“分列百十餘種，皆大有益於身心之言”，“但願天下之讀是書者，認真以好善之為榮，既不負天地生授之意，又能自享安樂之福”。

廣事類賦四十卷　(清)華希閔撰

清乾隆五十八年(1793)劍光閣新鐫　8 册　半葉 11 行 20 字　雙行小字同　無界欄　白口　單魚尾　左右雙邊　框高 18 厘米　寬 13.8 厘米

華希閔(1672—?)，字豫原，號劍光，又號芋園，江蘇無錫人，係華孝子後裔，初以副榜貢生為涇縣教諭。清康熙五十五年(1790)中舉，時四十九歲，得一候選知縣空名，至八十尚未入選，等待三十多年才被乾隆恩賜一知縣銜。華一生勤於學業，著書是其雅好，著有《延緑閣集》等，繪畫工花卉，頗有造詣。

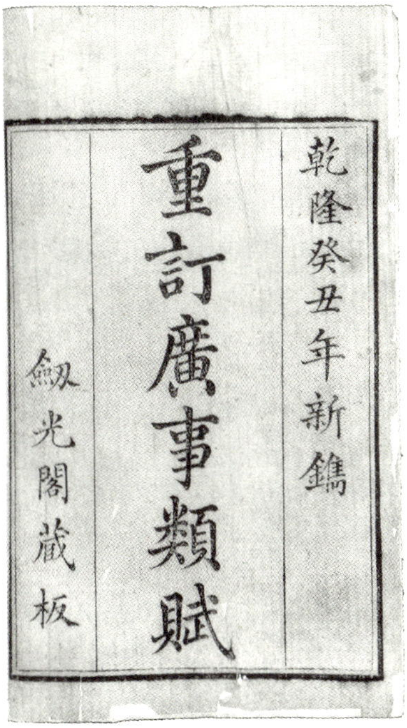
乾隆癸丑年新鐫
重訂廣事類賦
敘光閣藏板

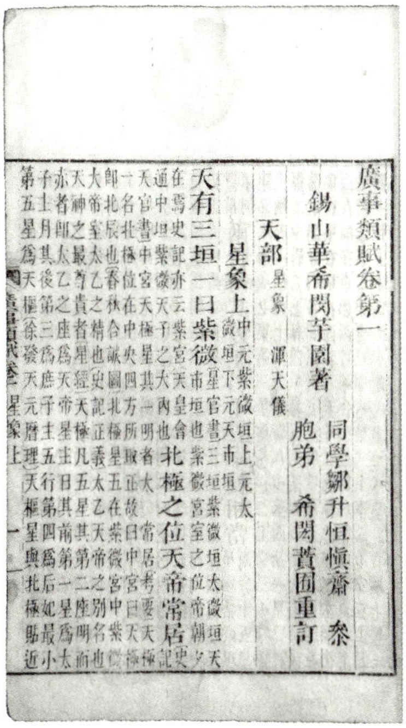
廣事類賦卷第一
錫山華希閔芋園著　同學鄒升恒愼齋　參
胞弟　希閔　蕢園重訂
天部　星象　渾天儀
星象上
天有三垣一曰紫微北極之位天帝常居

《廣事類賦》是根據宋代《事類賦》增訂編撰。卷一至卷三天文、歲時；卷四帝王；卷五至卷八職官；卷九仕進；卷十禮樂；卷十一政治；卷十二至卷十三文學；卷十四學術；卷十五技術；卷十六至卷十七戚族；卷十八至卷十九交際、閨閣；卷二十至卷二十三人品、人事；卷二十四至卷二十五釋道；卷二十六宮室；卷二十七音樂、服飾；卷二十八飲食、器用；卷二十九至卷三十二花木；卷三十三百果；卷三十四至卷三十六飛禽；卷三十七至卷三十八走獸；卷三十九水族；卷四十蟲豸。其搜集歷代訓詁材料頗多，為清代知名類書。

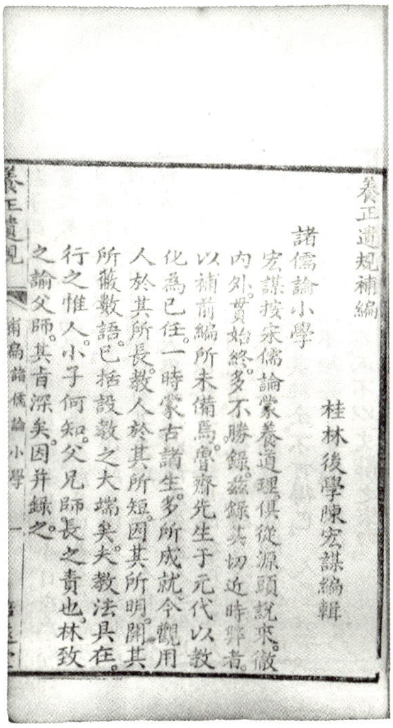
養正遺規補編
桂林後學陳宏謀編輯
諸儒論小學
宏謀按宋儒論蒙養道理俱從源頭說來徹內外貫始終多不勝錄茲錄其切近時弊者以補前編所未備焉。魯齋先生于元代以教化為己任一時蒙古諸生多所成就今觀用人於其所長教人於其所短因其所明開其所蔽數語已括設教之大端矣夫教法具在行之惟人小子何知父兄師長之責也林致之諭父師其旨深矣因并錄之

養正遺規補編不分卷　(清)陳宏謀編

清乾隆七年(1742)培遠堂刻本　1 册　半葉 11 行 20 字　白口　單魚尾　左右雙邊　框

高 17.3 厘米　寬 13 厘米

陳宏謀，生平參見《綱鑒正史約》。

《養正遺規補編》有：諸儒論小學、程畏齋讀書分年日程、陳定宇示子帖、王文成公訓蒙教約、屠副使童子禮、吕新吾社學要略、張楊園學規、陸清獻公示子弟帖、張清恪公讀養正類編要言、唐翼修父師善誘法十篇。《養正遺規》是《五種遺規》中之一種，以蒙學幼童為閲讀對象，教其如何讀書、立志、修身、治心等，屬童蒙之學。

賓退録十卷　(南宋)趙與旹撰

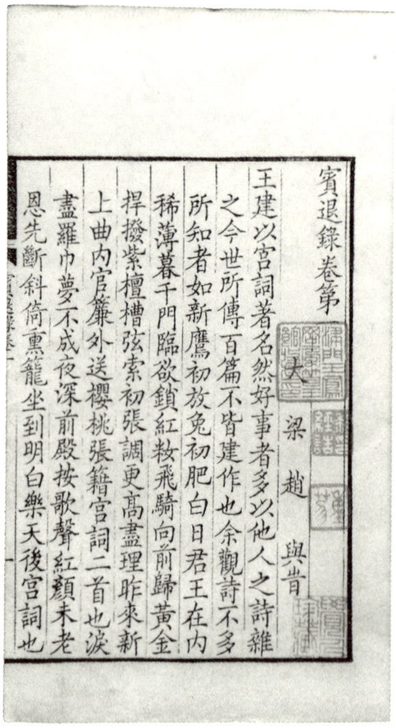

清初存恕堂刻本　4 册　半葉 10 行 18 字　雙行小字同　黑口　單魚尾　左右雙邊　框高 17 厘米　寬 12.8 厘米

趙與旹(1175—1231)，字行之(一作德行)，里居不詳。宋太祖七世孫，自幼致力科舉，但多次赴考未果，直至南宋寶慶二年(1226)才第進士。官麗水丞，淮東總領。著有《甲午存稿》、《林靈素傳》等書。

《賓退録》記載趙居家時與賓客來往之談論及平生所見聞之筆記，即隨筆所記，任意排列，無類别體系，内容極為廣泛，共記有二百餘條，有古代經書、史籍考訂和典故辨析，詩文及其評論，兩宋典章制度及逸聞軼事之記載，直接反映著者思想、觀念等内容。被稱為“宋人雜説之最佳者”，具有較高史料價值。

墨子校注十六卷　(戰國)墨子撰　(清)畢沅校注

清乾隆四十八年(1783)靈岩山館刊刻　3 册　半葉 11 行 22 字　雙行小字同　黑口　雙對魚尾　四周單邊　框高 19.8 厘米　寬 14.8 厘米

墨子(約前 468—前 376)，名翟，戰國時期魯國人。創立墨家學説，有《墨子》一書傳世。是我國戰國時期著名思想家、教育家、科學家、軍事家、社會活動家。

畢沅(1730—1797),字纕蘅,號秋帆,自號靈岩山人。鎮洋(今江蘇太倉)人。清乾隆二十五年(1760)進士,狀元及第,授翰林院編修,官至河南巡撫、湖廣總督。其博學多才,潛心研攻經史,旁及語言學、金石學、地理學,并善詩文,一生著作頗豐,搜求善本古籍,校勘輯佚,編纂了許多有價值之作,如《地道記》、《太康三年地志》、《山海經新校注》、《關中金石記》、《中州金石記》、《山左金石志》、《三楚金石志》、《兩浙金石志》等,撰有《靈岩山人文集》等傳世。逝後二年,因案牽連,被抄家,革世職。是清代著名經史學家、文學家。

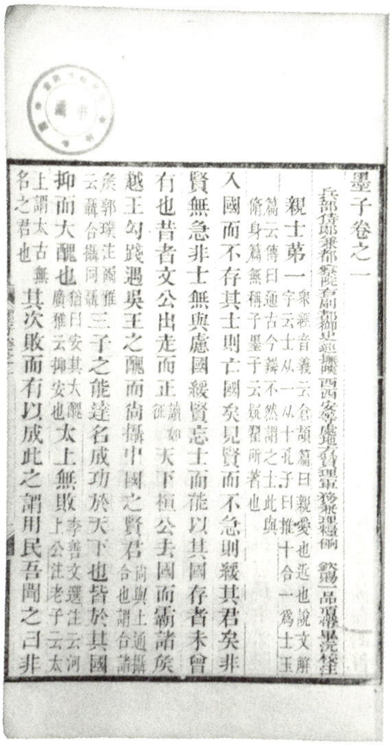
墨子卷之一
兵部侍郎兼都察院右副都御史巡撫陝西等處地方贊理軍務兼理糧餉 鎮洋畢沅校注
親士第一 衆經音義云倉頡篇曰親愛也近也說文解字云士从一从十孔子曰推十合一爲士玉篇云傳曰通古今辯不然謂之士此與脩身篇無稱子墨子云疑翟所著也
入國而不存其士則亡國矣見賢而不急則緩其君矣非賢無急非士無與慮國緩賢忘士而能以其國存者未曾有也昔者文公出走而正(讀如征)天下桓公去國而霸諸侯越王勾踐遇吳王之醜而尚攝中國之賢君(尚與上通攝合也謂合諸侯郭璞注爾雅云攝合攝同)三子之能達名成功於天下也皆於其國抑而大醜也(猶曰安其大醜廣雅云抑安也)太上無敗(李善文選注云河上公注老子云太上謂太古無名之君也)其次敗而有以成此之謂用民吾聞之曰非

《墨子校注》在孫星衍、盧文昭注《墨》基礎上,首次對《墨子》全書作了校勘和整理,是留傳下來最早《墨子》校注本,涉及政治、軍事、哲學、倫理、邏輯、科技等方面内容,可以説是墨子及墨家學派著作彙編。其卷一"親士"至"三辯"七篇為墨子早期著作;卷二"尚賢"至卷九"非儒"二十四篇系統反映墨子尚賢、尚同、兼愛、非攻、節用、節葬、天志、明鬼、非樂、非命、非儒之主題思想;卷十"經"、"經説"至卷十一"大取"、"小取"六篇,亦稱作墨辯或墨經,為邏輯學、倫理學、力學、光學等社會科學和自然科學内容;卷十一中"耕柱"至卷十三"公輸"五篇是墨子言行記録;卷十四"備城門"至卷十五"雜守"十一篇為是墨家兵法。是書詞語難懂難譯,古字詞較多,辯理深奥,此校注對《墨子》全書作系統集注,解讀其疑難字句,正其訛謬,對生僻難解之墨經進行梳理,解讀其寫法,是學習和研究《墨子》之重要參考工具書。

增補注釋故事白眉十卷　(明)許以忠集　(清)許國球校

清雍正十三年(1735)據聚錦堂重刻本　4 册　半葉 11 行 20 字　雙行小字同　白口　無魚尾　四周單邊　框高 20.4 厘米　寬 13.8 厘米

許以忠(生卒年不詳),字君信,號貫日,春穀(今安徽繁昌)人,明代戲作家。性甚孝，常噬臂療父病。由儒士任順天檢校，遷光禄寺典簿，轉户部山東清吏司主事。肆志古學，以翰墨駢儷文為世所稱，活動年代約為明萬曆至天啓間。劇作有傳奇《三節記》。曾編選《四六争奇》、《四六天花》、《四六叢珠》等駢文集，又編有《春雪箋》、《字字珠》等尺牘。

許國球，清代人，生平不詳。

《增補注釋故事白眉》卷一君道、官品；卷二人道；卷三法教、人品；卷四交際；卷五德器、庸劣；卷六文學、人事；卷七吉事、凶事、雜劇；卷八仕進；卷九天文、地理、歲時、宫室、花木；卷十禽獸、器用、珍寶、衣服、身體、飲食。共二十五部，每部下又分若干類目。是書係童蒙讀物，以故事為依托，清晰易懂。除增補内容外，還注釋音義，收集諸家之注，故事語言簡練生動，叙事綫索清晰，結構較為完整。白眉典故，出於《三國志・蜀志・馬良傳》，馬良兄弟五人，字中皆有"常"字，故被稱為"馬氏五常"。鄉諺云："馬氏五常，白眉最良"。良眉中有白毛，故以稱之。後因用以稱兄弟或同類間之優秀杰出者。所謂"白眉故事"，猶言"故事"中最優秀者。

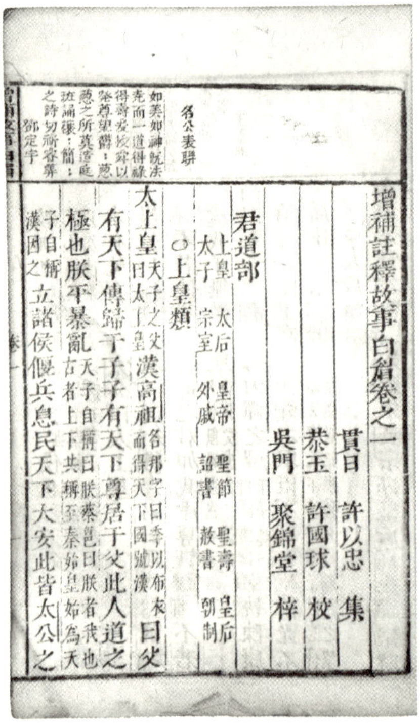

諸子彙函二十六卷　(明)歸有光輯　存卷一至卷二十五

明天啓五年(1625)刻本　存 17 册　半葉 9 行 18 字　雙行小字同　白口　單魚尾　四周雙邊　框高 21.5 厘米　寬 13.5 厘米

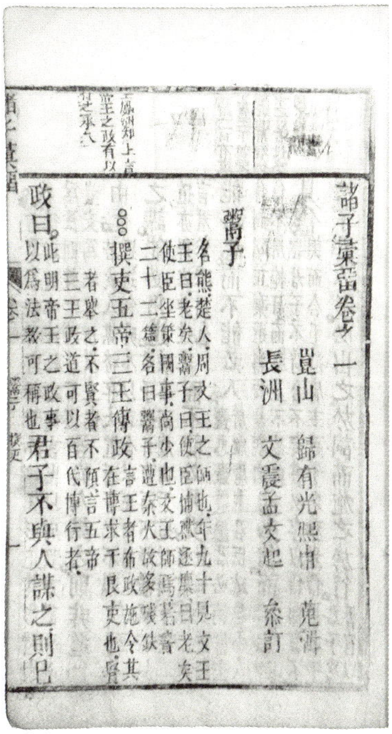
諸子彙函卷之一
崑山　歸有光熙甫　蒐輯
長洲　文震孟文起　參訂
鬻子
撰吏五帝三王傳政
政曰以爲法教可稱也君子不與人謀之則已

歸有光(1506—1571)，字熙甫，别號震川，又號項脊生，江蘇昆山人。九歲能文，二十歲通五經、三史等書。明嘉靖十九年(1540)中舉，四十四年(1565)六十歲始成進士，授湖州長興縣(今浙江長興縣)知縣，後官至南京太僕寺丞。明代“唐宋派”主要代表，著名散文家，參修《世宗實録》，有《震川先生文集》。

《諸子彙函》即“諸子”之書，收有先秦至明代子書九十二家，其中周朝五家、春秋九家、戰國二十五家、秦六家、西漢十一家、東漢九家、蜀三家、魏一家、晋六家、隋三家、唐六家、宋五家、元二家、明一家，子目實為九十三家。是書卷首附有評點家姓氏籍貫仕履，“談藪”收録諸子相關評語，對其進行總評，“諸子”各文皆摘選各家評語，置於眉端，或録於文後，是歷史跨度最大之子類叢書。

論衡三十卷　(東漢)王充撰

清乾隆五十六年(1791)金溪王謨漢魏叢書刻本　8 册　半葉 9 行 20 字　白口　單魚尾　左右雙邊　框高 19.5 厘米　寬 14.5 厘米

王充(27—約 97)，字仲任，會稽上虞(今浙江上虞)人，東漢著名樸素唯物主義思想家。出身“細族孤門”。年少時成了孤兒，後到京城太學受業，師事班彪，於是閱覽所藏書，博通百家之言。後歸家鄉教書。先後任縣、郡功曹、州從事和治中等職。晚年雖生活潦倒，仍撰《養性書》、《招致篇》等。

《論衡》有文八十五篇，卷一逢遇、累害、命禄、氣壽；卷二幸遇、命義、無形、率性、吉驗；卷三偶會、骨相、初稟、本性、物勢、奇怪；卷四書虚、變虚；卷五異虚、感虚；卷六福虚、禍虚、龍虚、雷虚；卷七道虚、語增；卷八儒增、藝增；卷九問

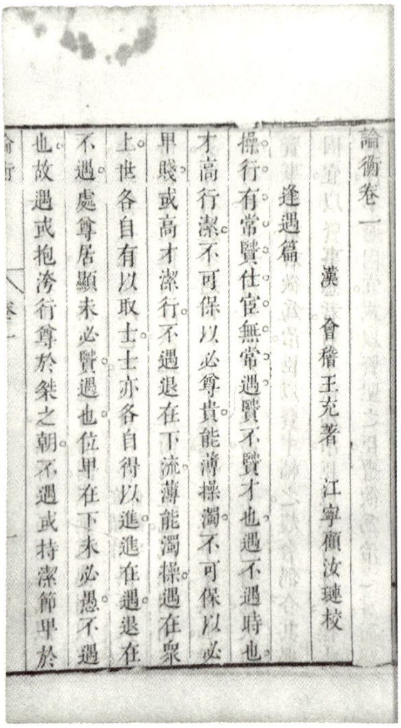
論衡卷一
漢 會稽王充著　江寧顧汝璉校
逢遇篇
操行有常賢仕宦無常遇賢不賢才也遇不遇時也
才高行潔不可保以必尊貴能薄操濁不可保以必
卑賤或高才潔行不遇退在下流薄能濁操遇在衆
上世各自有以取士士亦各自得以進進在遇退在
不遇處尊居顯未必賢遇也位卑在下未必愚不遇
也故遇或抱洿行尊於桀之朝不遇或持潔節卑於

孔；卷十非韓、刺孟；卷十一談天、説日、答佞；卷十二程材、量知、謝短；卷十三效力、别通、超奇；卷十四狀留、寒温、譴告；卷十五變動、招致、明雩、順鼓；卷十六亂龍、遭虎、商蟲、講瑞；卷十七指瑞、是應、治期；卷十八自然、感類、齊世；卷十九宣漢、恢國、驗符；卷二十須頌、佚文、論死；卷二十一死偽；卷二十二紀妖、訂鬼；卷二十三言毒、薄葬、四諱、讕時；卷二十四譏日、卜筮、辨祟、難歲；卷二十五詰術、解除、祀義、祭意；卷二十六實知、知實；卷二十七定賢；卷二十八正説、書解；卷二十九案書、對作；卷三十自紀，其中“招致”存目佚文。是書以唯物主義自然觀，提出“氣”是構成天地萬物之基本元素，其屬性“自然”、“無為”；認為天有意識地創造了自然界萬物之理論。從無神論出發區别天道和人事，認為帝王也是人生之，不是天神後代；否認靈魂不滅，人死為鬼，認為人死則血脉枯竭，精氣滅絶，形體腐朽，變成灰土；認為要獲得知識，須依靠耳聞目見和理性思維等等。代表樸素唯物主義思想，由於時代原因其思想認識亦有一定局限性。

潛夫論十卷　(東漢)王符撰　中論二卷　(漢)徐幹撰

清乾隆五十六年(1791)金溪王謨漢魏叢書刻本　2冊　半葉9行20字　白口　單魚尾　左右雙邊　框高20厘米　寬14.3厘米

王符(約85—162)，字节信，自號潛夫，安定臨涇(今甘肅鎮原)人。東漢時期政論家、文學家、思想家。其好學有志，對當時宦官、外戚專權和豪强兼并之黑暗現實極為不滿，志意蘊憤，終身不仕，隱居著書三十餘篇，以譏當時失得。主張改革吏治，實行考績、明選制度。

徐幹(171—218)，字偉長，北海郡(今山東昌樂附近)人，漢魏間文學家，“建安七子”之一。少年勤學，潛心典籍。一生不隨流俗，閉門自守，以“清玄體道”著稱，創作以詩、賦、散文見長。

《潛夫論》卷一讚學、務本、遏利、論榮、賢難；卷二明闇、考績、思賢、本政、潛歎；卷三忠貴、浮侈、慎微、實貢；卷四班禄、述赦、三式、愛日；卷五斷訟、衰制、勸將、救邊、邊議、實邊；卷六卜列、巫列、相列；卷七夢列、釋難；卷八交際、明忠、本訓、德化、五德志；卷九志氏姓；卷十叙録。共三十六篇，涉及政治、經濟、社會風俗等方面。是書充分體現作者之“民本論、德化論、重賢論、明君論、重法論”，在治國方略上繼承儒家之民本、德化思想，同時又强調刑罰之重要性，具有以儒為主，儒法結合之特點。

《中論》上卷治學、法象、修本、虚道、貴驗、貴言、藝紀、核辨、智行、爵禄；下卷考僞、譴交、歷數、論天、夭壽、務本、審大臣、慎所從、亡國、賞罰、民數，共二十篇。是書以儒家思想為指導，同時也受道家、法家影響，多論述處事原則和品德修養，還論述君臣關係和政治機微，力圖矯正時弊，重建理想之社會政治制度，是一部有關倫理、政治之論著集。

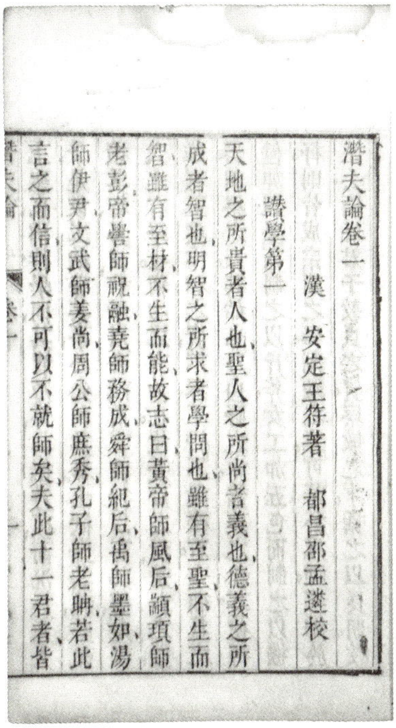
潛夫論卷一　漢　安定王符著　都昌郤孟遂校
讚學第一
天地之所貴者人也、聖人之所尚者義也、德義之所成者智也、明智之所求者學問也、雖有至聖不生而智、雖有至材不生而能、故志曰黃帝師風后、顓頊師老彭、帝嚳師祝融、堯師務成、舜師紀后、禹師墨如、湯師伊尹、文武師姜尚、周公師庶秀、孔子師老聃、若此言之而信、則人不可以不就師矣、夫此十一君者皆
潛夫論　卷一　一

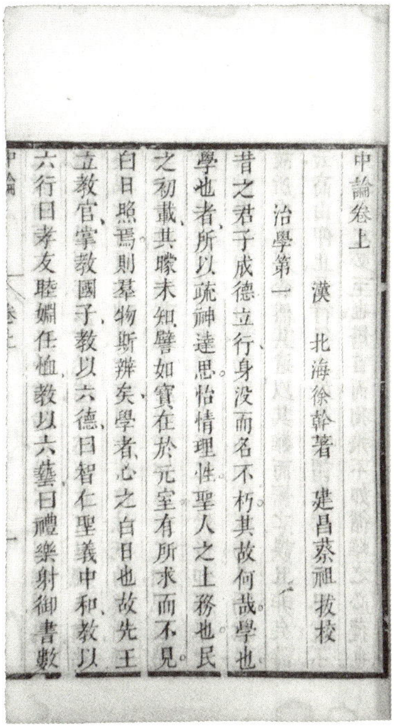
中論卷上　漢　北海徐幹著　建昌蔡祖拔校
治學第一
昔之君子成德立行、身沒而名不朽、其故何哉、學也。學也者、所以疏神達思、怡情理性、聖人之上務也。民之初載、其矇未知、譬如寶在於元室、有所求而不見、白日照焉、則羣物斯辨矣、學者、心之白日也。故先王立教官、掌教國子、教以六德、曰智仁聖義中和、教以六行、曰孝友睦婣任恤、教以六藝、曰禮樂射御書數
中論　卷上　一

澗泉日記三卷　(宋)韓淲撰　(清)陸錫熊等編纂

清乾隆三十九年(1774)武英殿聚珍版　1册　半葉9行21字　雙行小字同白口　單魚尾　四周雙邊　框高19厘米　寬12.5厘米

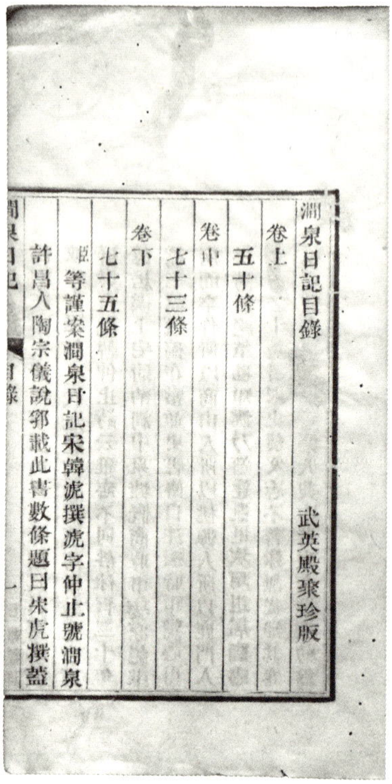
澗泉日記目錄　武英殿聚珍版
卷上　五十條
卷中　七十三條
卷下　七十五條
臣等謹案澗泉日記宋韓淲撰淲字仲止號澗泉
許昌人陶宗儀說郛載此書數條題曰宋虎撰盖
澗泉日記　目錄

韓淲(1159—1224),字仲止,號澗泉,祖籍河南杞縣,寓居江西上饒。仕履始末無考,因其父吏部尚書韓元吉在位,嘗官判院。遭逢亂世,"雅志不同俗,休官二十年,隱居溪上宅"。所以一生没有作大官,其善詩而名當世,與趙蕃(號章泉)齊名,稱"二泉"。著有《澗泉集》、《澗泉詩餘》。

陸錫熊(1734—1792),字健男,號耳山,上海人,乾隆二十六年(1761)進士。召試,授内閣中書。累遷刑部郎中。與紀昀同司總纂,授翰林院侍讀。初奉命編《通鑒輯覽》,繼為《四庫全書》總纂官。編有《契丹國志》、《勝朝殉節諸臣録》、《河源紀略》等,自著有《篁村詩鈔》、《寶奎堂文集》、《補陳壽禮志》、《炳燭偶鈔》、《陵陽獻徵録》等。

《澗泉日記》是作者之札記式日記,按條記人記事。是書《宋史·藝文志》等未載,清代編《四庫全書》時,從《永樂大典》中輯出一百九十八條,分三卷。上卷五十條,多記兩宋史實,如朝廷政事,君臣言行;中卷七十三條,記兩宋人物軼事,其中有關於文學者不少;下卷七十五條,多論述宋代諸多文學家之創作風格和成就。内容總括有關史事、品論人物、考證經史、品定詩文、雜記山川古迹。是一部記録宋代史實、品評人物和考證經史之學術性筆記,其中不少記載可彌補史傳之缺,對研究宋代歷史和文學,都有一定參考價值。

靜怡齋約言録二卷　(清)魏裔介撰　(清)魏荔彤編

清前期龍江書院刻本　2 册　半葉 9 行 20 字　白口　單魚尾　四周雙邊
框高 18.6 厘米　寬 13.4 厘米

魏裔介(1616—1686),字石生,號貞菴,又號昆林。直隸柏鄉(今河北省柏鄉縣)人,清代經學家。清順治三年(1646)進士,選庶吉士改給諫,累官吏部尚書、保和殿大學士、太子太傅。因鬚髮皆黑,史稱"烏頭宰相"。其為官清廉,剛直不阿。激流勇退,年未衰而辭朝。平生治程朱理學,著作頗豐,有《聖學知統録》、《知統翼録》、《致知格物解》、《兼濟堂集》、《希賢録》、《昆林論抄》、《陰符經注解》、《樗林偶筆》等。

魏荔彤(1670—?),字庚虞,一字淡庵,號念庭。魏裔介之子,清康熙間貢生,四十九年(1710年)任福建漳州知府,升江南常鎮道。其愛好古學,勤著述,有《大易通解》、《傷寒論本義》、《金匱要略方論本義》、《懷舫集》等。

《靜怡齋約言録》有内外篇,内篇多講學,外篇則兼及雜論。是書以"不有博也則何以説,不有説也則何以約;得其約也可以説矣,得其説也可以博矣"。"復研窮理辨晰古今","觀之其道,由窮理以及力行其教,由周程以及薛王,由性命以及功化,莫不咀其華實,辨其源流,斯於聖學也矣","以明天理、正人心為己任",推崇程朱理學。

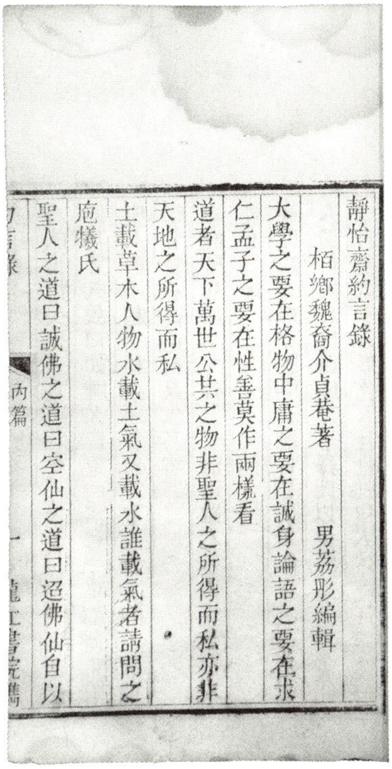
靜怡齋約言錄
栢鄉魏裔介貞菴著　男荔彤編輯
大學之要在格物中庸之要在誠身論語之要在求仁孟子之要在性善莫作兩樣看
道者天下萬世公共之物非聖人之所得而私亦非天地之所得而私
土載草木人物水載土氣又載水誰載氣者請問之庖犧氏
聖人之道曰誠佛之道曰空仙之道曰迯佛仙自以

顏氏家訓上下卷　(南北朝)顏之推撰

清乾隆五十六年(1791)金溪王謨漢魏叢書刻本　1册　半葉9行20字　白口　單魚尾　左右雙邊　框高20厘米　寬14.5厘米

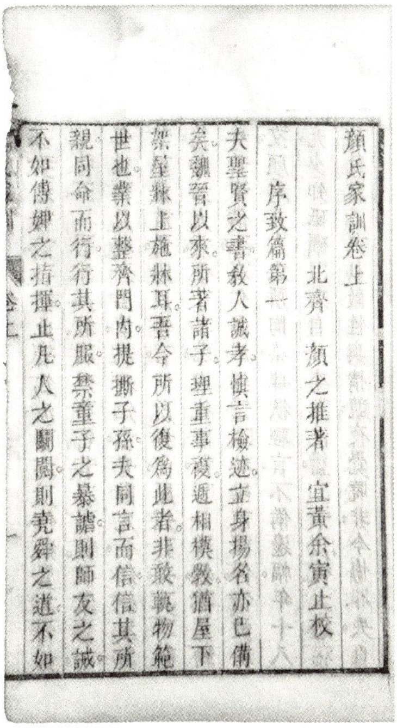
顏氏家訓卷上
北齊　顏之推著　宜黃余寅止校
序致篇第一
夫聖賢之書教人誠孝慎言檢迹立身揚名亦已備矣魏晉以來所著諸子理重事複遞相模斆猶屋下架屋牀上施牀耳吾今所以復為此者非敢軌物範世也業以整齊門內提撕子孫夫同言而信信其所親同命而行行其所服禁童子之暴謔則師友之誡不如傅婢之指揮止凡人之鬬鬩則堯舜之道不如

顏之推(531—約595),字介,原籍琅邪臨沂(今山東臨沂北),世居建康(今南京市),生於士族官僚家庭,其博覽群書,辭情并茂,十九歲任國左常侍;後投奔北齊,官至黄門侍郎;北齊被北周滅,其被徵為御史上士;公元581年,隋代北周,其又被召為學士。一生歷仕四朝,"三為亡國之人",飽嘗離亂之苦,深懷忐忑之慮。入隋後,便本著"務先王之道,紹家世之業"之宗旨,以自己人生經歷、處世哲學,寫成《顏氏家訓》一書訓誡子孫。

《顔氏家訓》直接開後世“家訓”之先河，有文二十篇，即：序致、教子、兄弟、後娶、治家、風操、慕賢、文章、名實、涉務、省事、止足、誡兵養心、歸心、書證、音辭、雜藝、終制。各篇内容相當廣泛，主要以傳統儒家思想教育子弟如何修身、治家、處世、為學等。其中不少見解至今仍有借鑒意義，同時對研究古文獻學，南北朝歷史、文化有很高學術價值。

韻府拾遺一百六卷　(清)張玉書等纂修

清康熙五十九年(1720)清武英殿刻本　20 册　半葉 12 行 25 字　雙行小字同　白口　單魚尾　四周雙邊　框高 16.2 厘米　寬 11.3 厘米

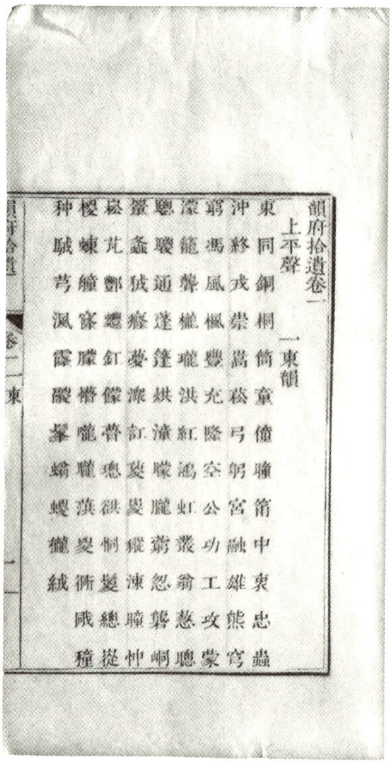
韻府拾遺卷一
上平聲
一東韻
東同銅桐筒童僮曈筩中衷忠蟲
沖終戎崇嵩菘弓躬宮融雄熊穹
窮馮風楓豐充隆空公功工攻蒙
濛籠聾櫳瓏洪紅鴻虹叢翁葱聰

張玉書，生平参見《佩文韻府》。

《韻府拾遺》以拾《佩文韻府》之遺也，亦以一韻為一卷，係對《佩文韻府》之補充，其收羅該備，體例詳明，主要補充四個方面：一、對所有之字，增補韻書之音切；二、凡未載之字，進行增補，兼注音義；三、未載文句典故者，謂之補藻；四、載而所注未備者，謂之補注。是書具有很高文獻價值。

韻府群玉二十卷　(元)陰時夫撰　(元)陰中夫編注　(明)王元貞校正

明萬曆十八年(1590)金陵徐智督刻　10 册　半葉 11 行 22 字　雙行小字同　白口　單魚尾　左右雙邊　框高 21.5 厘米　寬 14 厘米

陰時夫(生卒年不詳)，名幼遇，亦作時遇，字時夫，别字勁弦，以字行。宋末元初隆興奉新(今屬江西)人。七歲登宋寶祐九經童科，宋滅後，入元不仕，居聚德樓三十年，在父陰應夢指導下編撰《韻府群玉》。

陰中夫(生卒年不詳)，名幼達，字中夫，陰時夫之兄，其生平不詳。

王元貞(生卒年不詳)，字孟起，號肖淮，明上元(今南京)人。其曾祖父、祖父、父親皆為當地名人。曾賑濟貧困，修建文廟為國育才。嘗與姚汝循、陳宏世、柳應芳、陳所聞、王元坤等結詩社“白社”。著有《桂園社草》、《臥痴閣集》。校勘焦竑著《老子翼》、《莊子翼》等。

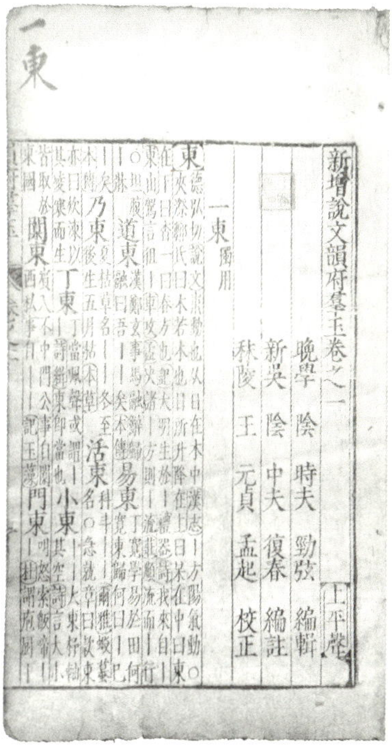
一東

新增說文韻府羣玉卷之一 上平聲

晚學 陰 時夫 勁弦 編輯

新吴 陰 中夫 復春 編註

秣陵 王 元貞 孟起 校正

一東 獨用

《韻府群玉》分韻一百六部，摘録典故和詞藻，分隸於各韻之下。包括音切、散事（新增許氏説文、徐氏音義）、事韻、活套、卦名、書篇、詩篇、年號、歲名、地理（附州郡名、地名）、人名（附字與號、帝王名號、國君名號、夷名、妓名）、姓氏、草木（附花名、木名、草名、藥名、果名）、禽獸（禽名、獸名）、鱗介、昆蟲、曲名、樂名（附律名）等項。是書既是一部研究音韻之書，也是一部類書。是元以前研究隋唐今韻僅存最古之一部，在音韻學史上具有重要地位。而類書是因它捃摭群書，以類相從，便以檢閱。是我們查對遺文舊事、古代辭彙、典故及其出處，研究音韻學之工具。

繡像封神演義（封神榜）八卷　（明）陳仲琳撰　作者或為明代許仲琳 明代道士陸西星

清乾隆四十三年(1778)經元堂重鐫　8 册　半葉 15 行 32 字　有圖　白口 單魚尾　四周單邊　框高 21.5 厘米　寬 13 厘米

陳仲琳（約 1567—1620），號鐘山逸叟，應天府（今江蘇南京市）人，明代小説家，其生平不詳。

《繡像封神演義》一百回，以姜子牙輔佐周室（周文王、周武王）討伐商紂王歷史為背景，描寫了闡教、截教諸仙鬥智鬥勇、破陣斬將、封神故事。包含了大量民間傳説和神話。有姜子牙、哪吒等生動、鮮明形象，最後以姜子牙封諸神和周武王封諸侯結尾。是書以篇幅巨大、幻想奇特聞名於世。

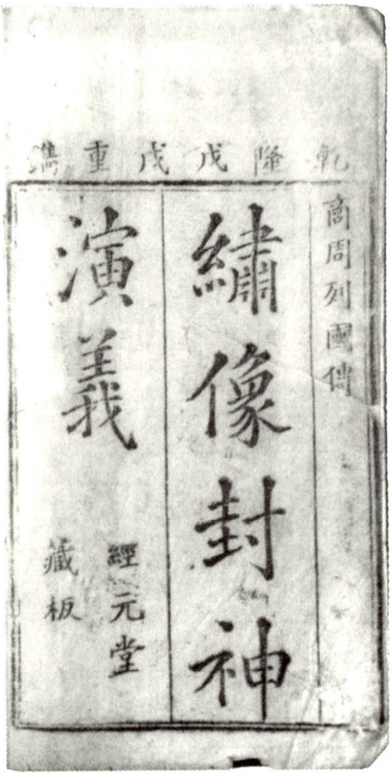
乾隆戊戌重鐫

商周列國傳

繡像封神演義

經元堂藏板

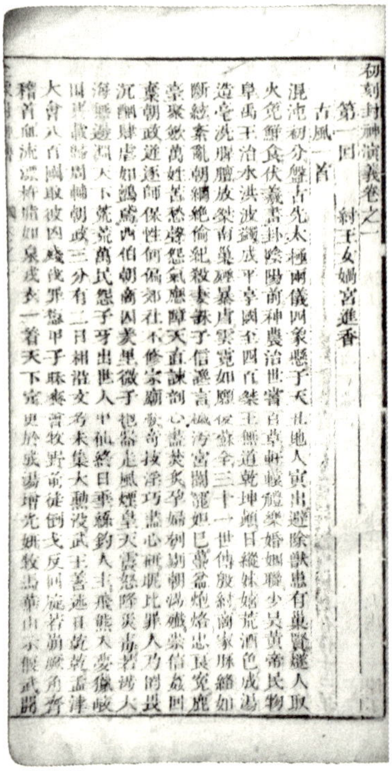
新刻封神演義卷之一

第一回 紂王女媧宮進香

古風一首

混沌初分盤古先太極兩儀四象懸子天丑地人寅出避除獸患有巢賢燧人取火免鮮食伏羲畫卦陰陽前神農治世嘗百草軒轅禮樂婚姻聯少昊黃帝民物阜禹王治水洪波蠲成平享國至四百桀王無道乾坤顛日縱妹嬉荒酒色成湯造亳洗腥膻放桀南巢拯暴虐雲霓如願後蘇全三十一世傳殷紂商家脈絡如斷絃紊亂朝綱絕倫紀殺妻誅子信讒言穢污宮闈寵妲己蠆盆炮烙忠良冤鹿臺聚斂萬姓苦愁聲怨氣應障天直諫剖心盡焚炙孕婦刳剔朝涉殲崇信姦回棄朝政逆逐師保性何偏郊社不修宗廟廢奇技淫巧盡心研昵比罪人乃罔畏沉酗肆虐如鵰鳶西伯朝商囚羑里微子抱器走風煙皇天震怒降災毒若涉大海無邊淵天下荒荒萬民怨子牙出世人中仙終日垂絲釣人主飛熊入夢獵岐田共載歸周輔朝政三分有二日相沿文考未集大勳歿武王善述日乾乾孟津大會八百國取彼凶殘伐罪弔甲子昧爽會牧野前徒倒戈反回旋若崩厥角齊稽首血流漂杵塘如泉戎衣一着天下寧更於成湯增光耀牧馬華山示偃武器

鶡冠子三卷　(戰國)鶡冠子撰　(宋)陸佃解

清乾隆三十八年(1773)武英殿聚珍本　1冊　半葉9行21字　雙行小字同　白口　單魚尾　四周雙邊　框高19.3厘米　寬12.5厘米

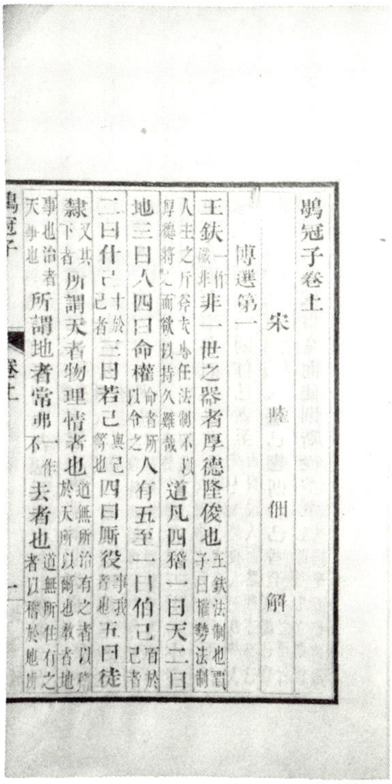
鶡冠子卷上
宋　陸佃　解
博選第一
王鈇一作非一世之器者厚德隆俊也王鈇法制也賈子曰權勢法制
人主之斤斧也夫任法制不以厚德將之而欲以持久難哉 道凡四稽一曰天二曰
地三曰人四曰命權命者所以令之 人有五至一曰伯己百於己者
二曰什己十於己者 三曰若己與己等也 四曰廝役事我者也 五曰徒
隸又其下者 所謂天者物理情者也道無所治有之者以稱於天所以爾也教者地
事也治者 所謂地者常弗一作不去者也道無所任有之者以稽於地所
天事也
鶡冠子　卷上　一

鶡冠子(生卒年不詳),佚其姓名,戰國時期楚國人,隱居於深山,常戴鶡冠,因以為號,其為著名兵家和縱横家龐煖之師,是戰國時期一位道家傳人。

陸佃(1042—1102),字農師,號陶山,越州山陰(今浙江紹興)人,南宋著名詩人陸游之祖父。少年家貧好學,常映著月光夜讀不停,傳為美談,又博學多才。宋神宗熙寧三年(1070)進士,授蔡州推官、國子監直講。元豐時擢中書舍人、給事中等。徽宗即位,召為禮部侍郎,命修《哲宗實録》。後拜尚書右丞,轉左丞。著有《陶山集》、《埤雅》、《爾雅翼》等,是宋代經學家、訓詁學家。

《鶡冠子》注解卷一有博選、著希、夜行、天則、環流、道端、近迭;卷二有度萬、王鈇、泰鴻、泰録;卷三有世兵、備知、兵政、學問、世賢、天權、能天、武靈王,共十九篇。以道德為本旨,兼雜、刑名、陰陽、五行之説,大多從政治、兵事角度來闡述見解,博辯宏肆,有著濃厚古代宗教意識色彩,是先秦道家及兵家之著作。是書注解對字句錯、訛、衍、誤、脱進行校勘,引用經史古書,運用斷句、注音、釋義、補事、述評等解釋、疏通原文,對其研究有助於理解道家思想發展與變化之脉絡。

鐵網珊瑚二十卷　(明)都穆著

清乾隆二十三年(1758)光霽山房刻本　4冊　半葉10行22字　白口　單魚尾　左右雙邊　框高17厘米　寬13.3厘米

都穆(1458—1525),字玄敬,一名元敬,吴縣(今江蘇蘇州)人。明弘治十二年(1499)進士,授官工部主事。官至禮部主客司郎中,加大僕寺少卿。晚年，辭官歸里。平生好學，嘗奉使至秦中，搜訪金石遺文，拓印繕定，著有《都公談纂》、《聽雨紀談》、《寓意編》、《金薤琳琅》、《南濠居士文跋》等。明朝文學家、金石學家、藏書家。

《鐵網珊瑚》是一部收集上至先秦，下至明代古籍、書畫、法帖、琴劍、玉器、奇石等之著録典籍。卷一至二，為古籍介紹及評述；卷三至七，為古書畫介紹和評述；卷八除書畫外，有部分琴銘、劍銘、尺銘介紹；卷九古磯石、古硯銘；卷十商鼎彝尊爵；卷十一周鼎彝尊爵、秦漢盤壺烟斗；卷十二畫鑒；卷十三唐畫鑒、宋畫鑒；卷十四宋畫拾遺、論畫；卷十五諸家所藏古玩；卷十六古硯辨、怪石辨；卷十七古翰墨真迹辨、古今石刻辨、古畫辨；卷十八至二十，為集古迹，介紹名家收藏。是書搜羅珍奇，可為後世藏家收藏指南。

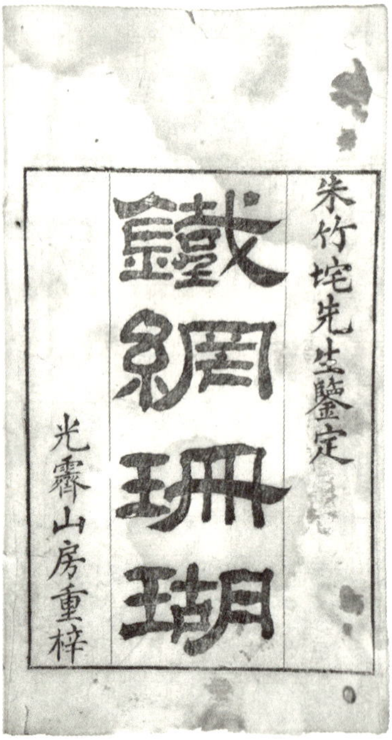
朱竹垞先生鑒定
鐵網珊瑚
光霽山房重梓

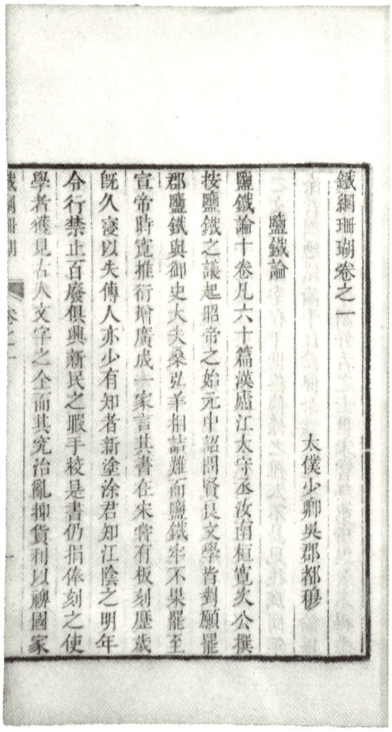
鐵網珊瑚卷之一
太僕少卿吳郡都穆
鹽鐵論
鹽鐵論十卷凡六十篇漢廬江太守丞汝南桓寬次公撰
按鹽鐵之議起昭帝之始元中詔問賢良文學皆對願罷
郡鹽鐵與御史大夫桑弘羊相詰難而鹽鐵卒不果罷至
宣帝時寬推衍增廣成一家言其書在宋嘗有板刻歷歲
既久寖以失傳人亦少有知者新淦涂君知江陰之明年
令行禁止百廢俱興新民之暇手校是書仍捐俸刻之使
學者獲見古人文字之全而其究治亂抑貨利以毓國家

讀書紀數略五十四卷　(清)宮夢仁編撰

清康熙四十八年(1709)刻本　12册　半葉11行21字　雙行小字同　白口單魚尾　四周雙邊　框高15.7厘米　寬11厘米

宮夢仁，生平參見《文苑英華》。

《讀書紀數略》是繼宋王應麟《小學紺珠》以來，用數目分隸史事典故之讀書札記性著作，“凡諸書所載故實，有數可紀者，各以類從”。分為天、地、人、物四部，各部下又細分為類。卷一至卷四為天部，有理氣類、象緯類、歲時類、曆律類；卷五至卷十四為地部，有廣輪類、土田類、都邑類、城關類、邊鎮類、屬域類、山川類、名勝類、宫室類；卷十五至卷四十三為人部，有統紀類、考年類、瑞異類、稱號類、世系類、族望類、才賢類、輔佐類、事迹類、法戒類、美刺類、好尚類、辨名類、倫品類、形體類、資學類、經籍類、藝術類、選課類、爵秩類、貢賦類、食貨類、軍政類、禮制類、樂制類、刑律類、釋氏類、道家類；卷四十四至卷五十四為物部，有車旂類、珍寶類、禮器類、樂器類、文房類、武備類、雜具類、冠服類、飲食類、鳥獸類、草木類。每類各為一卷，各卷有目録。宫夢仁曰：“臣之輯是編也。曷以‘紀數’名？占聖人創制，前民名以命之，數以紀之之義也。”

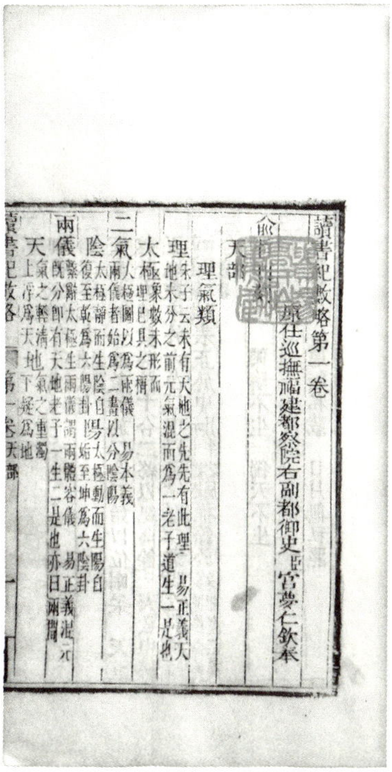

鹽鐵論十二卷　(漢)桓寬撰輯　(明)張之象注　存卷四至卷十二

清前期刻本　存2册　半葉9行20字　雙行小字同　白口　單白魚尾　左右雙邊　框高19.5厘米　寬14.3厘米

桓寬(生卒年不詳)，字次公，漢汝南郡(今河南上蔡西南)人，漢宣帝時被舉為郎，後任廬江太守丞。其知識廣博，善為文。專研《公羊春秋》，以文學名於世，西漢後期散文家。

張之象，生平參見《唐詩類苑》。

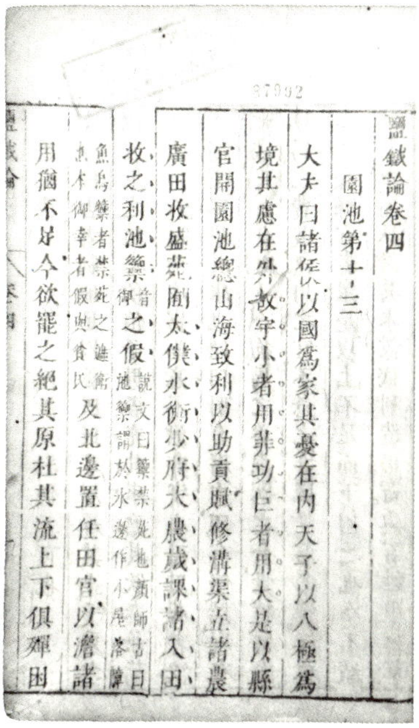

《鹽鐵論》原為漢昭帝時御史大夫桑弘羊、丞相田千秋與各地賢良、文學，就鹽鐵官營和酒類專賣等問題舉行辯論之會議紀要，後經桓寬整理成書。共有文章六十篇，從第一篇至第四十一篇，為會議辯論内容；第四十二篇至五十九篇，為會議後"未了事宜"之餘談；第六十篇為書之後序，對鹽鐵會議參加者進行評價。是書語言運用頗具特色，以對話形式，既明暢自然，又表現出辯論各方之個性特徵，生動地記載辯論情況，在經濟史和文學史上均有重要價值。

集

一笠庵北詞廣正九宮譜　(清)李元玉訂

清康熙年間青蓮書屋刻本　8 册　半葉 6 行 25 字　雙行小字同　白口　單魚尾　左右雙邊　框高 21 厘米　寬 14.5 厘米

李元玉(約 1591—約 1671),字玄玉,號蘇門嘯侶,又以其書齋名稱“一笠庵主人”,江蘇吴縣人。畢生致力於戲曲創作和研究,傳奇作品三十多種,今存十八種,以“一笠庵四種曲”即《一捧雪》、《人獸關》、《永團圓》、《占花魁》最為有名,其作品題材廣泛,構思新穎,反映現實社會與人生,具有個性鮮明、雅俗共賞之藝術風格,是“蘇州派”之突出代表,明末清初最杰出之戲曲家。

《一笠庵北詞廣正九宮譜》為北曲曲譜,選録元雜劇、散曲及明初曲家作品共十八帙,依六宫十一調編次,“六宫”即:正宫、中吕宫、道宫、南吕宫、仙吕宫、黄鐘宫;“十一調”即:大石調、雙調、小石調、歇指調、商調、越調、般涉調、高平調、宫調、角調、商角調。排列了四百四十七支曲牌,每曲列出不同格式,分别

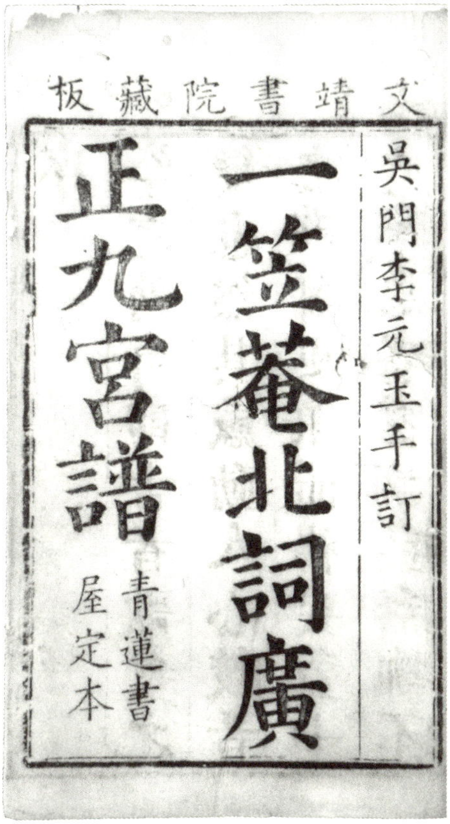
文靖書院藏板
吳門李元玉手訂
一笠菴北詞廣正九宮譜
青蓮書屋定本

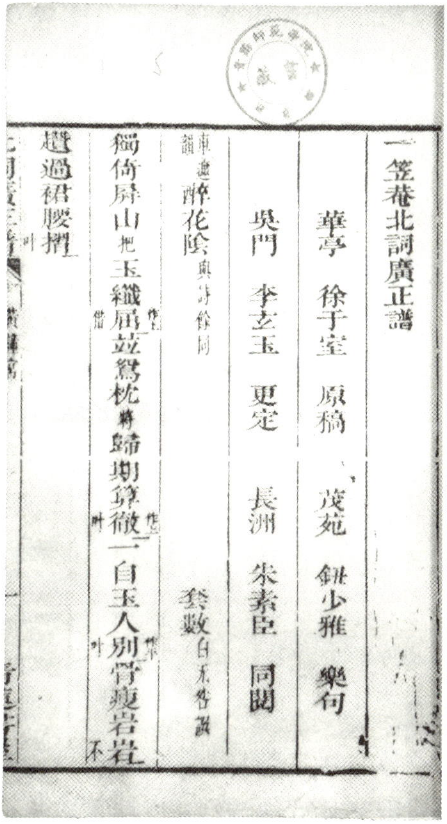
一笠菴北詞廣正譜
華亭 徐于室 原稿 茂苑 鈕少雅 樂句
吳門 李玄玉 更定 長洲 朱素臣 同閱

正字襯字，指出句子不拘可以增損，注明板式聲韻。是書收羅甚廣，辨析精審，是過去曲家填寫北曲之依據，具有文學史料價值。

王右丞集箋注二十八卷　卷首一卷　卷末一卷　（唐）王維撰　（清）趙殿成注

清乾隆年間刻本　10 册　半葉 10 行 20 字　雙行小字同　白口　單魚尾　左右單邊　框高 17.8 厘米　寬 13.7 厘米

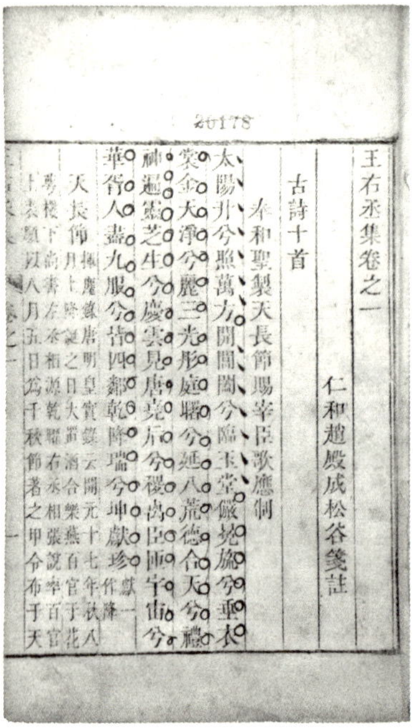

王右丞集卷之一
仁和趙殿成松谷箋註
古詩十首
奉和聖製天長節賜宰臣歌應制
太陽升兮照萬方，開閶闔兮臨玉堂，儼㡡旒兮垂衣
裳，金天淨兮麗三光，彤庭曙兮延八荒，德合天兮禮
神遍，靈芝生兮慶雲見，唐堯后兮稷禼臣，匪宇宙兮
華胥，人壽九服兮皆四鄰，乾降瑞兮坤獻珍

王維（701—761），字摩詰，太原祁（今山西祁縣）人。少年時極富文學才華。唐開元九年（721）中進士第，任太樂丞、侍御史、庫部員外郎、庫部郎中等官，還曾在長安從大薦福寺道光禪師學頓教，居住山林過著半官半隱生活，創作了大量山水田園詩。755 年，安史之亂爆發，迫以偽署。757 年，唐軍收復兩京，其被削官為民。次年春復官，授太子中允，加集賢殿學士。後又遷太子中庶子、中書舍人、給事中。760 年升任尚書右丞，世稱“王右丞”。王維是一位文藝全才，詩、文、書、畫都很著名，又精通音樂。蘇東坡曾贊其“詩中有畫，畫中有詩”，在唐代獨樹一幟，自成一派。至今依然享有盛名，人稱“詩佛”，為盛唐著名詩人、畫家。

趙殿成（1683—1756），字武韓，又字松谷，浙江仁和（今浙江杭州）人。性至孝，清雍正初舉孝廉方正，不就。所著《古今年譜》、《群書索隱》及《臨民金鏡録》，并傳於世。

《王右丞集箋注》古體詩六卷、今體詩八卷、外編一卷（為歷代編輯過程中誤收他人之作，并非王維所做），凡詩十五卷，體裁以五律和七絶為主；文十三卷，以本傳、詩評、畫録、年譜等為附録。共收詩五百三十餘首，外編四十七首，各種體裁文章七十餘篇。王維詩前期頗具慷慨激昂、豪氣、浪漫俠情。後期隱居山林，修習佛道，詩以閑情逸致、佛教禪理描寫居多，後人認為其山水田園詩藝術成就最高。是書除箋釋全部詩文外并附評語、説明,間有考訂,對舛誤疏漏多有補充,是迄今為止較佳注本,研究王維詩文最有價值。

王荆公詩箋注五十卷　(北宋)王安石撰　(南宋)李壁箋注

清乾隆六年(1741)清綺齋竕心堂張氏印　8册　半葉11行21字　雙行小字31字　黑口　單魚尾　左右雙邊　框高19厘米　寬14厘米

王安石(1021—1086),字介甫,號半山,撫州臨川(今屬江西)人,北宋杰出政治家、思想家、文學家、改革家。宋仁宗慶曆朝進士,嘉佑三年(1058)上萬言書,提出變法主張。神宗熙寧二年(1069)任参知政事,次年任宰相,依靠神宗實行變法。其詩文揭露時弊、反映社會矛盾,風格遒勁清新、高峻、雄健峭拔,為“唐宋八大家”之一。著有《字説》、《鐘山目録》、《王臨川集》、《臨川集拾遺》等。

李壁(1159—1222),字季章,號雁湖,又號石林,眉州丹棱(今屬四川)人,南宋史學家、文學家。著名史學家李燾之子,少聰穎好學,宋紹熙元年(1190)進士,仕至禮部尚書、参知政事、同知樞密院事、端明殿學士、賜資政殿學士。著述頗豐,有《雁湖集》、《中興奏議》、《消塵録》、《中興戰功録》、《臨汝閑書》、《内外制》等。

《王荆公詩箋注》卷一至卷二十一為古體詩四百三十八首;卷二十二至卷二十五為五律、五排詩一百四十九首;卷二十六至卷三十九為七律、七排三百九十九首;卷四十為五絶七十九首;卷四十一至卷四十八為七絶五百一十三首;卷四十九至卷五十為挽詞五十首,凡一千六百二十八首。是書對王安石詩中語詞與典故、史實與典章制度、人物事迹等注釋和考證,并注重實地調查與實物文獻結合,詩注與詩評結合,保留大量荆公自注與自序,在繫年、校勘、辨僞與輯佚等方面有較高成就,同時補史之疏漏,糾史之訛誤,是一部古代學術價值較高之詩集注。

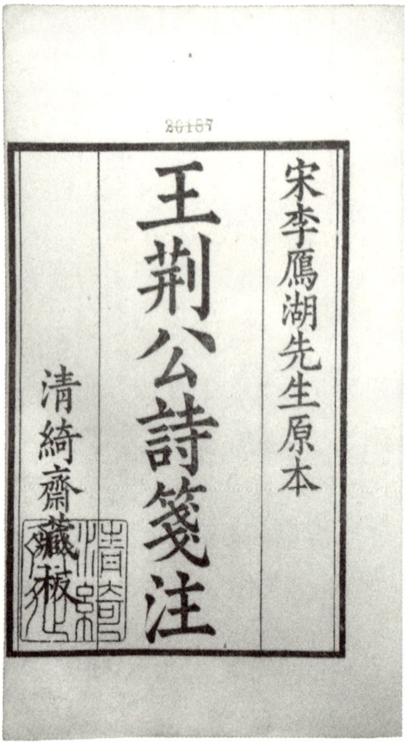

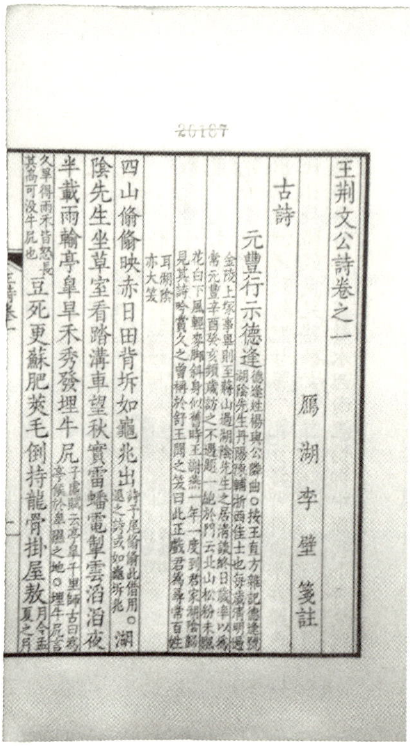

元詩選三集　(清)顧嗣立選編

清康熙五十九年(1720)秀野草堂刻本　46 册　半葉 13 行 23 字　白口　雙魚尾　左右雙邊　框高 19.3 厘米　寬 14.5 厘米

顧嗣立(1669—1722),字俠君,又字閭丘,江蘇長洲(今江蘇蘇州)人,出生蘇州望族。清康熙五十一年(1712)會試,特賜進士,改翰林院庶吉士,參與官書編纂,後以散館改授知縣。豪於飲酒,被人譽為"酒帝"。一生博覽群書,博學工詩,善書法,秀野草堂是其書齋,著有《秀野集》、《閭丘集》等。他為搜集刊刻元人詩集,近三十年時間,花費"計不下數萬金",家産也為之蕩盡,但"元人之真面目至是乃出,一代才士之英華,不至與陳根宿草同歸澌滅,亦可謂功在百世也已"。

《元詩選》共三集,初集《元百家詩》一百一十六家,清康熙三十三年(1694)刊於秀野草堂,全書以天干分為十集,卷首為文宗、順帝之作,前八集采自專集之詩家,方外、閨秀編入壬集;二集一百零七家,全書同以天干分為九集,清康熙四十一年(1702)刊於秀野草堂;三集一百一十七家,全書仍以天干分為九集,清康熙五十九年(1720)刊於秀野草堂。是書從甲集至壬集,大體按時代先後排列，專收有專集之作者，所選作者俱附小傳，并皆有評語，對於詩人或作品有所考訂，或辨證作者姓名異同，或考證訛偽作品及其歸屬，凡據選本之雜書采録零星作品歸於癸集，擬附於全書之後，使零星篇什賴以留存。是元代詩歌之總集，具有很高文獻價值。

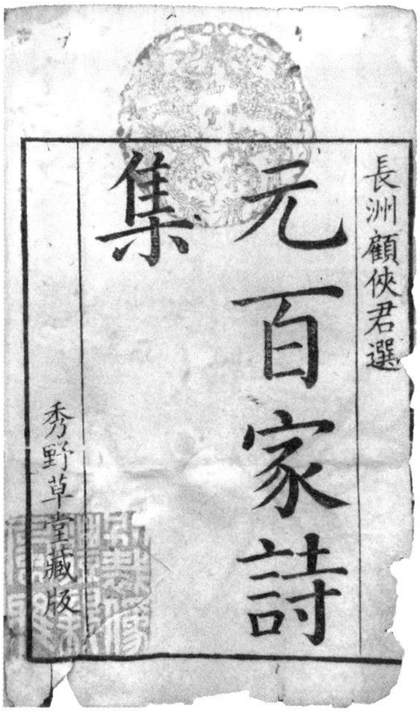
長洲顧俠君選
元百家詩集
秀野草堂藏版

長洲顧俠君詮次
元詩選二集
秀野草堂藏版

長洲顧俠君詮次
元詩選三集
秀野草堂藏版

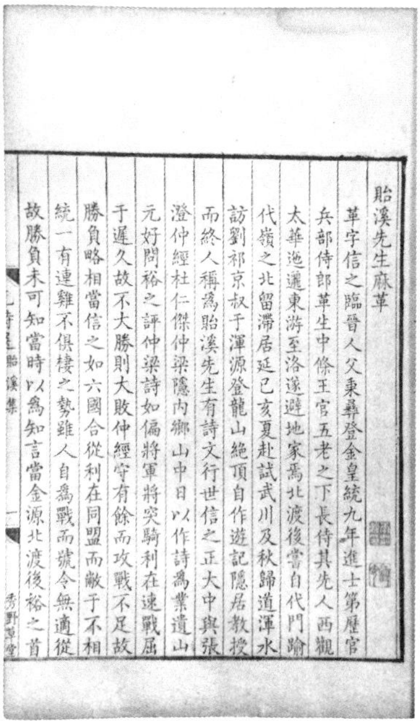
貽溪先生麻革

革字信之臨晉人父秉彝登金皇統九年進士第歷官兵部侍郎革生中條王官五老之下長侍其先人西覲太華迤邐東游至洛遂避地家焉北渡後嘗自代門踰代嶺之北留滯居延己亥夏赴試武川及秋歸道渾水訪劉祁京叔于渾源登龍山絶頂自作遊記隱居教授而終人稱為貽溪先生有詩文行世信之正大中與張澄仲經杜仁傑仲梁隱内鄉山中日以作詩為業遺山元好問裕之評仲梁詩如偏將軍將突騎利在速戰屈于遲久故不大勝則大敗仲經守有餘而攻戰不足故勝負略相當信之如六國合從利在同盟而敝于不相統一有連雞不俱棲之勢雖人自為戰而號令無適從故勝負未可知當時以為知言當金源北渡後裕之首

元詩選　貽溪集　一　秀野草堂

元豐類稿五十卷　（北宋）曾鞏撰

清乾隆二十八年(1763)查溪刻本　12 册　半葉 10 行 20 字　白口　單魚尾　左右雙邊　框高 19 厘米　寬 14.5 厘米

曾鞏(1019—1083)，字子固，建昌南豐（今屬江西）人，後居臨川（今江西撫州市西），"唐宋八大家"之一。出身官宦世家，祖父曾致堯曾任尚書户部郎中，父曾易占為太常博士。鞏幼時天資聰慧，記憶力頗强，讀書勤奮，宋嘉祐二年(1057)進士，歷官太平州司法參軍、館閣校勘、集賢校理兼判官告院，出通判越州，歷任齊、襄、洪、福、明、亳、滄諸州地方長官。後遷史館修撰，中書舍人。文學上師承司馬遷、韓愈和歐陽修，主張"文以明道"，著有《曾南豐先生文粹》、《南豐曾子固先生集》等，爲"南豐七曾"之一。

《元豐類稿》因成書於宋神宗元豐年間，故名。内容包括古詩、律詩、傳、序、書、記、制誥、制誥擬詞、詔、策、表、疏、札子、奏狀、啓、狀、祭文、哀辭、志銘、墓表、碑銘、行狀、傳記、本朝政要策、金石録跋尾等。按詩文體裁分類和寫作先後編排，其題材豐富，内容廣泛。散文主要以史傳、策論為主，大力闡揚儒家

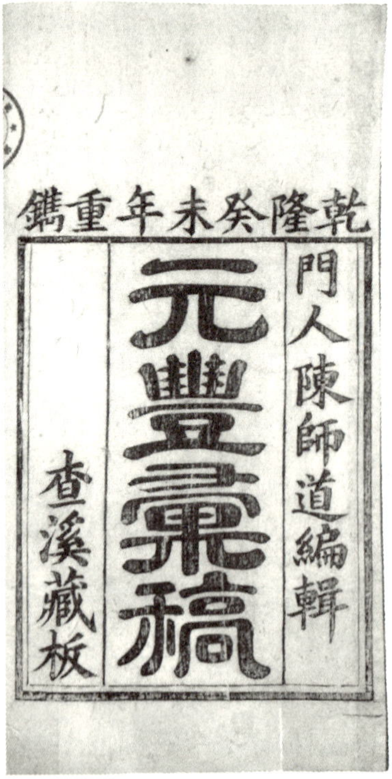

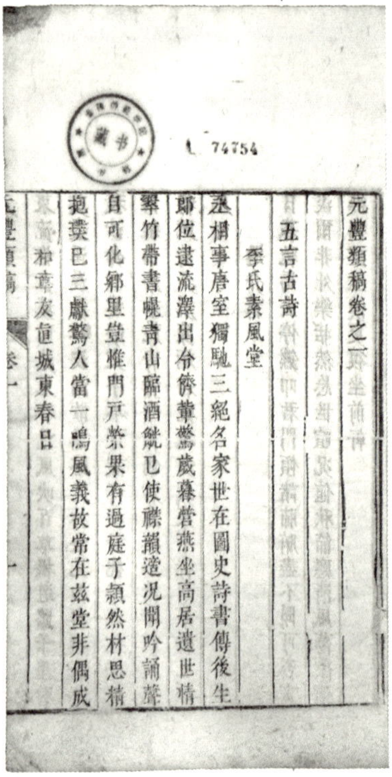

修身、齊家、治國、平天下大學之道和仁政、禮治主張。文章樸實簡潔，沈著穩重，對後世影響極大，清代桐城派之古文義法即受其散文影響；詩作以七絶尤佳，有刺時、詠史、抒懷、詠物、記游等，抒情含蓄、婉轉流利、韻味無窮，含義深刻，卓成一家。

中州集(翰苑英華中州集　中州鼓吹翰苑英華集)十卷　首録一卷
(金)元好問編

明毛氏汲古閣刻本　10 册　半葉 8 行 19 字　白口　左右雙邊　框高 19 厘米　寬 13.3 厘米

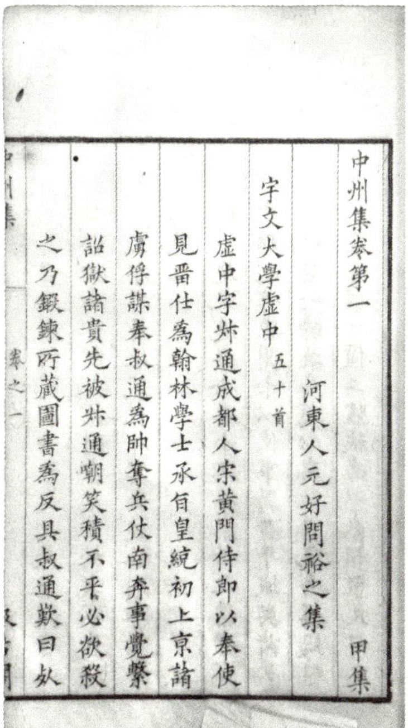
中州集卷第一　甲集
河東人元好問裕之集
宇文大學虛中　五十首
虛中字叔通成都人宋黃門侍郎以奉使
見留仕爲翰林學士承旨皇統初上京諸
虜俘謀奉叔通為帥奪兵仗南奔事覺繫
詔獄請貴先被叔通嘲笑積不平必欲殺
之乃鍜鍊所藏圖書為反具叔通歎曰死

元好問(1190—1257)，字裕之，號遺山，世稱遺山先生。山西秀容(今山西忻州)人，其祖先原為北魏皇室鮮卑族拓跋氏。金興定進士，歷任内鄉令、南陽令、尚書省掾、左司都事、行尚書省左司員外郎，金亡不仕。詩、文、詞、曲，各體皆工，形成河汾詩派，為金代詞壇第一人，其文繼承唐宋大家傳統，清新雄健，晚年致力收集金君臣遺言往事，多為後人纂修金史所本。著有《杜詩學》、《東坡詩雅》、《錦畿》、《詩文自警》、《壬辰雜編》、《遺山先生文集》、《續夷堅志》、《遺山先生新樂府》等，是金末元初最有成就之詩人、文學家、歷史學家。

《中州集》是金代詩歌總集，輯録作者二百五十餘人，存世者不收，詩作二千餘首。以帝王、諸相、狀元、知己、南冠等類相從，每一作家各繫小傳，後繼所作，小傳中除載生平事迹外，對金代詩壇風尚、詩歌源流演變以及時政、戰爭、外交、官制、科舉等亦時有介紹，可作研究金代歷史之參考資料。因作者多聚集於中州(今河南一帶)，故名。

午亭文編五十卷　(清)陳廷敬撰　(清)林佶輯録

清康熙四十七年(1708)寫刻本　15 册　半葉 11 行 21 字　白口　單魚尾　左右雙邊　框高 18.7 厘米　寬 15 厘米

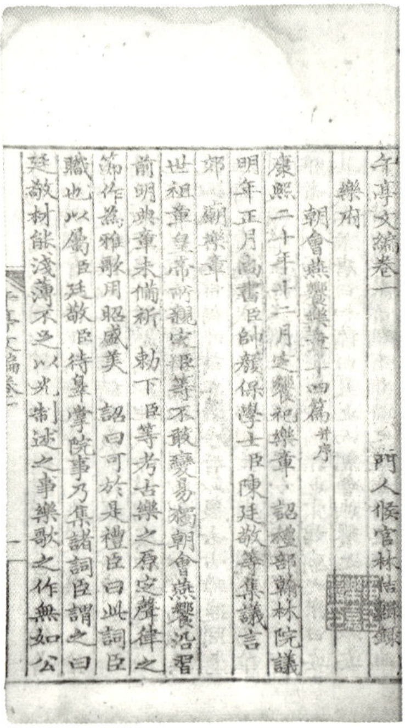
午亭文編卷一　門人候官林佶輯録
樂府
朝會燕饗樂章十四篇 并序
康熙二十年十二月定饗祀樂章詔禮部翰林院議
明年正月尚書臣帥顏保學士臣陳廷敬等集議言
郊廟樂章
世祖章皇帝所親定臣等不敢變易獨朝會燕饗沿習
前明典章未備祈勅下臣等考古樂之原定聲律之
節作爲雅歌用昭盛美詔曰可於是禮臣曰此詞臣
職也以屬臣廷敬臣待罪掌院事乃集諸詞臣謂之曰
廷敬材能淺薄不足以光制述之事樂歌之作無如公

陳廷敬，生平參見《康熙字典》。

林佶(1660—?)，字吉人，號鹿原，福建侯官人。清康熙五十一年(1712)進士，官内閣中書，工書善篆、隸，尤精小楷。他手書汪琬《堯峰文集抄》，王士禛《古夫於亭稿》、《漁洋山人精華録》，陳廷敬《午亭文編》，成為清代著名之“林氏四寫”。

《午亭文編》卷一樂章、雅、北征大捷凱歌、南巡歌；卷二樂府；卷三至卷七古體詩；卷八至卷二十今體詩；卷二十一賦、雜著；卷二十二至卷二十四雜著；卷二十五至卷二十八經解、書詩體；卷二十九録；卷三十至卷三十一疏；卷三十二表；卷三十三至卷三十四史評；卷三十五至卷三十七序；卷三十八記；卷三十九書；卷四十頌、箴、銘、贊；卷四十一至卷四十二傳；卷四十三百鶴阡表；卷四十四至卷四十六墓志銘；卷四十七墓碑、墓表、祭文；卷四十八題跋、雜文；卷四十九至卷五十杜律詩話。是書為陳廷敬早年初著《尊聞堂集》删訂修正而成之主要著作，其文章寫作造詣很深，自然景物清新俊逸，有不少靈秀之作，而寫歷史風雲，則大氣磅礴；所作各體詩，語言凝煉，意境雄闊，格調健朗，清雅醇厚，被康熙帝誇為“擬諸姚房李杜”。

升庵全集八十一卷　升庵年譜一卷　(明)楊慎撰

清乾隆六十年(1795)新都周參元重刊本　26 册　半葉 9 行 19 字　白口　單魚尾　四周雙邊　框高 20 厘米　寬 14.2 厘米

楊慎(1488—1559)，字用修，别號升庵，原籍江西廬陵，元末遷居四川新都。自幼聰慧好學，其祖父楊春湖廣提學僉事，父楊廷和吏部尚書、武英殿大學士，因出生於書香門第，受到很好家庭教育。於明正德六年(1511)二十四歲時，殿試第一，考中狀元，授翰林院修撰。由於耿直，不畏權勢，在内閣“大禮議”紛争中，違背明世宗意願受廷杖，充軍雲南永昌衛（今雲南保山縣），故自稱“博南山人”，居雲南三十餘年，死於戍地。其在文、詞、賦、散曲、雜劇、彈詞方面均有涉獵，與徐渭、解縉一起被稱為“明朝三大才子”，著有《升庵長短句》、《陶情樂府》、《二十一史彈詞》、《升庵全集》等，是明代著名博學家和文學家。

《升庵全集》包括賦及雜文十卷，詩二十九卷，雜著四十一卷。内容涉及經、史、詩、文、詞曲、賦、音韻、金石、書畫、訓詁、名物、天文、地理、生物、醫學等。其中思鄉之作和寫景詩不少，新穎、別致形成其“濃麗婉至”之詩歌風格，學術著述崇尚考據，具有獨到見解，豐富了西南地方歷史資料，是書之歷史性、文學性及知識性均佳，具有很高學術價值。

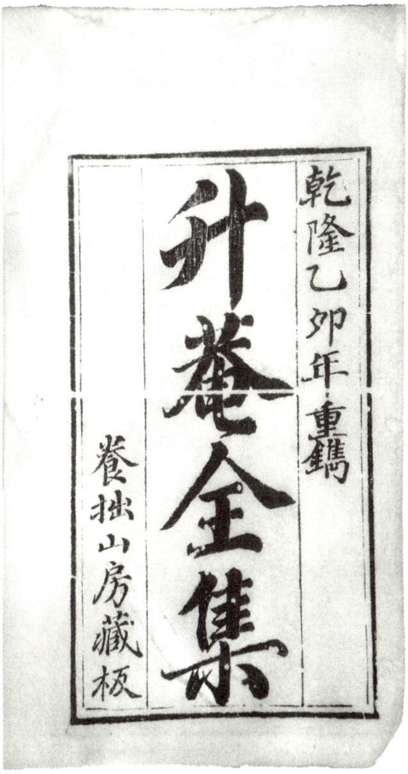
乾隆乙卯年重鐫
升菴全集
養拙山房藏板

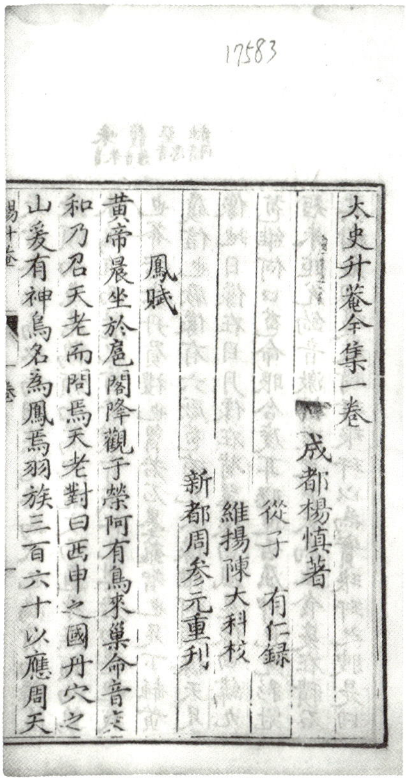
17583
太史升菴全集一卷
成都楊慎著
從子有仁録
維揚陳大科校
新都周參元重刋
鳳賦
黄帝晨坐於扆閣降觀于禁阿有鳥來巢命音支
和乃召天老而問焉天老對曰西申之國丹穴之
山爰有神鳥名為鳳焉羽族三百六十以應周天

六臣注文選六十卷　目録一卷　（梁）蕭統編選　（唐）李善等注

明嘉靖二十八年（1549）洪氏茶陵刻本　61 册　半葉 10 行 18 字　雙行小字 23 字　白口　雙魚尾　四周單邊　框高 20.8 厘米　寬 13.8 厘米

蕭統(501—531),字施德,小字維摩,五代南朝梁武帝蕭衍長子,兩歲被立為太子,未即位而卒,謚昭明,世稱昭明太子。其人聰穎過人,信佛能文,遨游書海,著述勤奮,對文學頗有研究,有很高文學才華和鑒賞能力。

李善(?—689),揚州江都人。曾任崇賢館學士、蘭台郎等職。學識淵博,但不長於作文,故人稱為"書簏",曾流放姚州,後遇赦還,寓居汴、鄭間。他從曹憲受《文選》之學,傳其業。注解《文選》,號"文選學"。

《六臣注文選》六臣注指唐代李善,吕延濟,劉良,張銑,吕向,李周翰注。宋時將"李善注本"與"五臣注本"合刊為一書,是為《六臣注文選》。內容提要參見《昭明文選》。

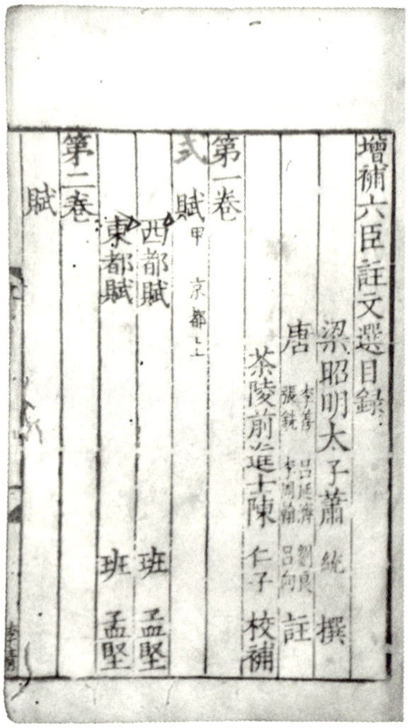
增補六臣註文選目録
梁昭明太子蕭統撰
唐 李善 呂延濟 劉良 張銑 呂向 李周翰 註
茶陵前進士陳仁子校補
第一卷
賦甲 京都上
西都賦 班孟堅
東都賦 班孟堅
第二卷
賦

文心雕龍十卷 (梁)劉勰撰 (明)楊慎批點 (清)張松孫輯注

清乾隆五十六年(1791)刻本 4冊 半葉9行18字 雙行小字同 白口 單魚尾 四周雙邊 框高18厘米 寬13.8厘米

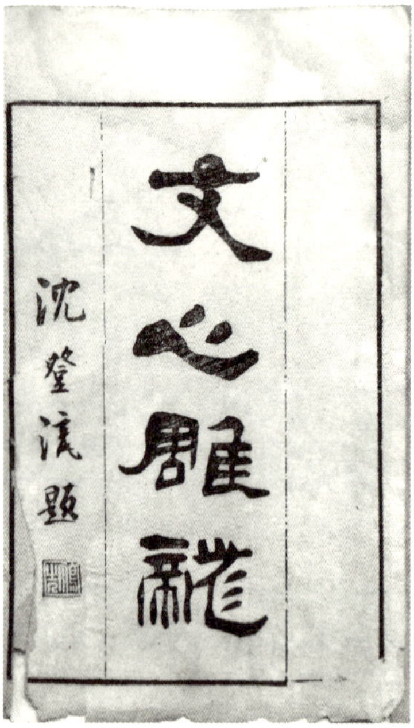

劉勰(約465—520),字彦和,祖籍山東莒縣東莞鎮,生活於南北朝時期,早孤,家貧,一生不婚娶,曾官縣令、步兵校尉、宫中通事舍人,晚年在山東莒縣浮來山創辦定林寺,在定林寺出家為僧,更名慧地。劉勰雖任多種官職,但其名不以官顯,而以文彰,一部《文心雕龍》奠定了他在中國文學史上和文學批評史上之地位,成為歷史上著名文學理論家。

楊慎,生平參見《升庵全集》

張松孫(1730—1795),字稚赤,號鶴坪,長洲(今江蘇蘇州)人,監生,工書。清乾隆四十八

(1783)至五十二年(1787)任潼川知府，創修府志。五十一年(1786)與蓬溪知縣謝泰宸，捐俸重修“孝義台”，并改名為“教孝台”。曾訪蓬溪飛雲樓，作《飛雲樓歌》存世。

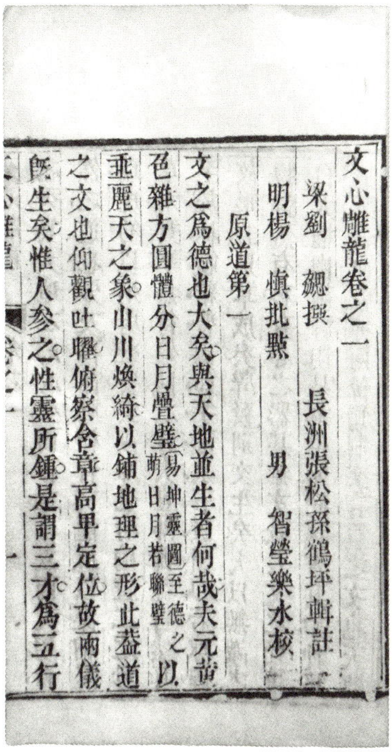
文心雕龍卷之一
梁劉　勰撰　長洲張松孫鶴坪輯註
明楊　慎批點　男　智瑩樂水校
原道第一
文之爲德也大矣與天地並生者何哉夫元黃色雜方圓體分日月疊璧(易坤靈圖至德之萌日月若聯璧)以垂麗天之象山川煥綺以鋪地理之形此蓋道之文也仰觀吐曜俯察含章高卑定位故兩儀既生矣惟人參之性靈所鍾是謂三才爲五行

《文心雕龍》共有五十篇，總論五篇，論“文之樞紐”，指出文學創作準則，是全書理論基礎；文體論二十篇，論辨文體，每篇分論一種或兩三種文體，指出各種體裁特色、寫作方法及其源流，并舉出若干作家、作品作扼要評價；創作論十九篇，分論創作過程、作家個性風格、文質關係、寫作技巧、文辭聲律等問題，提倡以簡潔、自然之語言，表現豐富内容；批評論五篇，評論各家優劣，從不同角度對過去時代文風、作家成就提出批評，并提出了批評之“六觀”標準。最後一篇《序志》説明寫作此書之動機、態度、原則，創作目的和全書部署意圖。這四個方面雖自成一體，但其理論觀點却首尾一貫，各部之間互相照應。張松孫對此作了很高評價，曰“萃百家藝苑之精，研衆體詞場之妙，隨人變幻，歸我折衷，箸論者五十篇，示津梁於千百載。”

文苑英華選六十卷　(清)宫夢仁訂輯

清康熙四十一年(1702)瀛洲光明正大之堂刻本　16冊　半葉9行24字　白口　對魚尾　左右雙邊　框高19厘米　寬11厘米

宫夢仁(1623—1713)，原名宗，字竞宗，號定山，室名夫移閣，泰州(江蘇省泰州市)人，廩監生，清康熙八年(1669)順天府舉人，十二年(1673)進士，授翰林院庶吉士，貴州道監察御史，湖廣驛鹽道，山東按察使司副使，山東提學道，左僉都御史，通政使，福建巡撫，右副都御史，作品有《讀書記數略》、《齊魯詩》等。

《文苑英華選》收文章一千餘篇，卷一至卷十五賦；卷十六至卷二十詩：卷二十一樂府；卷二十二樂章、騷、蓮珠；卷二十三頌；卷二十四贊、箴；卷二十五銘、誡；卷二十六至二十八制；卷二十九册文；卷三十赦制、德音、詔敕；卷三十一批答、蕃書、鐵券文、青詞、歎文；卷三十二策問、策；卷三十三至三十四判；卷三十五至三十八表、箋；卷三十九至四十一啓；卷四十二書；卷四十三疏、檄文、露布、移文、彈文；卷四十四至卷四十五序、解、諷諭、紀述；卷四十六傳；卷四十七至卷四十八記；卷四十九論；卷五十議；卷五十一問答、志、説、原；卷五十二辯、解、諷諭、紀述；卷五十三至五十四碑；卷五十五謚册文、哀册文；卷五十六至卷五十七墓志銘、墓表；卷五十八行狀、誄；卷五十九至卷六十祭文。

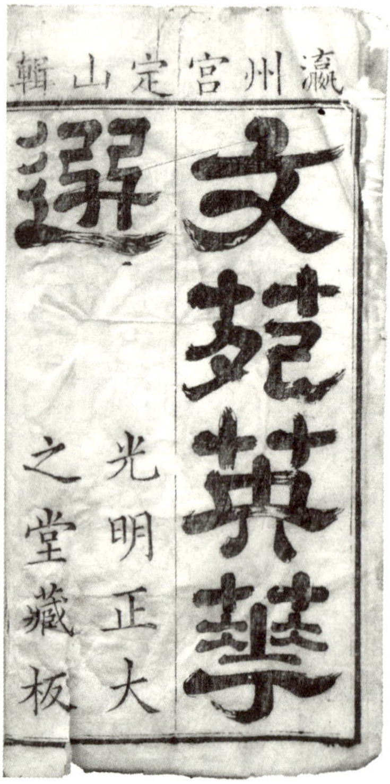
瀛州宮定山輯
文苑英華選
光明正大之堂藏板

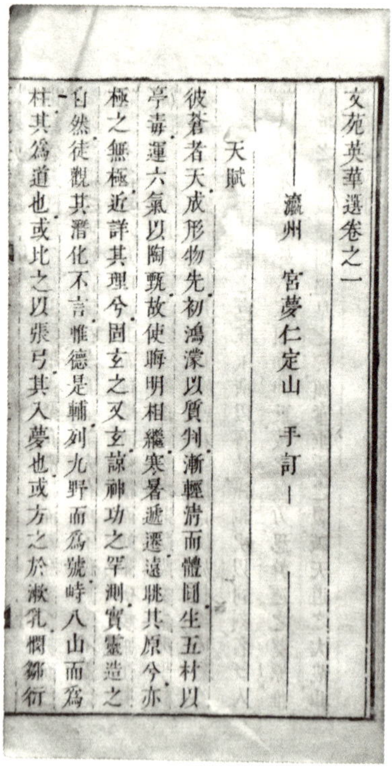
文苑英華選卷之一
瀛州 宮夢仁定山 手訂
天賦
彼蒼者天成形物先初鴻濛以質判漸輕清而體圓生五材以亭毒運六氣以陶甄故使晦明相繼寒暑遞遷遠眺其原兮亦極之無極近詳其理兮固玄之又玄諒神功之罕測實靈造之自然徒觀其潛化不言惟德是輔列九野而爲號峙八山而爲柱其爲道也或比之以張弓其入夢也或方之於

玉谿生詩詳注三卷　玉谿生年譜一卷　（唐）李商隱撰　（清）馮浩編訂

清乾隆四十五年(1780)德聚堂藏刻本　4册　半葉11行25字　雙行小字33字　白口　單魚尾　左右雙邊　框高18.8厘米　寬14.2厘米

李商隱(約813—約858)，字義山，號玉谿生，又號樊南生，祖籍懷州河内(今河南沁陽市)，唐開成年間進士，曾任秘書省校書郎，調弘農尉，學道於濟源玉陽山。宣宗朝先後入桂州、徐州、梓州幕府，又復任鹽鐵推官。一生在牛李

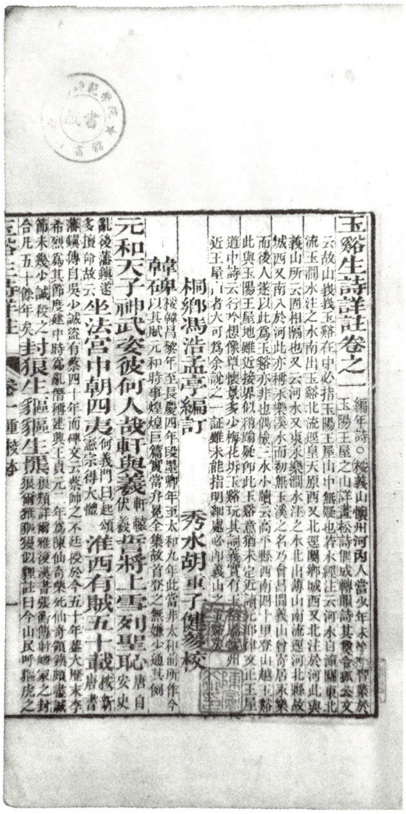

玉谿生詩詳註卷之一

桐鄉馮浩孟亭編訂

秀水胡重子健參校

韓碑

元和天子神武姿彼何人哉軒與羲

誓將上雪列聖恥

坐法宮中朝四夷

淮西有賊五十載

封狼生貙貙生羆

黨争夾縫中生存，備受排擠，仕途坎坷，潦倒終身，晚年閑居鄭州。詩作文學價值很高，與杜牧合稱“小李杜”，與温庭筠合稱為“温李”，與同時期段成式、温庭筠風格相近，在《唐詩三百首》中，詩作被收録二十二首。其詩構思新奇，風格濃麗，尤其是一些情愛詩寫得纏綿悱惻，為人傳誦。但過於隱晦迷離，難於索解。亦多有抨擊時政，不滿藩鎮割據、宦官擅權之作。以律絶見長，意境深邃，富於文采，獨具特色，為晚唐杰出詩人。

馮浩（1719—1801），字養吾，號孟亭，清浙江桐鄉人。清乾隆十三年（1748）進士，入翰林院。十五年（1750）任國史館纂修，參與編寫《續文獻通考》，曾巡撫湖南，典試江南，做過御史，後因病歸家，以著述自娱，是乾嘉時期著名學者。著作有《孟亭居士詩稿》四卷，《文稿》五卷，《經進稿》一卷等。

《玉谿生詩詳注》共收詩五百餘首，卷首有序言、發凡、史文、年譜、贈詩、詩話、目録。第一卷以《韓碑》啓頭，馮浩説：“今以其賦元和時事，煌煌巨篇，實當弁冕全篇，無嫌少通其例”，以下詩歌依照時間順序從唐敬宗寶曆元年（825）始延續至武宗會昌六年（846）。第二卷從宣宗大中元年（847）始延續至大中十二年（858）。第三卷為不編年詩。每首詩後有注校和箋。按詩内容可以分為政治詠史詩、詠懷詩、詠物詩、情愛詩及其他共五個類型，其中詠懷詩最多，其次政治詠史詩，情愛詩居三；按體裁有七律、五言、絶句、七古、五古等，以七律詩成就最高。是書編年考證史書之舛誤，引注尋求出處始末；對文義酌情加以疏解，注釋確切；校改原詩錯亂之簡，箋解詳備、精細，為該詩所有注本中之佳品。

古文淵鑒（淵鑒古文選）六十四卷　（清）玄燁選　（清）徐乾學等編注　存卷三至卷十六

清康熙四十九年（1710）武英殿刻五色套印本　存5册　半葉9行20字　雙

行小字同　無界欄　黑口　雙順魚尾　四周單邊　框高 18.8 厘米　寬 14 厘米

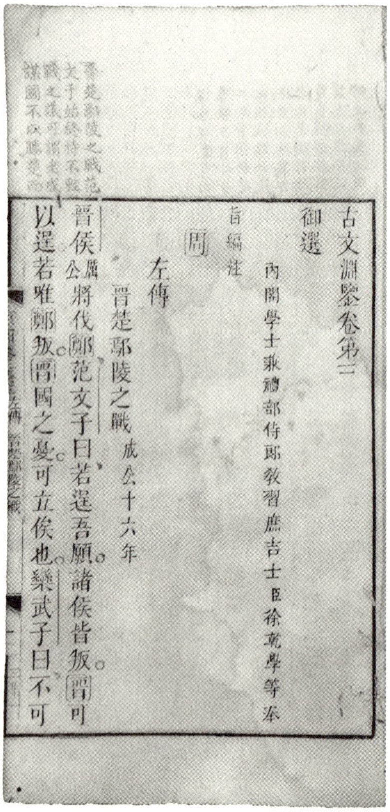
古文淵鑒卷第二
御選
內閣學士兼禮部侍郎教習庶吉士臣徐乾學等奉
旨編注
周
左傳
晉楚鄢陵之戰 成公十六年
晉侯厲公將伐鄭。范文子曰若逞吾願。諸侯皆叛。晉可
以逞。若唯鄭叛。晉國之憂。可立俟也。欒武子曰不可

愛新覺羅・玄燁(1654—1722)，清世祖順治皇帝第三子，年號康熙，廟號清聖祖，謚號合天弘運文武睿哲恭儉寬裕孝敬誠信功德大成仁皇帝。祖籍吉林，北京出生，清入關後第二代皇帝。自幼喪父母，他一生勤奮好學，博覽群書，善於治國，不僅是突出之封建政治家，還是多才多藝之學者，精通多種民族語言，對自然科學和人文科學均有研究，親自審定多種歷史和文學著述，使“御選”、“御定”成為清代獨有之文史典籍現象。

徐乾學(1631—1694)，字原一、幼慧，號健庵。江南蘇州府昆山(今屬江蘇)人。清康熙九年(1670)進士第三名。授翰林院編修，贊善，充日講起居注官，侍講學士，入直南書房，累官左都御史、刑部尚書、内閣學士兼禮部侍郎教習庶吉士。充《大清一統志》、《清會典》、《明史》總裁官，纂輯《鑒古輯覽》、《古文淵鑒》等書。工詩文，精鑒書畫，以文知名，著有《通志堂經解》、《讀禮通考》、《澹園集》、《虞浦集》、《詞館集》、《碧山集》等。其藏書極富，有“傳是樓”藏書萬卷，晚年居吴縣洞庭東山。徐乾學是清順治十六年(1659)狀元徐元文、清康熙十二年(1673)探花徐秉義之兄。世稱徐氏兄弟為“昆山三徐”。

《古文淵鑒》於清康熙二十四年(1685)選録，上起春秋、下迄宋末之文，包括《左傳》、《國語》、《國策》等及誥、表、書、議、奏、疏、論、序諸體文，是集歷代散文為一書之總集。是書篩選嚴格，考證詳明，詳略得宜，并載前人名家評語、康熙御批和徐乾學等十一人所作注釋。凡正文以墨色示之，前人諸家評語列諸書天頭，分别以黄、緑、藍三色示之，康熙御批并本朝諸臣注釋亦列諸書眉，用朱色標示，另正文有朱色斷句。其雕鐫、套色、刷印皆極精工，朱、墨、黄、藍、緑五色鮮明豔麗，顯示出清初内府多色套印技術之高度水準。

古逸書三十卷　首一卷　附語一卷　(明)潘基慶輯注

明萬曆四十年(1612)刻本　12 册　半葉 8 行 20 字　雙行小字同　白口　單魚尾　四周單邊　框高 20.8 厘米　寬 15.4 厘米

潘基慶，字良耜，松江人，明萬曆戊午年(1618)貢生，其生平不詳。

《古逸書》選録自秦至宋之文，然其名與實不符，《四庫總目》曰："是集名為逸書，而實皆習見。如《陰符》、《素問》、《逸周書》、《山海經》之類已為不倫，甚此《周禮・考工記》、《爾雅》釋地釋天，列在學官，亦稱古逸，不亦傎乎？"其分神、妙、奥、閎、麗、特、纖、希、迅、奇、幻、疏、夷、逸、蒨、恣十六品，每品又各分内外，古史傳、地方志、鄉賢遺集等都有。

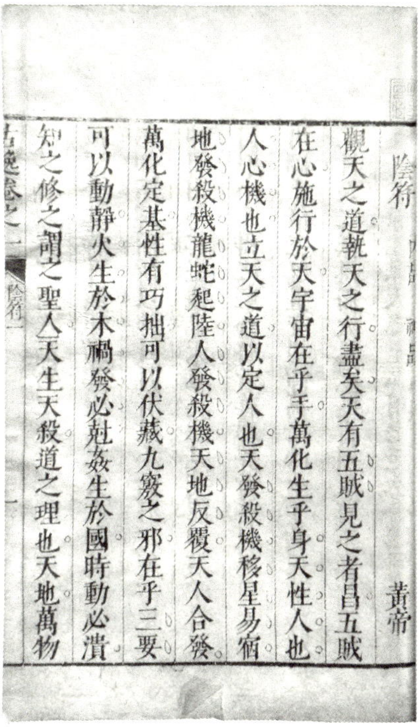
陰符　黃帝
觀天之道執天之行盡矣天有五賊見之者昌五賊
在心施行於天宇宙在乎手萬化生乎身天性人也
人心機也立天之道以定人也天發殺機移星易宿
地發殺機龍蛇起陸人發殺機天地反覆天人合發
萬化定基性有巧拙可以伏藏九竅之邪在乎三要
可以動靜火生於木禍發必尅姦生於國時動必潰
知之修之謂之聖人天生天殺道之理也天地萬物
古逸卷之一　陰符　一

古詩箋三十二卷　(清)王士禛輯　(清)聞人倓箋　存七言詩卷九

清乾隆三十一年(1766)芷蘭堂刻本　存 1 册　半葉 10 行 21 字　雙行小字同　白口　單魚尾　左右雙邊　框高 17 厘米　寬 14 厘米

王士禛，生平參見《長白山録》。

聞人倓，字訥甫，江蘇松江人，其生平不詳。

《古詩箋》據王士禛《古詩選》箋注，計五言詩十七卷，時序包括漢、魏、晋、宋、齊、梁、陳、北魏、北齊、北周、隋、唐；七言詩十五卷，包括漢魏六朝、唐、宋元詩家，如王維、高適、

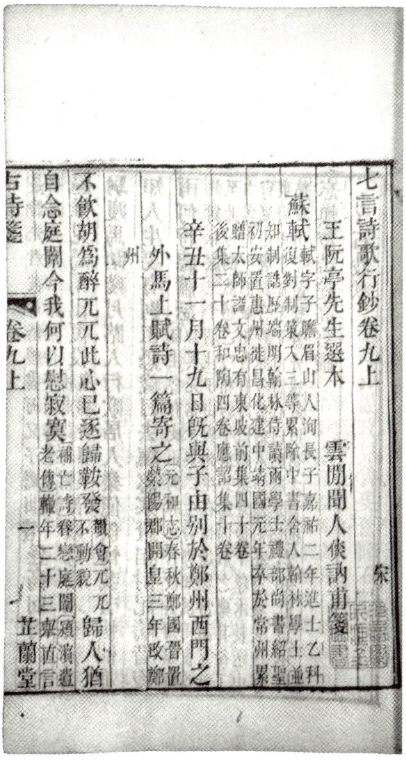
七言詩歌行鈔卷九上　宋
王阮亭先生選本　雲間聞人倓訥甫箋
蘇軾 軾字子瞻眉山人洵長子嘉祐二年進士乙科復對制策入三等累除中書舍人翰林學士並知制誥歷端明翰林侍讀兩學士禮部尚書紹聖初安置惠州徙昌化建中靖國元年卒於常州累贈太師諡文忠有東坡前集四十卷後集二十卷和陶四卷應詔集十卷
辛丑十一月十九日既與子由別於鄭州西門之外馬上賦詩一篇寄之 元和志春秋鄭國晉置滎陽郡開皇三年改鄭州
不飲胡為醉兀兀此心已逐歸鞍發 韻會兀兀不動貌 歸人猶自念庭闈今我何以慰寂寞 補亡詩眷戀庭闈 潁濱遺老傳轍年二十三舉直言
古詩箋　卷九上　一　芷蘭堂

岑參、李白、李頎、杜甫及韓愈、歐陽修、王安石、蘇軾、黄庭堅、晁沖之、晁補之、陸游、元好問、虞集、吴萊等人作品。是書對作品時代背景等多有闡釋，對詩中難解字句和段落，有扼要箋解。

石笥山房文集六卷　(清)胡天游撰

抄本　3册　半葉11行22字　白口　無魚尾　無邊框

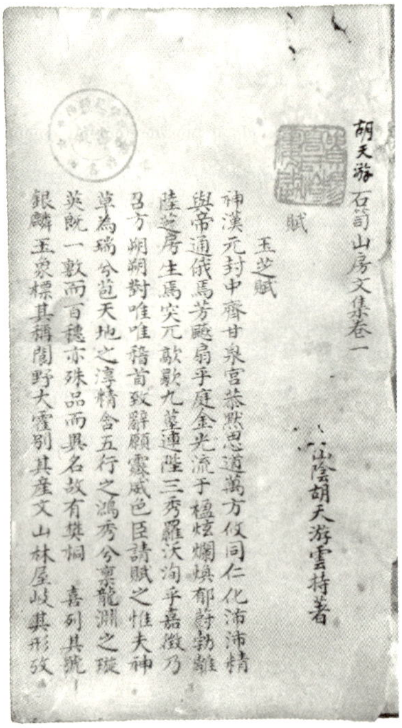
胡天游 石笥山房文集卷一
山陰胡天游雲持著
賦
玉芝賦
神漢元封中齋甘泉宮恭默思道萬方攸同仁化沛沛精
與帝通俄焉芳飈扇乎庭金光流于樞炫爛熿郁蔚勃雜
葰芝房生焉突兀歘歘九莖連陛三秀羅沃洵乎嘉徵乃
召方朔朔對唯唯稽首致辭願露威色臣請賦之惟夫神
草為瑞兮苞天地之淳精含五行之鴻秀兮稟龍淵之璇
英既一歎而百穗亦殊品而異名故有樊桐　嘉列其號
銀麟玉泉標其稱閬野大靈別其產文山林屋岐其形孜

胡天游(1696—1758)，一名騤，一度改姓方，字雲持，又字稚威，號松竹主人，又號傲軒。山陰(今浙江紹興)張家漊人，清代駢文家、詩人。清雍正七年(1729)副貢，清乾隆丙辰(1736)舉博學鴻詞，補試因病作罷。其身材矮小，貌不揚，然博覽群書，善作駢體文，下筆驚人，矯挺縱横，胸中睥睨一切，氣雄萬夫，自比管仲、樂毅。著有《春秋夏正》、《蒲州府志》、《文補遺》、《詩集》、《詩餘》、《雲持居士集》等。

《石笥山房文集》卷一賦；卷二序；卷三記、啓、書；卷四碑、銘；卷五雜著；卷六祭文哀辭。胡氏文章以駢文為主，較多用長句作對，切適調配句子節奏，用典靈活自如，文章韻味頗足，縱横鋪排，氣勢雄宏，構思精密獨到，宏富典麗，參差錯落，均能擺脱凡俗。其小文短章，曲致多姿，章法謹嚴，尤得於連詞、助詞等虚詞之使用，不乏傳世名篇。是抄本字迹清秀，工整，頁面整潔，具有藝術鑒賞價值。

四六法海十二卷　(明)王志堅選編

清乾隆二十三年(1758)修補本　8册　厘米9行20字　白口　單魚尾　四周單邊　框高20.7厘米　寬14厘米

王志堅(1576—1633)，字弱生，一字聞修，號淑士，昆山(今屬江蘇)人。明萬曆三十八年(1610)進士，授南京兵部主事，遷員外郎中，官至湖廣提學僉事。

肆志為學，兼通内典，詩文法唐宋，生平作詩甚富，著有《古文瀆編》等，與李流芳、歸昌世并稱"三才子"。

《四六法海》依據《文選》、《藝文類聚》、《文苑英華》、《唐文粹》、《宋文鑒》、《元文類》等書，參以諸家文集及正史、野史所載，選魏晉至元駢文共七百零二篇。大多為唐以前作品。卷首有自序，論述四六文源流，頗有見地。其主張知人論世，"每篇之末，或箋注其本事，或考證其異同，或臚列其始末"，"皆元元本本，語有實徵"，是書雖有四六法式彙編之名，但并不限於四六對偶之文，即通過所收文説明駢體文之法則，頗有學術參考價值。

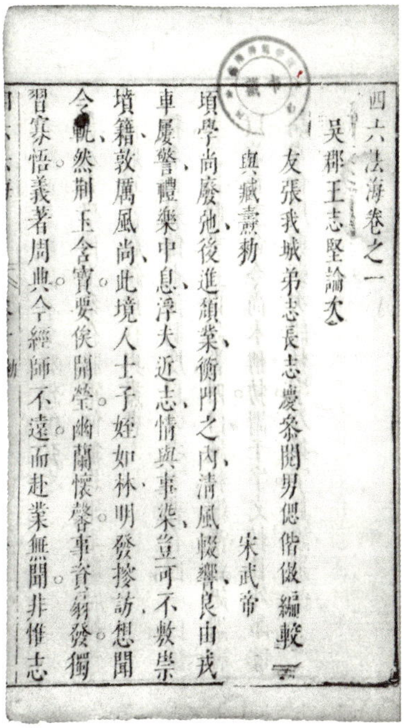
四六法海卷之一
吳郡王志堅論次
友張我城弟志長志慶參閱男偲偕儆編較
與臧燾敕　宋武帝
頃學尚廢弛，後進頹業，衡門之內，清風輟響。良由戎車屢警，禮樂中息，淳夫近志，情與事染。豈可不敷崇墳籍，敦厲風尚。此境人士，子姪如林，明發搜訪，想聞令軌。然荆玉含寶，要俟開瑩；幽蘭懷馨，事資扇發。獨習寡悟，義著周典，今經師不遠，而赴業無聞，非惟志

白香山詩集四十卷　長慶集二十卷　後集十七卷　別集一卷　補遺二卷　（唐）白居易撰　（清）汪立名編訂

清康熙四十二年(1703)一隅草堂刻本　10 册
半葉 12 行 21 字　雙行小字 31 字　白口　單魚尾　左右雙邊　框高 18.5 厘米　寬 14.5 厘米

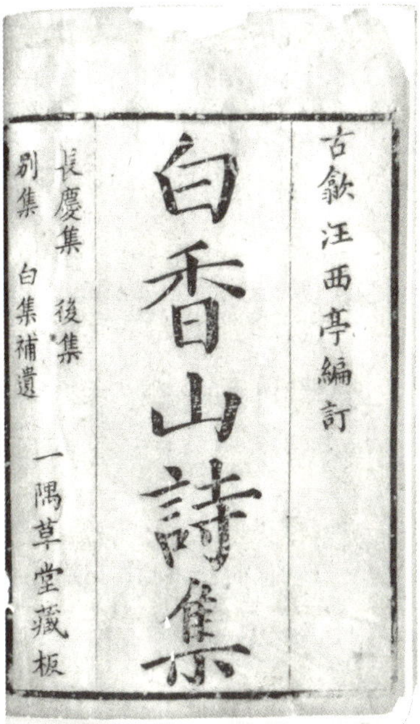
古歙汪西亭編訂
白香山詩集
長慶集　後集
別集　白集補遺
一隅草堂藏板

白居易(772—846)，字樂天，晚號香山居士，謚號"文"，世稱白傅、白文公，太原人，出身於仕宦之家，因其祖、父俱在河南作官，所以居家河南，享年七十五歲。自幼絶頂聰明，五歲開始學寫詩，九歲便能辨别聲韻，青少年時讀書刻苦，二十九歲以第四名及第進士，三十一歲試書判拔萃科，三十二歲授校書郎，步入仕途，先後授盩厔縣尉、進士考官、集賢院校理、翰林學士、左拾遺、太子左贊善大夫，後遭權幸讒害被貶為州刺史、江

州司馬。唐穆宗繼位後，授其中書舍人，後又拜尚書主客郎中，知制誥，加朝散大夫，轉上柱國，晚年官至太子少傅。他一生雖多為官，但却坎坷，常處在憂憤不安之中。但作為一個現實主義詩人，由於他對社會有較深刻瞭解，創作廣泛反映中唐社會生活各方面，著重描寫現實黑暗和人民痛苦，這些詩措辭激烈，叙事完整，人物情節生動、細緻、傳神，直賦其事，在古代批評時政詩歌中十分突出，成就極大。主要作品有：《長恨歌》、《琵琶行》、《長相思》、《題嶽陽樓》、《錢塘湖春行》、《暮江吟》、《憶江南》等，是唐代繼李白、杜甫之後又一偉大詩人。

汪立名(1679—?)，字西亭，安徽婺源人，官工部主事，通六書，歷仕清康雍乾三朝，官至刑部郎中。好刻書，考證精確，評論允當。室名一隅草堂，輯刻《白香山詩集》、《唐四家詩》、《鍾鼎字源》等書。

《白香山詩集》共收詩二千餘首。其中唐穆宗長慶年間所作詩二十卷，以諷諭、閒適、感傷詩為主；此後杭州、蘇州、洛中等地詩作及晚年作品十七卷，以格律詩為主；而謡吟歌等作列入别集一卷；另有許多遺漏詩編入補遺二卷，其間有汪立名注釋，書前有《凡例》、《白氏文集自記》、《白香山年譜》、《白文公年譜》及《舊唐書》中白居易本傳等。其詩歌題材廣泛，形式多樣，語言平易通俗。在諷諭、閑適、感傷詩中，價值最高是諷諭詩，主要反映勞動人民疾苦，其中有同情農民之作，有哀歎婦女命運之悲歌等，揭露統治者罪惡，深刻地批評社會矛盾。因白居易晚年生活在洛陽龍門香山，病逝後又葬於該山琵琶峰，書名因此為“白香山詩集”。

司馬温公文集十四卷　(宋)司馬光撰　(清)張伯行重訂

清康熙四十八年(1709)榕城文光堂刻本　6册　半葉10行22字　白口四周單邊　單魚尾　框高19.5厘米　寬13.8厘米

司馬光(1019—1086)，字君實，號迂叟，陜州夏縣(今山西夏縣)人，世稱涑水先生。其自幼嗜學，年二十，即宋仁宗寶元二年(1039)，中進士甲科，任諫議大夫、翰林學士、御史中丞等。其政治思想保守，主張法制不變，與宰相王安石為政敵。一生主要成就在學術，著述頗多，著有《通鑒舉要曆》、《稽古録》、《本朝百官公卿表》、《翰林詩草》、《注古文學經》、《易説》、《注太玄經》、《注揚子》、

《書儀》、《游山行記》、《續詩治》、《醫問》、《涑水紀聞》、《類篇》、《司馬文正公集》等，其中最大貢獻是主編《資治通鑒》。卒後贈太師、温國公，謚文正，是我國古代杰出政治家、歷史學家、文學家。

張伯行（1651—1725），字孝先，號恕齋，晚號敬庵，河南儀封（今蘭考）人。自幼聰敏好學，清康熙二十四年（1685）進士，補授内閣中書，後任江蘇按察使、福建巡撫、江蘇巡撫等，官至禮部尚書，歷官二十餘年，為國為民，高風亮節，以清廉剛直著稱，康熙帝贊其“天下清官第一”。他一生篤學守道，提倡程朱理學，著作宏富，有《濂洛關閩書集解》、《道南原委》、《學規類編》、《正誼堂文集》、《困學録》、《居濟一得》、《小學集解》、《廣近思録》等。

《司馬温公文集》卷一表；卷二至卷八章奏；卷九至卷十書啓；卷十一序、祭文；卷十二賦、詩、頌、贊；卷十三論、議、記、傳、跋；卷十四史剡、迂書。本書輯著者生平所作文書，其中“章奏”過半，體現了司馬光愛民、君道之“仁政”政治思想，其散文反映了宋代政治、經濟、文化，具有歷史資料價值。

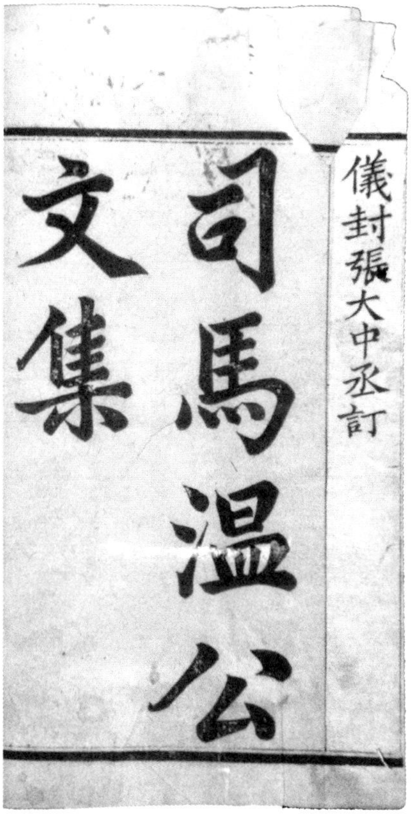
司馬温公文集
儀封張大中丞訂

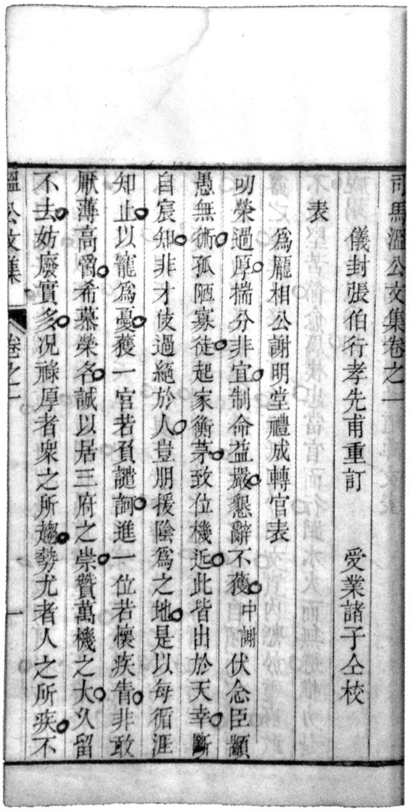
司馬温公文集卷之一
儀封張伯行孝先甫重訂　受業諸子仝校
表
為龐相公謝明堂禮成轉官表
叨榮過厚揣分非宜制命益嚴懇辭不獲中謝伏念臣顓
愚無術孤陋寡徒起家衡茅致位機近此皆出於天幸斷
自宸知非才使過絕於人豈朋援陰為之地是以每循涯
知止以寵為憂獲一官若負譴詞進一位若懷疾眚非敢
厭薄高爵希慕榮名誠以居三府之崇贊萬機之大久留
不去妨廢實多況祿厚者衆之所趨勢尤者人之所疾不
温公文集　卷之一　一

西漢書文選四卷　(清)儲欣評　存卷一　卷二

清乾隆四十五年(1780)受祉堂刻本　存2册　半葉8行25字　雙行小字同　白口　無魚尾　左右雙邊　框高19.5厘米　寬11.5厘米

儲欣,生平參見《公羊傳選》。

《西漢書文選》存文八十餘篇,七種古文類選之一,卷一為漢高帝、文帝、景帝等帝王之詔書及賈誼、董仲舒、劉更生等之疏、對、書;卷二為賈誼、鼂錯等之書、疏、論;卷三為董仲舒、司馬相如、司馬遷等之策、書、對;卷四為趙充國、王吉、匡衡、揚雄等之奏、書、議、論。是書對文句酌加注釋,有精到短捷之評語,可作初學入門嚮導。

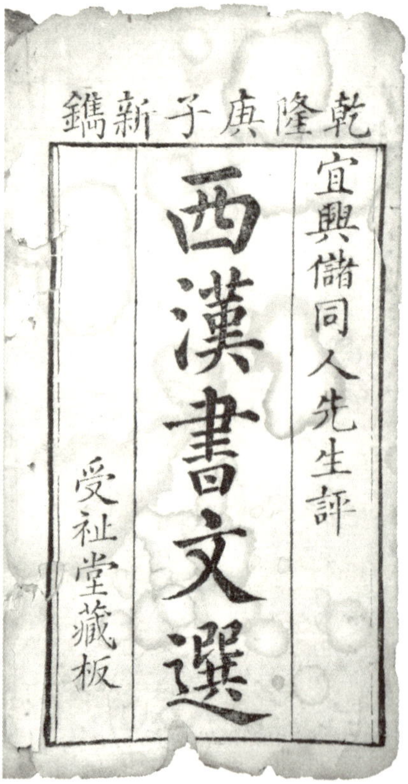

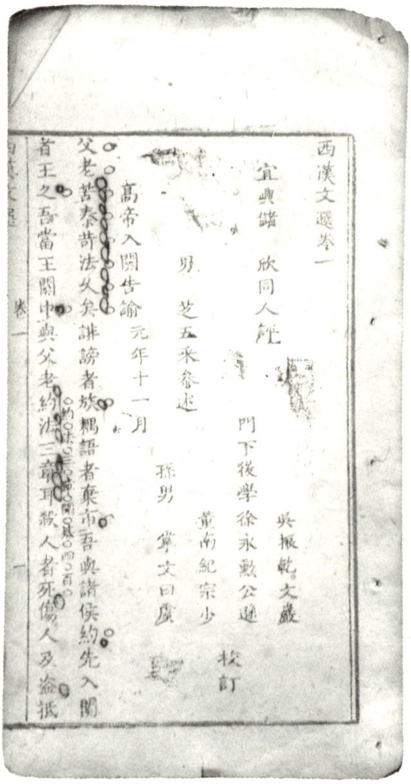

朱子文集(朱子文集大全類編)一百十一卷　卷首一卷　(宋)朱熹撰　(清)朱玉輯　缺四十二册中卷三至卷五

清乾隆十五年(1750)福建建陽考亭刻本　存47册　半葉12行24字　黑口

單魚尾　四周單邊　框高 20.5 厘米　寬 14.5 厘米

朱熹，生平參見《朱子全書》。

朱玉，建陽人，其生平不詳。

《朱子文集》為朱熹之詩文集，收録詩詞、賦、上奏文、公文、書簡、書札、問答、雜著、序跋、墓志銘等共四千餘篇。集中反映其“格物、致知、誠意、正心、修身、齊家、治國、平天下”之儒學思想，充分體現“天、理、氣、性、身”之客觀唯心理論，是學習和研究朱熹理學之重要典籍。

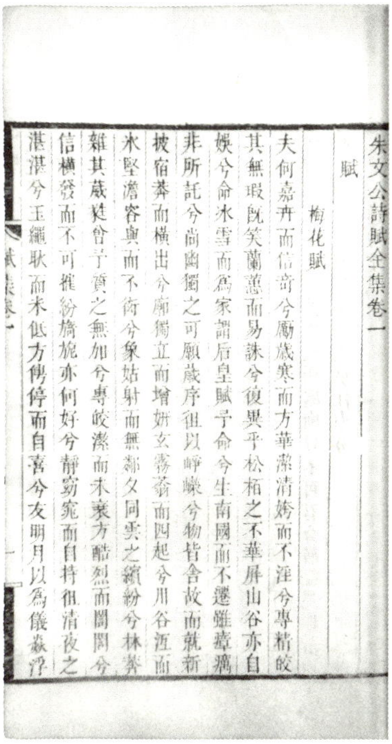
朱文公詩賦全集卷一
賦
梅花賦
夫何嘉卉而信奇兮歷歲寒而方華潔清妍而不淫兮專精皎
其無瑕既笑蘭蕙而易誅兮復異乎松柏之不華屏山谷亦自
娛兮命冰雪而為家謂后皇賦予命兮生南國而不遷雖瘴癘
非所託兮尚幽獨之可願歲序徂以崢嶸兮物皆舍故而就新
披宿莽而橫出兮廓獨立而增妍玄霧蓊而四起兮川谷沍而
冰堅澹容與而不衒兮象姑射而無鄰夕同雲之繽紛兮林寒
雜其葳蕤曾予質之無加兮專皎潔而未衰方酷烈而闇閏兮
信橫發而不可摧紛旖旎亦何好兮靜窈窕而自持徂清夜之
湛湛兮玉纖耿而未低方徬徨而自喜兮友明月以為儀淼浮
賦集卷一

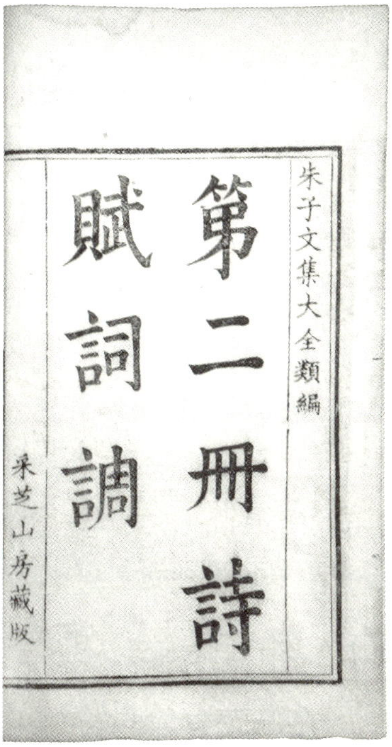
朱子文集大全類編
第二冊
詩
賦詞
調
采芝山房藏版

竹裕園筆語集十五卷　（清）李曰滌撰

清乾隆三十五年(1770)李丹臣刻本　3 册　半葉 11 行　23 字　白口　單魚尾　四周雙邊　框高 19 厘米　寬 13.5 厘米

李曰滌(生卒年不詳)，字亦白，江西臨川人。明崇禎年間進士。其天資穎敏，於書無所不讀，所著詩文甚富，入清隱居不仕，累徵不起。著有《李亦白筆語》、《餘草筆語》等。

《竹裕園筆語》為著者平生雜著，卷一邇言，為辨析事理之談；卷二蛩草、卷三梅草，皆清康熙四十七年(1708)秋避兵山居札記；卷四驅暑草，皆其客楚時作，綴以無富、無貧、無過、無不過四論等，藉以發抒心迹；五至七卷餘草皆雜文，述其所見所思；八至十五卷為四書筆語，依經生義，自抒所懷。是書議論縱横廣闊，義精理實，為其曾孫李丹臣刊刻。

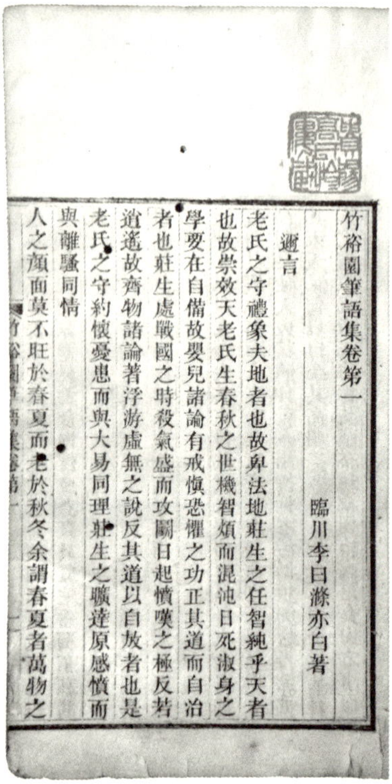
竹裕園筆語集卷第一
臨川李曰滌亦白著
邇言
老氏之守禮象夫地者也故皁法地莊生之任智純乎天者
也故崇效天老氏生春秋之世機智煩而混沌日死淑身之
學要在自備故嬰兒諸論有戒愼恐懼之功正其道而自治
者也莊生處戰國之時殺氣盛而攻鬬日起憤嘆之極反若
逍遙故齊物諸論著浮游虛無之說反其道以自放者也是
老氏之守約懷憂患而與大易同理莊生之曠達原感憤而
與離騷同情
人之顏面莫不旺於春夏而老於秋冬余謂春夏者萬物之

全唐詩九百卷　(清)曹寅等編纂　缺第五函十册　第七函十册　第八函中第七册

清康熙四十六年(1707)揚州詩局刻本　存99册　半葉11行21字　白口　雙魚尾　左右雙邊　框高16.6厘米　寬11.5厘米

曹寅(1658—1712)，字子清，號荔軒，又號楝亭，先世為漢族，原籍遼寧遼陽。自其祖父起為滿洲貴族包衣即奴僕，隸屬於正白旗，為小説家曹雪芹祖父。官至通政使、管理江寧織造、巡視兩淮鹽漕監察御史。善騎射，能詩及詞曲，作有《楝亭詩鈔》、《詞鈔》、《續琵琶記》等，又彙刻前人文字、音韻書為《楝亭五種》，藝文雜著為《楝亭藏書十二種》，校勘頗精。還主持了《佩文韻府》和《全唐詩》兩部大型書籍刊印出版。

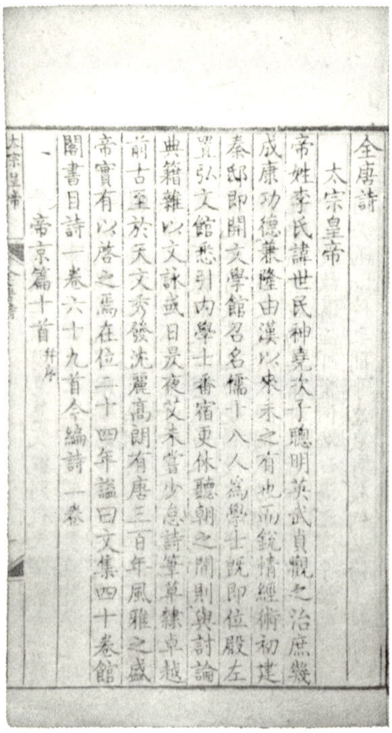
全唐詩
太宗皇帝
帝姓李氏諱世民神堯次子聰明英武貞觀之治庶幾
成康功德兼隆由漢以來未之有也而銳情經術初建
秦邸即開文學館召名儒十八人為學士既即位殿左
置弘文館悉引內學士番宿更休聽朝之間則與討論
典籍雜以文詠或日昃夜艾未嘗少怠詩筆草隸卓越
前古至於天文秀發沈麗高朗有唐三百年風雅之盛
帝實有以啓之焉在位二十四年謚曰文集四十卷館
閣書目詩一卷六十九首今編詩一卷
帝京篇十首 并序

《全唐詩》以季振宜編《唐詩》和胡震亨編《唐音統簽》為主要内容增訂而成，共收詩四萬八千四百餘首，句一千五百餘條，作者二千餘人。是書在季胡二書基礎上增補詩什，考訂辨誤，增加校語，調整小傳，删去胡書末之道咒釋頌，重新安排全書序次。首先列帝王后妃作品；其次為樂章、樂府；再次按時代先後編排歷朝作者詩作，其後附以作者小傳；最後是聯句、逸句、句媛、僧、道士、仙、神、鬼、怪、夢、諧謔、判、歌謡諺語、詞等類作品。雖然成書倉促，問題很多，但是迄今為止篇幅最多、影響最大之一部唐代詩歌總集，對研究我國唐代歷史、文學及文化等有著極大參考價值。

全唐詩録一百卷　(清)徐倬等輯

清康熙四十五年(1706)揚州詩局刻　24 册　半葉 11 行 21 字　黑口　單魚尾　左右雙邊　框高 16 厘米　寬 11.5 厘米

徐倬(1624—1713)，字方虎，號蘋村，德清新塘(今浙江德清士林鎮徐家墩)人。少聰穎，好讀書，清康熙十二年(1673)進士，授翰林院庶吉士，任編修。三十二年(1693)，任順天(今北京)鄉試主考官。尋遷侍讀，四十二年(1703)，康熙帝南巡，考核在籍諸臣，徐倬列第一，呈所編《全唐詩録》，深得康熙褒獎，親撰序文，賜刊印，并擢為禮部侍郎，後以老告歸。八十九歲時，康熙特賜"壽祺雅正"匾額。徐倬一生治學不輟，擅詩文，詩意圓潤，為文豐富，碑版之作名

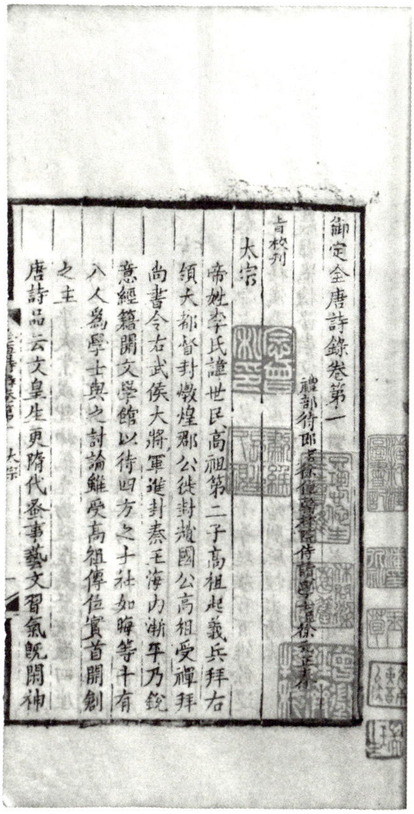
御定全唐詩録卷第一
禮部侍郎[illegible]徐倬[illegible]
旨校刊
太宗
帝姓李氏諱世民高祖第二子高祖起義兵拜右
領大都督封燉煌郡公徙封趙國公高祖受禪拜
尚書令右武侯大將軍進封秦王海內漸平乃銳
意經籍開文學館以待四方之士杜如晦等十有
八人為學士與之討論雖受高祖傳位實首開創
之主
唐詩品云文皇生長隋代豢事藝文習氣既開神

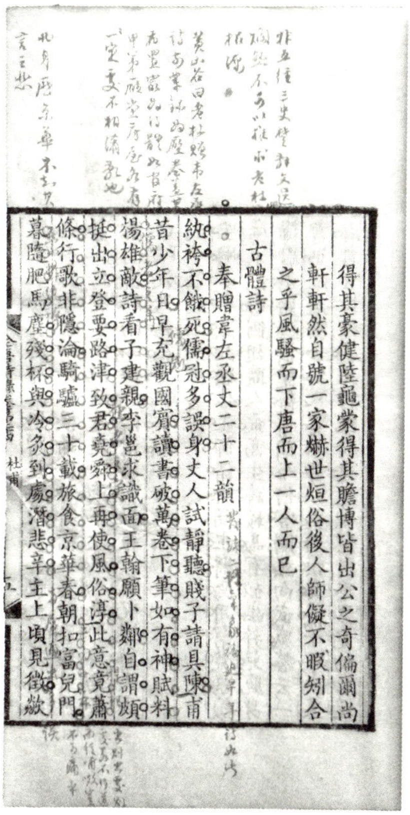
得其豪健陸龜蒙得其贍博皆出公之奇偏爾尚
軒軒然自號一家爀世烜俗後人師擬不暇矧合
之乎風騷而下唐而上一人而已
古體詩
奉贈韋左丞丈二十二韻
紈袴不餓死儒冠多誤身丈人試靜聽賤子請具陳甫
昔少年日早充觀國賓讀書破萬卷下筆如有神賦料
揚雄敵詩看子建親李邕求識面王翰願卜鄰自謂頗
挺出立登要路津致君堯舜上再使風俗淳此意竟蕭
條行歌非隱淪騎驢三十載旅食京華春朝扣富兒門
暮隨肥馬塵殘杯與冷炙到處潛悲辛主上頃見徵欻

揚四方,求請者絡繹不絶。對明代歷史、邸鈔、實録、家傳、野乘也極為熟稔。著有《全唐詩録》、《讀易偶鈔》、《蘋村類稿》、《古今文統》等。

《全唐詩録》為唐詩總集,以年代編次。共録唐人詩九千七百三十七首,書中之詩或分體或不分體,以人繫詩,按時間先後編次,每人之詩再按古近各體分編,每人各附小傳,間有詩話、詩評,各因諸家原集以存其舊,乃采擷菁華,輯為此書,故保存了大量原始資料。

杜詩詳注(杜少陵全集詳注)二十五卷　諸家論杜二卷　諸家詠杜二卷　諸家集杜二卷　(唐)杜甫著　(清)仇兆鰲撰輯

清康熙四十三年(1704)大文堂刻本　24冊　半葉10行22字　雙行小字同　下黑口　單魚尾　左右雙邊　框高19.8厘米　寬14.3厘米

杜甫(712—770),字子美,號少陵野老,世稱杜少陵、杜工部。河南鞏縣(今鄭州鞏義)人,原籍湖北襄陽。七歲學詩,十五歲揚名,但屢試不第,向皇帝獻賦,向貴人投贈,才得到右衛率府胄曹參軍小職,官至左拾遺、檢校工部員外郎,因宰相房琯事被貶華州司功參軍,隨後創作了名篇"三吏"、"三别",揭露當時社會黑暗。杜甫生活在唐朝由盛轉衰時期,一生坎坷,懷才不遇,深知社會底層貧民生活,他創作的千餘首詩中多反映社會動盪、政治黑暗、人民疾苦,成為唐代著名現實主義詩人,被稱為"詩史"。杜甫人稱"詩聖",與李白并稱"李杜"。

仇兆鰲(1638—1717),字滄柱,晚號知幾子、章溪老叟,人稱甬上先生,或稱仇少宰。甬江(今浙江寧波城區)人。清康熙二十四年(1685)進士,官至吏部右侍郎,少從黄宗羲,論學以劉宗周"浙東學派"為宗。喜好仙道,著有《杜詩詳注》、《四書説約》、《周易參同契集注》、《悟真篇集注》等,為明末清初著名學者。

《杜詩詳注》卷一至卷二十三為詩,凡一千四百三十九首;卷二十四至卷二十五為賦,是書首先説明詩作時間地點,後解釋語詞及詩文大意,多取趙次公、黄鶴、王嗣奭、錢謙益、朱鶴齡諸家注解,之後輯録各家評論,助於理解杜詩,書後諸家論杜、諸家詠杜、諸家集杜等,資料亦極豐富,頗具參考價值,是閲讀杜詩之重要參考書。

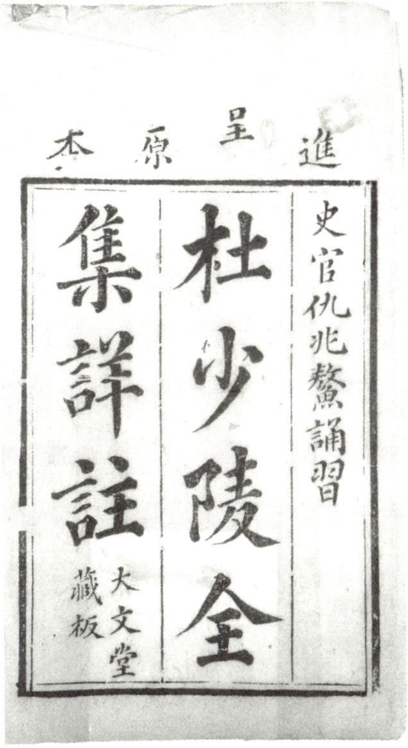

進呈原本
史官仇兆鰲誦習
杜少陵全集詳註
大文堂藏板

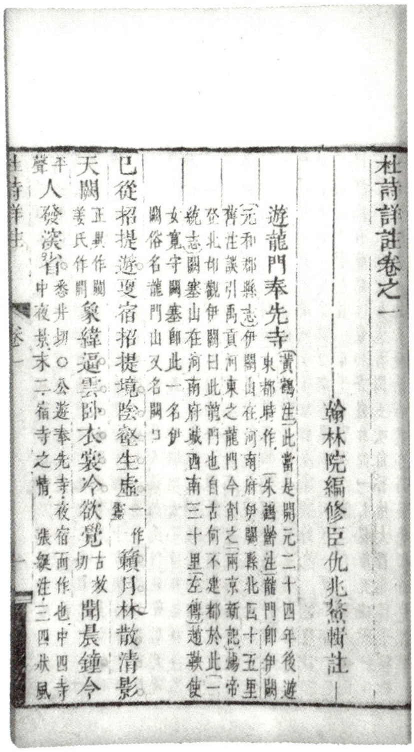

杜詩詳註卷之一
翰林院編修臣仇兆鰲輯註
遊龍門奉先寺黃鶴注此當是開元二十四年後遊東都時作。朱鶴齡注龍門即伊闕元和郡縣志伊闕山在河南府伊闕縣北四十五里舊注謨引禹貢河東之龍門今削之兩京新記煬帝登北邙觀伊闕曰此龍門也自古何不建都於此一統志闕塞山在河南府城西南三十里左傳趙鞅使女寬守闕塞即此一名伊闕俗名龍門山又名闕口
已從招提遊更宿招提境陰壑生虛籟一作靈籟月林散清影
天闕王與作闕姜氏作開象緯逼雲臥衣裳冷欲覺古效切聞晨鐘令人發深省平聲悉井切○公遊奉先寺夜宿而作也中四寺中夜景末二宿寺之情張綖注三四狀風
杜詩詳注 卷一 一

杜詩論文五十六卷　(唐)杜甫撰　(清)吴見思注　(清)潘眉評

清康熙十一年(1672)江蘇常州岱淵堂刻本　7 册　半葉 9 行 22 字　雙行小字同　白口　左右雙邊　框高 19.5 厘米　寬 14.5 厘米

杜甫,生平參見《杜詩詳注》。

吴見思(約 1625—約 1676),字齊賢,江蘇武進人,明末清初文學評論家。出生名門世家,其祖父吴中行,進士,曾掌南京翰林院事,終贈禮部右侍郎。其父吴襄,舉人,曾任南平令、滄州知州,為官清廉鯁直。吴見思由明入清,一生清貧,閉户研讀著述,絶意功名仕進。其博聞廣記,識解獨高,曾得到龔鼎孳、萬樹、金聖歎等文壇名人器重與推崇,著有《杜詩論文》、《杜詩論事》、《史記論文》等。

潘眉(1644—?),字原白,號蓴庵,江蘇宜興人,清初著名文人。附貢生,官福建典化府知府,卒於任。其工詩古文詞,陽羨詞派主要詞人之一,著有《樗年集》等,參與編輯《今詞選》、《荆溪詞初集》。

《杜詩論文》共收古近體詩一千四百餘首,采用編年體例,按杜一生行蹤所及之地分為五十六卷,以所及二十八個地名標舉卷目,“依文衍義”逐篇注釋,少則十數字，多則數百言，闡明文意，以文論詩。注意對詩之篇章進行分析，説明全篇意義，將杜詩之藝術結構、形式、風格諸方面加以歸納并逐篇解析和探討，是研讀杜詩之重要參考文獻。

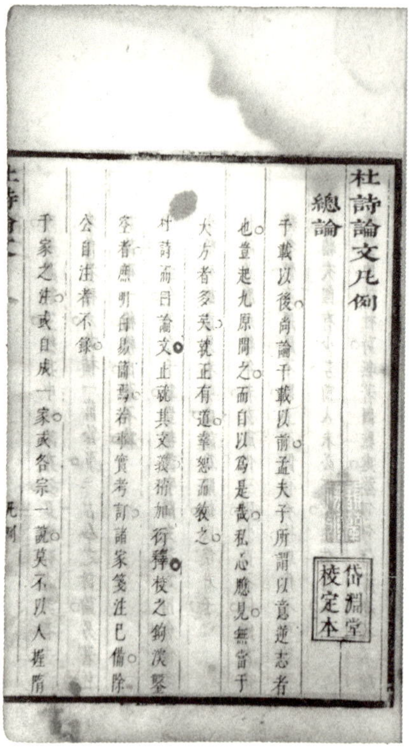
杜詩論文凡例
總論
千載以後尚論千載以前孟夫子所謂以意逆志者也豈起九原問之而自以爲是哉私心懸見無當于大方者多矣就正有道幸恕而教之
杜詩而曰論文止就其文義循加衍釋使之
公自注者不錄
千家之注或自成一家或各宗一說莫不以人

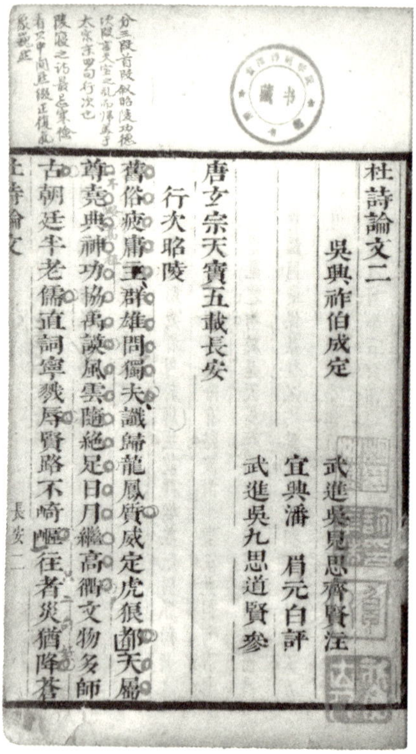
杜詩論文二
吳興祚伯成定
武進吳見思齊賢注
宜興潘眉元白評
武進吳九思道賢參
唐玄宗天寶五載長安
行次昭陵
舊俗疲庸主群雄問獨夫讖歸龍鳳質威定虎狼都天屬尊堯典神功協禹謨風雲隨絕足日月繼高衢文物多師古朝廷半老儒直詞寧戮辱賢路不崎嶇往者災猶降蒼
杜詩論文 長安二

李太白文集三十卷　(唐)李白撰　(清)繆曰芑重編

清康熙五十六年(1717)吴門繆曰芑雙泉草堂覆宋刻本　4冊　半葉11行20字　白口　單魚尾　左右雙邊　框高18厘米　寬14厘米

李白(701—762)，字太白，號青蓮居士，唐代最著名之浪漫主義詩人。祖籍隴西成紀(今甘肅静寧西南)，幼時隨父遷綿州昌隆縣(今四川江油)青蓮鄉。其興趣廣泛，除儒家經典、文史名著外，還遍覽諸子百家之書，并好劍術，信道教，有超脱塵俗之思想，亦有建功立業之政治抱負。唐天寶初供奉翰林，因遭權貴讒毀，僅一年即離開長安。一生漫游大半中國，創作了大量優秀詩篇。其詩大多以描寫山水和抒發内心情感為主，與杜甫并稱為“李杜”，有“詩仙”之稱。

繆曰芑(生卒年不詳)，字武子，江南吴縣人。清雍正元年(1723)進士，官翰林院編修，雙泉草堂為其室名。

《李太白文集》收集李白詩歌達千首，雜著六十五篇。卷一為諸序、碑、志、碣記；卷二至卷二十四為詩，分為樂府、歌吟、贈、寄、別、送、酬答、游宴、登覽、行役、懷古、閑適、懷思、感遇、寫懷、詠物、題詠、雜詠、閨情、哀傷二十類；卷二十五至卷三十為賦、表、頌、銘、贊等。李詩往往能靈活自如地運用奇特想像、極度誇張和生動比喻表達豐富思想情感。形式上，擅長五、七言古詩和短小精悍之五、七言絶句，文章和賦以短小精彩、自然浩蕩、麗而不靡為主。

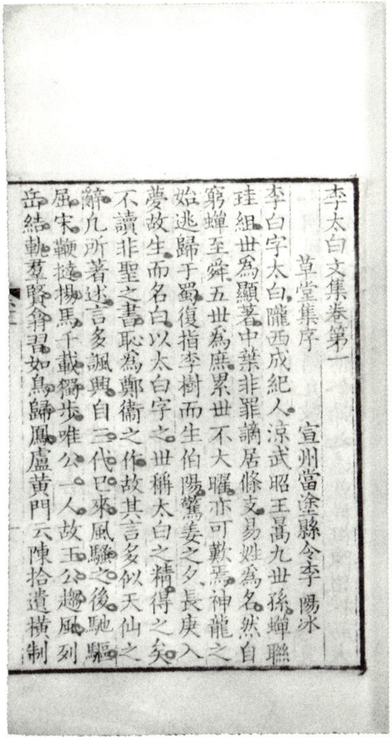
李太白文集卷第一
草堂集序　宣州當塗縣令李陽冰
李白字太白隴西成紀人涼武昭王暠九世孫蟬聯珪組世爲顯著中葉非罪謫居條支易姓爲名然自窮蟬至舜五世爲庶累世不大曜亦可歎焉神龍之始逃歸于蜀復指李樹而生伯陽驚姜之夕長庚入夢故生而名白以太白字之世稱太白之精得之矣不讀非聖之書恥爲鄭衛之作故其言多似天仙之辭凡所著述言多諷興自三代已來風騷之後馳驅屈宋鞭撻揚馬千載獨步唯公一人故王公趨風列岳結軌羣賢翕習如鳥歸鳳盧黃門云陳拾遺橫制

何大復先生全集三十八卷　(明)何景明撰

清乾隆十五年(1750)賜策堂刻本　8 册　半葉 9 行 20 字　白口　單魚尾　四周雙邊　框高 18.5 厘米　寬 12.7 厘米

何景明(1483—1521)，字仲默，號白坡，又號大復山人，信陽(今屬河南省)人。自幼聰慧，八歲能文，十九歲中進士，授中書舍人，官至陝西提學副使。一生"尚節義，鄙榮利"，與李夢陽并稱有"國士風"，是明代"文壇四杰"中重要人物，也是明代著名"前七子"之一，倡導"文必秦漢，詩必盛唐，非是者弗道"，反對"臺閣體"。其終身勤奮，傳世著作有《大復集》、《雍大記》、《大復論》、《何景明詩集》、《何子雜言》、《學約》等。

《何大復先生全集》卷一至卷二賦二十二篇；卷三辭十一篇；卷四古詩六首；卷五至卷六樂府雜調八十三首；卷七至卷十五言古詩二百一十五首；卷十一至卷十四七言歌行一百四十一首；卷十五至卷二十二五言律詩五百六十二首；卷二十三五言排律二十六首；卷二十四至卷二十七七言律詩二百五十首；卷二十八五言絶句七十首；卷二十九七言絶句九十七首；卷三十何子十二篇；卷三十一内篇二十五篇；卷三十二疏書十一篇；卷三十三記問説序十一篇；卷三十四至卷三十五序二十五篇；卷三十六碑文墓志十八篇；卷三十七行狀五篇；卷三十八誄祭文雜著三十一篇。有描寫自然景物、人文風俗、交友迎送等著述，反映當時社會現實生活和和個人的創作風格。

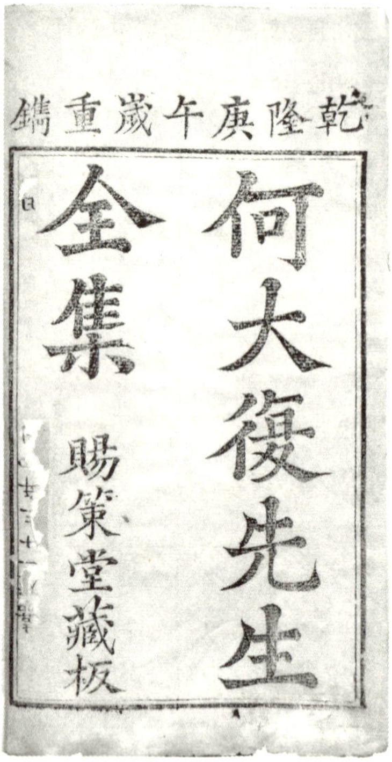
乾隆庚午歲重鐫

何大復先生全集

賜策堂藏板

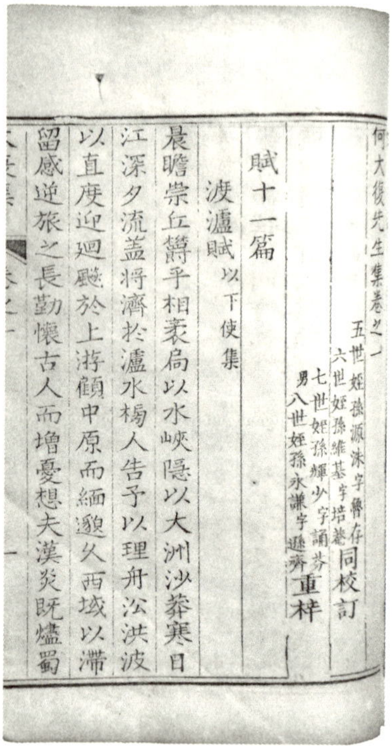
何大復先生集卷之一

五世姪孫源洙字魯存
六世姪孫維基字培菴 同校訂
七世姪孫輝少字誦芬
男八世姪孫永謙字遜齋 重梓

賦十一篇

渡瀘賦 以下使集

晨瞻崇丘瞰乎相袤扃以水峽隱以大洲沙莽寒日江深夕流盖將濟於瀘水楊人告予以理舟沿洪波以直度迎廻颱於上游顧中原而緬邈久西域以滯留感逆旅之長勤懷古人而增憂想大漢炎既燼蜀

宋四六選二十四卷 (清)曹振鏞編 存卷十九至卷二十一

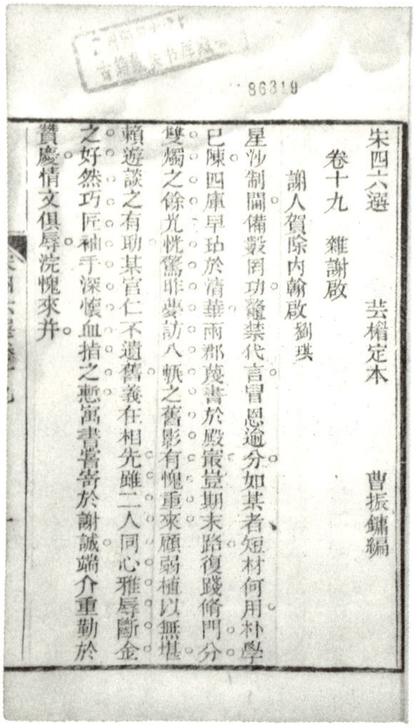
宋四六選 芸稭定本 曹振鏞編

卷十九 雜謝啟

謝人賀除內翰啟 劉珙

星沙制閫備數罔功鑾禁代言冒恩逾分如某者短材何用朴學已陳四庫早玷於清華兩郡蔑書於殿最豈期末路復踐脩門分雙燭之餘光恍驚非夢訪八甎之舊影有愧重來顧弱植以無堪賴遊談之有助某官仁不遺舊義在相先雖二人同心雅辱斷金之好然巧匠袖手深懷血指之悲萬書寄於謝誠端介重勤於實繫情文俱辱浣愧來并

清乾隆年間曹氏刻本 存 1 册 半葉 9 行 25 字 白口 單魚尾 左右雙邊 框高 18.8 厘米 寬 14 厘米

曹振鏞(1755—1835)，字儷生，號懌嘉，安徽歙縣雄村人，為清代名臣、學者、刊刻家。清乾隆四十六年(1781)進士。入翰林院任編修，歷官内閣學士、翰林院掌院學士、工部尚書、吏部尚書、軍機大臣等，歷乾隆、嘉慶、道光三朝。著有《話雲軒詠史詩》、《平定回疆剿擒逆裔方略》，参編《全唐文》、《會典》等書。

《宋四六選》收宋代駢文記、制、表、啓及上樑文、樂語凡六體七百餘篇，為朝廷詔誥、大臣表章等官場公文及文人間應酬往來文字，多屬應用型文體。其中不少名篇佳作，對偶工穩，文字典雅，具有獨特之文學風貌。因駢文中多用四六字句間隔組成，故稱“四六”體文。

宋詩紀事一百卷　(清)厲鶚輯

清乾隆十一年(1746)黄氏琴趣軒刻本　16册　半葉11行22字　白口　單魚尾　左右雙邊　框高19.5厘米　寬14.3厘米

厲鶚(1692—1752)，字太鴻，又字雄飛，號樊榭、南湖花隱，浙江錢塘(今杭州市)人，清代詩人、文學家。家貧，性孤峭，清康熙五十九年(1720)舉人，屢試進士不第，後無意仕途，漫游各地，以歌詠自娱。留意著述，精於遼宋史事。其愛山水，詩多游覽名山大川之作，善五言詩，風格清淡嫻雅，幽新雋妙，為清代雍乾朝“宋詩派”代表，又是浙派詞領袖，其詞多詠物懷古。著有《樊榭山房集》、《樊榭山房續集》、《遼史拾遺》、《東城雜記》、《東城雜記補》及《絶妙好辭箋》等。

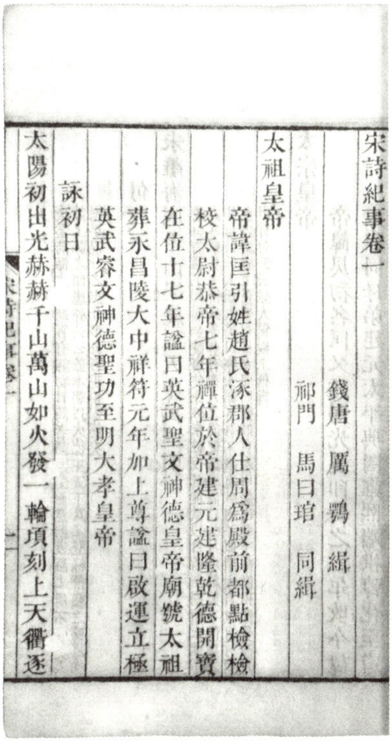
宋詩紀事卷一
錢唐厲鶚緝
祁門馬曰琯同緝
太祖皇帝
帝諱匡引姓趙氏涿郡人仕周爲殿前都點檢
校太尉恭帝七年禪位於帝建元建隆乾德開寶
在位十七年謚曰英武聖文神德皇帝廟號太祖
葬永昌陵大中祥符元年加上尊謚曰啟運立極
英武睿文神德聖功至明大孝皇帝
詠初日
太陽初出光赫赫千山萬山如火發一輪頃刻上天衢逐

《宋詩紀事》從宋人文集、詩話、筆記以及山經、地志等各種珍秘典籍中，收録宋詩作者三千八百一十二家。各卷以人編排，每位先繫小傳，介紹世系爵里及相關事迹，次列詩作，并予評論或注釋考證，可謂宋代詩歌總集。是書資料頗為豐富，對前人評述，作“博稽深訂”，保存不少散佚資料和詩作，由於所收詩家太多，涉及範圍太廣，難免有錯訛、重複、失考之處。但仍不失為研究宋詩之重要文獻。

初唐四杰集三十七卷　(清)項家達輯

清乾隆四十六年(1781)星渚項氏刻本　8册　半葉9行21字　白口　單魚尾　四周雙邊　框高18厘米　寬13厘米

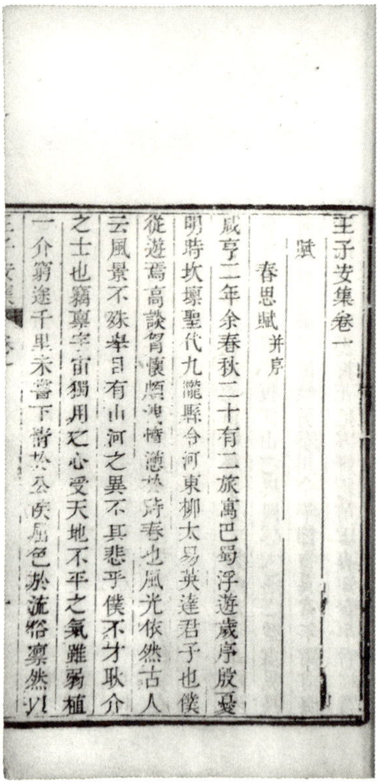
王子安集卷一
賦
春思賦并序
咸亨二年余春秋二十有二旅寓巴蜀浮遊歲序殷憂
明時坎壈聖代九隴縣令河東柳太易英達君子也僕
從遊焉高談胸懷頗洩憤懣於時春也風光依然古人
云風景不殊舉目有山河之異不其悲乎僕不才耿介
之士也竊稟宇宙獨用之心受天地不平之氣雖弱植
一介窮途千里未嘗下情於公侯屈色於流俗凜然以

項家達(生卒年不詳)，字仲兼，號豫齋，江西九江市星子縣人，清乾隆三十四年(1769)進士，授翰林院編修，入國史館武英殿，參與編纂《四庫全書》。其才華出衆，乾隆帝南巡時，屢次召見，命其步韻作詩。曾任刑部主事，主試河南、四川等省鄉試。

王勃(650—676)，字子安，絳州龍門(今山西河津)人。少時即顯露才華，曾任虢州參軍。後往交趾探父，溺水受驚而死。詩以五言律詩、五言絶句為主，他的駢文成就優於詩作，情感真摯動人，情思蘊藉，語言凝煉明净，顯示了唐詩文之新貌。所作《滕王閣序》著名一世。

楊炯(650—?)，華陰(今屬陝西)人。曾官校書郎、詹事司直，後任盈川令。他五言律詩成就較大，最著名為邊塞詩、從軍詩。這類題材詩作往往氣勢較盛，如《從軍行》等幾首，體現了“骨氣”、“剛健”之文風。

盧照鄰(約635—約689)，字昇之，號幽憂子，幽州範陽(今河北涿縣)人。曾官新都尉，後為風痹症所苦，投潁水而死。其擅長七言歌行，代表作《長安古意》，詩筆縱橫奔放，富麗而不浮豔，用傳統題材寫出當時長安現實生活中形形色色，托“古意”實抒今情。

駱賓王(619—約 687)，字觀光，婺州義烏(今浙江義烏)人。幼年資質穎悟，聰慧過人，七歲時即景賦《詠鵝》詩，傳遍鄉閭，譽為神童。曾從軍西域，歷任侍御史、臨海縣丞、藝文令等官職。詩作頗多，尤擅七言歌行，名作《帝京篇》為初唐罕有長篇，五律也有不少佳作。

“四杰”詩文取材較為廣泛，風格清新，對唐代文風轉變起了促進作用，詩在内容和藝術風格上以突破齊梁“宫體”詩風為特色，文無論抒情、説理或叙事，都能運筆如舌，揮灑自如，在詩歌發展和文章風格上起到承前啓後之作用。

板橋集　(清)鄭燮撰

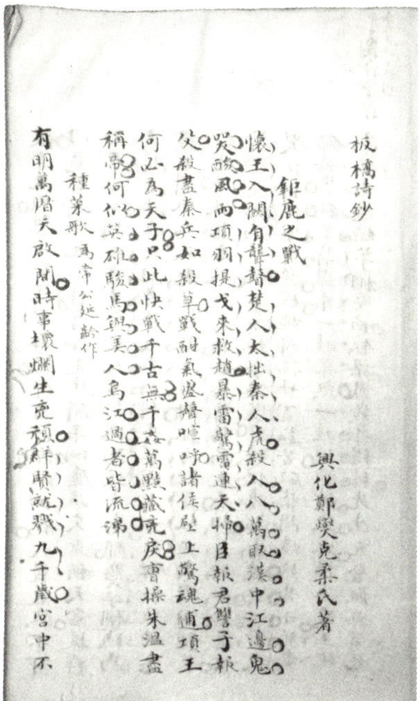
板橋詩鈔
興化鄭燮克柔氏著
鉅鹿之戰
懷王入關自聾瞽，楚人太拙秦人虎。殺人八萬取漢中，江邊鬼哭酸風雨。項羽提戈來救趙，暴雷驚電連天掃。臣報君讐子報父，殺盡秦兵如殺草。戰酣氣盛聲喧呼，諸侯壁上驚魂逋。項王何必為天子，只此快戰千古無。千奇萬點藏兇戾，曹操朱温盡稱帝。何似英雄駿馬與美人，烏江過者皆流涕。
種菜歌　為常公延齡作
有明萬曆天啟閒，時事壞爛生兇頑，……九千歲宮中不

抄本　1 册　半葉 10 行 22—25 字　白口　無魚尾　無邊框

鄭燮(1693—1765)，字克柔，號板橋，世稱鄭板橋，江蘇興化人，清代著名書畫家、文學家。清乾隆元年(1736)進士，曾任山東範縣、濰縣縣令，為官清廉剛正，因請賑得罪大吏被罷官。其以“詩、書、畫”三絶聞名於世，性格曠達，為人疏放不羈，做官前後，均居揚州，以賣畫為生，為“揚州八怪”之一。

《板橋集》有“詩鈔”、“詞鈔”、“小唱”、“題畫”、“家書”，其中“題畫”為後世門人整理，其詩多用白描手法，大都直率淺切、明白流暢；詞多寫景狀物及酬贈，不乏佳篇；散文風格真率自然，富有情趣。是書取材廣泛，形式多樣，内容樸實，反映社會黑暗，同情人民疾苦，詠物述懷，念親感恩，客觀反映作者淡泊之生活、高雅之情操。此抄本小楷，字迹清晰流暢，頗有藝術觀賞價值。

東坡先生詩集注三十二卷　(宋)蘇軾著　(宋)王十朋撰集　(明)茅維閱　東坡紀年録一卷　(宋)傅藻撰

明萬曆年間刻本　12 册　半葉 10 行 21 字　雙行小字同　白口　左右雙邊　框高 23 厘米　寬 15 厘米

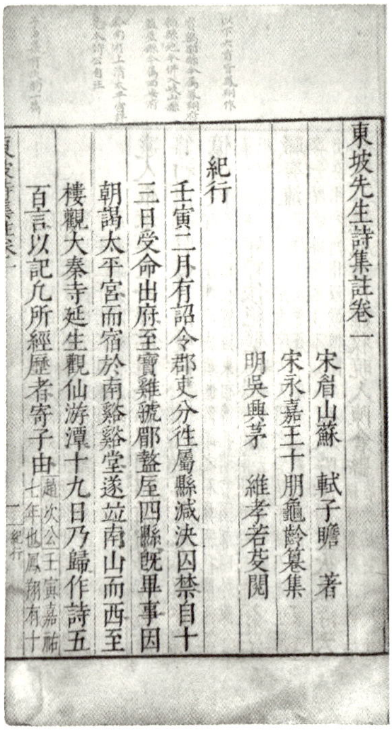
東坡先生詩集註卷一
宋眉山蘇　軾子瞻　著
宋永嘉王十朋龜齡纂集
明吳興茅　維孝若芟閱
紀行
壬寅二月有詔令郡吏分往屬縣減決囚禁自十
三日受命出府至寶雞虢郿盩厔四縣既畢事因
朝謁太平宮而宿於南谿谿堂遂並南山而西至
樓觀大秦寺延生觀仙游潭十九日乃歸作詩五
百言以記凡所經歷者寄子由

蘇軾(1037—1101),字子瞻,又字和仲,號“東坡居士”,眉州(今四川眉山)人,南宋高宗朝乾通六年,贈太師。北宋著名文學家、書畫家、散文家、詩人、豪放派詞人代表。他與父親蘇洵、弟弟蘇轍皆以文學名世,世稱“三蘇”。

王十朋(1112—1171),字龜齡,號梅溪,温州樂清(今屬浙江)人,宋高宗紹興二十七年(1157)進士,南宋著名政治家和詩人。他學識淵博,詩文自有風格。

茅維(約 1576—約 1633),字孝若,歸安(今浙江湖州)人,茅坤之子。其經歷坎坷,兩次赴試不第,終於明萬曆四十三年(1615)中舉。主要成就在詩文和戲劇方面,著有:《嘉靖達政記》、《幽憤録》、《藿忱録》、《南隅書畫録》、《迂談》、《十賚堂甲集》、《十賚堂乙集》、《十賚堂丙集》、《佩觿草》、《菰園初集》、《閩游集》、《北闈蕡言》、《淩霞閣内外編諸曲》等。

傅藻(1321—1392),字伯長,號國章。浙江義烏人。歷任翰林編修、監察御史、東宫文學、武昌知府、河南廉訪使。告老還鄉後,在今義烏杜門創建杜門書院。著有《國章春秋》、《紀行詩》等。

《東坡先生詩集注》前有王十朋、趙夔二序,附傅藻撰《東坡紀年録》一卷,全書收詩二千五百餘首。卷首書名下刊“宋眉山蘇軾子瞻著,宋永嘉王十朋龜齡纂集,明吴興茅維孝若芟閱”。書内有朱色眉注,字迹清晰秀美。收録了蘇軾一生的鴻篇巨著。内容豐富,資料翔實,是蘇學研究之重要參考書。

明詩綜一百卷　(清)朱彝尊選録　(清)汪森等輯評

清乾隆年間刻本　32 册　半葉 11 行 21 字　雙行 27 字　白口　單魚尾　左右雙邊　框高 19 厘米　寬 14.5 厘米

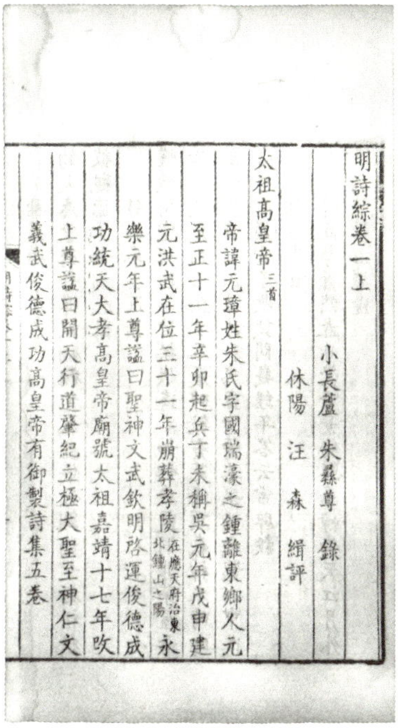
明詩綜卷一上
小長蘆　朱彝尊　錄
休陽　汪　森　緝評
太祖高皇帝三首
帝諱元璋姓朱氏字國瑞濠之鍾離東鄉人元
至正十一年辛卯起兵丁未稱吳元年戊申建
元洪武在位三十一年崩葬孝陵在應天府治東北鍾山之陽永
樂元年上尊謚曰聖神文武欽明啓運俊德成
功統天大孝高皇帝廟號太祖嘉靖十七年改
上尊謚曰開天行道肇紀立極大聖至神仁文
義武俊德成功高皇帝有御製詩集五卷

朱彝尊，生平參見《日下舊聞》。

汪森(1653—1726)，字晋賢，號碧巢，浙江桐鄉人。清康熙拔貢。官廣西桂林府通判。累遷户部江西司郎中。與其兄弟三人均為著名學者，他們讀書藏書，不遺餘力，多方收羅、勘校典籍，世稱“汪氏三子”。汪森工詩文韻語，有《小方壺存稿》、《旅行日記》及“粤西三載”等，是清初著名文學家，浙江詞派主要詞人之一。

《明詩綜》卷一收録明室諸帝王之作；卷二至卷八十二按時代先後收録詩家作品；卷八十三至卷九十九分别輯録了宫掖、宗室、閨門、僧道、土司、屬國、神鬼等詩；卷一百收録民間雜歌、謡辭。共收録從明洪武至崇禎朝三千四百餘詩人作品。其中卷二為劉基的一百零四首，卷八為高啓的一百三十八首，其他一般小家大多祇選一二首。其意在無論作者是否有成就，祇因詩而存其人，或因人而存其詩。

昭明文選六十卷　(南朝梁)蕭統編　(唐)李善注　(清)何義門評點　(清)葉樹藩參訂

清乾隆三十七年(1772)海録軒朱墨套印本　12 册　半葉 12 行 25 字　雙行小字 37 字　白口　單魚尾　左右雙邊　框高 19.2 厘米　寬 15 厘米

蕭統，生平參見《六臣注文選》。

李善，生平參見《六臣注文選》

何義門，生平參見《分類字錦》。

葉樹藩(1740—1784)，字星衛，號涵峰，江蘇吴縣人，少入太學，浙江紹興知府葉士寬之子。其擅長選學，以文學知名，兼工詩畫，一生校刻《文選》，為清代選學家。但屢試不第，反遭科場舞弊案無辜獲罪，而卒死異地。

《昭明文選》選編先秦至梁以前各種文體代表作品，分為賦，詩，騷，七，詔，册，令，教，文，表，上書，啓，彈事，箋，奏記，書，檄，移，對問，設論，辭，序，頌，贊，符命，史論，史述贊，論，連珠，箴，銘，誄，哀，碑文，墓志，行狀，吊文，祭文三十八類。其中以楚辭、漢賦和六朝駢文占有相當比重，詩歌則多選對偶嚴謹之顔延之、謝靈運等人作品，陶淵明等人平易自然之作則入選較少。作品劃分之類别，則反映漢魏以來文學發展、文體增多之歷史現象。為中國古代第一部文學作品總集，對後世文學發展有較大影響。

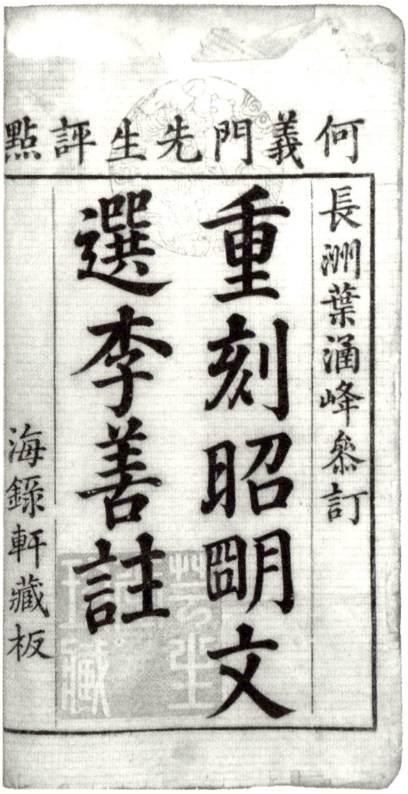
何義門先生評點
長洲葉涵峰參訂
重刻昭明文選李善註
海錄軒藏板

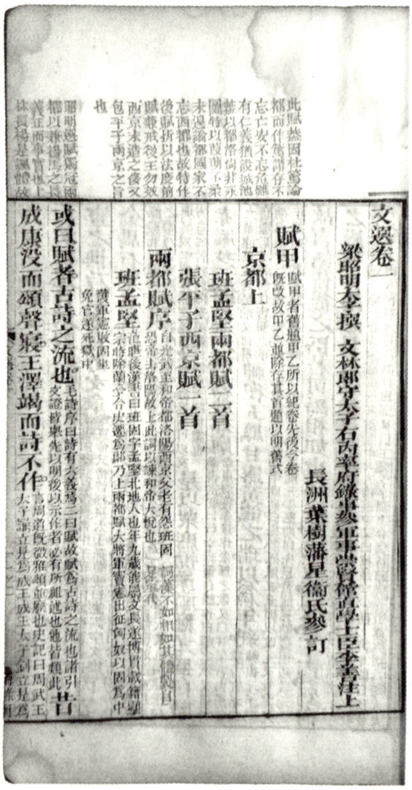
文選卷一
梁昭明太子撰 文林郎守太子右内率府録事參軍事崇賢館直學士臣李善注上
長洲葉樹藩星衛氏參訂
賦甲
京都上
班孟堅兩都賦二首
張平子西京賦一首
兩都賦序
班孟堅
或曰賦者古詩之流也
成康沒而頌聲寢王澤竭而詩不作

思綺堂文集十卷 （清）章藻功撰注

清康熙六十一年(1722)刻本(有作者畫像) 10册 半葉10行22字 雙行小字同 白口 單魚尾 四周單邊 框高20厘米 寬14.5厘米

章藻功(生卒年不詳)，字豈績，浙江錢塘(今浙江杭州)人，清代詩文家。

幼承家學。清康熙四十二年(1703)進士,改翰林院庶吉士,在官五月,即引疾歸,事母終身。專工駢文,以新巧勝,與陳維崧、吴綺皆齊名,乃遁為別調。

《思綺堂文集》為駢體文集,約三百篇。以賦物、贈友之篇較出色,傳作揖《序》曰:"若贈友賦物諸篇,率皆至性流露,好語動人,非泛泛鋪叙誇工鬥麗之比"。駢文風格以"新巧"、"雕携"為特色,是集"措詞雅,對仗工,而其開闔頓宕,起伏照應,盤旋空際,一氣折行",善於用宋詩文中之優美詞句作對,繼承了宋代駢文之格調。以年代排序,每卷各自為注,凡引經證史必尋根著實,是清代著名之駢體文集。

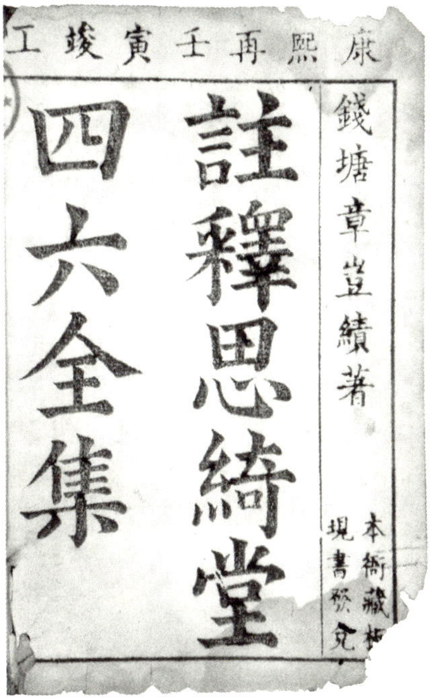
康熙再壬寅鋟
錢塘章豈績著
註釋思綺堂四六全集
本衙藏板
現書發兌

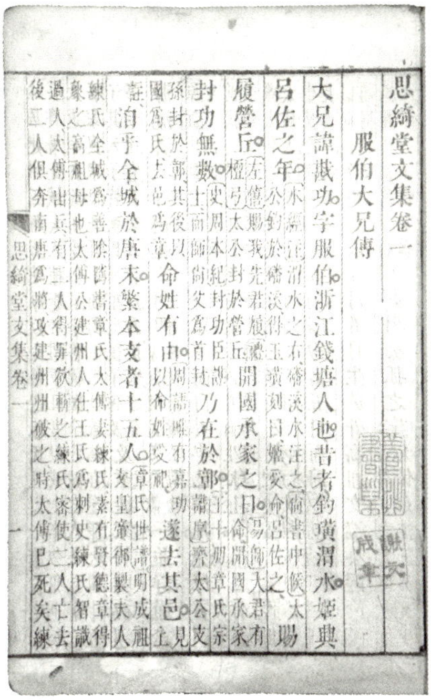
思綺堂文集卷一
服伯大兄傳
大兄諱甡功字服伯浙江錢塘人也昔者釣璜渭水……

重訂唐詩別裁集二十卷　(清)沈德潛選　存卷一至卷二　卷十四至卷十八

清乾隆二十八年(1763)教忠堂刻本　存3册　半葉10行19字　雙行小字28字　白口　單魚尾　左右雙邊　框高16.8厘米　寬13.3厘米

沈德潛(1673—1769),字確士,號歸愚,長洲(今江蘇蘇州)人,早年勤奮問學,清乾隆元年(1736)薦舉博學鴻詞科,四年(1739)進士,曾任内閣學士兼禮部侍郎,以詩文名世。有《古詩源》、《明詩別裁》、《清詩別裁》、《竹嘯軒詩鈔》、

《矢音集》、《歸愚文鈔》、《歸愚文續》、《説詩晬語》、《浙江省通志圖説》、《南巡詩》等。

《重訂唐詩別裁集》選作家二百七十餘人，收詩作一千九百餘首，分體編排，取杜甫《戲為六絶句》中“别裁偽體親風雅”語“别裁”為名。是書除重點選録李白、杜甫、王維、白居易、李商隱、岑參、韋應物、韓愈等名家外，還選録不少一般詩家之作，題材和風格豐富多彩，有不同時期、不同流派、不同體裁之作品，基本反映唐代詩歌創作面貌。同時附有簡要評注，以助理解詩意。

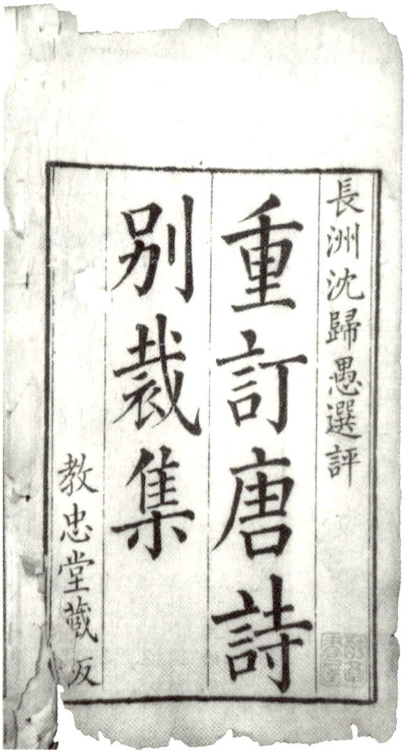
長洲沈歸愚選評
重訂唐詩
別裁集
教忠堂藏版

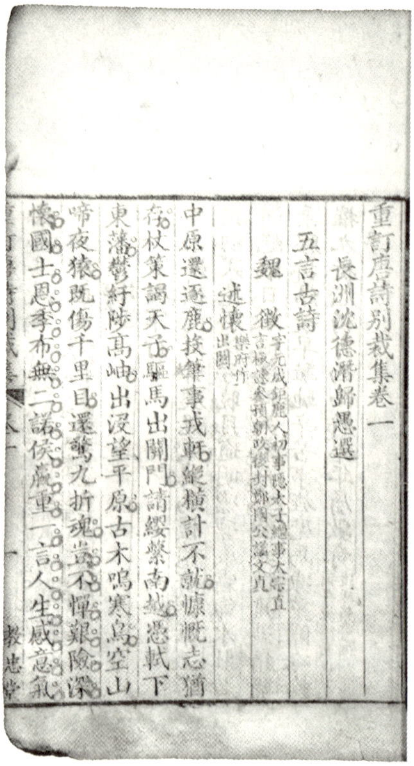
重訂唐詩別裁集卷一
長洲沈德潛歸愚選
五言古詩
魏　徵 字玄成鉅鹿人初事隱太子後事太宗位言極諫參預朝政後封鄭國公謚文貞
述懷 樂府作出關
中原還逐鹿投筆事戎軒縱橫計不就慷慨志猶
存杖策謁天子驅馬出關門請纓繫南越憑軾下
東藩鬱紆陟高岫出沒望平原古木鳴寒鳥空山
啼夜猿既傷千里目還驚九折魂豈不憚艱險深
懷國士恩季布無二諾侯嬴重一言人生感意氣
重訂唐詩別裁集　卷一　一　教忠堂

烏絲詞四卷　（清）陳維崧撰　（清）鄒祗謨　（清）王士禛評　（清）孫默較

清康熙七年（1668）雷松閣刻本　4 册　半葉 9 行 21 字　雙行小字同　白口　左右雙邊　框高 18.3 厘米　寬 13.3 厘米

陳維崧（1625—1682），字其年，號迦陵，江蘇宜興人。自幼多才多藝，會賞畫、彈箜篌、懂音律，熱愛戲曲，但多次科考不第。清康熙十八年（1679），舉博學鴻詞科，授官翰林院檢討，工詩、詞、駢文，其駢體文屬清初大家。詞作品極多，被稱為“明末清初詞壇第一人”。著有《湖海樓全集》、《湖海樓詩集》、《陳迦陵文集》、《陳迦陵詞集》、《陳檢討四六文集》、《兩晉南北史集珍》等。

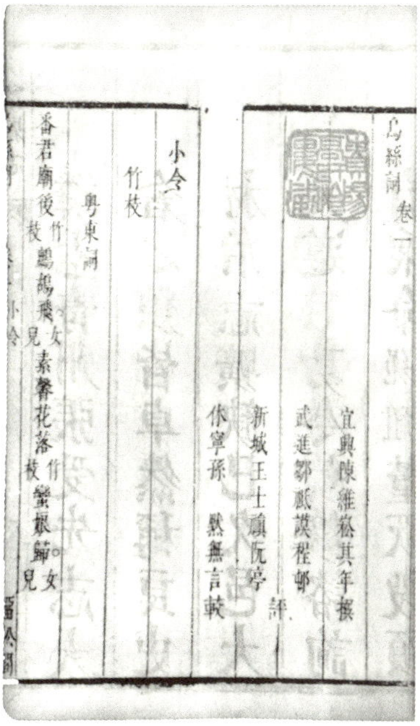
烏絲詞卷一
宜興陳維崧其年撰
武進鄒祗謨程邨
新城王士禛阮亭 評
休寧孫默無言較
小令
竹枝
粵東詞
番君廟後竹枝鷓鴣飛女兒素馨花落竹枝蠻娘歸女兒

鄒祗謨（1630—1670），字訏士，號程邨，別號麗農山人，江蘇武進人。清順治十五年（1658）進士。博學多才藝，廣陵詞壇核心人物之一，清初著名文士。有《遠志齋集》、《麗農詞》、《遠志齋詞衷》、《倚聲初集》等。

王士禛，生平參見《長白山録》。

孫默（1613—1678），字無言，又字桴庵，號黃嶽山人，安徽休寧人。廣陵詞壇之重要人物。雖不以著詞聞名，但采輯彙編刊刻之松閣版《國朝名家詩餘》是迄今所知清代最早一部規模宏偉之詩詞總集，對清詞發展有極大作用。

《烏絲詞》有小令九十六首，中調四十首，長調一百三十首，共一百三十八調，二百六十六首詞。題材廣泛，有唱酬與寫景，閨情與詠物，寄托與感慨，也有反映社會現實，寫出自己懷才不遇及國家存亡悲憤之詞，風格以豪放為主，兼有清真嫻雅，大量使用虛字技巧和散文句式，是書反映出廣陵詞之特色和風格。

施注蘇詩四十二卷　補遺二卷　總目二卷　王注正譌一卷　墓志銘一卷　本傳一卷　東坡先生年譜一卷　（宋）蘇軾撰　（宋）施元之注　（清）邵長蘅　（清）顧嗣立等刪補

清康熙三十八年（1699）宋犖宛委堂刻本　10 冊　半葉 10 行 21 字　雙行小字 31 字　黑口　單魚尾　四周單邊　框高 19 厘米　寬 14.3 厘米

蘇軾，生平參見《東坡先生詩集注》。

施元之（生卒年不詳），字德初，吳興人，宋紹興二十四年（1154）進士，歷仕著作佐郎、起居舍人、左司諫及衡州、贛州等地方官。擅長古文，讀書簽博，為宋代著名刻書家。

邵長蘅，生平參見《古今韻略》。

顧嗣立，生平參見《元詩選》。

《施注蘇詩》卷一至卷三十九，收蘇詩一千八百八十四首，以先後时序編排，起宋嘉祐六年(1061)二十六歲赴鳳翔府(今陜西鳳翔縣)任節度判官廳公事，止於建中靖國元年(1101)，六十六歲卒於毗陵(今江蘇常州)；卷四十收二十九首遺詩，卷四十一至卷四十二收“和陶詩”一百二十二首。是書徵引古書注釋蘇詩中之典故、名物，同時，在詩題下對本詩背景等進行説明。每首詩之後附以注文，并對施注删削增補，邵長蘅“注蘇例言”中説：“施注佳處，每於注題之下多所發明，少或數言，多至數百言，或引史以證詩，或因詩以存人，或援此以證彼，務闡詩旨，非取泛濫，間亦可補正史之闕遺，即此一端，迥非諸家可及。”

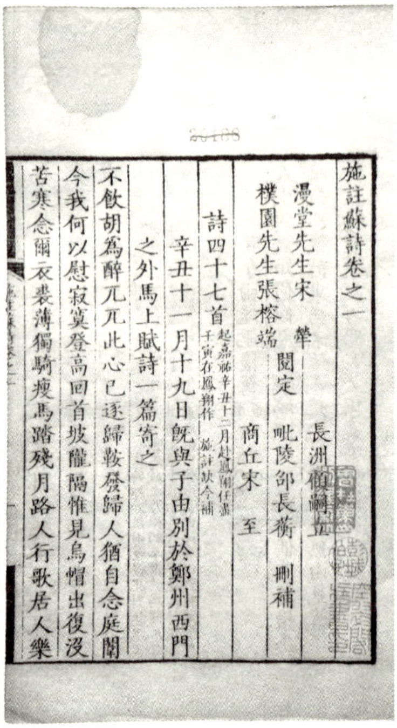
施註蘇詩卷之一
漫堂先生宋　犖　長洲顧嗣立
樸園先生張榕端　閱定　毗陵邵長蘅　刪補
商丘宋　至
詩四十七首 起嘉祐辛丑十二月赴鳳翔任盡壬寅在鳳翔作 施註缺今補
辛丑十一月十九日既與子由別於鄭州西門
之外馬上賦詩一篇寄之
不飲胡爲醉兀兀此心已逐歸鞍發歸人猶自念庭闈
今我何以慰寂寞登高回首坡隴隔惟見烏帽出復沒
苦寒念爾衣裘薄獨騎瘦馬踏殘月路人行歌居人樂

洹詞十二卷　(明)崔銑撰

清乾隆三十六年(1771)刻本　8 册　半葉 10 行 20 字　細黑口　四周雙邊　框高 17 厘米　寬 13.5 厘米

崔銑(1478—1541)，字子鍾，又字仲凫，號後渠，又號洹野，世稱後渠先生，謚文敏，河南安陽人。明弘治十八年(1505)進士，入翰林編修，後官至南京禮部右侍郎。他剛正不阿，不畏權勢，敢於直言，得罪宦官劉瑾，不被重用，一生為官少，治學多，著作頗豐，有《彰德府志》、《後渠庸言》、《松窗寤語》、《晦庵文鈔續集》、《讀易餘言》等二十餘種，為明代中葉著名學者。

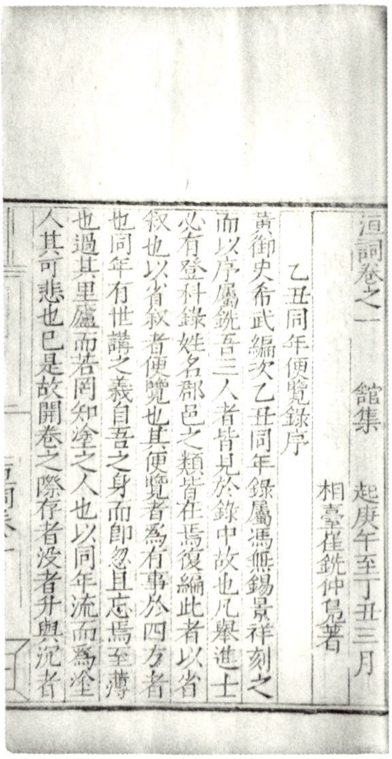
洹詞卷之一
館集　起庚午至丁丑三月
相臺崔銑仲鳧著
乙丑同年便覽錄序
黃御史希武編次乙丑同年錄屬馮無錫景祥刻之
而以序屬銑吾三人者皆見於錄中故也凡舉進士
必有登科錄姓名郡邑之類皆在焉復編此者以省
敘也以省敘者便覽也其便覽者爲有事於四方者
也同年有世講之義自吾之身而即忽且忘焉至薄
也過其里廬而若罔知塗之人也以同年流而爲塗
人其可悲也已是故開卷之際存者没者升與沉者

黄邦宁，曾任河南彰德府(安陽)知府，編印《岳忠武王文集》，其生平不詳。

《洹詞》卷一至卷二《館集》，卷三《退集》，卷四《雍集》，卷五至卷十《休集》，卷十一至卷十二《三仕集》。是書不分體裁，以編年排次，包括序、記、書信、雜感、短論、墓銘等，多涉均田、重農、興水利、輕徭賦等實政方式，認為“治有三要，曰重農、曰抑商、曰道儉”，强調治民與治財為治國基礎，稱頌忠直，褒揚廉樸。反映其為政主張和學術思想，體現其價值觀和人生觀。但其中也有反對農民起義，宣揚封建迷信活動等内容。因其家鄉安陽有洹水，故取為書名。

徐文長文集三十卷　(明)徐渭撰　(明)袁宏道評點

明萬歷年間讀書坊藏板　10 册　半葉 9 行 20 字　雙行小字同　白口　四周單邊　單魚尾　框高 20.8 厘米　寬 14.7 厘米

徐渭(1521—1593)，初字文清，后改字文長，號天池山人，山陰(今浙江省紹興)人，他在詩文、戲劇、書畫等各方面均能獨樹一幟，是一位詩文、書畫、戲曲皆擅之奇人。其詩文創作取前人之長，又富於個人創造，對許多重要的社會與倫理問題提出了自己見解，是具有革新精神之文學家和藝術家。受到唐宋派古文家唐順之、公安派首領袁宏道等人贊賞。

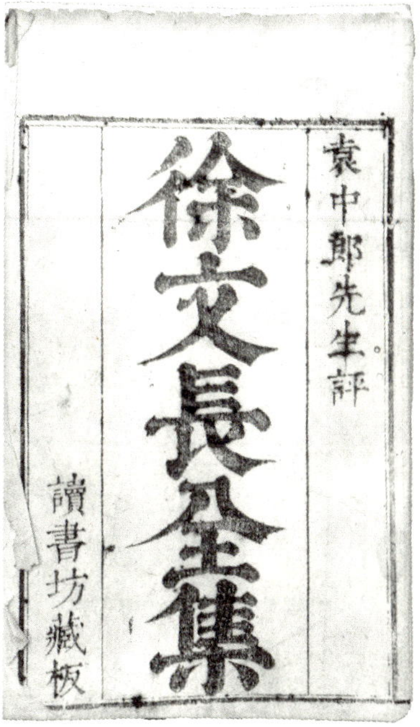
袁中郎先生評
徐文長全集
讀書坊藏板

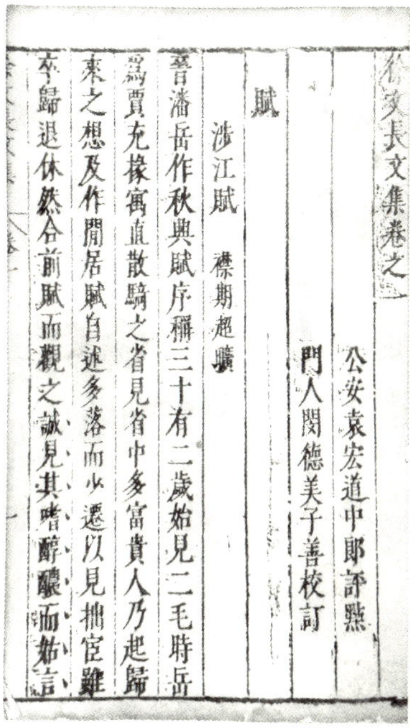
徐文長文集卷之
公安袁宏道中郎評點
門人閔德美子善校訂
賦
涉江賦　襟期超曠
晉潘岳作秋興賦序稱三十有二歲始見二毛時岳
為賈充掾寓直散騎之省見省中多富貴人乃起歸
來之想及作閒居賦自述多落而少遷以見拙宦雖
卒歸退休然合前賦而觀之誠見其嗜醇醲而始言

《徐文長文集》收詩文三十卷，卷首載黄汝亨序及陶望齡撰徐文長傳，書後附《四聲猿》一卷。是書文學體裁豐富，包括詩、賦、樂府、詞、表、疏、啓、書、論、策、傳記、序跋、碑銘、行狀、祭文、雜著。其内容務實而廣泛，思想深刻，反映民生疾苦、揭露軍政腐壞、指斥衰頽風俗、描寫自然風景，以真情和風趣打動人心，風格真摯靈活，具有個性特色，展現了著者才略和熾熱情懷。

高青邱詩集注十八卷　卷首一卷　遺詩一卷　附録一卷　（明）高啓撰（清）金檀輯注

清雍正六年（1728）文瑞樓刻本　6册　半葉11行22字　雙行小字32字　白口　單魚尾　左右雙邊　框高18厘米　寬14.5厘米

高啓（1336—1374），字季迪，號青邱，始號槎軒，長洲（今蘇州）人。明初參修《元史》，授翰林編修。明洪武三年（1370）朱元璋擬委任其户部右侍郎，不受。後被朱元璋借蘇州知府魏觀一案腰斬於南京，死時盛年。高啓為明初著名詩人，與楊基、張羽、徐賁合稱“吴中四杰”。有詩集《高太史大全集》，文集《鳧藻集》，詞集《扣舷集》。

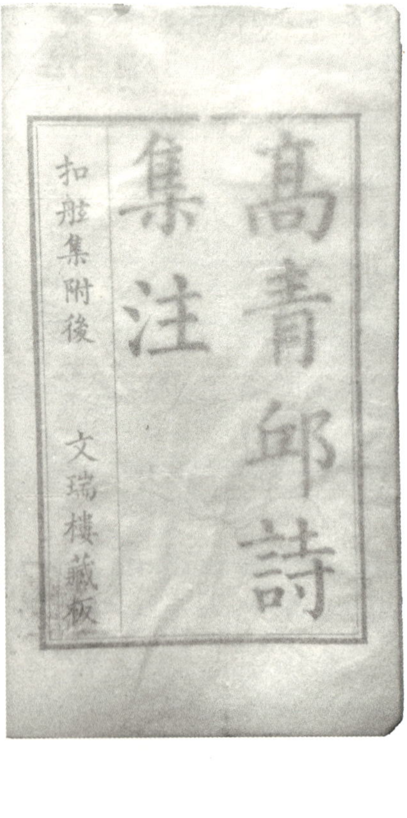

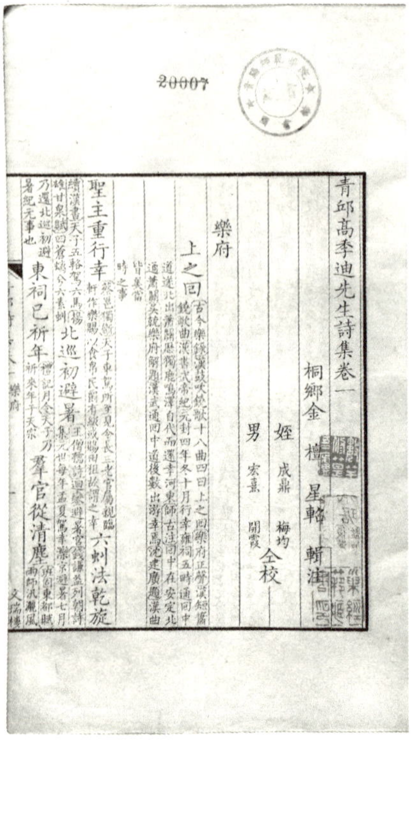

金檀(生卒年不詳),字星軺,桐鄉(今屬浙江)人。其好蓄異書,藏書處為文瑞樓。

《高青邱詩集注》詩體制不一,風格多樣,學漢魏晋唐諸體,作者才思聰逸,詩風雄健有力,富有才情,多有佳作。金檀對高詩詳細詮疏,於典故詞語,地理名物均能廣泛徵引,辨析澄明,校勘正誤,并注意詩意發掘。本書付梓後,金氏又收得部分遺詩,編為一卷,均作簡注,前置序跋、詩評、年譜等。卷末又附録,收哀誄、雜記等,是書為高啓詩集中最全版本,對研究高啓詩作頗有助益。

唐文粹(文粹　唐賢文粹)一百卷　(北宋)姚鉉輯

明嘉靖五年(1526)晋府養德書院刻本　20 册　半葉 13 行 21 字　白口　四周單邊　框高 21 厘米　寬 14.5 厘米

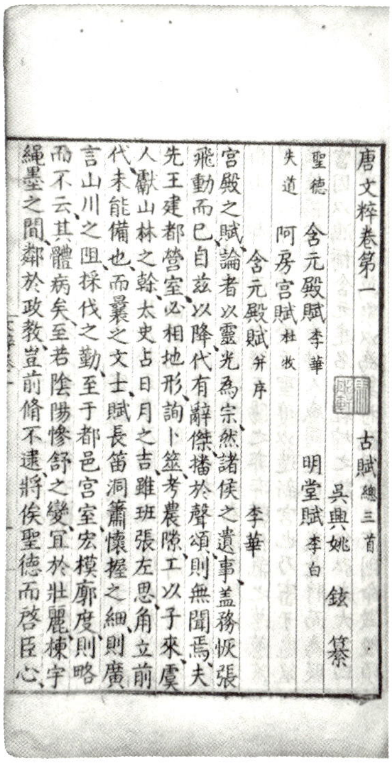
唐文粹卷第一　古賦總三首
吳興姚鉉纂
聖德　含元殿賦李華　明堂賦李白
失道　阿房宮賦杜牧
含元殿賦并序　李華
宮殿之賦論者以靈光為宗然諸侯之遺事蓋務恢張飛動而已自茲以降代有辭傑播於聲頌則無聞焉夫先王建都營室必相地形詢卜筮考農隙工以子來虞人獻山林之榦太史占日月之吉雖班張左思角立前代未能備也而彙之文士賦長笛洞簫懷握之細則廣言山川之阻採伐之勤至于都邑宮室宏模廓度則略而不云其體病矣至若陰陽慘舒之變宜於壯麗棟宇繩墨之間鄰於政教豈前脩不遠將俟聖德而啓臣心

姚鉉(968—1020),字寶之,廬州合肥(今安徽合肥)人,宋代詩文革新推動者和文學家。宋太平興國八年(983)進士,任大理評事,譚州湘鄉知縣,京東轉運使,舒州團練副使等,其不僅為政幹練,還懂得聲律,對賦體、律詩均有研究,“文詞敏麗,善札記”,藏書至多,頗有異本。

《唐文粹》選録唐代詩文,其中古賦九卷、詩九卷、頌四卷、贊二卷、表奏書疏制策六卷、文三卷、論五卷、議四卷、古文八卷、碑十五卷、銘五卷、記七卷、箴誡銘一卷、書十二卷、序八卷、傳録紀事二卷。即以文體分為十六個大類,每類下又分若干子目,共收文、賦一千一百零四篇,詩九百六十一首。其“文賦惟取古體,而四六之文不録;詩歌亦惟取古體,而五七言近體不録”,體現其宣導古體之文學主張。是書為最早之唐代古文選本,所選較精審,大都為各家代表作,收集之唐代詩文風格多樣,能反映唐代詩文嬗變過程,對後世選家有一定影響。但不收近體詩,忽視近體詩成就,對唐代詩歌成就之總結有極大片面性。

唐宋八大家文鈔一百六十四卷　（明）茅坤選編

存唐大家韓文公文鈔十六卷　（唐）韓愈撰

存唐大家柳柳州文鈔十二卷　（唐）柳宗元撰

存宋大家歐陽文忠公文鈔卷十九　（宋）歐陽修撰

明末皖省聚文堂重刻本　存13册　半葉9行20字　白口　單魚尾　四周單邊　框高20厘米　寬14.5厘米

韓愈（768—824），字退之，唐河内河陽（今河南孟州市）人，謚號文公，故世稱韓文公，自謂郡望昌黎，亦稱韓昌黎，唐貞元八年（792）進士，晚年任吏部侍郎，又稱韓吏部。唐代著名文學家、詩人、教育家。唐宋八大家之一。他在詩歌創作上作新探索。所謂“以文為詩”，别開生面，用韻險怪，開創了“説理詩派”之詩風，有《昌黎先生集》。

柳宗元（773—819），字子厚，世稱“柳河東”，因官終柳州刺史，又稱“柳柳州”，祖籍蒲州解縣（今山西永濟縣），唐代著名文學家、哲學家、教育家。唐貞

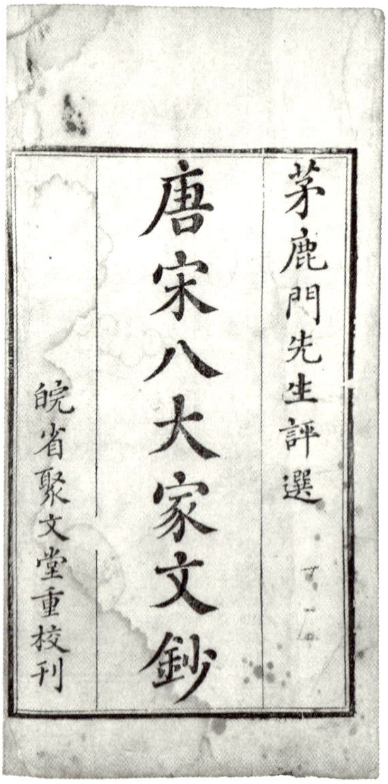
茅鹿門先生評選
唐宋八大家文鈔
皖省聚文堂重校刊

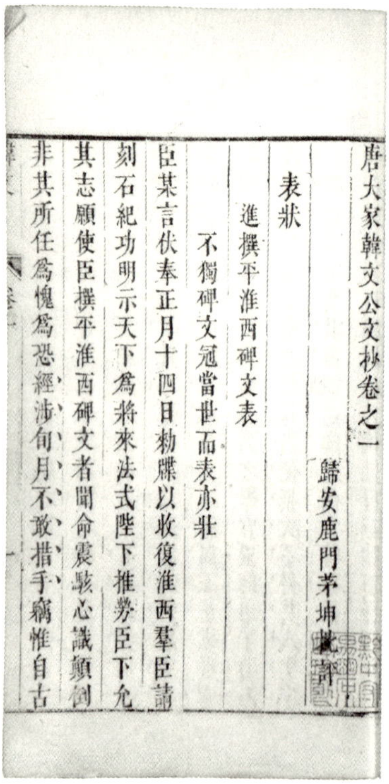
唐大家韓文公文抄卷之一
歸安鹿門茅坤批評
表狀
進撰平淮西碑文表
不獨碑文冠當世而表亦壯
臣某言伏奉正月十四日勅牒以收復淮西羣臣請
刻石紀功明示天下爲將來法式陛下推勞臣下允
其志願使臣撰平淮西碑文者聞命震駭心識顛倒
非其所任爲愧爲恐經涉旬月不敢措手竊惟自古

元九年(793)進士,十四年(807)登博學鴻詞科,授集賢殿正字。一度為藍田尉,後入朝為官,遷禮部員外郎。一生著述頗多,在詩歌、辭賦、散文、游記、寓言、小説、雜文以及文學理論諸方面都很有建樹,有《柳河東集》、《柳宗元集》。

歐陽修,生平參見《五代史記》。

茅坤(1512—1601),字順甫,號鹿門,歸安(今浙江吴興)人,明代著名作家,書法家、藏書家。明嘉靖十七年(1538)中三甲進士,歷任青陽、丹徒兩縣知縣、禮部主事、廣西兵備僉事、河南副使等職。其文武兼長,雅好書法,提倡學習唐宋古文,為明代文學流派“唐宋派”之主將,編選《唐宋八大家文鈔》影響較大,其文學創作及理論在我國古代文學史上具有重要影響。著有《白華樓藏稿》、《玉芝山房稿》、《耄年稿》、《史記鈔》等。

《唐宋八大家文鈔》是茅坤在朱右《八先生文集》和唐順之《文編》基礎上,選擇唐代韓愈、柳宗元,宋代歐陽修、蘇洵、蘇軾、蘇轍、王安石、曾鞏共唐宋八位散文家之文整理編輯而成。共一百六十四卷,計韓愈文十六卷、柳宗元文十二卷、歐陽修文三十二卷附歐氏《五代史》文二十卷、王安石文十六卷、曾鞏文十卷、蘇洵文十卷、蘇軾文二十八卷、蘇轍文二十卷,每家之前各有小引,以唐順之、王慎中評語標人。以宣導唐宋八大家主張實用、反對駢體文風之作。

唐詩金粉十卷　(清)沈炳震纂輯

清雍正二年(1724)冬讀書齋刻本　4 册　半葉 11 行 21 字　雙行小字 33 字　白口　單魚尾　左右雙邊　框高 19 厘米　寬 14.5 厘米

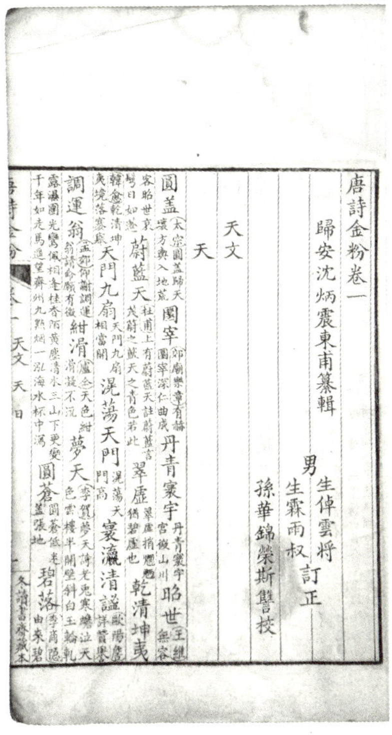
唐詩金粉卷一
歸安沈炳震東甫纂輯
男 生倬雲將 生霖雨叔 訂正
孫華錦榮斯 讐校
天文
天
圓蓋　圜宰　丹青寰宇　昭世
蔚藍天　翠虛　乾清坤夷
天門九扇　滉蕩天門　寰瀛清謐
調運翁　紺滑　夢天
圓蒼　碧落
唐詩金粉　卷一　天文　天　日
冬讀書齋藏本

沈炳震(1679—1737),字寅馭,號東甫。浙江歸安(今湖州)人。清康熙間歲貢生,自幼好學,後專攻古學,亦工詩文,考訂博辨,著述甚多,成績斐然。有《增默齋集》、《蠶桑樂府》、《增默齋雜著》、《二十一史四譜》、《唐書宰相世系表訂訛》、《歷代世系紀年編》等。

《唐詩金粉》卷一天文、時命、地理;卷二至卷四人事;卷五人倫、仙釋;卷六職官;卷七文史;卷八宫室、服御、兵器;卷九飲食、技術、音樂;卷十花木、鳥獸、魚蟲。是書從唐詩中摘出名言雋語,仿效類書分編,依類集句,可為作詩文時檢查文章詞藻之用,亦可作唐詩分類索引之用。

唐詩貫珠(唐詩貫珠箋釋)六十卷　(清)胡以梅輯釋　存卷四至卷七　卷十五至卷二十八　卷三十一至卷五十　卷五十三至卷五十七

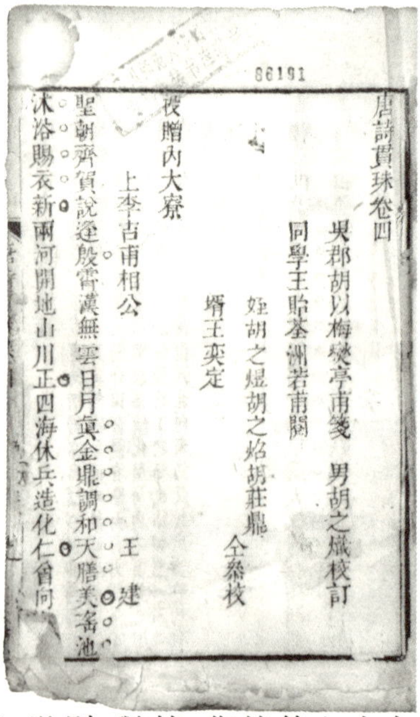
86191
唐詩貫珠卷四
吳郡胡以梅燮亭甫箋　男胡之熾校訂
同學王貽荃淵若甫閱
姪胡之煜胡之炤胡莊鼎　仝參校
壻王奕定
投贈內大寮
上李吉甫相公　王建
聖朝齊賀說逢殷霄漢無雲日月真金鼎調和天膳美畜池
沐浴賜衣新兩河開地山川正四海休兵造化仁曾向

清康熙五十四年(1715)蘇州胡氏素心堂刻本　存14册　半葉9行23字　雙行小字同　白口　單魚尾　左右雙邊　框高19厘米　寬13.8厘米

胡以梅(生卒年不詳),字燮亭,清康熙時吴郡(今江蘇省蘇州市)人,生平亦不詳,陶彝序贊其"為詩文華贍而有法,為人慷爽卓犖"。

《唐詩貫珠》選唐人七言律詩二千四百首,約占《全唐詩》七律總數四分之一,是書編排有意仿《文選》按類分編,計帝京、東都、牧守、幕佐、旅懷、送别、豔情、傷悼等七十九類。是規模較大之唐七律選本。每首後皆有箋注,分析亦詳,既有典故箋釋,又有章法結構評析。自序及凡例稱"五律文意簡潔,占風辭繁局泛,唯七律適得其中,足以盡才力而廣用途,故此編獨選","愛而珍之曰珠,從其類、通其塞曰貫"故名。

唐詩廣選七卷　(明)李攀龍編選　(明)淩宏憲集評

明淩氏刻朱墨套印本　10册　半葉8行18字　白口　四周單邊　無格欄　框高24厘米　寬14.5厘米

李攀龍(1514—1570),字于鱗,號滄溟居士,曆城(今山東濟南)人,明代著名文學家,後七子之一,被尊為"宗工巨匠",蔚為一代詞宗,他倡導文化復古運動,推崇漢魏古詩和盛唐近體詩,認為文自漢代,詩自盛唐,并寫了不少出色之五言、七言律詩和絶句。於明嘉靖三十五年(1556)辭陝西按察副使職歸故里，築白雪樓書屋，著有《古今詩删》、《擬古詩》等。

淩弘憲(生卒年不詳)，字叔度，號天池居士，係浙江淩濛初之淩氏刻書家族成員，其生平亦不詳。

《唐詩廣選》縱李攀龍《古今詩删》中所録唐詩刊行，是書前賢詩之評語甚多，列殷瑶、高仲武等共六十家，其中徵引蔣仲舒説最多。大部在簡端，或在詩尾，皆為朱墨套印。此本為淩瑞森、淩南榮所輯，其識語云："余輩即謀刻子與先生所評《唐詩選》矣，已而思寥寥數語，恐未足以盡詩之變，因廣采唐宋以及國朝諸名家語論裒益之，亦爛焉成帙耳。"具有彙評、集評之特點。

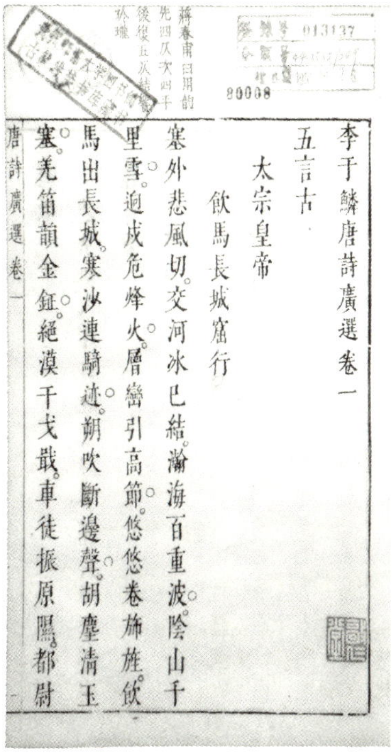
李于鱗唐詩廣選卷一
五言古
太宗皇帝
飲馬長城窟行
塞外悲風切。交河冰已結。瀚海百重波。陰山千里雪。迥戍危烽火。層巒引高節。悠悠卷旆旌。飲馬出長城。寒沙連騎迹。朔吹斷邊聲。胡塵清玉塞。羌笛韻金鉦。絶漠干戈戢。車徒振原隰。都尉
唐詩廣選卷一

唐詩類苑二百卷　(明)張之象纂輯　(清)吴榮芝重輯　存卷一百八十九至卷一百九十

清前期刻本　存 1 册　半葉 10 行 20 字　白口　單魚尾　四周雙邊　框高 20.3 厘米　寬 14 厘米

張之象(1496—1577)，字月鹿，又字玄超，别號碧山外史，晚年號王屋山人。明上海縣龍華里(今龍華鄉)人，幼穎異，明太學生。官浙江按察司知事，以吏隱自命。弃官後居秀林山，閉户著書，冬夏不輟，著述頗多，有《四聲韻補》、《韻學統宗》、《詩學指南》、《詩紀類林》、《古詩類苑》、《唐詩類苑》、《唐雅》、《史記發微》、《回文類聚》等，主編明萬曆《上海縣志》。明代學者、詩人。

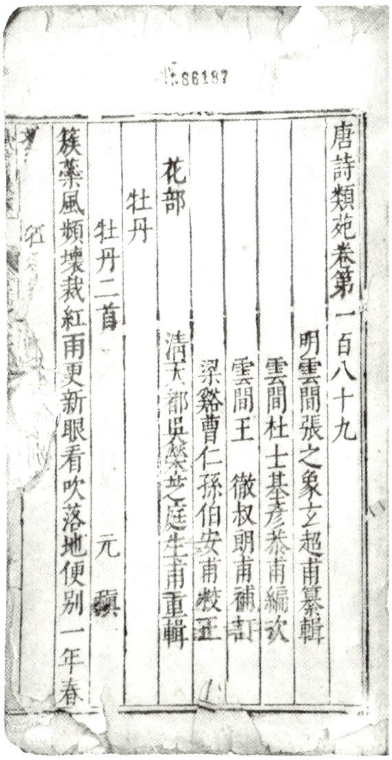
唐詩類苑卷第一百八十九
明雲間張之象玄超甫纂輯
雲間杜士基彥恭甫編次
雲間王　徵叔朗甫補訂
梁谿曹仁孫伯安甫校正
清天都吴榮芝庭生甫重輯
花部
牡丹
牡丹二首　元稹
簇蘂風頻壞，裁紅雨更新。眼看吹落地，便別一年春。

吴榮芝，字庭生，天都(今北京)人，其生平

不詳。

《唐詩類苑》收詩近三萬首，詩人一千四百餘位，按類分編為天、歲時、地、山、水、京都、州郡、邊塞、帝王、帝戚、職官、治政、禮、樂、文、武、人、儒、釋、道、居處、寺觀、祠廟、産業、器用、服食、玉帛、巧藝、方術、花、草、果、木、鳥、獸、鱗介、蟲豸、祥异、雜共三十九部，每一部類中再分若干小類，詩人姓名列於題下，從帝王權貴到公卿名士，以羽流衲子、宫闈妓流附之。并分唐代為初、盛、中、晚四個階段。其意在博取，詩逾數萬，人至千餘，雖檢擇不細，問題較多，却是《全唐詩》編纂三大本源之一，占《全唐詩》約五分之三。為現存唯一按專題分類之唐詩總集。

韋蘇州集十卷　(唐)韋應物撰　存卷一至卷五

明刻本　存1册　半葉10行18字　白口　單魚尾　左右雙邊　框高16.2厘米　寬13.4厘米

韋應物(737—792)，長安(今陝西西安)人，中唐詩歌成就較高之詩人。十五歲起以三衛郎為玄宗近侍，出入宫闈，先後為洛陽丞、京兆府功曹參軍、鄠縣令、比部員外郎、滁州刺史、江州刺史、左司郎中、蘇州刺史，唐貞元七年(791)退職。其為山水田園詩派詩人，詩風恬淡高遠，善於寫景和描寫隱逸生活，以“王孟韋柳”并稱。因做過蘇州刺史，世稱“韋蘇州”，有《韋江州集》、《韋蘇州詩集》等。

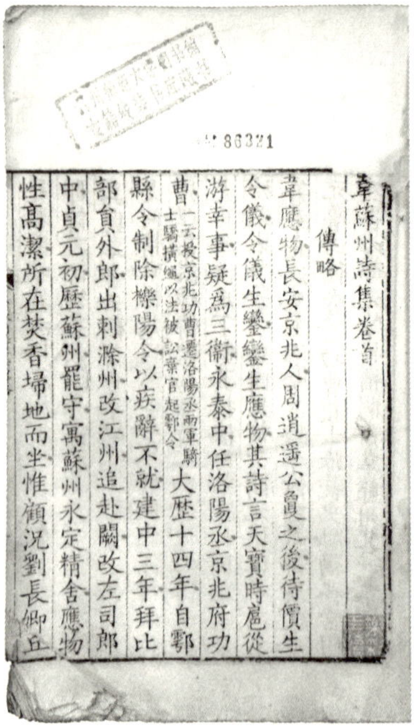

韋蘇州詩集卷首

傳略

韋應物長安京兆人周逍遥公敻之後侍價生令儀令儀生鑾鑾生應物其詩言天寶時扈從游幸事疑爲三衛永泰中任洛陽丞京兆府功曹（一云授京兆功曹遷洛陽丞兩軍騎士驕横繩以法被訟棄官起鄠令）大歷十四年自鄠縣令制除櫟陽令以疾辭不就建中三年拜比部員外郎出刺滁州改江州追赴闕改左司郎中貞元初歷蘇州罷守寓蘇州永定精舍應物性高潔所在焚香埽地而坐惟顧況劉長卿丘

《韋蘇州集》詩文五百七十一篇，有賦、雜擬、燕集、寄贈、送别、酬答、逢遇、懷思、行旅、感歎、登眺、游覽、雜興、歌行，共十四類。其山水詩景致優美，感受深細，清新自然饒有生意；田園詩清麗閑淡，平和之中時露幽憤之情；反映民間疾苦詩，頗富同情心。詞語簡潔樸素，情文相生，耐人尋味。

陳眉公訂正薛方山紀述一卷　(明)薛應旂撰　(明)陳眉公訂正

陳眉公訂正祐山雜説一卷　(明)馮汝弼撰　(明)陳眉公訂正

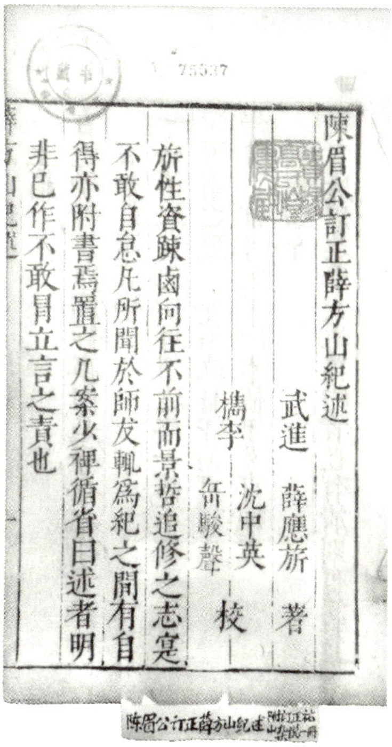

陳眉公訂正薛方山紀述

武進　薛應旂　著

檇李　沈中英　𠹉駿聲　校

旂性資踈鹵向往不前而景哲追修之志寔不敢自怠凡所聞於師友輒爲紀之間有自得亦附書焉置之几案少裨循省曰述者明非巳作不敢冐立言之責也

陳眉公訂正薛方山紀述　附訂正祐山雜説一冊

明末刻本　1 冊　半葉 8 行 18 字　白口　四周單邊　框高 19.7 厘米　寬 12.8 厘米

薛應旂(1500—1573),號方山,江蘇武進人。明嘉靖十四年(1535)進士,官至南京考功郎中。因對嚴嵩不滿,被貶為建昌通判,後官浙江提學副使。歸居後專事著述,擅長時文,著述甚豐,有《宋元資治通鑒》、《考亭淵源録》、《四書人物考》、《方山文録》、《甲子會記》、《憲章録》、《高士傳》等。

馮汝弼(1498—1577),字惟良,號祐山,平湖(今浙江嘉興)人。明嘉靖十一年(1532)進士,先後授行人司、常熟知縣、太倉知州等,調揚州府同知,不赴。歸里後,以常熟均田法、太倉均役法告知縣推行,為鄉里謀利。著有《補備遺録》、《紀建文時事》、《祐山集》、《三蘇文纂史案》等。

陳眉公(1558—1639),名繼儒,字仲醇,號眉公,華亭(今上海松江)人,是詩人、散文家、書畫家、評點家,也是大名士、暢銷書編纂家、出版家。曾隱居小昆山,得隱士之名,却常周旋於官紳間,是晚明最為複雜也最有代表性文人之一。其經歷豐富,思想博雜,經史子集、詩詞歌賦、術伎稗官、雅玩清賞無所不曉,以儒家為主,佛道兼通。甚至被冠以"山中宰相"之名。著有《真傀儡》、《陳眉公集》、《幽窗小記》等。

《陳眉公訂正薛方山紀述》上篇皆論性命之理,下篇則論治道。係其平日所鈔先正格言。前有自識,稱凡所聞於師友,輒記之。間有自得,亦附書焉。《陳眉公訂正祐山雜説》自記生平瑣事,率涉夢卜機祥。其所記他人事,亦多不出此。末載種植數方,尤與全書不類。兩書均為人生哲理之書,多為學故瑣言,藝術語録之作。

陳檢討四六二十卷 (清)陳維崧撰 (清)程師恭注

清乾隆三十五年(1770)漁古山房刻本 7冊 半葉9行21字 雙行小字同 白口 單魚尾 左右雙邊 框高15厘米 寬11.5厘米

陳維崧,生平參見《烏絲詞》。

程師恭(1650—1712),字叔才,號梧村,江家嘴車形(今安徽懷寧縣江鎮鄉江鎮村)人。清代文史學家,學問博雅,平時好古,不喜時文,禮部尚書張英聘其為家庭教師,吏部右侍郎仇兆鰲注解杜詩,曾與其證誤。

《陳檢討四六》卷一至卷二為賦十篇;卷三至卷十四為序七十六篇,卷十五至卷十七為啓二十五篇,卷十八為書、碑、頌、銘、記五篇;卷十九為誄、辭六篇;卷二十為文、跋、書後八篇。共收録陳維崧四六體文一百三十篇。陳氏駢文大量使用典故,頗為難解,程為每篇駢文都作了詳細注解。其例言稱:"集中每注其事,不參己意,止録古書,本文庶無杜撰;箋注必求原委,其事方悉,故寧詳毋略;事有相類,間有兩説者,於正注之餘偶附注焉;原集中剞劂錯誤之字俱已改正;注輯甫就,同人促之付梓,不無遺漏,有補注一册嗣附於後。"

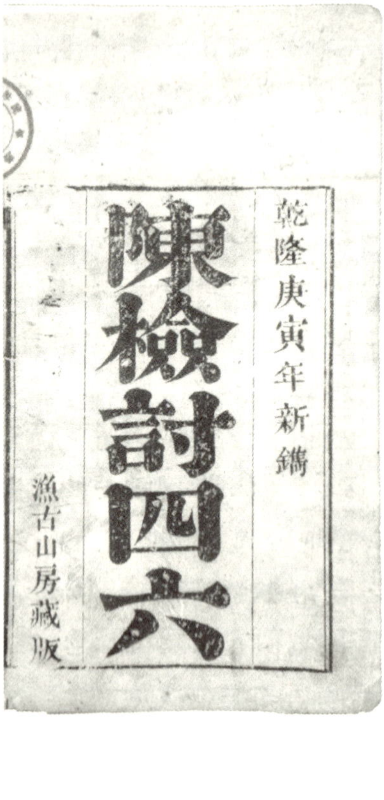

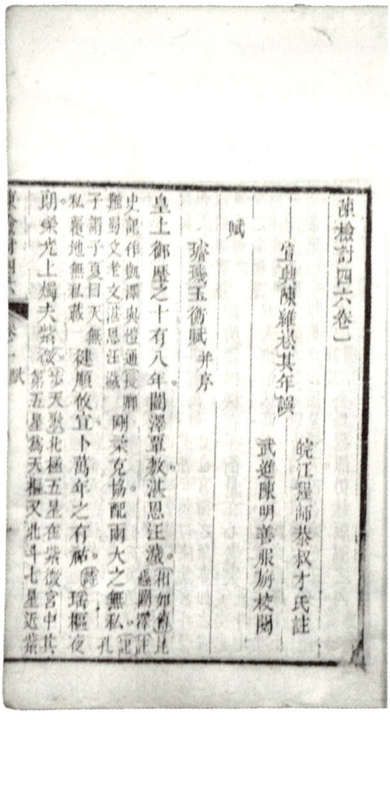

陶詩集注四卷　附東坡和陶詩一卷　(晋)陶淵明撰　(清)詹夔錫纂注

清康熙三十三年(1694)詹氏寶墨堂刻本　4册　半葉8行　19字　雙行小字同　白口　單魚尾　左右雙邊　框高18.8厘米　寬13.5厘米

陶淵明(約365—427),字元亮,號五柳先生,後改名潛,謚號靖節先生,東晋潯陽柴桑(今江西九江)人。曾做幾年小官,後辭官歸里隱居,過着貧困田園生活,固窮守節,老而益堅。田園生活是其詩作題材,被稱為"田園詩人鼻祖",作品有《飲酒》、《歸園田居》、《桃花源記》、《五柳先生傳》、《歸去來兮辭》、《桃花源詩》等,是東晋末期南朝宋初詩人、文學家、辭賦家。

詹夔錫(1634—?),字允諧,浙江錢塘(今杭州)諸生,性豪俠,好詩文,其生平記載甚少。

《陶詩集注》前有陶淵明集序,陶淵明傳,後附東坡《和陶詩》一卷。是書卷一為四言詩,有:《停雲》、《時運》、《榮木》、《贈長沙公》、《酬丁柴桑》、《答龐參軍》、《勸農》、《命子》、《歸鳥》;卷二至四為五言詩上百首,以飲酒詩、詠懷詩和田園詩三大類為主,其注者解釋較少,多為其他人士注述。

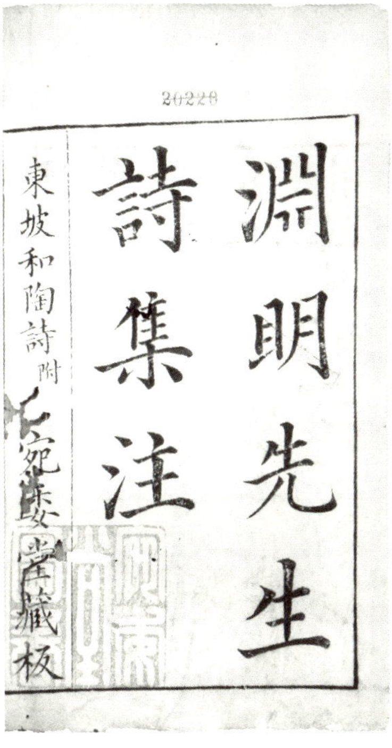

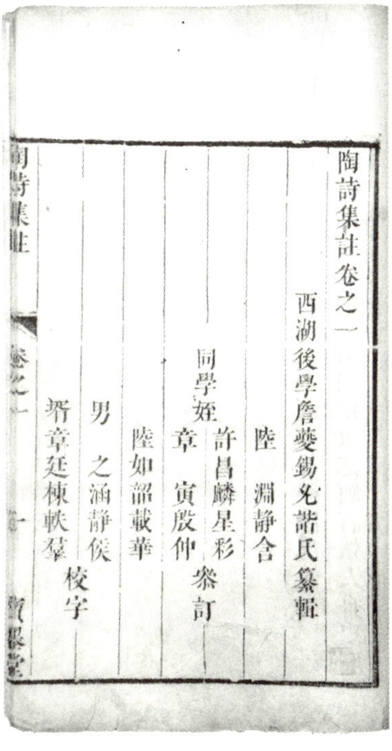

國朝浙人詩存八卷　(清)柴杰輯注　存卷一至卷二　卷五至卷六

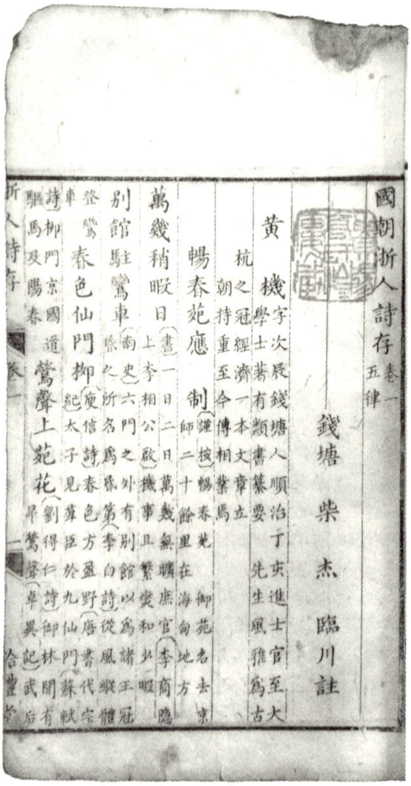
國朝浙人詩存卷一 五律
錢塘 柴杰臨川註
黃機
黃機字次辰錢塘人順治丁亥進士官至大學士著有類書纂要先生風雅爲古杭之冠經濟一本文章立朝持重至今傳相業焉、
暢春苑應制（謹按）暢春苑御苑名去京師二十餘里在海甸地方
萬幾稍暇日（書）一日二日萬幾無曠庶官（李商隱）上李相公啟機事且繁變和少暇
別館駐鸞車（南史）六門之外有別館以爲諸王冠昏之所名爲昏第（李白詩）從風縱體登鸞車
春色仙門柳（庾信詩）春色方盈野（唐書）代宗紀太子見羣臣於九仙門（蘇軾詩）柳門京國道驅馬及陽春
鶯聲上苑花（劉得仁詩）御林聞有早鶯聲（卓異記）武后
浙人詩存 卷一 一 洽禮堂

清乾隆年間洽禮堂刻本　存2冊　半葉10行19字　白口　雙順魚尾　四周單邊　框高16.9厘米　寬12.8厘米

柴杰(生卒年不詳),字臨川,錢塘(今浙江杭州)人,清乾隆五十一年(1786)舉人,官國子監助教。著有《百一草堂集唐附刻》等。

《國朝浙人詩存》為當朝浙地詩人之詩歌總集,前四卷為五律詩,後四卷為七律詩。有山水田園詩、交友唱和詩、記事感慨詩等。所收詩作,詩前皆有詩人簡介,詩文逐句注解。

庾子山集十六卷　總釋一卷　(北周)庾信撰　(清)倪璠注

清初大文堂刻本　12冊　半葉10行20字　雙行小字同　白口　單魚尾　左右雙邊　框高19.7厘米　寬14.3厘米

庾信(513—581),字子山,南陽新野(今屬河南)人,南北朝文學家。自幼隨父親庾肩吾出入於宮廷,與徐陵一起任東宮學士,為宮體文學代表作家,後奉命出使西魏,北周代魏,轉仕北周,官至驃騎大將軍開府儀同三司。其“以文學自業,專精好學,博涉經史,善屬文詞”,代表作有《哀江南賦》、《枯樹賦》等,後人所輯有《庾開府集》、《庾子山集》。

倪璠(生卒年不詳),字魯玉,錢塘(今浙江杭州)人,清代學者。清康熙間舉人,官内閣中書舍人。

《庾子山集》卷一至卷二賦;卷三至卷四詩;卷五樂府;卷六歌辭;卷七表;卷八書、啓;卷九連珠;卷十贊;卷十一序、教、傳、文;卷十二銘;卷十三至卷十四碑;卷十五至卷十六志、銘,藻、對偶、平仄等,文賦用典靈巧自然,語詞豐富、句式整齊、駢散結合。史評庾詩具有“綺豔”、“清新”、“老成”之特點。倪注不僅注釋字詞,還注意聯繫事迹和歷史背景,闡述詩文本意。

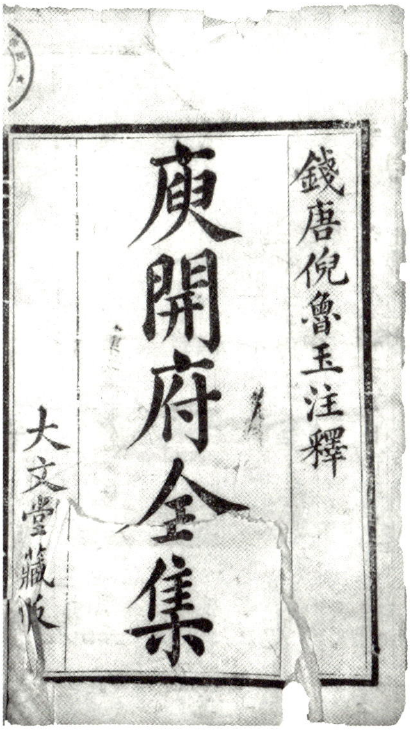
錢唐倪魯玉注釋
庾開府全集
大文堂藏版

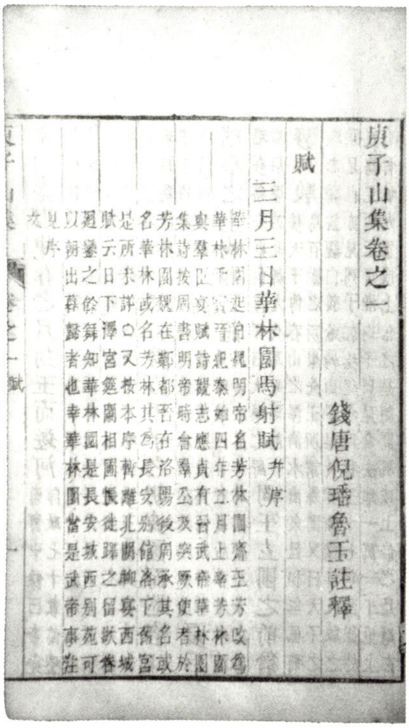
庾子山集卷之一
錢唐倪璠魯玉註釋
賦
三月三日華林園馬射賦并序

鹿忠節公集二十一卷　（明）鹿善繼撰

清初刻本　6册　半葉9行20字　白口單黑魚尾　四周雙邊　框高19.8厘米　寬14.5厘米

鹿善繼，生平參見《鹿忠節公年譜》。

《鹿忠節公集》卷一至三奏疏、揭；卷四覆疏；卷五至七序；卷八記、紀；卷九墓志銘、墓表、行略；卷十至十一議、説、引；卷十二祭文；卷十三疏、贊、啓；卷十四公移；卷十五至二十一書，約二百七十餘篇。體裁多樣，内容豐富，充分體現作者志節、事功不分離，學術、功業不分離之重實學、報國家思想，反映其人生觀、學術觀。

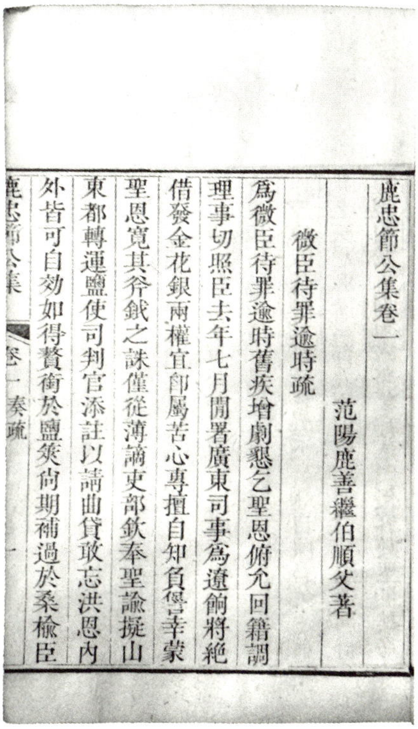
鹿忠節公集卷一
范陽鹿善繼伯順父著
微臣待罪逾時疏
為微臣待罪逾時舊疾增劇懇乞聖恩俯允回籍調
理事切照臣去年七月開署廣東司事為遼餉將絶
借發金花銀兩權宜節屬苦心專擅自知負罪幸蒙
聖恩寬其斧鉞之誅僅從薄譴吏部欽奉聖諭擬山
東都轉運鹽使司判官添註以請曲貸敢忘洪恩內
外皆可自効如得贅銜於鹽筴尚期補過於桑榆臣
鹿忠節公集　卷一　奏疏　一

鹿洲初集二十卷　(清)藍鼎元撰　(清)曠敏本評　存卷一至卷十一　存卷十四至卷十六

清雍正十年(1732)刻本　存6册　半葉9行20字　無界欄　白口　單魚尾　左右雙邊　框高18.5厘米　寬13.7厘米

藍鼎元,生平參見《平臺紀略》。

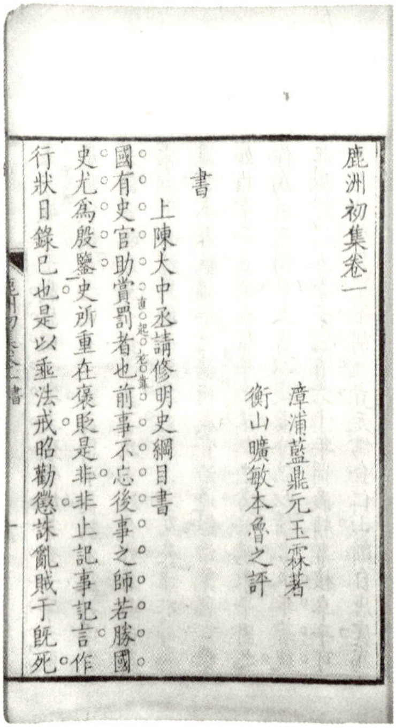
鹿洲初集卷一
漳浦藍鼎元玉霖著
衡山曠敏本魯之評
書
上陳大中丞請修明史綱目書
國有史官助賞罰者也前事不忘後事之師若滕國
史尤為殷鑒史所重在褒貶是非非止記事記言作
行狀日錄已也是以垂法戒昭勸懲誅亂賊于既死

曠敏本(1700—1784),字魯之,晚年自號岣嶁,世稱岣嶁先生,湖南衡山縣人。清乾隆元年(1736)進士,欽點翰林院庶吉士。十九年(1754)被聘為嶽麓書院山長,後母喪,離職還鄉,築室南嶽舜洞下,署曰"岣嶁精舍"。其間曾任《清泉縣志》總纂,并任石鼓書院山長。其工古文詩辭,日以著書為事,著述有《周易旁訓》、《岣嶁易述》、《岣嶁鑒撮》、《岣嶁雜著》、《岣嶁韻箋》、《删餘詩草》、《南嶽志》、《衡州府志》等,在學術界頗有影響。

《鹿洲初集》卷一至三為書;卷四至六為序;卷七至九為傳;卷十為記;卷十一為論;卷十二為圖説;卷十三為説;卷十四為考;卷十五為賦、檄、銘、箴、贊、略、事録;卷十六為讀傳、書後、跋;卷十七為壽文;卷十八為告文、祭文;卷十九為哀辭;卷二十為行狀、墓志銘、墓表。内容涉及政治、軍事、經濟、文化、教育、商貿、交通、少數民族,以及文學、史學、地理學和哲學等。是書汪氏序贊曰:"志高識遠,超然塵埃之表,議論風采,悉奉古人為師。作為文章,原原本本,可以坐言起行,功深於鎔經鑄史之中,而氣磅礴於語言文字之外,斯人與文皆奇。"

張文忠公全集(張太岳文集)四十六卷　行實一卷　(明)張居正著　(明)雷思霈　(明)馬啓圖校

明萬曆四十年(1612)江陵鄧氏刻本　16册　半葉10行20字　白口　單魚尾　四周單邊　框高21厘米　寬14.3厘米

張居正(1525—1582)，字叔大，少名白圭，號太岳，謚號“文忠”，湖廣江陵(今屬湖北)人。天性聰穎，十七歲中鄉試舉人，年二十二歲成進士，隨之入翰林院作編修官整七年，在院期間，講求政典，熟悉國情，博覽群書，慨然以天下為己任。明神宗即位後，升為首輔，獨掌國柄十年，他輔弼并教育幼沖君主，鞠躬盡瘁，死而後已。提出和領導了一場自上而下之改革運動，史稱“張居正變法”，一時治績炳然。是明代改革家、政治家、文學家，中國歷史上優秀内閣首輔，有重大歷史功績。

雷思霈(生卒年不詳)，字何思，夷陵(湖北宜昌)人。明萬曆二十九年(1601)進士，選翰林院庶吉士，授檢討。好學，通禪理，講求經世出世之法。著有《百衲閣歲星堂集》等，公安派詩人，明代文學家。

馬啓圖，生平不詳。

《張文忠公全集》卷一至卷六詩；卷七至卷十七文；卷十八至卷二十雜著；卷二十一至卷三十五書牘；卷三十六至卷四十六奏疏；卷四十七行實。收集張居正感情豐富真摯、文采絢麗精湛之詩篇和其他論著。作為改革家、政治家，

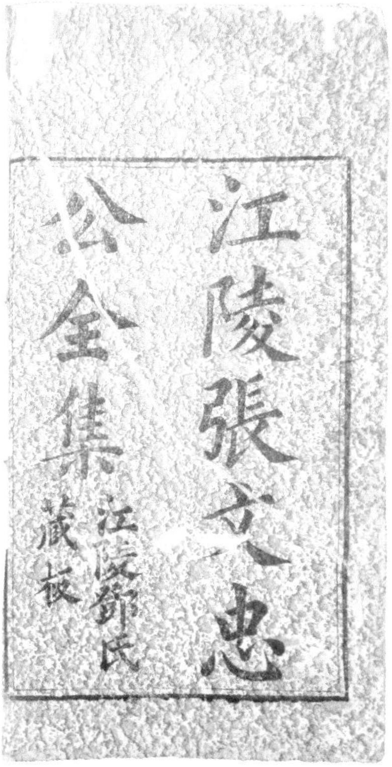
江陵張文忠公全集
江陵鄧氏藏板

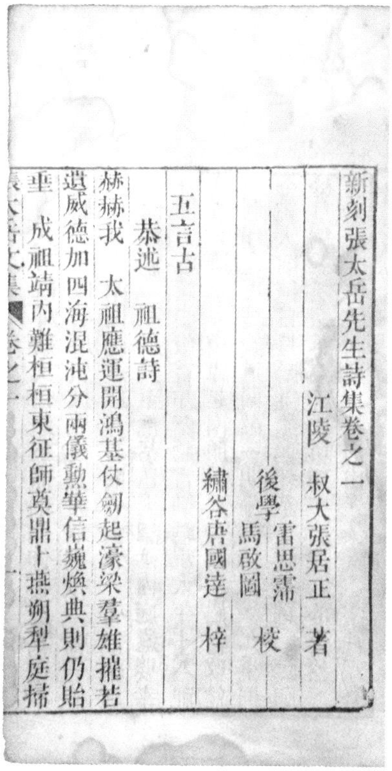
新刻張太岳先生詩集卷之一
江陵　叔大張居正　著
後學雷思霈
馬啓圖　校
繡谷唐國達　梓
五言古
恭述　祖德詩
赫赫我　太祖應運開鴻基仗劍起濠梁羣雄摧若
遺威德加四海混沌分兩儀勳華信巍煥典則仍貽
垂　成祖靖内難桓桓東征師奠鼎十燕朔犁庭掃
張太岳文集　卷之一

詩文充分反映其在政治、經濟、教育、軍事等方面之觀點、主張及改革措施，也反映了當朝政治鬥争和社會矛盾。具有很强之學術思想性，是學習和研究明史之重要歷史文獻。

雅趣藏書二十篇　(清)錢書撰

清康熙四十二年(1703)朱墨印本　2册　有圖　半葉9行25字　無行界　白口　四周單邊　框高20.5厘米　寬12.2厘米

錢書，字西山，蘇州人，生平不詳。

《雅趣藏書》，書中的二十篇八股文是從二十折戲文中摘出，鏈結起來，便成為一部八股文《西廂記》，每篇皆以版畫、詩詞、時藝為序編排，全書皆以手寫體上板，有真草隸篆四體書法，首尾鈐以篆文朱印。描寫細緻入微，層次清晰，人物刻劃栩栩如生，别開生面。是書既是描寫西廂之八股文，又是一部精美之書法集。

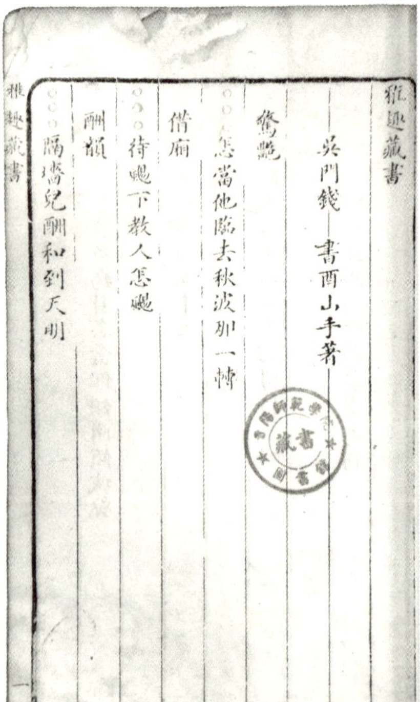

御制增訂清文鑒初編三十二卷　總綱八卷　補編四卷　補編總綱二卷　(清)傅恒等編

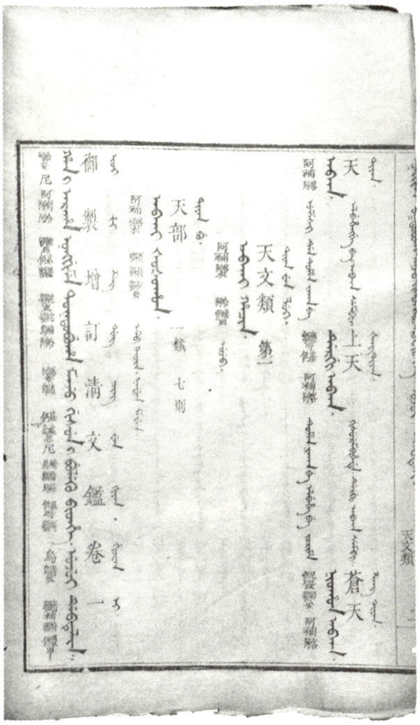
御製增訂清文鑑卷一
天部
天文類第一
天
上天
蒼天

清乾隆三十六年(1771)刻本　47 册　半葉 8 行字不等　白口　左右單邊　框高 21.8 厘米　寬 17.9 厘米

傅恒,生平參見《詩義折中》。

《御制增訂清文鑒》是大型滿漢分類詞書,該詞典以《御制清文鑒》體例為藍本,按詞語條分類排纂,設“部”、“類”、“則”三級,共收二百九十二類,增收四千七百餘條新詞,進一步規範、修訂《御制清文鑒》中漢語音譯借詞和半音譯、半意譯詞。以滿、漢文相互注音,采用漢字三合切音注釋滿文,使之更為準確,正文每類首列漢文詞語,下列滿文譯詞,其二百九十二類分類體系,為滿漢語音學研究提供語音資料,是編制滿蒙文分類詞典之典範。

御定佩文齋詠物詩選　(清)張玉書　(清)汪霦等編

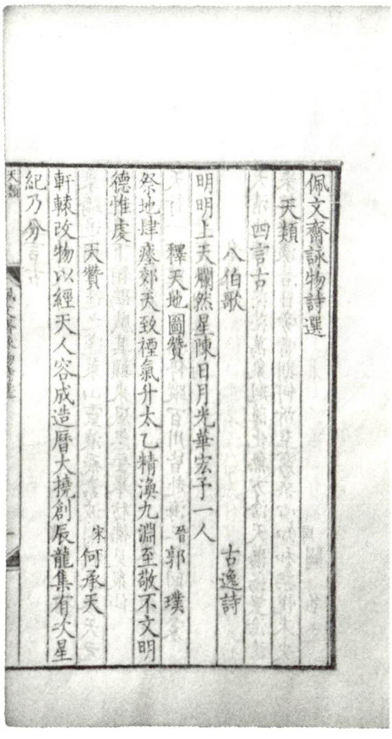
佩文齋詠物詩選
天類
四言古
明明上天爛然星陳日月光華宏予一人　八伯歌　古逸詩
釋天地圖贊　晉郭璞
祭地肆瘞郊天致禋氣升太乙精淺九淵至敬不文明德惟度
天贊　宋何承天
軒轅改物以經天人容成造曆大撓創辰龍集有次星紀乃分

清康熙四十六年(1707)内府刻本　64 册　半葉 11 行 21 字　白口　雙魚尾　左右雙邊　框高 16.3 厘米　寬 11.4 厘米

張玉書,生平參見《康熙字典》。

汪霦,字朝采,錢塘人。清康熙丙辰(1676)進士,官行人。己未召試博學鴻詞,授編修,官至户部侍郎。

《御定佩文齋詠物詩選》所録上起古初,下至明代,内容大至天地日月宇宙之巨,小至花鳥魚蟲之微,共收古今各體詩一万四千五百九十首,以詩之内容分類,共四百八十六類。每類下按四言古詩、五言古詩、七言古詩、五言律詩、五言排律、七言律詩、五言絶句、七言絶句等詩體排列。是書反映我國古代詠物詩各個時代之創作狀況及特點，對研究詠物詩和博物者有極高參考價值。

御定歷代賦彙一百四十卷　外集二十卷　逸句二卷　目録三卷　(清)陳元龍等編

清康熙四十五年(1706)内府本　64 册　半葉 11 行 21 字　黑口　單魚尾　左右雙邊　框高 18.7 厘米　寬 14 厘米

陳元龍，生平參見《格致鏡原》。

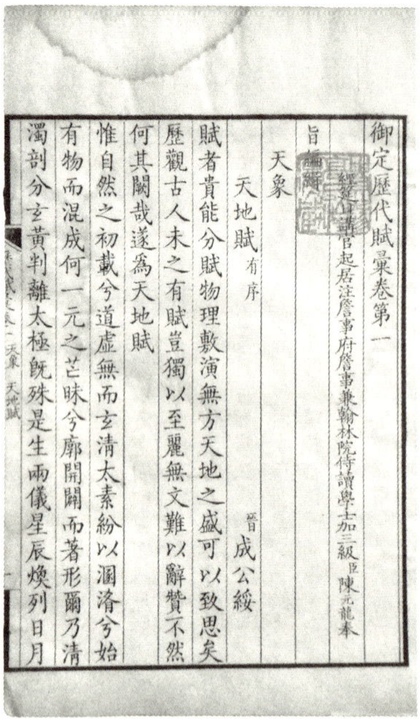
御定歷代賦彙卷第一
經筵講官起居注詹事府詹事兼翰林院侍讀學士加三級臣陳元龍奉
旨編輯
天象
天地賦 有序　晉 成公綏
賦者貴能分賦物理敷演無方天地之盛可以致思矣
歷觀古人未之有賦豈獨以至麗無文難以辭贊不然
何其闕哉遂為天地賦
惟自然之初載兮道虛無而玄清太素紛以溷淆兮始
有物而混成何一元之芒昧兮廓開闢而著形爾乃清
濁剖分玄黄判離太極既殊是生兩儀星辰煥列日月

《御定歷代賦彙》收録上起周末，下訖明代各朝賦文。正集據内容分為天象、歲時、地理、都邑、治道、典禮、禎祥、臨幸、搜狩、文學、武功、性道、農桑、宫殿、室宇、器用、舟車、音樂、玉帛、服飾、飲食、書畫、巧藝、仙釋、覽古、寓言、草木、花果、鳥獸、鱗蟲三十個門類，計三千零四十二篇，收録叙事、描繪物體之作；外集分為言志、懷思、行旅、曠達、美麗、諷諭、情感、人事八個門類，計四百二十三篇，收録抒情言志之作；逸句二卷，計一百一十七篇，為"佚文墜簡、片語單詞見於諸書所引者，碎壁零璣亦多資考證"。是書體例龐大，是最完備之賦體作品總集。

御選古文淵鑒全集(淵鑒古文選)六十四卷　(清)徐乾學等編注

清前期刻本　23 册　半葉 9 行 20 字　雙行小字同　無行格　黑口　雙順魚尾　四周單邊　框高 19 厘米　寬 14.2 厘米

徐乾學，生平參見《古文淵鑒》。

《御選古文淵鑒全集》卷端題"古文淵鑒御選"六字，題下署"内閣學士兼禮部侍郎教習庶吉士臣徐乾學等奉旨編注"，有眉注眉批。采集從春秋到宋代文學名篇，擇其辭義精純可以鼓吹六經者彙為正集；間有瑰麗之篇，列為別集；旁采諸子録其要論，以為外集，共合一千三百二十四篇。有《左傳》、《國語》、《國策》、《詔》、《表》、《書》、《議》、《奏》、《疏》、《論》、《序》等。所注考證，頗為詳細，對所選文章之年代、背景以及文章之字句、内容均有夾注或批注。每卷前均有本卷目録。康熙逐篇品評，命徐乾學等人編注。嚴格篩選，考證詳明，詳略得宜，并載前人名家評語、康熙御批和徐乾學等十一人所作注釋，多為前賢之文，講安邦定國，經濟治世之道，是集歷代散文之文學總集。

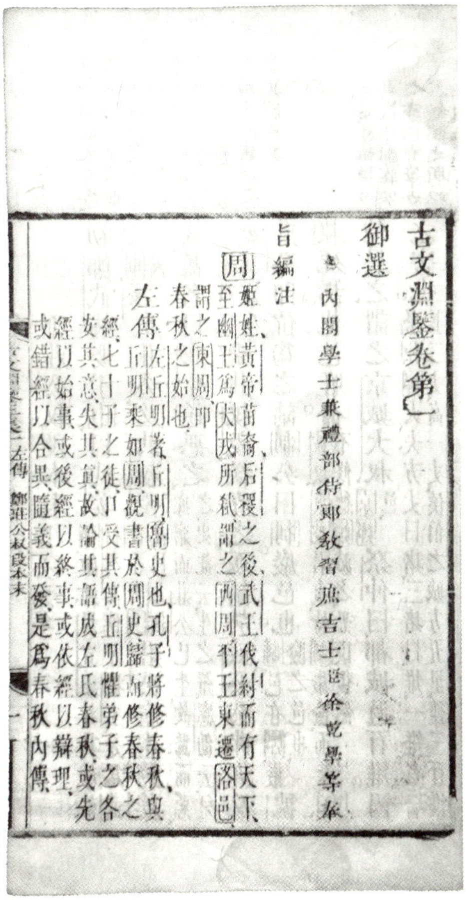
古文淵鑒卷第一
御選
內閣學士兼禮部侍郎教習庶吉士臣徐乾學等奉
旨編注
周 姬姓，黃帝苗裔，后稷之後，武王伐紂而有天下，至幽王爲犬戎所殺，謂之西周，平王東遷洛邑，謂之東周，即春秋之始也。
左傳 左丘明著。丘明，魯史也。孔子將修春秋，與丘明乘如周，觀書於周史，歸而修春秋之經。七十子之徒口受其傳，丘明懼弟子之各安其意，失其真，故論其語成左氏春秋。或先經以始事，或後經以終事，或依經以辯理，或錯經以合異，隨義而發，是爲春秋內傳。

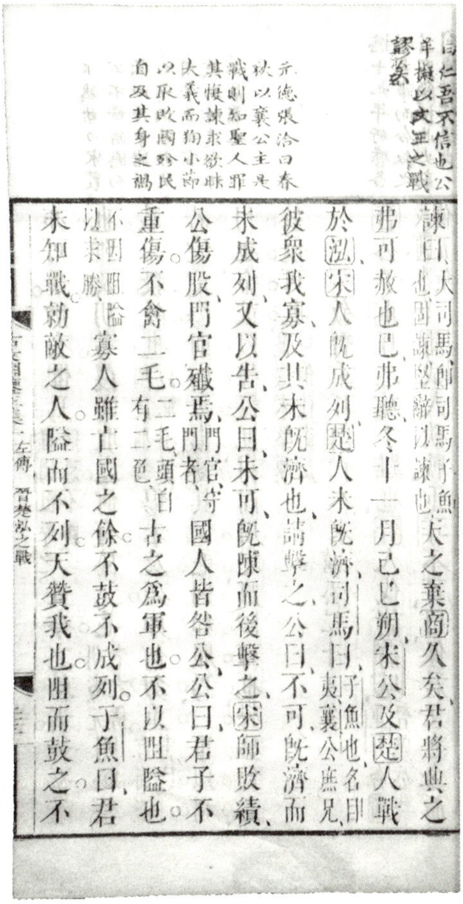
大司馬固諫曰：天之棄商久矣，君將興之，弗可赦也已。弗聽。冬十一月己巳朔，宋公及楚人戰於泓。宋人既成列，楚人未既濟。司馬曰（子魚也，名目夷，襄公庶兄）：彼衆我寡，及其未既濟也，請擊之。公曰：不可。既濟而未成列，又以告。公曰：未可。既陳而後擊之，宋師敗績。公傷股，門官殲焉（門官，守門者）。國人皆咎公。公曰：君子不重傷，不禽二毛（二毛，頭白有二色）。古之爲軍也，不以阻隘也（不因阻隘以求勝）。寡人雖亡國之餘，不鼓不成列。子魚曰：君未知戰。勍敵之人，隘而不列，天贊我也。阻而鼓之，不

御選唐宋文醇五十八卷　(清)高宗弘曆選　(清)允禄等編　缺卷三十四至卷五十八

清乾隆三年(1738)武英殿五色套印本　存6册　半葉9行22字　無界欄　白口　單魚尾　四周單邊　框高19.5厘米　寬14.3厘米

愛新覺羅・弘曆，生平參見《皇朝通典》。

愛新覺羅・胤禄(1695—1767)，清雍正帝胤禛即位後，為避名諱，“胤”字改為“允”字，因此又作“允禄”，清康熙帝第十六子。生平參見《硃批諭旨》。

《御選唐宋文醇》共録唐宋十大家散文四百七十四篇。卷一至十一韓愈；卷十二至十七柳宗元；卷十八至十九李翺；卷二十至二十一孫樵；卷二十二至三十二歐陽修；卷三十三至三十七蘇洵；卷三十八至四十八蘇軾；卷四十九至五十三蘇轍；卷五十四至五十七曾鞏；卷五十八王安石。各家文按書、序、論、記等分類編輯，衹有蘇軾之上書、奏狀、對策等篇目以撰寫時間編次，書中還采録了各家評語，并引用正史或雜説加以考訂，内容完備、權威，是清代最有影響之唐宋散文選本。是書正文用墨色，康熙帝御評文字用黄色書於篇首，乾隆帝御評用朱筆寫於篇後，前人評跋、相關人物姓名事迹各用紫色、緑色分别印在篇末。全書色彩斑斕，為乾隆時期殿版套印書籍中之佳品。

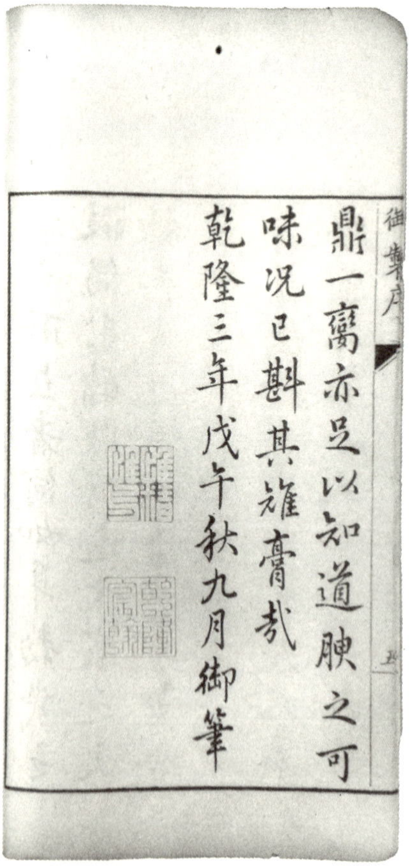
御製序
鼎一臠亦足以知道腴之可
味況已斟其雋膏哉
乾隆三年戊午秋九月御筆

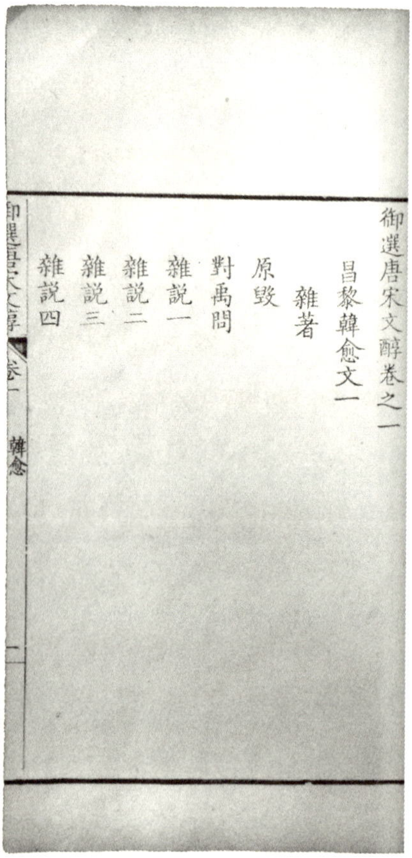
御選唐宋文醇卷之一
昌黎韓愈文一
雜著
原毀
對禹問
雜說一
雜說二
雜說三
雜說四

御選唐宋詩醇四十七卷　目録二卷　（清）弘晝　（清）梁詩正等輯　（清）陳弘謀重刊

清乾隆二十五年（1760）江蘇巡撫刻本　20冊　半葉9行19字　無界欄　白口　單魚尾　四周雙邊　框高19厘米　寬14厘米

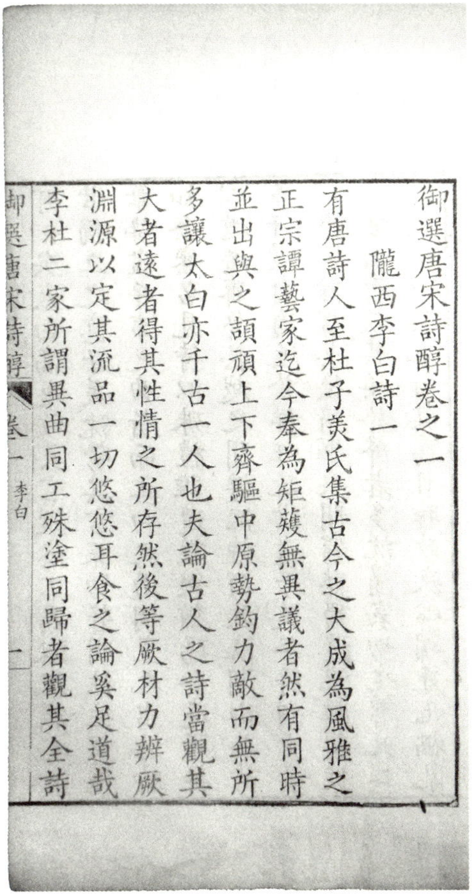
御選唐宋詩醇卷之一
隴西李白詩一
有唐詩人至杜子美氏集古今之大成為風雅之
正宗譚藝家迄今奉為矩矱無異議者然有同時
並出與之頡頏上下齊驅中原勢鈞力敵而無所
多讓太白亦千古一人也夫論古人之詩當觀其
大者遠者得其性情之所存然後等厥材力辨厥
淵源以定其流品一切悠悠耳食之論奚足道哉
李杜二家所謂異曲同工殊塗同歸者觀其全詩
御選唐宋詩醇　卷一　李白　一

愛新覺羅·弘晝（1712—1765），清雍正帝第五子，雍正十一年（1733）封和親王，十三年（1735）設苗疆事務處，其與兄弘曆領其事，清乾隆十年（1735）之前，任過都統，管理内務府、雍和宫、御書處，勘定過八旗佐領世職應襲則例。十一年（1736）充玉牒館總裁，十八年（1743）繼任議政等。平時最嗜弋腔曲文，史稱“荒唐王爺”，有《稽古齋集》。

梁詩正（1697—1763），字養仲，號薌林，浙江錢塘（今杭州）人。清雍正八年（1730）進士，授編修，累遷侍講學士、户部侍郎、東閣大學士，加太子太傅等。常隨乾隆帝出巡，重要文稿多出其手。工書法，初學柳公權，繼學趙孟頫，晚師顔真卿，著有《矢音集》。

陳弘謀，生平參見《綱鑒正史約》。

《御選唐宋詩醇》卷一至卷八李白詩；卷九至卷十一杜甫詩；卷十二至卷二十六白居易詩；卷二十七至卷三十一韓愈詩；卷三十二至卷四十一蘇軾詩；卷四十二至卷四十七陸游詩。是書於各家前有總評，各篇後常有編者、前人、清人評語及史料等。此本據清乾隆十五年（1750）刻本重刻，前有江蘇巡撫陳弘謀奏請重刊奏摺一篇。

御選唐詩三十二卷　目録三卷　(清)聖祖玄燁撰　(清)陳廷敬等輯注

清康熙五十二年(1713)内府刻朱墨印本　16冊　半葉7行16—17字不等　雙行小字21—24字不等　無界欄　白口　單魚尾　四周雙邊　框高18.5厘米　寬12.5厘米

愛新覺羅・玄燁,生平參見《古文淵鑒》。

陳廷敬,生平參見《康熙字典》。

《御選唐詩》是在彙刻《全唐詩》基礎上重加選編而成,分詩體排列,卷一至卷六五言古詩;卷七至卷九七言古詩;卷十至卷十六五言律詩,六言律詩;卷十七至卷二十三七言律詩;卷二十四至卷二十五五言排律,附七言排律一首;卷二十六至卷二十七五言絶句、六言絶句;卷二十八至卷三十二七言絶句。是書對每位詩人附以小傳,詩句有箋注,主要着力於名物訓詁和徵引故實,不作釋意。所選詩作,"雖風格不一,皆以温柔敦厚為宗"。全書詩歌正文用黑墨印,詩文中出現書名、人名皆用朱墨圈之,以便於閱讀。

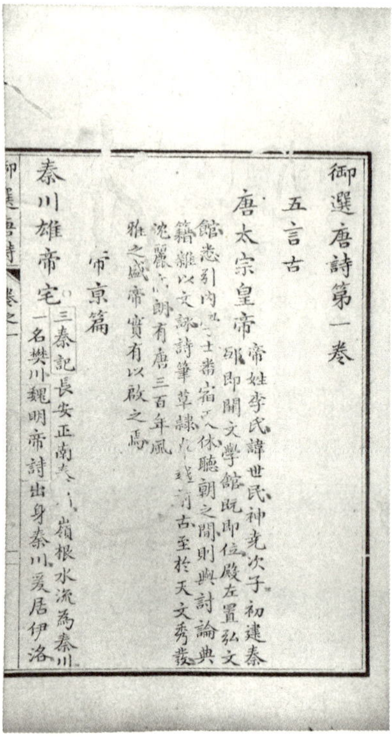
御選唐詩第一卷
五言古
唐太宗皇帝
帝京篇
秦川雄帝宅

御選歷代詩餘一百二十卷　(清)沈長垣等編

清康熙四十六年(1707)内府本　36冊　半葉11行21字　雙行小字29字　白口　左右雙邊　雙魚尾　框高16.5厘米　寬11.5厘米

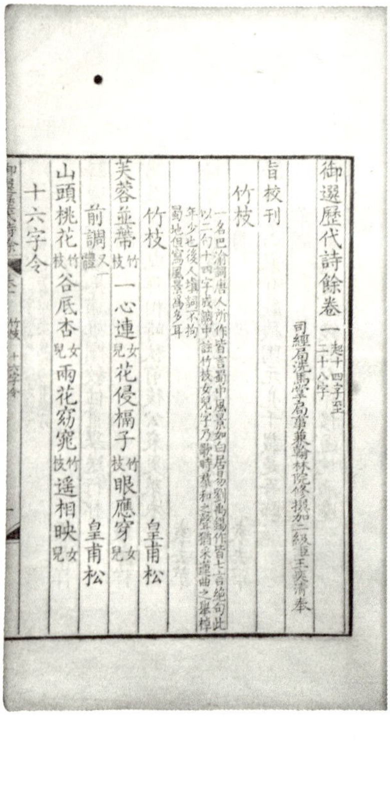
御選歷代詩餘卷一
竹枝
竹枝　皇甫松
芙蓉並蒂竹枝一心連女兒花侵槅子竹枝眼應穿女兒
前調又一體　皇甫松
山頭桃花竹枝谷底杏女兒兩花窈窕竹枝遥相映女兒
十六字令

沈辰垣(生卒年不詳),字芷岸、紫翰,楓涇鎮(今上海金山區)人。清康熙二十年(1681)

舉人，二十四年(1685)進士，後入選庶吉士，歷官翰林院侍讀學士。在擔任翰林院侍讀學士二十多年期間，曾纂修《明史》和續編《唐類函》、《群芳譜》等書，三十三年(1694)他曾擔任會試同考官，四十五年(1706)又擔任武闈總裁，四十六年(1707)奉敕編撰了《御選歷代詩餘》，是清代詩人、史學家。

《御選歷代詩餘》全書分為詞選、詞人姓氏、詞話三部分。共輯録唐代至明代一千五百四十調、九千零九首詞，為一百卷；詞人姓氏十一卷，分朝代先後列詞人小傳，共九百五十七人；詞話十卷，為歷代詞話彙輯，得七百六十三則，各則下皆署明原書名稱或撰人。全書共一百二十卷，為清代大型官書之一。

詠懷堂丙子詩(卷上)　(明)阮大鋮撰

抄本　1册　半葉9行20字　白口　無邊框

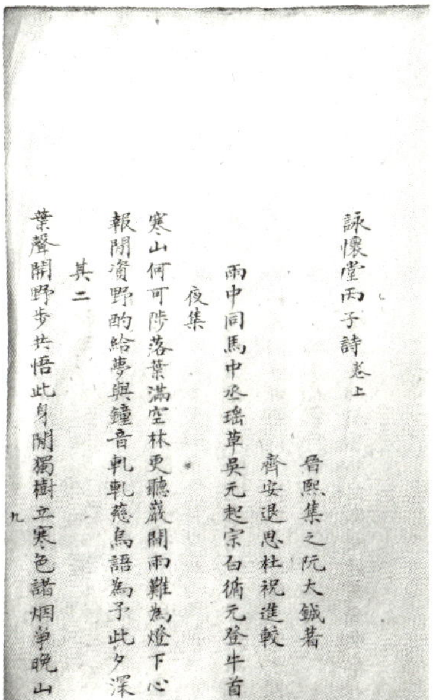
詠懷堂丙子詩卷上
晉熙集之阮大鋮著
齊安退思杜祝進較
雨中同馬中丞瑶草吳元起宗白循元登牛首
夜集
寒山何可涉落葉滿空林更聽巖間雨難為燈下心
報聞濱野酌給夢與鐘音軋軋總鳥語為予此夕深
其二
葉聲聞野步共悟此身閒獨樹立寒色諸烟爭晚山
九

阮大鋮(1578—1646)，字集之，號園海，又號石巢，安徽懷寧人。明萬曆丙辰科中會試，出身於累世簪纓科舉世家，遠祖為“竹林七賢”之阮籍。明天啓初，由行人擢給事中，不久因居憂還里，曾列籍東林，為高攀龍弟子。他頗有才華，尤善詞曲。所作傳奇戲曲有《春燈謎》、《燕子箋》、《雙金榜》、《牟尼合》、《忠孝環》、《桃花笑》、《井中盟》、《獅子賺》、《賜恩環》、《老門生》等十種，詩文有《詠懷堂全集》，而立之年即有“江南第一才子”之美譽。可是這個天才作家并未流芳百世，却偏偏被記録在明清史籍《奸臣》、《奸佞》諸傳中。

《詠懷堂丙子詩》共二卷，館存手抄本卷上，係阮大鋮明崇禎九年(1636)隱居金陵時所作。前有作者自叙和馬士英敘，是書主要有山水田園詩、懷古詩、酬應詩、時事詩等，其中不乏佛理和禪趣。特點為情景交融，寄托個人身世，使山水描述與個人幽懷抒寫有機交融，格律精研，衆體兼備，尤擅五古和五律，語言精警凝練。抄本字迹清秀、工整，頁面整潔，具有藝術欣賞價值。

詠懷堂詩十一卷 (明)阮大鋮撰

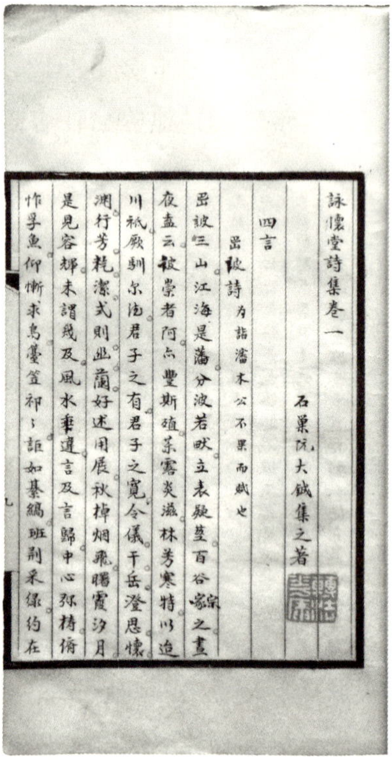
詠懷堂詩集卷一
石巢阮大鋮集之著
四言

清抄本 5冊 半葉10行21字 黑口 單魚尾 左右雙邊 框高18.5厘米 寬12.5厘米

阮大鋮,生平參見《詠懷堂丙子詩》。

《詠懷堂詩》有《詠懷堂詩集》四卷,《詠懷堂詩外集》二卷,《詠懷堂丙子詩》二卷,《詠懷堂戊寅詩》一卷,《詠懷堂辛巳詩》二卷。共一千八百多首,有山水田園詩、懷古詩、時事詩、詠物詩等,但以山水田園詩最為出色。作者於明崇禎定逆案歸里之後,功名之心受到了極大打擊,因而在《還山詩》中反復吟唱其失意與歸隱之志,把心靈放歸於山水田園。即使酬唱贈答也多以山水田園景色起筆,在山水田園中融注陶淵明式自適與恬淡。在詩中及與友人議論均處處體現崇陶情懷,追蹤陶淵明恬淡、王維空靈,是他作詩之宗旨與特色。是書抄本字迹清秀、流暢,具有較高藝術欣賞價值。

詞綜三十卷 補遺六卷 (清)朱彝尊 (清)汪森編

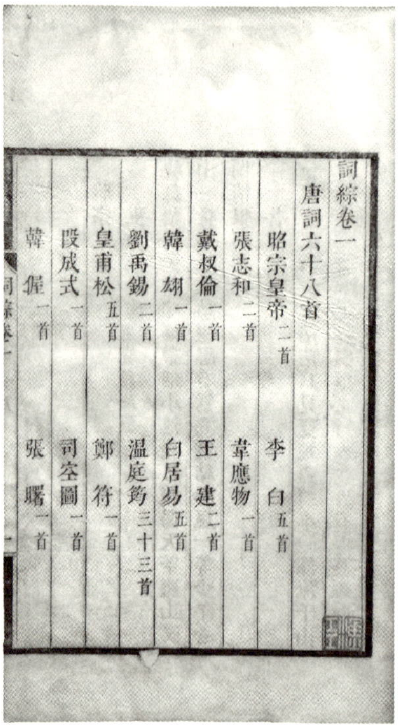
詞綜卷一
唐詞六十八首
昭宗皇帝二首　李白五首
張志和二首　韋應物一首
戴叔倫一首　王建二首
韓翃一首　白居易五首
劉禹錫二首　溫庭筠三十三首
皇甫松五首　鄭符一首
段成式一首　司空圖一首
韓偓一首　張曙一首

清康熙三十年(1691)裘杼樓刻本 6冊 半葉10行21字 雙行小字同 黑口 單魚尾 左右雙邊 框高18.7厘米 寬14厘米

朱彝尊,生平參見《日下舊聞》。

汪森,生平參見《明詩綜》。

《詞綜》全書收録唐、五代、宋、金、元詞作二千二百五十二首,詞人六百五十多家,其中朱彝尊選編詞人作品二十六卷，汪森增補十卷，一些不知名作者、作品也得以彙集留存。内容比較豐富。是書以時代先後為序，各家下有詞人姓氏、籍貫及其著作，間附宋、元人評語。書前汪森所撰序文，為“浙西詞派”奠定了理論基礎。“以醇雅為宗”之選録標準，意在糾正明詞流弊，反映浙西詞派注重格律形式，使浙西詞派百餘年領袖詞壇。是書規模宏大，搜羅繁富，審訂精良，超過此前任何一種選本，是我國古代著名和規模較大之詞選集。

詞譜四十卷　(清)陳廷敬　(清)王奕清等纂修

清康熙五十四年(1715)内府雙色印本　40 册
半葉 8 行 21 字　雙行小字同　白口　雙對魚尾　四周雙邊　框高 19.3 厘米　寬 12.3 厘米

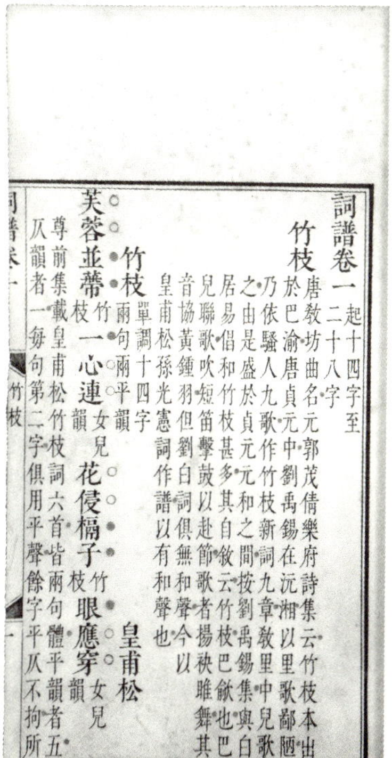
詞譜卷一 起十四字至二十八字
竹枝
唐教坊曲名元郭茂倩樂府詩集云竹枝本出
於巴渝唐貞元中劉禹錫在沅湘以里歌鄙陋
乃依騷人九歌作竹枝新詞九章敎里中兒歌
之由是盛於貞元元和之間按劉禹錫集與白
居易倡和竹枝甚多其自敘云竹枝巴歈也巴
兒聯歌吹短笛擊鼓以赴節歌者揚袂睢舞其
音協黃鍾羽但劉白詞俱無和聲今以
皇甫松孫光憲詞作譜以有和聲也
單調十四字兩句兩平韻
竹枝　皇甫松
芙蓉並蔕竹枝一心連韻女兒花侵槅子竹枝眼應穿韻女兒
尊前集載皇甫松竹枝詞六首皆兩句體平韻者五
仄韻者一每句第二字俱用平聲餘字平仄不拘所
詞譜卷一　竹枝

陳廷敬，生平參見《康熙字典》。

王奕清(生卒年不詳)，字幼芬，號拙園，江蘇太倉人。清康熙三十年(1691)進士，官詹事府詹事。善書，工繪事。

《詞譜》係清康熙朝陳廷敬、王奕清等奉旨命編寫，“夫詞寄於調，字之多寡有定數，句之長短有定式，韻之平仄有定聲，杪忽無差，始能諧合。否則，音節乖舛，體制混淆”。是書參閱群書，互相參訂，凡舊譜分調、分段及句讀音韻之誤，糾正錯漏，悉據唐、宋、元詞校定，共有八百二十六詞牌，二千三百零六體。其體例以“調長短分先後，若同一調名，則長短彙列，又一體别之，每調選用唐、宋、元詞一首，以創始之人所作本詞為正體於前，諸詞附後，其無考者，以時代為先後。每調一詞，旁列一圖，以虚實朱圈分别平仄，平用虚圈，仄用實圈，字本平而可仄者上虚下實，字本仄而可平者上實下虚。譜中凡用去聲字不可易者，悉為標出”。

惺齋五種曲　（清）夏綸撰　（清）徐夢元　（清）徐村評　每種曲各二卷三十二出　缺《無瑕璧》下卷

清乾隆十五年（1750）清夏氏世光堂刻本　存 9 册　半葉 10 行 20 字　白口單魚尾　四周單邊　框高 20 厘米　寬 14 厘米

夏綸（1680—1753），字惺齋，晚年别署怪齋腥吏，浙江錢塘人。十四歲應鄉試中舉。後應試八次未得一第。清乾隆元年（1736）開博學鴻詞科，應召進京，有人勸阻他，於是返回家鄉，以著述自娱，創作《新曲六種》、《曲録》頗行於時。

徐夢元（生卒年不詳），字端書，錢塘人，諸生，清康熙十二年（1673）進士，曾充日講起居注官、侍講，以講學負聲譽。

徐村，生平不詳。

《惺齋五種曲》是《無瑕璧》、《杏花村》、《瑞筠圖》、《廣寒梯》、《南陽樂》五個傳奇劇本之合稱。《無瑕璧》敘明初燕王靖難，山東參政鐵鉉死節。其女没入

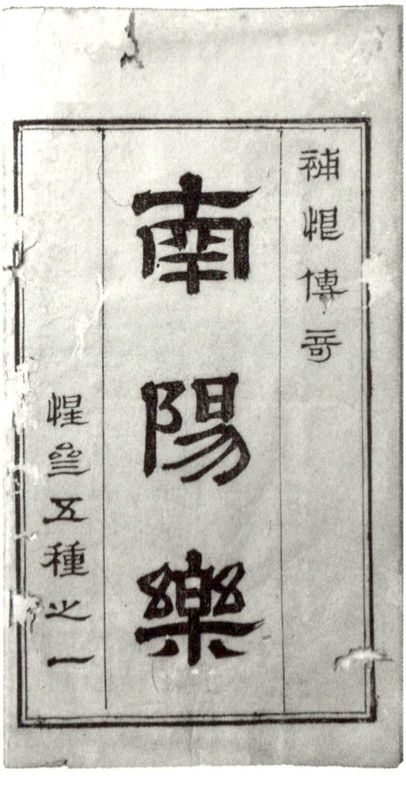
補恨傳奇
南陽樂
惺齋五種之一

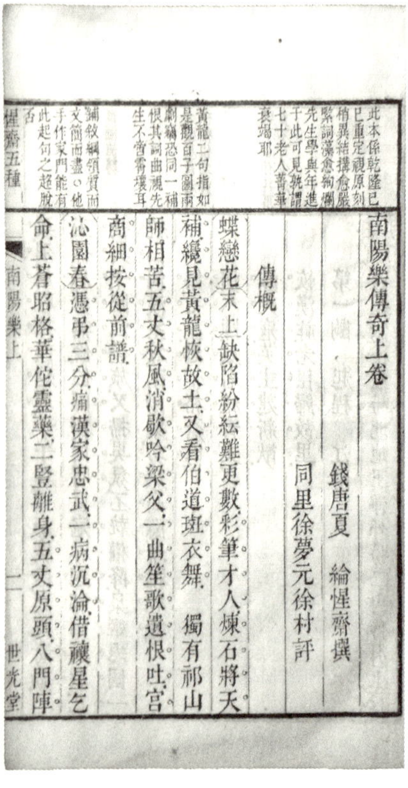
南陽樂傳奇上卷
錢唐夏　綸惺齋撰
同里徐夢元徐村評
傳概
蝶戀花〔末上〕缺陷紛紜難更數，彩筆才人，煉石將天補。纔見黃龍恢故土，又看伯道斑衣舞。獨有祁山師相苦，五丈秋風，消歇吟梁父。一曲笙歌遺恨吐，宮商細按從前譜。
沁園春　憑弔三分，痛漢家忠武，一病沉淪。借禳星乞命，上蒼昭格；華佗靈藥，二豎離身。五丈原頭，八門陣
南陽樂上　一　世光堂

樂籍，誓不失身，終得佳偶，成就美滿姻緣事；《杏花村》敘王武為報父仇，在杏花村手刃賊人，又為奸臣所害，命喪荒郊，幸漢鐘離相救，起死回生，後冤情得白，王武受褒獎，得富貴事；《瑞筠圖》敘明章綸之繼母守節，教子成名，後母子同受朝廷褒獎事；《廣寒梯》敘王香穀傾囊救助貧寒儒生，因得善報，應試高中，又於倭亂中相救一佳人，遂結為終身伴侶事；《南陽樂》敘諸葛亮不死五丈原，誅司馬，擒曹王，降孫權，一統天下，功成歸里，結以北地劉諾受禪登基。是書以褒揚忠孝節義、懲惡勸善為宗旨，宣揚封建教化，大力塑造孝子、節婦、忠臣、義士形象。

道古堂集（道古堂全集）七十四卷　（清）杭世駿撰　缺詩卷二十五至卷二十六

清乾隆四十一年（1776）杭氏道古堂家刻本　存15冊　半葉10行21字　白口　單魚尾　左右雙邊　框高18.5厘米　寬13.3厘米

杭世駿（1696—1772），字大宗，號堇浦，別號智光居士、秦亭老民、春水老人、阿駿，室名道古堂，仁和（今浙江杭州）人，清代著名文人、歷史學家和書畫家。清雍正二年（1724）舉人，清乾隆元年（1736）舉鴻博，授編修，官御史。八年（1743）因上疏言事，遭帝詰問，革職後以奉養老母和攻讀著述為事。十六年（1751）得平反，官復原職，晚年主講廣東粵秀和江蘇揚州兩書院。工書，善寫梅竹、山水小品，疏澹有逸致。生平勤力學術，著述頗豐，有《兩浙經籍志》、《史記考證》、《經史質疑》、《文選課虛》、《榕城詩話》、《榕桂堂集》等。

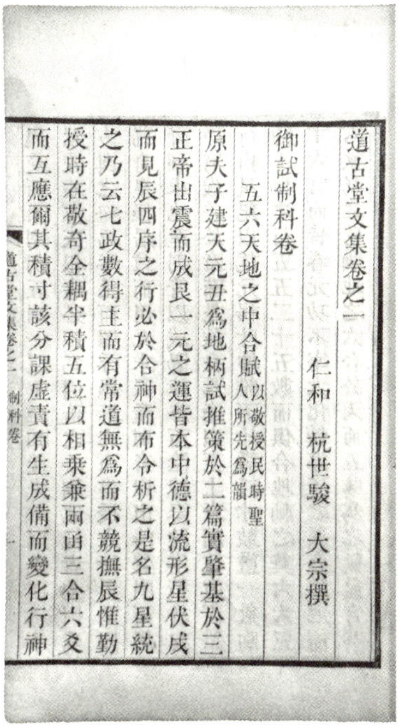
道古堂文集卷之一
仁和　杭世駿　大宗撰
御試制科卷
五六天地之中合賦（以敬授民時聖人所先為韻）
原夫子建天元丑為地柄試推策於二篇實肇基於三
正帝出震而成艮一元之運皆本中德以流形星伏戌
而見辰四序之行必於合神而布令析之是名九星統
之乃云七政數得主而有常道無為而不競撫辰惟勤
授時在敬奇全耦半積五位以相乘兼兩函三合六爻
而五應爾其積寸該分課虛責有生成備而變化行神
道古堂文集卷之一　制科卷　一

《道古堂集》文四十八卷，有論、頌、序、記、書、辨、贊、銘、跋、傳等，其文論辨説議諸作，彌見其佳，與人書亦多雋作，文博而采振，真鴻詞人語也；詩二十六卷，分別有《橙花館集》、《過春集》、《補史亭剩稿》、《閩行雜録》、《赴召集》、《翰苑集》、《歸耕集》、《寄巢集》、《修川集》、《桂堂集》、

《嶺南集》、《居閑集》、《韓江集》、《送老集》，共十四集，為五七言古今體詩。其詩學蘇陸，頗工寫景、叙事詠古之作，用字下語，才情爛漫，亦頗横老。是書亦古詩文辭考證之作。

曾文定公全集二十卷　(宋)曾鞏撰　(清)彭期編　存卷六至卷七

清康熙年間彭氏刻本　存1册　半葉9行20字　白口　單魚尾　左右雙邊　框高20厘米　寬14厘米

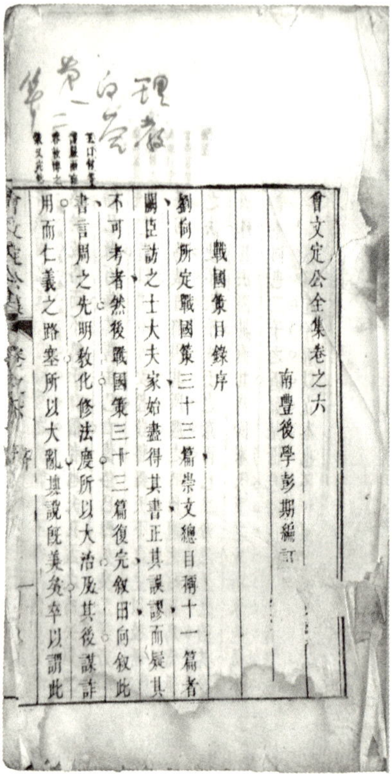

曾文定公全集卷之六
南豐後學彭期編訂
戰國策目錄序
劉向所定戰國策三十三篇崇文總目稱十一篇者闕臣訪之士大夫家始盡得其書正其誤謬而疑其不可考者然後戰國策三十三篇復完敘曰向敘此書言周之先明教化修法度所以大治及其後謀詐用而仁義之路塞所以大亂其說既美矣卒以謂此

曾鞏，生平參見《元豐類稿》。

彭期(生卒年不詳)，字彦遠，江西南豐縣人。自幼學習勤奮，嗜書好學，清康熙間進士，先後校刊《小學》、《四書集注》，又刻曾文定、歐陽文忠集等，其治家嚴謹，鄉評尊重，稱為“毅齋先生”。

《曾文定公全集》由彭期將《元豐類稿》重新分類編排，合并卷帙，刻成二十卷。其“疏”和“札子”列為卷首，表示對皇權之尊重，“詩”則移至最後三卷，擺在次要位置。是書在書眉增添評點，又補充了數篇集外文，末卷一卷，録有哀悼和稱頌曾鞏之詩文。

感舊集十六卷　(清)王士禛選編　(清)盧見曾補傳

清乾隆十七(1752)盧氏雅雨堂刻本　8册　半葉11行21字　雙行小字27字　白口　單魚尾　左右雙邊　框高18.5厘米　寬14.5厘米

王士禛，生平參見《長白山録》。

盧見曾(1690—1768)，字抱孫，號雅雨山人，山東德州人。清康熙六十年(1721)進士，雍正三年(1725)，為四川洪雅縣知縣，累官至兩淮鹽運使，其勤於吏治，被稱為“循吏”。又擅長詩文，著述頗豐，有《雅雨堂詩集》、《雅雨堂文集》、《雅雨堂石集》、《雅江新政》、《出塞集》、《金石三例》、《山左詩鈔》等，統編為《雅雨堂叢書》。校刊《乾鑿度》、《戰國策》、《尚書大全》、《周易集解》、《經易考》等，是清代中期著名文學家、校勘家。

《感舊集》是編者晚年，感時懷舊，而輯平生故人之詩，全書録詩二千五百七十二首，作者三百三十三人，均貫徹其詩論主張，偏重收録追求具有“神韻”風貌之作品，然生前并未編完。盧加以搜輯整理，每人附以小傳，在每大卷之末加補遺，并訂正訛誤。

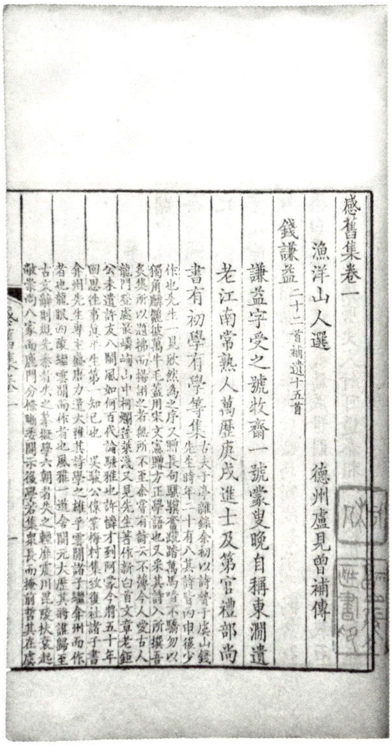
感舊集卷一
漁洋山人選　德州盧見曾補傳
錢謙益 二十二首補遺十五首
謙益字受之號牧齋一號蒙叟晚自稱東澗遺老江南常熟人萬歷庚戌進士及第官禮部尚書有初學有學等集

詩林韶濩二十卷　(清)顧嗣立輯

清康熙四十四年(1705)顧氏秀野草堂刻本
6册　半葉11行21字　白口　雙魚尾
左右雙邊　框高18厘米　寬13.2厘米

顧嗣立，生平參見《元詩選》。

《詩林韶濩》卷一御制；卷二御書、御試、省試上；卷三省試下；卷四御宴；卷五東朝、帝德、聖學、政治；卷六貢舉、銓政；卷七巡幸；卷八秩祀；卷九出使、軍旅、射獵；卷十慶賀、朝貢、賜賚；卷十一天文、地理；卷十二節序上；卷十三節序下、朝省上；卷十四朝省下；卷十五京都；卷十六邊塞、陵廟；卷十七宮室、苑囿；卷十八宗藩、國戚；卷十九釋道；卷二十雜伎、雜賦、聯句、集句。共收集唐、五代、宋、元、明各朝近體詩三百首，均為和平盛世之音。

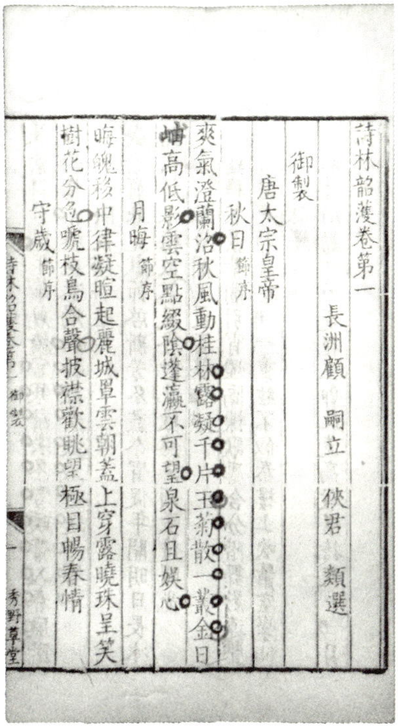
詩林韶濩卷第一　長洲顧嗣立俠君類選
御製
唐太宗皇帝
秋日 節序
爽氣澄蘭沼秋風動桂林露凝千片玉菊散一叢金日岫高低影雲空點綴陰蓬瀛不可望泉石且娛心
月晦 節序
晦魄移中律凝暄起麗城罩雲朝蓋上穿露曉珠呈笑樹花分色啼枝鳥合聲披襟歡眺望極目暢春情
守歲 節序

詩紀(古詩紀)一百五十六卷　目録三十六卷　(明)馮惟訥編

明萬曆年間金陵吴琯校刻本　40冊　半葉9行19字　雙行小字同　白口單魚尾　四周雙邊　框高20.5厘米　寬13.5厘米

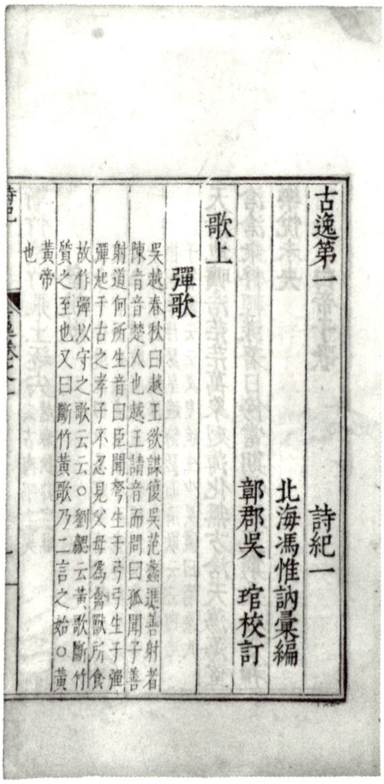

古逸第一　詩紀一
北海馮惟訥彙編
鄣郡吳　琯校訂
歌上
彈歌
吳越春秋曰越王欲謀復吳范蠡進善射者陳音音楚人也越王請音而問曰孤聞子善射道何所生音曰臣聞弩生于弓弓生于彈彈起于古之孝子不忍見父母爲禽獸所食故作彈以守之歌云云○劉勰云黃歌斷竹質之至也又曰斷竹黃歌乃二言之始○黃帝也

馮惟訥(1513—1572),字汝言,號少洲。青州臨朐(今屬山東)人,貴州按察副使馮裕四子。聰穎好學,活潑好動,質問敢言,明嘉靖十七年(1538)進士,歷官常州府宜興縣、山西蒲州知州、揚州府同知、南京户部員外郎中、江西左布政使、光禄寺卿等。仕宦三十餘年清廉無私,除圖籍詩卷外無長物,工詩文。著有《馮光禄詩集》、《杜律删注》、《唐音翼》、《選詩約注》等。

《詩紀》卷一至卷十為先秦古逸詩,以詩體分類排列;卷十一至卷二十為漢代樂府古辭;卷二十一至二十九為魏詩;卷三十為吴詩;卷三十一至卷五十四為晋詩;卷五十五至卷六十五為宋詩;卷六十六至卷七十三為齊詩;卷七十四至卷一百七為梁詩;卷一百八至卷一百十七為陳詩;卷一百十八至卷一百十九為北魏詩;卷一百二十至卷一百二十一為北齊詩;卷一百二十二至卷一百二十九為北周詩;卷一百三十至卷一百四十為隋詩;卷一百四十一至卷一百四十四外集為古小説筆記中所記仙詩、鬼詩;卷一百四十五至卷一百四十六為别集統論;卷一百四十七至卷一百五十三為别集品藻;卷一百五十四為别集集解;卷一百五十五為别集志遺;卷一百五十六為别集辨證,别集載録前人論詩之語。是書搜羅宏富,真僞混雜,間有疏漏,但仍可稱先秦、漢魏六朝之詩歌總集。

詩聲類十二卷　附詩聲分例一卷　(清)孔廣森撰

清乾隆五十七(1792)年刊　1册　半葉10行20字　雙行小字同　黑口雙順魚尾　左右雙邊　框高18.5厘米　寬15.3厘米

孔廣森（1752—1786），字衆仲，一字撝約，號顨軒，堂名儀鄭，山東曲阜人。孔子七十代孫，清乾隆三十六（1771）年進士，改翰林院庶吉士，散館，授檢討。少年入仕，却不重功名，熱衷學問，治學博涉經史，文學和數學方面也造詣頗深。著有《春秋公羊通義》、《大戴禮記補注》、《禮學卮言》、《經學卮言》、《少廣正負術》等，是清朝著名經學家。

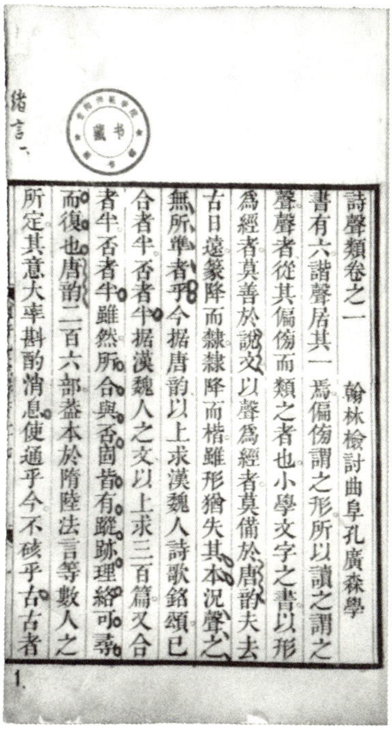

詩聲類卷之一　翰林檢討曲阜孔廣森學
書有六諧聲居其一爲偏傍謂之形所以讀之謂之
聲聲者從其偏傍而類之者也小學文字之書以形
爲經者莫善於說文以聲爲經者莫備於唐韻夫去
古日遠篆降而隸隸降而楷雖形猶失其本況聲之
無所準者乎今據唐韻以上求漢魏人詩歌銘頌已
合者半否者半據漢魏人之文以上求三百篇又合
者半否者半雖然所合與否固皆有蹤跡理絡可尋
而復也唐韻二百六部盖本於隋陸法言等數人之
所定其意大率斟酌消息使通乎今不駭乎古者

《詩聲類》取魏李登《聲類》之名，研究《詩經》之押韻用字及其上古讀音，并為其中一些字注上古音。其“聲”皆為韻之意。是書卷一至卷六為陽聲，指以鼻輔音收尾韻部，分為原、丁、辰、陽、東、冬、侵、蒸、談九類；卷七至卷十二為陰聲，指以母音收尾的韻部，分為歌、支、脂、魚、侯、幽、宵、之、合九類。撰者提出陰聲韻可變成相應陽聲韻，陽聲韻有時也可以變成相應的陰聲韻，即“陰陽對轉”理論。把《詩經》裏各種押韻格式羅列出來，加以分別歸類，編為《詩聲分例》，為研究《詩經》韻例提供了方便。

詩歸五十一卷　（明）鍾惺　（明）譚元春輯

明萬歷四十五年（1617）閔氏三色套印本　26 册　半葉 9 行 18 字　雙行小字 19 字　白口無魚尾　四周單邊　框高 20 厘米　寬 14.5 厘米

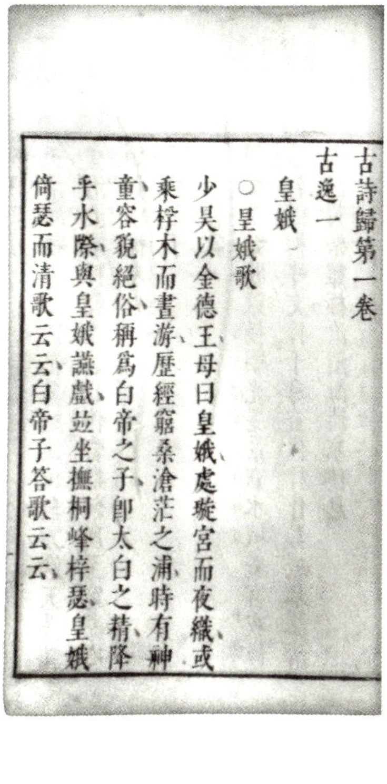

古詩歸第一卷
古逸一
皇娥
○皇娥歌
少昊以金德王母曰皇娥處璇宮而夜織或
乘桴木而晝游歷經窮桑滄茫之浦時有神
童容貌絕俗稱爲白帝之子即太白之精降
乎水際與皇娥讌戲並坐撫桐峰梓瑟皇娥
倚瑟而清歌云云白帝子荅歌云云

鍾惺，生平參見《焦氏易林》。

譚元春（1586—1637），字友夏，號鵠灣，竟陵（今湖北天門）人。明代詩文作家。萬曆三十二年（1604）結識鍾惺，得鍾惺賞識，遂為忘年之交。

《詩歸》分為《古詩歸》和《唐詩歸》兩部分。

《古詩歸》選評古逸至隋以前詩，詩的内容偏重閑適、田園、山水，最多為陶淵明詩，其次謝靈運詩，推崇最佳典範是陶淵明，同時較為關注無名之人、無名之作，輕政治詩與詠懷詩，遺漏了許多名篇，這種選詩别出心裁，引起了一些詩人不滿。《唐詩歸》分初唐五卷、盛唐十九卷、中唐八卷、晚唐四卷。共選詩三千三百餘首，書前有吴郡陳元素序，全書之中選杜甫詩最多，竟占了整整六卷篇幅。鍾、譚認為詩歌既是“情物”，又是“清物”，還是“孤物”。他們倆為竟陵派創始者，在文學創作中主張“抒寫性靈”，反對模擬古人，提倡幽深孤峭之藝術風格，形式上追求險僻。利用古詩選本這種選評結合，既有評論又有經典範本借鑒之形式，其目的是“引古人之精神，以接後人之心目”，傳播自己之文學主張。

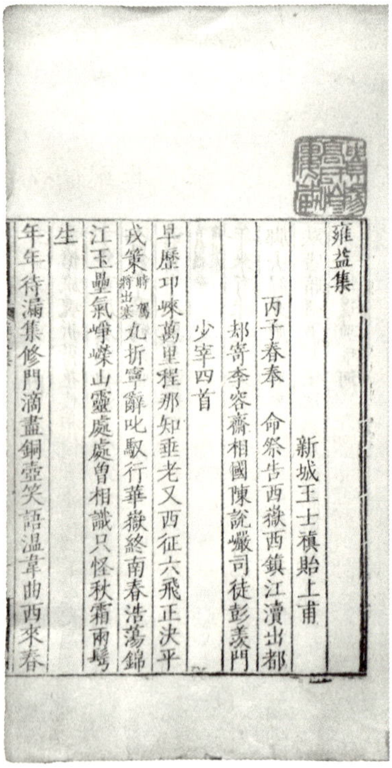
雍益集
新城王士禛貽上甫
丙子春奉 命祭告西嶽西鎮江瀆出都
却寄李容齋相國陳說巖司徒彭羨門
少宰四首
早歷邛崍萬里程那知垂老又西征六飛正決平
戎策時將出塞駕九折寧辭叱馭行華嶽終南春浩蕩錦
江玉壘氣崢嶸山靈處處曾相識只怪秋霜兩鬢
生
年年待漏集修門滴盡銅壺笑語溫韋曲西來春

雍益集一卷　(清)王士禛撰

清康熙三十六年(1697)刻本　1册　半葉10行19字　黑口　單魚尾　左右雙邊　框高16厘米　寬13.3厘米

王士禛，生平參見《長白山録》。

《雍益集》是王士禛於清康熙三十五年(1696)奉旨祭告西嶽、西鎮、江瀆途中所作詩集，約百餘篇，多短章簡制，雖缺少以往暢達古典之氣，然覽古興懷，得江山之助，生色有加，故亦清麗淡遠，詞約致雅，是以蜀道為軸綫對秦蜀歷史之大描繪。

滄溟先生集三十卷　補遺附録一卷　(明)李攀龍撰　(明)楊日賓校

明萬曆二十六年(1598)刻本　8册　半葉10行22字　白口　單魚尾　四周單邊　框高22厘米　寬15厘米

李攀龍，生平參見《唐詩廣選》。

《滄溟先生集》全書卷一至卷二古樂府；卷三至卷四五言古詩；卷五七言古詩；卷六至卷七五言律詩；卷八至卷十一七言律詩；卷十二七言排律；卷十三至

卷十四七言絶句；卷十五至卷十八賦、頌、序，卷十九記；卷二十傳，卷二十一至卷二十三墓志；卷二十四祭文；卷二十五雜文；卷二十六至卷三十書；卷三十一附録補遺。其詩歌成就比散文高，特别七言近體，氣勢雄渾，語近情深，是集具有一定的文學資料價值。

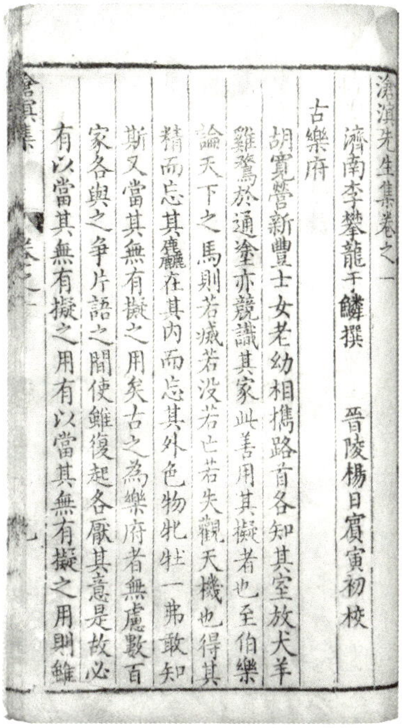
滄溟先生集卷之一
濟南李攀龍于鱗撰　晉陵楊日賓寅初校
古樂府
胡寬營新豐士女老幼相携路首各知其室放犬羊雞鶩於通塗亦競識其家此善用其擬者也至伯樂論天下之馬則若滅若没若亡若失觀天機也得其精而忘其麤在其內而忘其外色物牝牡一弗敢知斯又當其無有擬之用矣古之爲樂府者無慮數百家各與之争片語之間使雖復起各厭其意是故必有以當其無有擬之用有以當其無有擬之用則雖

榕村文集四十卷　榕村别集五卷　（清）李光地撰

清乾隆年間刻本　14 册　半葉 9 行 20 字　雙行小字同　白口　單魚尾　左右雙邊　框高 17 厘米　寬 13.5 厘米

李光地，生平參見《御纂周易折中》。

《榕村文集》卷一《觀瀾録》；卷二《經書筆記》；卷三《春秋隨筆》；卷四《尚書句讀》；卷五《周官筆記》；卷六至卷七《初夏録》；卷八《尊朱要旨》；卷九《象數拾遺》；卷十至卷十三序；卷十四記；卷十五論；卷十六至卷十七説；卷十八至卷二十一雜著；卷二十二書後；卷二十三至卷二十四講義；卷二十五頌；卷二十六至卷二十七疏；卷二十八至卷三十一札子；卷三十二書；卷三十三傳；卷三十四祭文；卷三十五至卷三十九詩；卷四十賦。《榕村别集》卷一《等韻辨疑》；卷二《鼎符》；卷三《納甲》；卷四《星命本要》；卷五《招徠僞黨告諭》。以上兩書反映出李光地理學思想及其在政治、經濟、軍事等方面之主張。

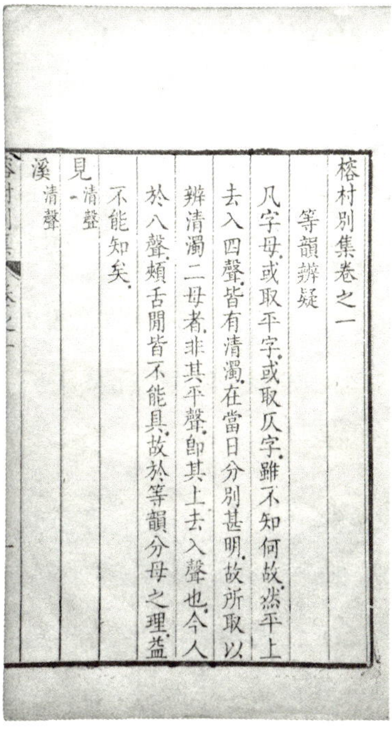
榕村别集卷之一
等韻辨疑
凡字母或取平字或取仄字雖不知何故然平上去入四聲皆有清濁在當日分别甚明故所取以辨清濁二母者非其平聲即其上去入聲也今人於八聲頰舌開皆不能具故於等韻分母之理蓋不能知矣
見 清聲
溪 清聲

榕村全集四十卷　別集五卷　（清）李光地撰

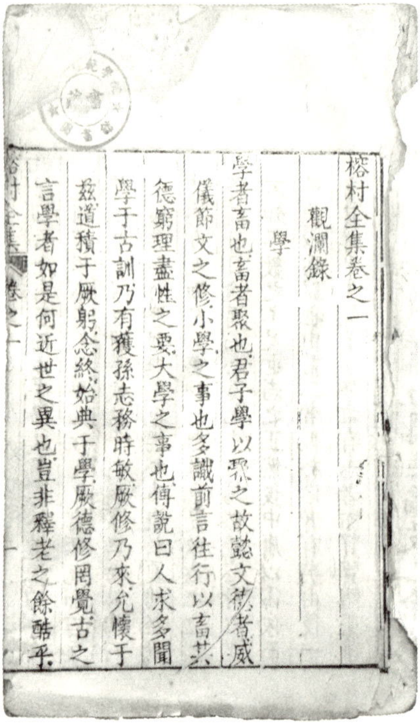
榕村全集卷之一
觀瀾錄
學
學者斅也斅者聚也君子學以聚之故懿文德者咸
儀節文之修小學之事也多識前言往行以斅其
德窮理盡性之要大學之事也傳說曰人求多聞
學于古訓乃有獲孫志務時敏厥修乃來允懷于
兹道積于厥躬念終始典于學厥德修罔覺古之
言學者如是何近世之異也豈非釋老之餘酷乎

清乾隆元年(1736年)刻本　32册　半葉9行20字　白口　單魚尾　左右雙邊　框高18厘米　寬13.4厘米

李光地，生平參見《御纂周易折中》。

《榕村全集》含詩五卷，賦一卷，文占絶大篇幅，三十四卷，多為經學之作，如《觀瀾録》、《經學筆記》、《春秋大義》、《尚書句讀》、《周官筆記》、《初夏録》、《尊朱要旨》、《象數拾遺》等，均以程朱為宗旨，主張以志、敬、知、行為學，發展程朱居敬窮理之思想。

漁洋山人文略十四卷　（清）王士禛撰

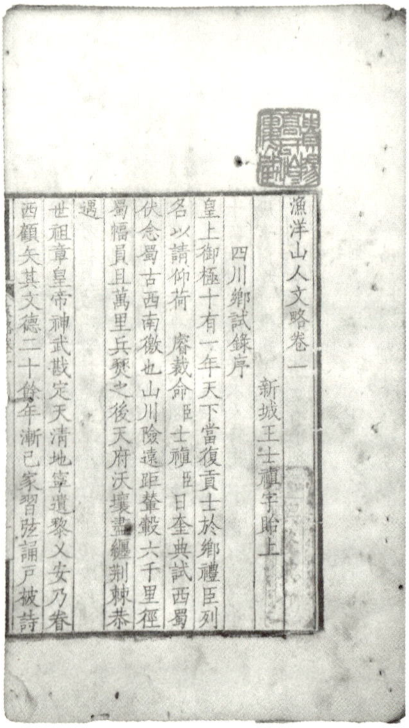
漁洋山人文略卷一
新城王士禛字貽上
四川鄉試錄序
皇上御極十有一年天下當復貢士於鄉禮臣列
名以請仰荷　睿裁命臣士禛臣日奎典試西蜀
伏念蜀古西南徼也山川險遠距輦轂六千里徑
蜀僰員且萬里兵燹之後天府沃壤盡纏荊棘恭
遇
世祖章皇帝神武戡定天清地寧遺黎乂安乃眷
西顧矣其文德二十餘年漸已家習弦誦戶被詩

清雍正年間刻本　4册　半葉10行19字　黑口　單魚尾　左右雙邊　框高16.3厘米　寬13厘米

王士禛，生平參見《長白山録》。

《漁洋山人文略》卷一至卷三序；卷四記；卷五至卷六傳；卷七表；卷八至卷九墓志銘；卷十狀；卷十一述和祭文；卷十二跋；卷十三祭文、碑文、疏；卷十四凡例、小志。是書為王士禛短篇散文集，文章記物寫景，清麗恬雅，有濃厚抒情韻味。他交游甚廣，不以地位論交，所記人物多有平民及婦女，對他們情深意厚，多感時之作。書之内容還涉及地方志和版本學、校讎學等。

漁洋山人精華録箋注十二卷　注補一卷　年譜一卷　附録一卷　(清)王士禛撰　(清)金榮箋注　(清)徐淮纂輯

清乾隆二年(1737)鳳翽堂刻本　14 册　半葉 11 行 20 字　雙行小字 31 字　白口　單魚尾　左右雙邊　框高 18 厘米　寬 14.8 厘米

王士禛,生平參見《長白山録》。

金榮,字林始,昆山(今江蘇)人,生平不詳。

徐淮,生平不詳。

《漁洋出人精華録箋注》收録詩一千六百餘首,是書打破原編體制,由分體改為編年。“出處可以概見,且集中大半于役之作,川塗險阻,雨雪往來,讀者即目瞭然”。除箋注典事出處外,還注重介紹該詩寫作背景,并從作者散文筆記等作品中摘録相關内容用為箋注,充分體現詩之本意,是學習王士禛詩文重要參考書。

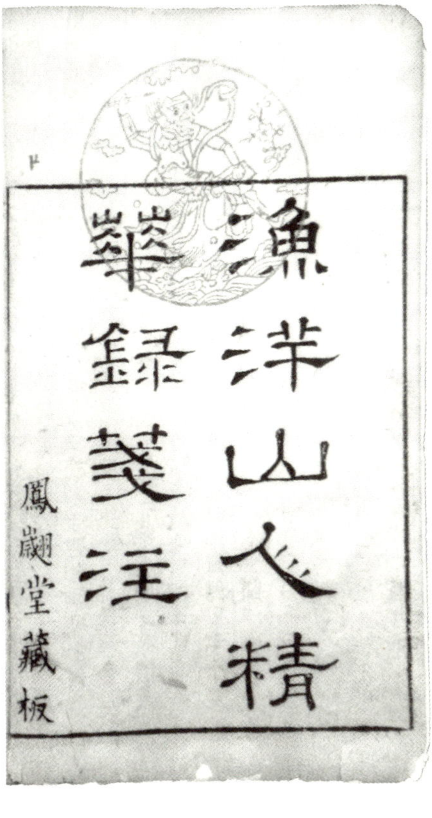

漁洋山人精華録箋注

鳳翽堂藏板

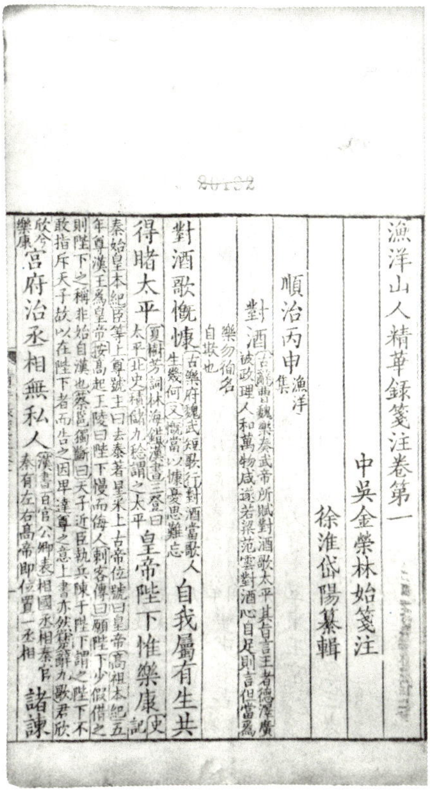

漁洋山人精華録箋注卷第一

中吳金榮林始箋注

徐淮岱陽纂輯

順治丙申 漁洋集

對酒(古辭曹魏樂奏武帝所賦對酒歌太平其旨言王者德澤廣被政理人和萬物咸遂若梁范雲對酒心自足則言但當爲樂勿徇名自娛也)

對酒歌慨慷(古樂府魏武短歌行對酒當歌人生幾何又慨當以慷憂思難忘)自我屬有生共得睹太平(夏樹芳詞林海錯漢書三登曰太平北史積儲力稔謂之太平)皇帝陛下惟樂康(史記秦始皇本紀臣等上尊號王曰去泰著皇采上古帝位號曰皇帝高祖本紀五年尊漢王爲皇帝按高起王陵曰陛下慢而侮人刺客傳曰願陛下少假借之則陛下之稱非始自漢也蔡邕獨斷曰天子近臣執兵陳于陛下謂之陛下不敢指斥天子故以在陛下者而告之因卑達尊之意上書亦然獲辭力歌君欣欣兮樂康)宮府治丞相無私人(漢書百官公卿表相國丞相秦官秦有左右高帝即位置一丞相)諸諫

增訂昭明文選集成詳注六十卷　(梁)蕭統輯　(清)方廷珪評點　(清)于惺介輯注　(清)陳雲程補訂

清乾隆四十八年(1783)龍江書屋重刻　16 册　半葉 9 行 24 字　雙行小字同　白口　單魚尾　四周雙邊　框高 21 厘米　寬 14.5 厘米

蕭統，生平參見《六臣注文選》。

方廷珪(生卒年不詳)，字伯海，榕城(今福建福州)人，約生活在清雍正、乾隆年間，從事文學著述，同時又經營著書坊，名"倣範軒"，具有商人和文士雙重身份。

于惺介(生卒年不詳)，名光華，字惺介，金壇(今江蘇)人，約生活在清雍正、乾隆年間，喜游歷，編有《心簡齋集録》。

陳雲程，字礫鵬，生平不詳。

《增訂昭明文選集成詳注》輯詩四百四十二首，文二百一十五篇，以方廷珪之《文選集成》為定本，兼采諸家評論，其中何義門、孫月峰二人最多，間有互異處，則各抒所見，余仲林《音義》亦采入。其篇目大體以時為序，注重諸種文體發展源流，概括讀書作文之法、文體辨析等，是後人閱讀古文之重要參考書。

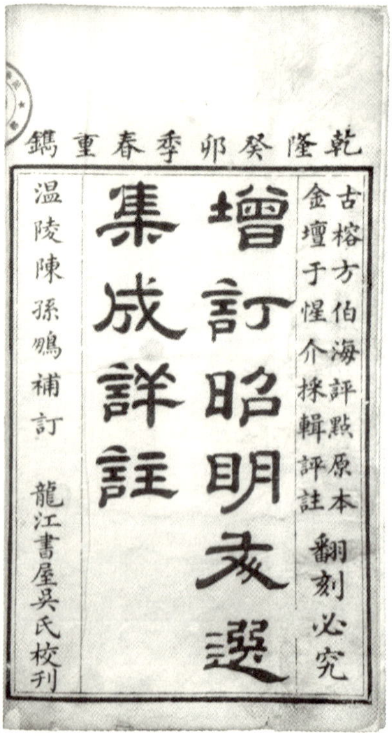
乾隆癸卯季春重鐫
古榕方伯海評點原本
金壇于惺介採輯評註
增訂昭明文選
集成詳註
翻刻必究
温陵陳孫鵬補訂
龍江書屋吳氏校刊

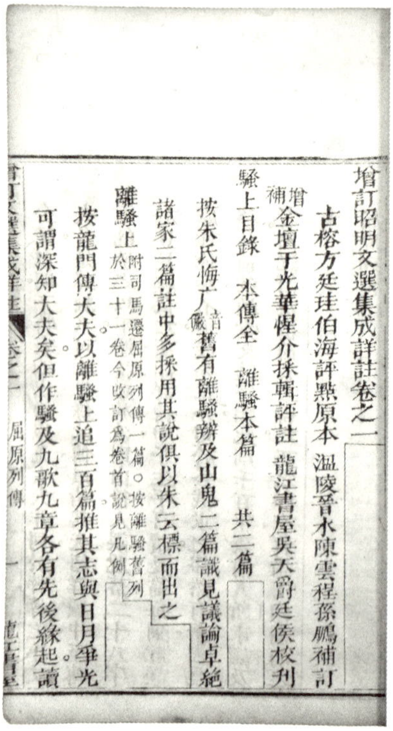
增訂昭明文選集成詳註卷之一
古榕方廷珪伯海評點原本　溫陵晉水陳雲程孫鵬補訂
增補金壇于光華惺介採輯評註　龍江書屋吳天爵廷侯校刊
騷上目錄　本傳全　離騷本篇　共二篇
按朱氏悔广(音儼)舊有離騷辨及山鬼二篇識見議論卓絕
諸家二篇註中多採用其說俱以朱云標而出之
離騷上　附司馬遷屈原列傳一篇。按離騷舊列於三十一卷今改訂為卷首說見凡例
按龍門傳大夫以離騷上追三百篇推其志與日月爭光
可謂深知大夫矣但作騷及九歌九章各有先後緣起讀

賦鈔箋略十五卷 (清)雷琳 (清)張杏濱箋注

清乾隆三十二年(1767)刻本 8 册 半葉 9 行 19 字 雙行小字不等 白口 單魚尾 左右雙邊 框高 15 厘米 寬 11 厘米

雷琳(生卒年不詳),字曉峰,號漁磯散人,華亭(今上海市松江區)人。沈德潛弟子,清乾隆四十五年(1780)順天舉人,由四庫館謄録選授河南扶溝縣知縣,學識淵博,善詩文,著有《漁磯漫鈔》十卷。

張杏濱(生卒年不詳),字香圃,雲間(今上海市松江區)人,沈德潛弟子,其生平亦不詳。

《賦鈔箋略》依據當時《歷朝賦鈔》"一一為之箋釋"而成。選自周末宋玉賦始至清初張映斗賦止,共為九十賦家一百二十餘篇賦箋注,其中唐代賦二十七家,清賦二十四家,以歷來傳誦之言志抒情短賦為主。是書箋注包括賦家小傳、題注、作品箋釋評論,"文則詁其義,事則詳其地",内容豐富、詳密而頗具價值。

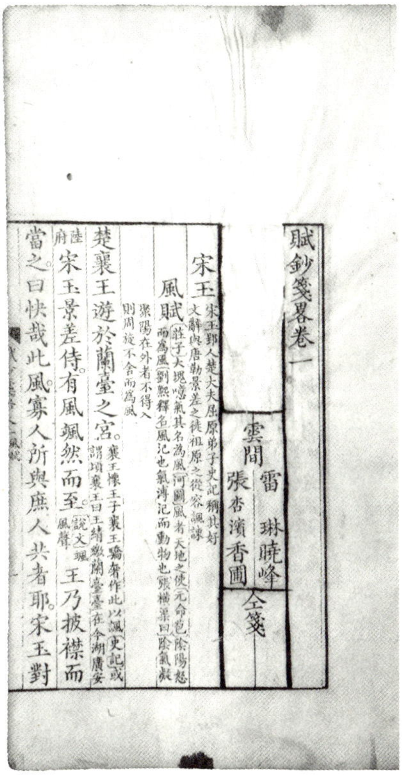
賦鈔箋畧卷一
雲間 雷 琳曉峰 張杏濱香圃 全箋
宋玉 宋玉郢人楚大夫屈原弟子史記稱其好文辭與唐勒景差之徒祖原之從容諷諫
風賦 (莊子)大塊噫氣其名為風(河圖)風者天地之使(元命苞)陰陽怒而為風(劉熙釋名)風氾也氣溥氾而動物也(張揖)[illegible]陰氣凝聚陽在外者不得入則周旋不舍而為風
楚襄王遊於蘭臺之宮。襄王懷王子襄王驕奢作此以諷(史記)或謂頃襄王曰王結駟蘭臺臺在今湖廣安陸府
宋玉景差侍。有風颯然而至。(說文)颯風聲 王乃披襟而當之曰快哉此風寡人所與庶人共者耶。宋玉對

樂府詩集一百卷 (宋)郭茂倩編 存卷一至卷九十三

明末汲古閣刊本 存 15 册 半葉 11 行 21 字 白口 單魚尾 左右雙邊 框高 18.6 厘米寬 14.4 厘米

郭茂倩(1041—1099),字德粲,宋代鄆州須城(今山東東平)人,祖籍太原。萊州通判郭勸之孫,父太常博士郭源明。神宗元豐七年(1084)為河南府法曹參軍,《樂府詩集》使其名

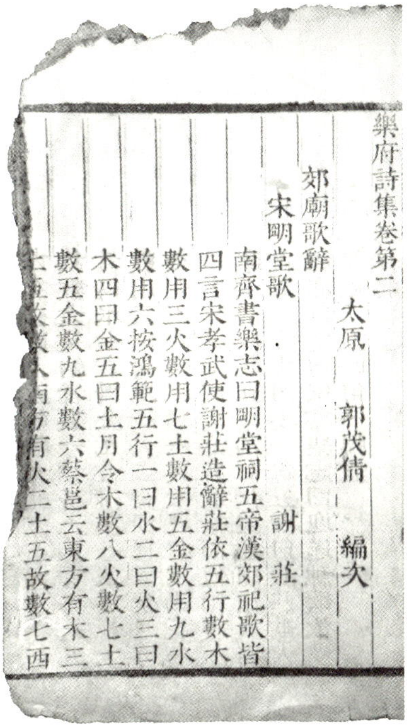
樂府詩集卷第二 太原 郭茂倩 編次
郊廟歌辭
宋明堂歌 謝 莊
南齊書樂志曰明堂祠五帝漢郊祀歌皆四言宋孝武使謝莊造辭莊依五行數木數用三火數用七土數用五金數用九水數用六按鴻範五行一曰水二曰火三曰木四曰金五曰土月令木數八火數七土數五金數九水數六蔡邕云東方有木三土五故數八南方有火二土五故數七西

揚千古。

《樂府詩集》收先秦歌謡及兩漢至唐、五代樂府詩，共五千餘首。樂府詩分十二類：郊廟歌辭、燕射歌辭、鼓吹曲辭、横吹曲辭、相和歌辭、清商曲辭、舞曲歌辭、琴曲歌辭、雜曲歌辭、近代曲辭、雜歌謡辭、新樂府辭。其中漢樂府詩歌主要保存在郊廟歌辭、鼓吹曲辭、相和歌辭和雜曲歌辭中，而以相和歌辭數量最多，多數是優秀民歌及文人用樂府舊題所作之詩歌，在現存詩歌總集中是成書較早、收集歷代各種樂府詩最為完備之詩歌總集。是書各類有總序，每曲有題解，考據精博，為研究某些詞體起源提供了參考資料。

劍南詩稿八十五卷　放翁逸稿二卷　家世舊聞一篇　齋居紀事一篇 (宋)陸游撰

明末毛氏汲古閣刊本　44 册　半葉 8 行 18 字　白口　左右雙邊　框高 18.5厘米　寬 14.4 厘米

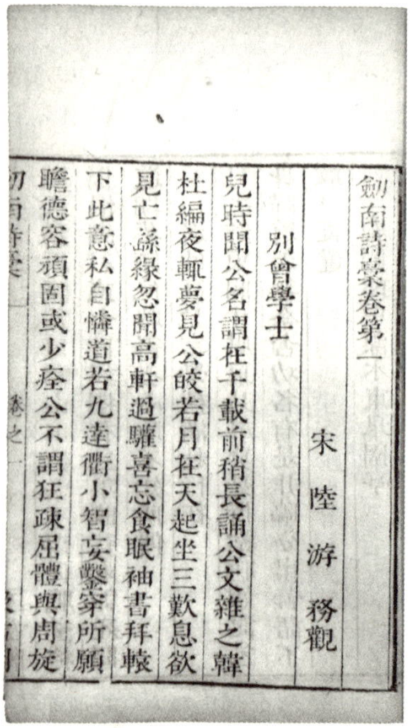

劍南詩稾卷第一

宋 陸 游 務觀

別曾學士

兒時聞公名謂在千載前稍長誦公文雜之韓杜編夜輒夢見公皎若月在天起坐三歎息欲見亡繇緣忽聞高軒過驩喜忘食眠袖書拜轅下此意私自憐道若九達衢小智妄鑿穿所願瞻德容頑固或少痊公不謂狂疎屈體與周旋

陸游，生平參見《南唐書》。

《劍南詩稿》為陸游詩詞全集，收録詩詞九千三百餘首，主要反映其在川陝期間體驗戰場氣氛，又經歷欲戰不能、壯志難酬之感情波瀾。詩詞抒發政治抱負，記述人民疾苦，批判南宋統治集團屈辱投降，風格雄渾豪放，表現出渴望恢復國家統一之强烈愛國熱情；《放翁逸稿》詩四十三首，其子毛扆續添詩二十首；《家世舊聞》係陸游青年時代撰寫之筆記，記述其高祖陸軫至父親陸宰諸先輩及外家唐氏前輩之遺事軼聞，涉及從宋真宗到宋高宗八位皇帝間宋朝政治、經濟、交聘、典章制度、道德規範、學術、文學等方面之史實；《齋居紀事》是其隨手寫下之生活瑣碎事，有飲食起居、器物生活等。

鴛鴦湖櫂歌唱和集一卷　(清)朱彝尊撰　(清)朱芳衡校

清乾隆四十年(1775)寫刻本　2冊　半葉9行20字　白口　無魚尾　四周單邊　框高16.3厘米　寬11厘米

朱彝尊,生平參見《日下舊聞》。

朱芳衡,清代浙江海鹽人,工楷法,其生平不詳。

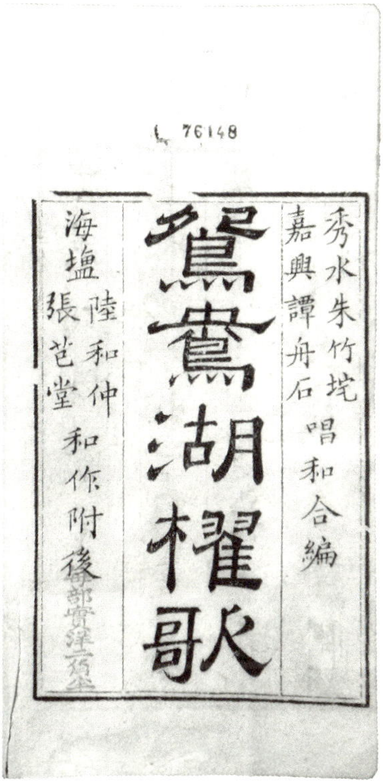

《鴛鴦湖櫂歌唱和集》是著者客居潞河龔佳育幕府時創作之具有嘉興地方特色詩集,共一百首。其自序曰:"甲寅歲暮,旅食潞河,言歸未遂,爰憶土風,成絶句百首。語無詮次,以其多言舟楫之事,題曰'鴛鴦湖棹歌',聊比竹枝、浪淘沙之調。冀同里諸君子見而和之云爾。"另有表兄譚舟石和作百餘首,海鹽陸和仲、張芑堂和作附後。鴛鴦湖古指嘉興西南湖,因兩湖相連似鴛鴦交頸或曰湖上多鴛鴦而得名。每首詩後加小注,用簡明文字注釋詩之内容,既可加深對詩之理解,也是對詩之補充。其融嘉興地名、人物、出産、典故於一體,係反映清代嘉興地方文化之文學作品,亦可稱有韻之嘉興地方史志。

嶺南三大家詩録二十四卷　(清)王隼編選

清康熙三十一年(1692)聯興堂刻本　3冊　半葉10行19字　黑口　單魚尾　左右雙邊　框高17.3厘米　寬13.5厘米

王隼(1644—1700),字蒲衣,廣東番禺人,明末詩人王邦畿之子,清初詩人、書法家、戲曲家。七歲能詩,少年時曾弃家入丹霞山為僧,後復至廬山,居太乙峰中,六七年後始還俗。其精音律,喜琵琶,善書法,妻女皆能詩,布衣終生。著有《大樗堂初集》、《詩經正訛》、《嶺南詩紀》、《梳山七書》等。

《嶺南三大家詩録》編選梁佩蘭、屈大均、陳恭尹三位詩人之詩作各八卷,梁佩蘭一至八卷四百五十九首;屈大均九至十六卷四百三十六首;陳恭尹十七至二十四卷二百九十九首，均按樂府、五言、七言、絶句排列，以其室名分册，梁為“六瑩堂”、屈為“道援堂”、陳為“獨漉堂”。

梁佩蘭（1629—1705），字芝五，號藥亭、柴翁、二楞居士，晚號鬱洲，廣東南海人。清康熙二十七年（1688）進士，授翰林院庶吉士。其詩多酬贈和吟詠景物之作，也有反映民生疾苦、國家興亡及功名失意者，多數詩仿古習氣過重，筆調較為平淡直致。

屈大均（1630—1696），字翁山、介子，號萊圃，廣東番禺人。其詩以抗清復明、弘揚民族氣節為主旨，詩中充滿關注社會、體恤民生之情愫。詩法以屈原為楷模，亦效杜甫，又自鑄偉辭，成一家之“翁山詩派”。

陳恭尹（1631—1700），字元孝，初號半峰，晚號獨漉子，又號羅浮布衣，廣東順德縣（今佛山順德區）龍山鄉人，著名抗清志士陳邦彦之子。其詩晚年雖多與清廷權貴唱酬，但仍以感懷身世、矢志抗清、反映民疾、描述嶺南風物為主體，主張詩歌創新，反對盲目崇古，尤擅七律詩，為詩壇所推崇。

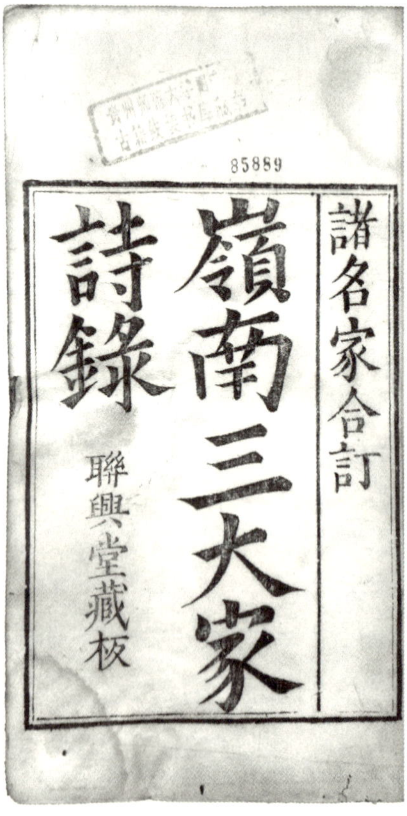
85889

諸名家合訂

嶺南三大家

詩錄

聯輿堂藏板

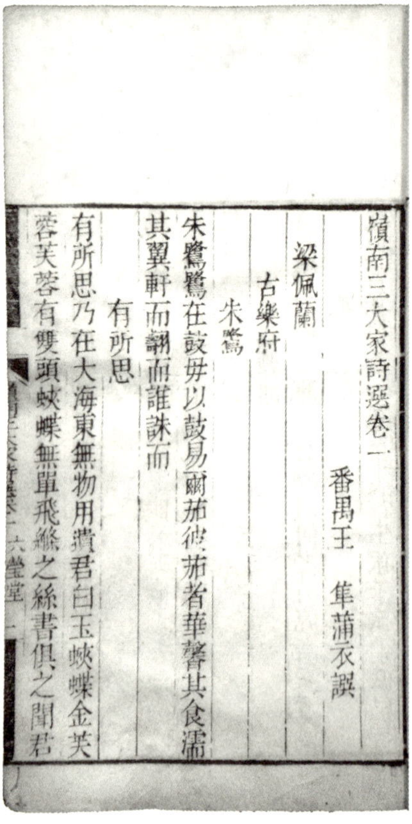
嶺南三大家詩選卷一

番禺王　隼蒲衣譔

梁佩蘭

古樂府

朱鷺

朱鷺鷺在鼓毋以鼓易爾茀彼茀者華馨其食濡其翼軒而翱而誰誅而

有所思

有所思乃在大海東無物用遺君白玉蛺蝶金芙蓉芙蓉有雙頭蛺蝶無單飛絲之絲書俱之聞君

嶺南三大家詩選卷一　六瑩堂　一

王熑序曰："三先生之詩，曰樂亭之詩，才人之詩也；翁山之詩，學者之詩也；元孝之詩，詩人之詩也。"三人還主持過越台詩社、東皋詩社、探梅詩社等，均為明末清初著名學者、詩人，被稱為"嶺南三大家"。

歸元鏡(異方便净土傳燈歸元鏡三祖實録　傳燈録)二卷　(明)釋智達撰

清康熙三十八年(1699)雲栖寺刻本　1 冊　半葉 10 行 20 字　有圖　白口　無魚尾　四周單邊　框高 21 厘米　寬 14.5 厘米

智達(約 1596—1652)，其俗姓不詳，別號心融，自稱懶融道人，人稱心師，杭州報國寺僧人，善作曲。

《歸元鏡》係佛教戲曲，敘東晋廬山高僧慧遠、五代永明延壽禪師、明代雲栖蓮池大師三高僧身世和衣鉢相傳之經過，故曰"實録"。是書分四十二分録，取華嚴經四十二字母。此為一出直接宣傳净土宗觀念之戲，曲白皆本藏經語録，有大段宗教傳説，勸人念佛，戒殺茹素，求生西方，使衆人皆得"福報"，"同成正覺"。

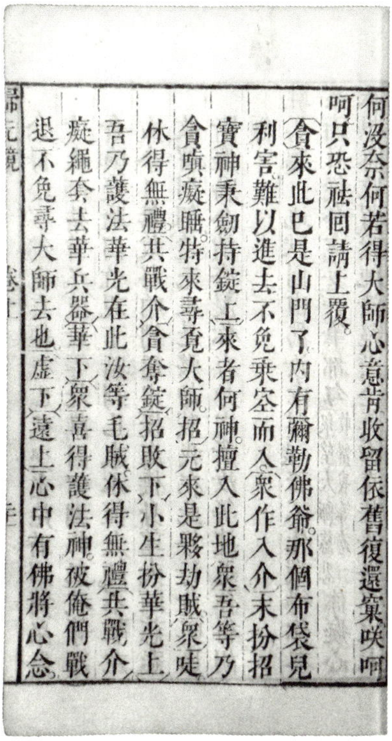
何沒奈何若得大師心意肯收留依舊復還窠哎呵
呵只恐祛回請上覆。
(貪)來此巳是山門了內有彌勒佛爺。那個布袋兒
利害難以進去不免乘空而入(衆作入介)(末扮招
寶神秉劍持錠上)來者何神。擅入此地(衆)吾等乃
貪嗔癡䁀特來尋覓大師。(招)元來是夥劫賊(衆)唗
休得無禮(共戰介)(貪奪錠)(招敗下)(小生扮華光上)
吾乃護法華光在此汝等毛賊休得無禮(共戰介)
(癡繩套去華兵器)(華下)(衆)喜得護法神。被俺們戰
退不免尋大師去也(虛下)(遠上)心中有佛將心念
歸元鏡　卷十

歸餘鈔四卷 (清)高嵣集評

清乾隆五十三年(1788)雙桐書屋刻本 8册 半葉9行25字 雙行小字同 白口 單魚尾 四周雙邊 框高19厘米 寬15厘米

高嵣,一作高塘,生平參見《批點左傳鈔》。

《歸餘鈔》為《高梅亭讀書叢鈔》之一種,是書選《莊子》、《楚辭》及歷代散文名篇,所輯文章大多有眉批、行間夾批及篇後總評,數量繁多,多出自名人手筆,并有所創見,具有很高學術參考價值。

乾隆五十三年訂
和陽高梅亭集評
歸餘鈔
雙桐書屋

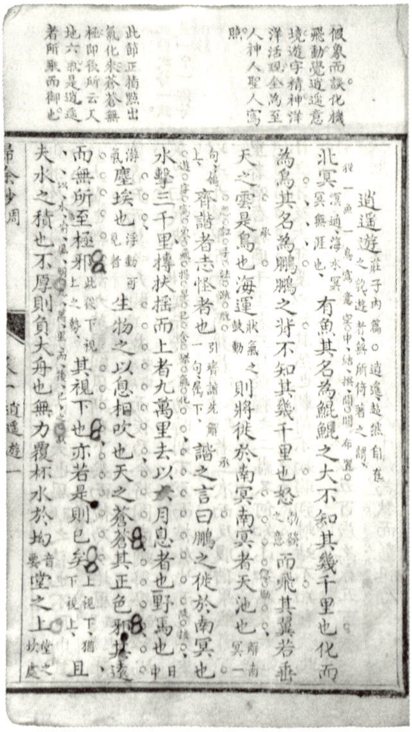
逍遙遊
北冥有魚其名為鯤鯤之大不知其幾千里也化而
為鳥其名為鵬鵬之背不知其幾千里也怒而飛其翼若垂
天之雲是鳥也海運則將徙於南冥南冥者天池也
齊諧者志怪者也諧之言曰鵬之徙於南冥也
水擊三千里摶扶搖而上者九萬里去以六月息者也野馬也
塵埃也生物之以息相吹也天之蒼蒼其正色邪其遠
而無所至極邪其視下也亦若是則已矣且
夫水之積也不厚則負大舟也無力覆杯水於坳堂之上

隴首集一卷 (明)王與允撰

清康熙年間刻本 1册 半葉10行19字 黑口 雙順魚尾 左右雙邊 框高17.5厘米 寬13.5厘米

王與允(生卒年不詳),字百斯,山東新城人。明崇禎元年(1628)進士,官至湖廣道監察御史。明亡,與妻于氏、子士和同自盡殉國。其嗜學工詩,尤以詞曲名世,有《栩齋集》、《西來集》、《一可已編》等。

《隴首集》僅集詩四十餘首，係王與允巡視陝西茶馬時所作，故名“隴首”，中多憂天憫人之言。後附有“贊”、“傳”、“墓表”、“逸事狀”等，是書為其侄士禛編次。

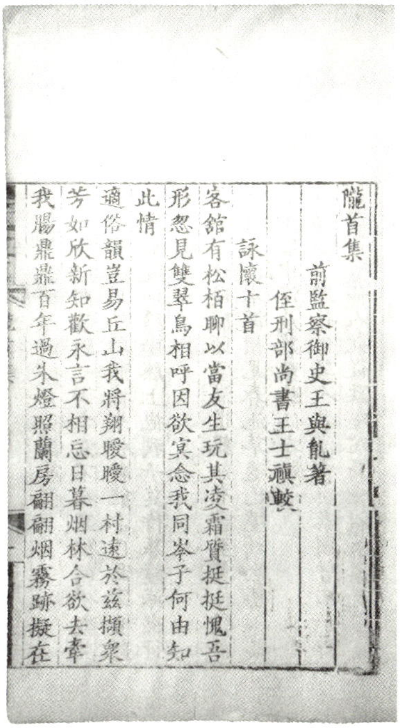

蘇詩補注五十卷　(宋)蘇軾撰　(清)查慎行補注

清乾隆二十六年(1761)浙江海寧查氏香雨齋刻本　16册　半葉10行21字　小字31字　白口　單魚尾　左右雙邊　框高18厘米　寬14厘米

蘇軾，生平參見《東坡先生詩集注》。

查慎行(1650—1727)，初名嗣璉，字夏重，後改名慎行，字悔餘，號他山，又號初白。海寧袁花(今屬浙江)人。清康熙四十二年(1703)進士，特授翰林院編修，入值内廷，受知康熙帝，五十二年(1713)，以老病乞休歸里。清雍正四年(1726)，因弟嗣庭遭文字獄，以家長失教獲罪，被逮入京，次年放歸，不久去世。其曾受學黄宗羲，詩宗法蘇軾、陸游，詩作多寫行旅聞見，感受地方風土，長於素描，清新雋永，以字句穩愜見稱。有《敬業堂詩集》、《蘇詩補注》等，為清代詩人、學者。

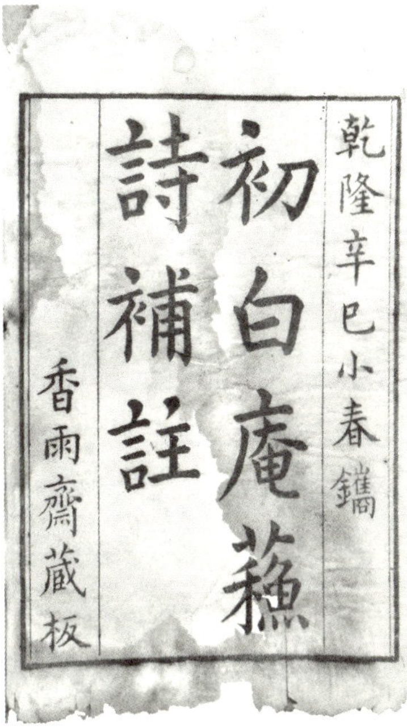

《蘇詩補注》共五十卷，收詩二千七百四十三首，其中卷一至卷四十五為編年詩，起宋仁宗嘉祐四年(1059)至徽宗建中靖國元年(1101)，詩二千四百三十二首；卷四十六為帖子詞五十四首，致語口號十一；卷四十七至卷四十八為遺詩十九首，補編詩一百三十七首；卷四十九至卷五十為他集互現詩九十首。并且每卷卷首列“古今體詩××首”，編年詩起訖時間，部分卷首還有按語，交代繫年，正

文首先録蘇詩，其次列注文和蘇軾自注，將注釋之詞單獨標識，部分詩後附有考證性按語或他人唱和詩。是書補遺佚詩一百三十七首，這些詩首次收入蘇軾詩集，是查氏《補注》之突出貢獻，徵引廣博，注釋詳明。考釋人物、地理，補注前人之疏略、謬誤，闡釋詩旨，考辨詩題，是該書特色。雖然查氏《補注》在後世受到過一些責難，但總體評價還是相當高。

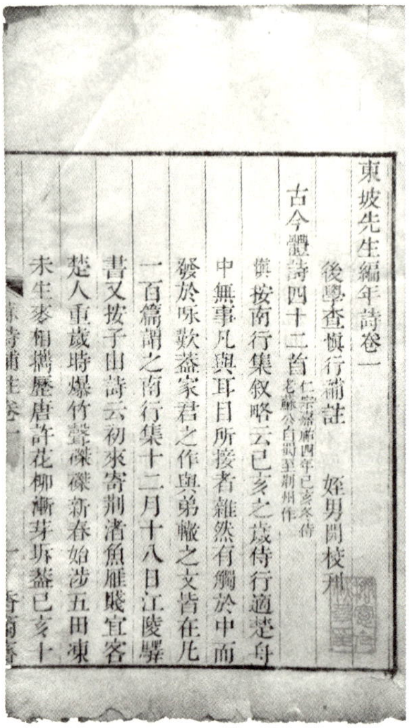
東坡先生編年詩卷一
後學查慎行補註　姪男開校刊
古今體詩四十二首仁宗嘉祐四年己亥冬侍老蘇公自蜀至荊州作
慎按南行集叙略云己亥之歲侍行適楚舟中無事凡與耳目所接者雜然有觸於中而發於咏歎蓋家君之作與弟轍之文皆在凡一百篇謂之南行集十二月十八日江陵驛書又按子由詩云初來寄荊渚魚雁賤宜客楚人重歲時爆竹聲磔磔新春始涉五田凍未生麥相攜歷唐許花柳漸牙坼蓋己亥十

懷麓堂集一百卷　明李文正公年譜七卷

(明)李東陽撰　(清)法式善　(清)唐仲冕輯

清嘉慶年間刻本　21册　半葉10行20字　白口　單魚尾　左右雙邊　框高18厘米　寬13.5厘米

李東陽(1447—1516)，字賓之，號西涯，謚文正，湖廣茶陵人(今湖南)。幼聰明好學，十八歲中進士，點庶吉士，後為翰林院編修，先後任禮部尚書兼文淵閣大學士，户部尚書謹身殿大學士，吏部尚書華蓋殿大學士。善於寫篆書、隸書。詩文典雅流麗，他上承臺閣體，下啓前後七子，形成“茶陵詩派”之創作風格，著作頗多，先後主持或參與編撰《通鑒纂要》、《大明會典》、《孝宗實録》等。

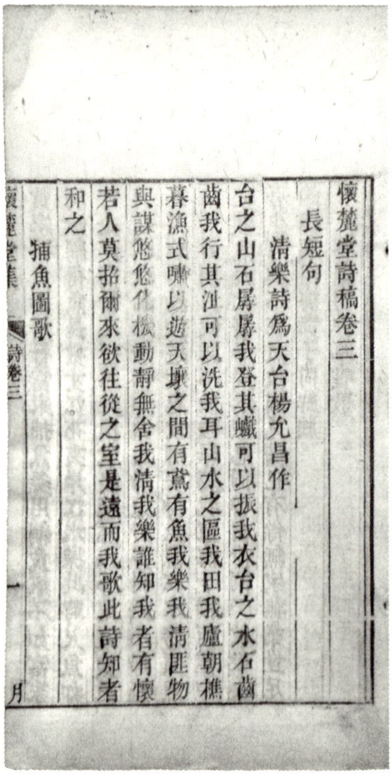
懷麓堂詩稿卷三
長短句
清樂詩為天台楊允昌作
台之山石屛屛我登其巘可以振我衣台之水石齒齒我行其涯可以洗我耳山水之區我田我廬朝樵暮漁弋嘯以遊天壤之間有鳶有魚我樂我清匪物與謀悠悠化機動靜無余我情我樂誰知我者有懷若人莫招徐來欲往從之室是遠而我歌此詩知者和之
補魚圖歌

法式善(1753—1822)，姓伍堯氏，原名運昌，字開文，號時帆，一號梧門，蒙古正紅旗人。清乾隆四十五年(1780)進士，官至侍講學士。熟諳制度掌故，長於史學，亦工詩，有《陶廬雜録》、《槐廳載筆》、《清秘述聞》等。

唐仲冕(1753—1827),字六枳,號陶山居士,世称“唐陶山”,湖南善化(今長沙)人。清乾隆五十八年(1793)進士。官至陝西布政使,權巡撫。著有《岱覽》、《陶山文録》、《陶山詩録》等。他主持泰山書院期間,曾參與重修《泰安縣志》。

《懷麓堂集》有詩前稿二十卷(館存卷三至卷十八),文前稿三十卷,詩後稿十卷,文後稿三十卷,雜記十卷。為李東陽辭官以前詩文集,因其祖籍在湖廣茶陵嶽麓山,曾取居室名“懷麓堂”,以此為集名含有思念家鄉之意。所謂“前”,指在翰林院時所寫詩文;所謂“後”,指在内閣時所寫詩文。是書録詩二千餘首。以反映社會生活為主要内容,或揭露統治者暴虐,或同情人民疾苦,或詠懷史實、抒發感慨,是其詩中之精華。詩中也多有應酬題贈之作,部分詩寫景抒情能於平淡中顯出清新意境,較有特色,在當時很有影響,形成了以其為首之“茶陵詩派”。散文内容龐雜,題材多樣,有賦、序、記、傳、雜著、題跋等,以記、傳、雜著較佳,文筆流暢,文字典雅,剖析至深,生動傳神,説理有力,有先秦古文之風。

蘭韻堂詩集十二卷　(清)沈初撰

清乾隆五十九年(1794)刻本　4 册　半葉 10 行　21 字　雙行小字同　白口　單魚尾　左右雙邊　框高 18.7 厘米　寬 13 厘米

沈初(1729—1799),字景初,號萃岩,又號雲椒,浙江平湖人,清乾隆二十八年(1763)進士,授編修,督福建學政,督江西學政等,官至户部尚書,歷事乾嘉兩朝三十餘年。先後充四庫全書館、實録館、三通館副總裁,續編《石渠寶笈》、《秘殿珠林》,校勘《太學石經》。工詩文,善書法,著有《蘭韻堂詩集》、《蘭韻堂文集》、《經進文稿》、《御覽集》、《西清筆記》等。

《蘭韻堂詩集》卷一至卷二《南窗集》,為 1763 年中進士之前詩作;卷三《秣陵集》,為 1761—1762 年之詩作;卷四《木天集》,為 1763—1769 年詩人酬應之作;卷五《城南聯句集》,為 1764—1765 年詩人參加江左詩人聯句會之作;卷六《歸帆集》,為 1769—1771 年與友人南旅舟行時之作;卷七《西泠集》,為 1772—1774 年之詩作;卷八《容臺集》,為 1774—1779 年以志榮遇雲之詩作;卷九《西曹集》,為 1780—1784 年之詩作;卷十《西曹後集》,為 1785—1790 年之詩作;卷十一至卷十二《吏部集》,為 1779 年之後詩作。共有詩一千一百餘首。“蘭韻堂”為沈年少處所。是書每卷之前均交代創作時間、創作原由，部分詩還作簡略注釋及説明。

乾隆甲寅春編
蘭韻堂詩集
本衙藏板

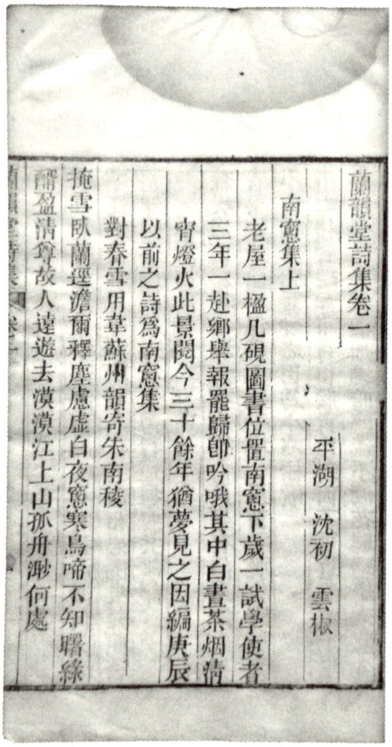
蘭韻堂詩集卷一
平湖 沈初 雲椒
南窻集上
老屋一楹几硯圖書位置南窻下歲一試學使者三年一赴鄉舉報罷歸即吟哦其中白晝茶烟清宵燈火此景閱今三十餘年猶夢見之因編庚辰以前之詩爲南窻集
對春雪用韋蘇州韻寄朱南稜
掩雪臥蘭逕簷雨釋塵慮虛白夜窻寒鳥啼不知曙綠醑盈清尊故人遠遊去漠漠江上山孤舟渺何處

讀杜心解六卷　卷首二卷　(清)浦起龍講解

清雍正二年至三年(1724—1725)浦氏寧我齋刻本　7册　半葉10行22字　雙行小字32字　白口　單魚尾　左右雙邊　框高18.8厘米　寬13.3厘米

浦起龍(1679—1762)，字二田，號孩禪，自署東山外史，晚號三山傖父，時稱山傖先生，江蘇無錫人，清代學者、詩歌箋注家、詩人。幼時好讀書，清康熙三十七年(1698)中秀才，雍正八年(1730)進士，曾任雲南昆明五華書院山長和江蘇蘇州紫陽書院教授，乾隆十年(1745)去職。歸里後專心著述，博覽群書，欣賞杜甫詩作，潛心研究。著有《古文眉詮》、《史通通釋》等，曾參與纂修《無錫縣志》。

《讀杜心解》收入杜甫詩上百首，按古體、近體分編後，再各自編年，正文前有“發凡”，於該書撰作過程、意旨、體例均有交代。對每首詩進行詳細解讀及注釋，選擇宋至清代各家注本，以錢謙益、朱鶴齡、仇兆鰲三家之説為多，并點明寫作背景。其中“讀杜提綱”，闡明著者讀杜之法，且多有心得及獨立見解。該書以解為主，以注為副，結合史實闡釋篇章大意，同時對詩之藝術技巧進行探討和鑒賞，强調“以心解杜”，“以意逆志”。

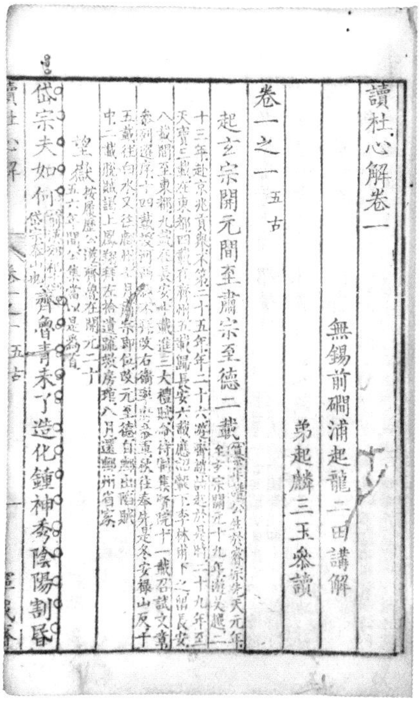

讀杜心解卷一

無錫前𥗽浦起龍二田講解

弟起麟三玉參讀

卷一之一 五古

起玄宗開元間至肅宗至德二載

望嶽

岱宗夫如何，齊魯青未了。造化鍾神秀，陰陽割昏

叢

杭大宗七種叢書十九卷 （清）杭世駿撰

清乾隆五十七年（1792）羊城刻本　6 册

半葉 10 行 20 字　白口　單魚尾　四周單邊　框高 17 厘米　寬 13.2 厘米

1. 諸史然疑二卷
2. 兩漢書蒙拾五卷
3. 石經考異二卷
4. 續方言二卷
5. 晉書補傳贊一卷
6. 文選課虛四卷
7. 榕城詩話三卷

杭世駿，生平參見《道古堂集》。

《杭大宗七種叢書》其中《諸史然疑》二卷，為作者讀史筆記。糾史文之疏漏，訂訛考誤，頗為精核，間也有偏頗失當之處；《兩漢書蒙拾》五卷，按原書篇卷順序，逐一注釋《漢書》、《後漢書》中疑難辭語、典故、典章制度，循流溯源，辨證明晰；《石經考異》二卷，是編因顧炎武《石經考》，有采摭未備、辨正未明者，乃為糾訛補缺。考述由漢迄宋石經刻石經過，且開一代石經研究風氣。對一些歷來疑難或有爭論問題提出頗有説服力之看法；《續方言》二卷，是續補揚雄《方言》之第一作，摘録《十三經注疏》、《説文解字》、《釋名》等十多種古籍中方言詞語五百多條，上卷包括言辭、稱謂、計量、衣著等各類詞三百多條，下卷包括天文、地理、樹木、蟲魚等各類詞二百二十多條。内容分類和次序編排大體依照爾雅，所引材料一般寫明出處，部分還加反切注

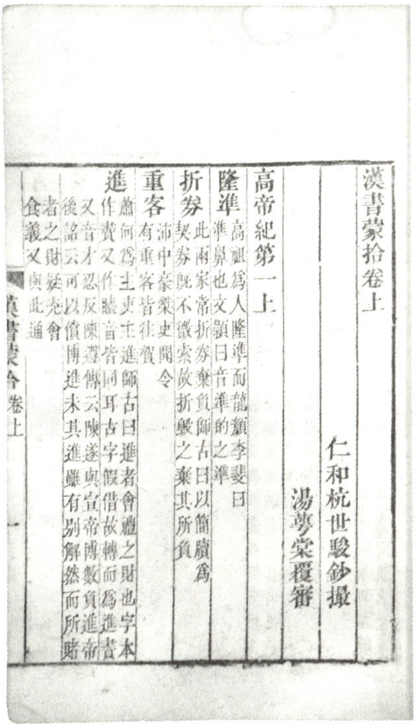

音或作校勘説明，引文用大字，出處、注音和校勘用小字列原文後；《晋書補傳贊》一卷，以《華陽國志》為藍本，補充晋書列傳；《文選課虚》四卷，彙集《文選》中之字詞句，分為天象、地形、人事、物産四類，其中又有不同之小類，依類分條排列，每條之下注明音讀、選擇意義等；《榕城詩話》三卷，係其於清雍正十年(1732)到福建主持鄉試時所輯，閩中多榕樹，故取為書名。卷上描述所遇之山川風物、民俗異聞，卷中記録文人逸事，卷下記載閩外人而關涉閩之事者，是甄録掇拾福建一方事與詩之筆記。

津逮秘書七百五十五卷　(明)毛晋輯

明崇禎三年(1630)汲古閣刻本　156册　半葉9行19字　雙行小字同　白口　左右雙邊　框高19.3厘米　寬14.3厘米

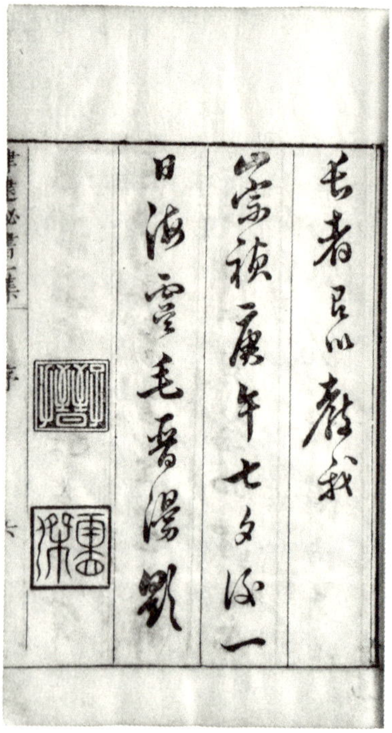

第一集

1. 詩序辨説一卷　(宋)朱熹撰
2. 詩傳孔氏傳一卷　(周)端木賜撰
3. 詩説一卷　(漢)申培撰
4. 詩外傳十卷　(漢)韓嬰撰
5. 毛詩草木鳥獸蟲魚疏廣要四卷　(明)毛晋撰
6. 詩考一卷　(宋)王應麟撰
7. 詩地理考六卷　(宋)王應麟撰
8. 爾雅三卷　(宋)鄭樵注

第二集

1. 京氏易傳三卷　(漢)京房撰　(吴)陸績注
2. 關氏易傳一卷　(北魏)關郎撰　(唐)趙蕤注
3. 蘇氏易傳九卷　(宋)蘇軾撰
4. 焦氏易林四卷　(漢)焦贛撰
5. 周易集解十七卷　(唐)李鼎祚撰

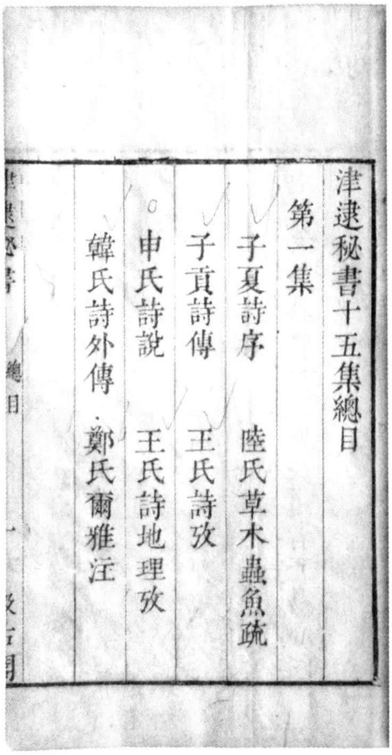
津逮秘書十五集總目
第一集
子夏詩序　陸氏草木蟲魚疏
子貢詩傳　王氏詩攷
申氏詩說　王氏詩地理攷
韓氏詩外傳　鄭氏爾雅注

6.易釋文一卷　（唐）陸德明撰
7.周易集解略例一卷　（魏）王弼撰
8.元包經傳五卷　（北周）衛元嵩撰　（唐）蘇源明傳
9.元包數總義二卷　（宋）張行成撰
10.周易舉正三卷　（唐）郭京撰
11.麻衣道者正易心法一卷　（宋）陳搏受并消息

第三集

1.通鑑地理通釋十四卷　（宋）王應麟撰
2.通鑑問疑一卷　（宋）劉羲仲撰
3.小學紺珠十卷　（宋）王應麟撰
4.齊民要術十卷　（北魏）賈思勰撰
5.急就篇四卷　（漢）史游撰　（唐）顔師古注　（宋）王應麟音釋
6.漢制考四卷　（宋）王應麟撰

第四集

1.佛說四十二章經一卷　（漢）釋迦葉摩騰　竺法蘭譯　（宋）釋守遂注
2.道德指歸論六卷　（漢）嚴遵撰
3.青烏先生葬經一卷　（漢）青烏子撰　（金）兀欽仄注
4.古本葬經内篇一卷　（晋）郭璞撰
5.古文參同契集解三卷　（明）蔣一彪撰
6.周髀算經二卷　（漢）趙爽注　（北周）甄鸞述
7.數術記遺一卷　（漢）徐岳撰　（北周）甄鸞注
8.黄帝授三子玄女經一卷
9.胎息經一卷　（□）幻真先生注
10.風后握奇經一卷　（漢）公孫弘解
11.耒耜經一卷　（唐）陸龜蒙撰
12.五木經一卷　（唐）李翺撰　（唐）元革注
13.女孝經一卷　（唐）鄭氏撰

14. 丸經二卷
15. 通占大象歷星經二卷
16. 忠經一卷 （漢）馬融撰 （漢）鄭玄注
17. 黄帝宅經二卷
18. 墨經一卷 （宋）晁貫之撰

第五集

1. 全唐詩話六卷 （宋）尤袤撰
2. 六一詩話一卷 （宋）歐陽修撰
3. 滄浪詩話一卷 （宋）嚴羽撰
4. 後山詩話一卷 （宋）陳師道撰
5. 彦周詩話一卷 （宋）許顗撰
6. 二老堂詩話一卷 （宋）周必大撰
7. 紫薇詩話一卷 （宋）吕本中撰
8. 石林詩話一卷 （宋）葉夢得撰
9. 中山詩話一卷 （宋）劉攽撰
10. 竹坡詩話一卷 （宋）周紫芝撰
11. 續詩話一卷 （宋）司馬光撰

第六集

1. 法書要録十卷 （唐）張彦遠輯
2. 東觀餘論二卷附録一卷 （宋）黄伯思撰
3. 廣川書跋十卷 （宋）董逌撰
4. 宣和書譜二十卷

第七集

1. 圖畫見聞志六卷 （宋）郭若虚撰
2. 歷代名畫記十卷 （唐）張彦遠撰
3. 古畫品録一卷 （南齊）謝赫撰
4. 續畫品録一卷 （唐）李嗣真撰
5. 宣和畫譜二十卷
6. 圖繪寶鑑六卷補遺一卷 （元）夏文彦撰 （明）韓昂續
7. 後畫録一卷 （唐）釋彦悰撰

8.續畫品一卷　(南朝陳)姚最撰
9.畫繼十卷　(宋)鄧椿撰
10.畫史一卷　(宋)米芾撰
第八集
1.詩品三卷　(南朝梁)鍾嶸撰
2.詩品二十四則一卷　(唐)司空圖撰
3.風騷旨格一卷　(唐)釋齊己撰
4.芥隱筆記一卷　(宋)龔頤正撰
5.冷齋夜話十卷　(宋)釋惠洪撰
6.西溪叢語二卷　(宋)姚寬撰
7.益部方物略記一卷　(宋)宋祁撰
8.捫蝨新話十五卷　(宋)陳善撰
9.歲華紀麗四卷　(唐)韓鄂撰
10.玉蘂辨證一卷　(宋)周必大撰
11.桯史十五卷附録一卷　(宋)岳珂撰
12.泉志十五卷　(宋)洪遵撰
第九集
1.酉陽雜俎二十卷續集十卷　(唐)段成式撰
2.誠齋雜記二卷　(元)林坤撰
3.甘澤謡一卷附録一卷　(唐)袁郊撰
4.本事詩一卷　(唐)孟棨撰
5.五色線二卷
6.却掃編三卷　(宋)徐度撰
7.劇談録二卷　(唐)康駢撰
8.瑯嬛記三卷　(元)伊世珍撰
9.輟耕録三十卷　(元)陶宗儀撰
第十集
1.洛陽伽藍記五卷　(北魏)楊衒之撰
2.洛陽名園記一卷　(宋)李廌撰
3.靈寶真靈位業圖一卷　(南朝梁)陶弘景撰
4.東京夢華録十卷　(宋)孟元老撰

5.西京雜記六卷　(晋)葛洪撰
6.佛國記一卷　(晋)釋法顯撰
7.大唐創業起居注三卷　(唐)温大雅撰
8.老學庵筆記十卷　(宋)陸游撰
9.漢雜事祕辛一卷
10.淳熙玉堂雜記三卷　(宋)周必大撰
11.焚椒録一卷　(遼)王鼎撰
12.唐國史補三卷　(唐)李肇撰
第十一集
1.搜神記二十卷　(晋)干寶撰
2.搜神後記十卷　(晋)陶潛撰
3.録異記八卷　(五代)杜光庭撰
4.稽神録六卷拾遺一卷　(宋)徐鉉撰
5.周氏冥通記四卷　(南朝梁)陶弘景撰
6.異苑十卷　(南朝宋)劉敬叔撰
第十二集
1.東坡題跋六卷　(宋)蘇軾撰
2.山谷題跋九卷　(宋)黄庭堅撰
3.無咎題跋一卷　(宋)晁補之撰
4.宛丘題跋一卷　(宋)張耒撰
5.淮海題跋一卷　(宋)秦觀撰
6.鶴山題跋七卷　(宋)魏了翁撰
7.放翁題跋六卷　(宋)陸游撰
8.姑溪題跋二卷　(宋)李之儀撰
9.石門題跋二卷　(宋釋)德洪撰
10.西山題跋三卷　(宋)真德秀撰
第十三集
1.六一題跋十一卷　(宋)歐陽修撰
2.元豐題跋一卷　(宋)曾鞏撰
3.水心題跋一卷　(宋)葉適撰
4.益公題跋十二卷　(宋)周必大撰

5.後邨題跋四卷　(宋)劉克莊撰
6.止齋題跋二卷　(宋)陳傅良撰
7.魏公題跋一卷　(宋)蘇頌撰
8.晦庵題跋三卷　(宋)朱熹撰
9.容齋題跋二卷　(宋)洪邁撰
10.海嶽題跋一卷　(宋)米芾撰
第十四集
1.樂府古題要解二卷　(唐)吴兢撰
2.癸辛雜識六卷　(宋)周密撰
3.紹興内府古器評二卷　(宋)張掄撰
4.揮麈録十八卷餘話二卷　(宋)王明清撰
第十五集
1.夢溪筆談二十六卷　(宋)沈括撰
2.湘山野録三卷續録一卷　(宋)釋文瑩撰
3.春渚紀聞十卷　(宋)何薳撰
4.齊東野語二十卷　(宋)周密撰
5.茅亭客話十卷　(宋)黄休復撰
6.河南邵氏聞見前録二十卷　(宋)邵伯温撰
7.河南邵氏聞見後録三十卷　(宋)邵博撰
8.錦帶書一卷　(南朝梁)蕭統撰
9.避暑録話二卷　(宋)葉夢得撰
10.貴耳集三卷　(宋)張端義撰
毛晋,生平参見《河南邵氏聞見後録》。

《津逮秘書》共分十五集,收書一百四十二種,所收多為宋人著述,也有少量漢魏六朝、唐、五代和遼人作品,主要包括經學、史學、典章制度、志怪小説、詩話筆記、科學技術、書法繪畫、書跋等方面内容。其間有毛晋序語及議論,這是閲讀原書之重要參考資料。所收書籍多為首尾完備之足本和罕見之書,選擇舊本、善本進行校勘,雖以輯罕見之書為宗,但却注重實用,如唐、宋、元、明之筆記雜録,亦是研究中國古代史之重要史料。是书为我國一部整理和傳播古代文化典籍之綜合性叢書。

雅雨堂叢書一百三十三卷 (清)盧見曾編輯 缺經典釋文一卷 鄭司農集一卷 高氏戰國策卷一至卷八

清乾隆二十一年(1756)盧氏雅雨堂刊本 存21册 半葉10行21字 白口單魚尾 四周單邊 框高18厘米 寬14.4厘米

1.李氏易傳十七卷 (唐)李鼎祚撰
2.鄭氏周易三卷 (漢)鄭玄撰
3.經典釋文一卷 (隋)陸德明撰
4.鄭司農集一卷 (漢)鄭玄撰
5.周易乾鑿度二卷 (漢)鄭玄撰
6.尚書大傳四卷 (漢)鄭玄注
7.大戴禮記十三卷 (漢)戴德撰
8.高氏戰國策三十三卷 (漢)高誘注
9.匡繆正俗八卷 (唐)顔師古撰
10.唐摭言十五卷 (唐)王定保撰
11.北夢瑣言二十卷 (五代)孫光憲撰
12.封氏聞見記十卷 (唐)封演撰
13.文昌雜録六卷 (宋)龐元英撰

盧見曾(1690—1768),字抱孫,號澹園,别號雅雨山人,清山東德州(今德州市德城區)人。康熙五十年(1711)舉人,六十年(1721)進士。雍正三年(1725)起曾任知縣、潁州知州、永平府知府,兩淮鹽運使等职,其勤於吏治,是典型之循吏。并擅長詩文,著述豐富,著有《雅雨堂詩集》、《雅雨堂文集》、《雅江新政》、《出塞集》、《感舊集》、《金石三例》、《雅雨堂石集》、《山左詩鈔》等,還積極從事刻書,所刊之書,校勘細,刻印美,是清代中期著名校勘家。

《雅雨堂叢書》輯書十三種,其中多為經學著作和筆記雜録,皆為當時所罕傳。《北夢瑣言》係記述唐、五代時期政治遺聞、人物言行和社會風俗之筆記。《唐摭言》所載唐代科舉制度最為詳備。《封氏聞見記》記典制名物及庸人逸事。《文昌雜録》記朝章典制及宋代遺聞。還在各書前寫有序言,對於各書之流傳情況,内容、價值及校助情況作了説明。是書收書首尾完備、校勘精審,為其刻書代表作之一。

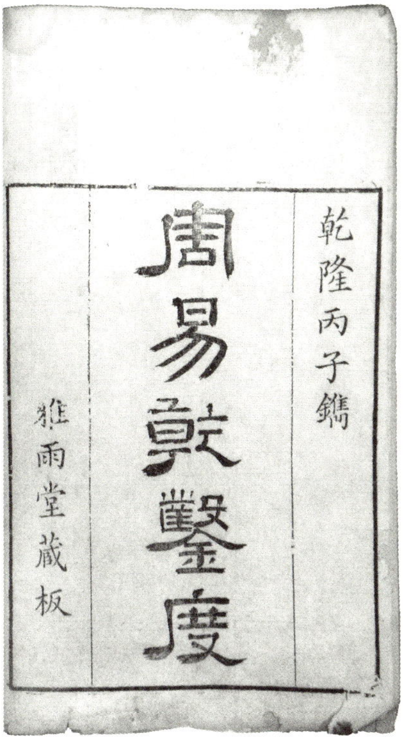

乾隆丙子鐫

周易乾鑿度

雅雨堂藏板

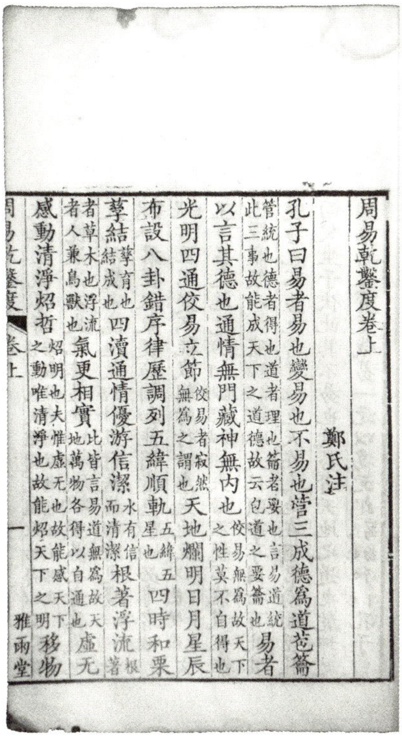

周易乾鑿度卷上

鄭氏注

孔子曰易者易也變易也不易也管三成德爲道苞籥

管統也德者得也道者理也籥者要也言易道統此三事故能成天下之道德故云包道之要籥也易者

以言其德也通情無門藏神無内也佼易無爲故天下之性莫不自得也

光明四通佼易立節佼易者寂然無爲之謂也天地爛明日月星辰

布設八卦錯序律歷調列五緯順軌五緯五星也四時和粟

孳結孳育也結成也四瀆通情優游信潔水有信而清潔根著浮流根著

者草木也浮流者人兼鳥獸也氣更相實比皆言易道無爲故天地萬物各得以自通也虛无

感動清淨炤哲炤明也夫惟虛无也故能感天下之動唯清淨也故能炤天下之明移物

周易乾鑿度　卷上　一　雅雨堂

貸園叢書初集四十七卷　(清)周永年編

清乾隆五十四年(1789)竹西書屋刻本　16册　半葉11行22字　雙行小字同　黑口　单魚尾　左右雙邊　框高17厘米　寬14厘米

1. 九經古義十六卷
2. 易例二卷
3. 春秋左傳補注六卷
4. 左傳評三卷
5. 古韻標準四卷
6. 四聲切韻表一卷
7. 聲韻考四卷
8. 石刻補叙二卷
9. 風墅殘帖釋文二卷
10. 三事忠告四卷
11. 葛淹閑話二卷

12. 談龍録一卷

周永年(1730—1791),字書昌,一字書愚,山東濟南曆城人。清乾隆三十六年(1771)進士,被徵校四庫書,授翰林院編修,曾為貴州鄉試副考官。性好聚書,其藏書處有"借書園",供人閲讀傳抄,著有《儒藏説約》,提出"儒藏"説,主張由社會承擔起藏書責任,不僅為私人藏書家,還是十八世紀中國圖書館事業之先行者。

《貸園叢書初集》有書十二種,貸園,乃書昌齋名,是書所收多清代前期著名學者惠棟、戴震、錢大昕、江永等人研經治音韻之作,亦收鄉先賢元代張養浩、清代張爾岐、趙執信等人撰述,均有較高學術價值。

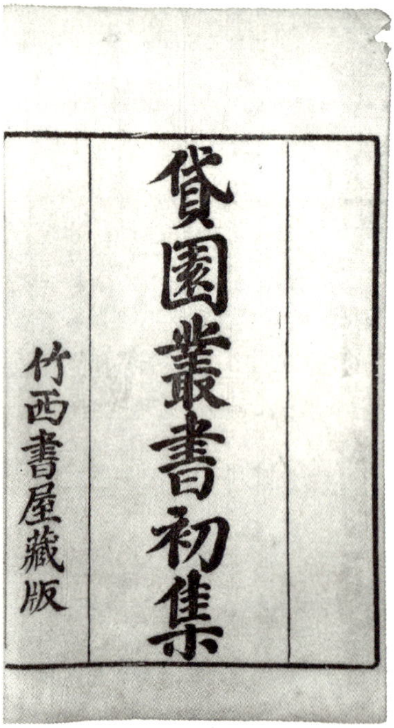
貸園叢書初集
竹西書屋藏版

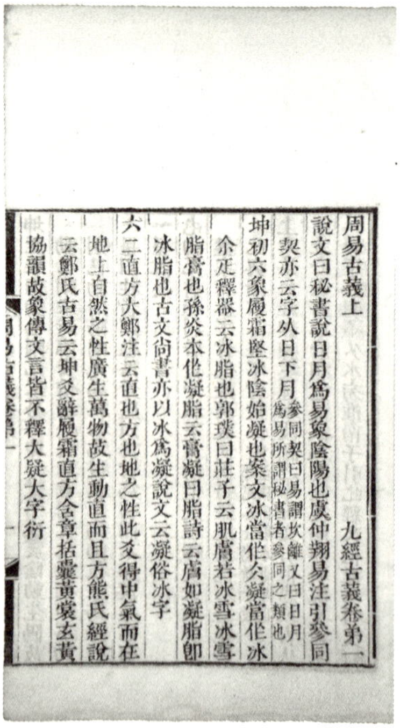
周易古義上　九經古義卷第一
說文曰秘書說日月爲易象陰陽也虞仲翔易注引參同
契亦云字从日下月參同契曰易謂坎離又曰日月爲易所謂秘書者參同之類也
坤初六象履霜堅冰陰始凝也案文冰當作仌凝當作冰
尒疋釋器云冰脂也郭璞曰莊子云肌膚若冰雪冰雪
脂膏也孫炎本作凝脂云膏凝曰脂詩云膚如凝脂即
冰脂也古文尚書亦以冰爲凝說文云凝俗冰字
六二直方大鄭注云直也方也地之性此爻得中氣而在
地上自然之性廣生萬物故生動直而且方熊氏經說
云鄭氏古易云坤爻辭履霜直方含章括囊黃裳玄黃
協韻故象傳文言皆不釋大疑大字衍

經訓堂二十一種叢書一百五十九卷　(清)畢沅輯撰

清乾隆四十八年(1783)畢氏經訓堂刻本　32 册　半葉 11 行 22 字　上下黑口　雙魚尾　四周單邊　框高 20 厘米　寬 14.8 厘米

1. 山海經十八卷

2. 夏小正一卷

3. 道德經二卷

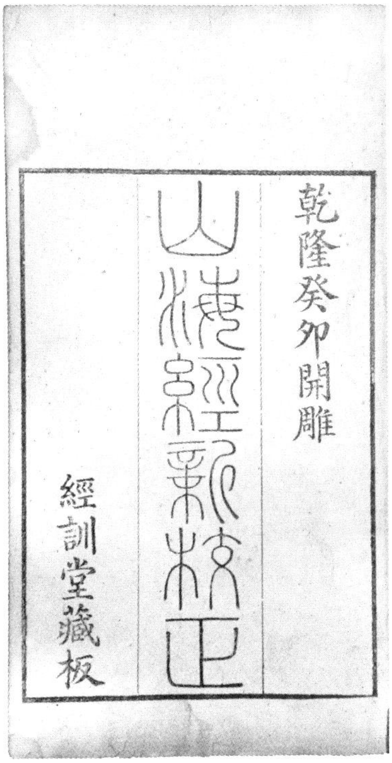

4. 墨子十六卷
5. 晏子春秋九卷
6. 吕氏春秋二十六卷
7. 正字釋名疏正八卷
8. 篆字釋名疏正八卷
9. 晋書地道記一卷
10. 太康三年地記一卷
11. 晋書地理志五卷
12. 三輔黄圖六卷
13. 長安志二十卷
14. 易漢學八卷
15. 説文解字一卷
16. 明堂大道録八卷
17. 禘説二卷
18. 關中金石記八卷
19. 中州金石記五卷
20. 音同字異一卷
21. 經典文字辨正五卷

畢沅(1730—1797),字纕蘅,號秋帆,自號靈岩山人,祖籍休寧(今安徽),後遷江南鎮洋(今江蘇太倉縣)。清乾隆二十五年(1760)進士。先任翰林院編修,河南巡撫等,後官至湖廣總督,清代史學家、文學家。其博學多才,潛心研攻經史,旁及語言學、金石學、地理學,并善詩文,一生著作頗豐。有《靈岩山人詩集》、《靈岩山人文集》、《關中勝迹圖志》、《河間書畫録》、《晋書地理志校注》、《山海經新校注》、《傳經表》、《通經表》、《墨子集注》等。

《經訓堂二十一種叢書》是畢氏與著名學者洪亮吉、孫星衍等共同注釋、校訂之重要古籍彙刻,亦有畢沅自撰之作。包括諸子、地理、小學、金石四方面著述,諸子類主要有《吕氏春秋》、《晏子春秋》、《墨子》等,均為先秦重要典籍,其根據各種類書所引用本書文字相互參照,説明舛誤,并加以解釋;地理類主要有《山海經》、《長安志》、《晋太康三年地記》、《王隱晋書地道記》、《晋書地理志新補正》,係研究西北古史地理之重要史料;小學類主要有《釋名疏證》、《經典文字辨證書》、《音同字異》等，分為正字本和篆字本兩種，便於對照閱讀，是研究文字形體、訓詁之重要參考；金石類主要有《關中金石記》和《中州金石記》，關中為夏商周三代及秦漢隋唐都會之地，歷史悠久，碑刻"其文其事，信而有徵"，是研究歷史之寶貴資料。是書考察全面，旁證博引，校勘精審，篇目完備，具有很高研究價值。

廣漢魏叢書七十六種　(明)何允中輯刊

明萬曆末年武林何氏本　26 册　半葉 9 行 20 字　雙行小字同　白口　單魚尾　左右雙邊　框高 19.2 厘米　寬 14.3 厘米

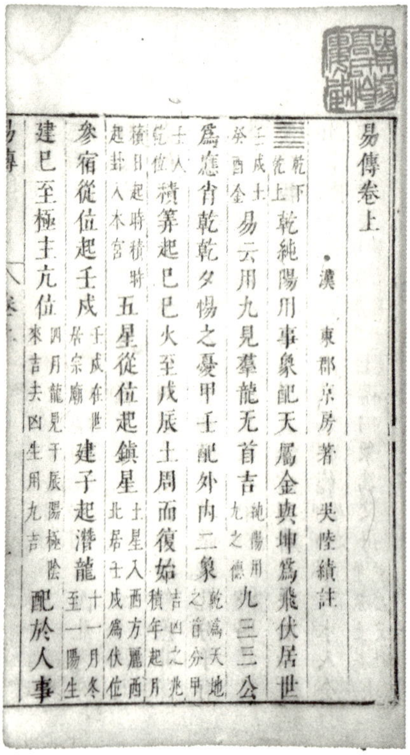
易傳卷上
漢 東郡京房著 吴陸績註
☰乾下乾上 乾純陽用事象配天屬金與坤為飛伏居世 壬戌土癸酉金 易云用九見羣龍无首吉 純陽用九之德 九三三公為應肖乾乾夕惕之憂甲壬配外內二象 乾為天地之首分甲 壬入乾位 積筭起巳巳火至戌辰土周而復始 吉凶之兆積年起月 積日起時積時起卦入本宮 五星從位起鎮星 土星入西方麗酉北居壬戌為伏位 參宿從位起壬戌 壬戌在世居宗廟 建子起潛龍 十一月冬至一陽生 建巳至極主亢位 四月龍見于辰陽極陰來吉夬凶生用九吉 配於人事

一、經翼

1. 易傳三卷　(漢)京房撰　(吴)陸績注
2. 焦氏易林四卷　(漢)焦贛撰
3. 周易略例一卷　(魏)王弼撰　(唐)邢璹注
4. 古三墳一卷　(晉)阮咸注
5. 詩傳一卷　(周)端木賜撰
6. 詩説一卷　(漢)申培撰
7. 韓詩外傳十卷　(漢)韓嬰撰
8. 大戴禮記十三卷　(漢)戴德撰　(北周)盧辯注
9. 春秋繁露十七卷　(漢)董仲舒撰
10. 白虎通德論四卷　(漢)班固撰
11. 獨斷一卷　(漢)蔡邕撰
12. 忠經一卷　(漢)馬融撰
13. 孝傳一卷　(晉)陶潛撰
14. 方言十三卷　(漢)揚雄撰　(晉)郭璞注
15. 釋名四卷　(漢)劉熙撰
16. 博雅十卷　(魏)張揖撰　(隋)曹憲音
17. 小爾雅一卷　(漢)孔鮒撰

二、别史

1. 吴越春秋六卷　(漢)趙曄撰　(元)徐天祜音注

2. 越絶書十五卷　(漢)袁康撰

3. 十六國春秋十六卷　(北魏)崔鴻撰

4. 元經薛氏傳十卷　(隋)王通撰　(唐)薛收傳　(宋)阮逸注

5. 汲冢周書十卷　(晋)孔晁注

6. 竹書紀年二卷　(南朝梁)沈約注

7. 穆天子傳六卷　(晋)郭璞注

8. 漢武帝内傳一卷　(漢)班固撰

9. 飛燕外傳一卷　(漢)伶玄撰

10. 雜事祕辛一卷

11. 群輔録一卷　(晋)陶潜撰

12. 神仙傳十卷　(晋)葛洪撰

13. 高士傳三卷　(晋)皇甫謐撰

14. 英雄記鈔一卷　(魏)王粲撰

三、子餘

1. 參同契一卷　(漢)魏伯陽撰

2. 陰符經一卷　(漢)張良等注

3. 素書一卷　(漢)黄石公撰　(宋)張商英注

4. 心書一卷　(蜀)諸葛亮撰

5. 新語二卷　(漢)陸賈撰

6. 新書十卷　(漢)賈誼撰

7. 新序十卷　(漢)劉向撰

8. 新論十卷　(北齊)劉晝撰

9. 淮南鴻烈解二十一卷　(漢)劉安撰　(漢)高誘注

10. 孔叢二卷附詰墨一卷　(漢)孔鮒撰

11. 法言十卷　(漢)揚雄撰　(宋)宋咸注

12. 申鑒五卷　(漢)荀悦撰　(明)黄省曾注

13. 中論二卷　(漢)徐幹撰

14. 中説二卷　(隋)王通撰

15.潛夫論十卷 (漢)王符撰
16.天禄閣外史八卷 (漢)黄憲撰
17.説苑二十卷 (漢)劉向撰
18.論衡三十卷 (漢)王充撰
四、載籍
1.搜神記八卷 (晋)干寶撰
2.神異經一卷 (漢)東方朔撰 (晋)張華注
3.海内十洲記一卷 (漢)東方朔撰
4.述異記二卷 (南朝梁)任昉撰
5.續齊諧記一卷 (南朝梁)吴均撰
6.别國洞冥記四卷 (漢)郭憲撰
7.西京雜記六卷 (漢)劉歆撰
8.拾遺記十卷 (晋)王嘉撰 (南朝梁)蕭綺録
9.博物志十卷 (晋)張華撰
10.古今注三卷 (晋)崔豹撰
11.風俗通義十卷 (漢)應劭撰
12.人物志三卷 (魏)劉邵撰 (北魏)劉昞注
13.文心雕龍十卷 (南朝梁)劉勰撰
14.詩品三卷 (南朝梁)鍾嶸撰
15.書品一卷 (南朝梁)庾肩吾撰
16.顔氏家訓二卷 (北齊)顔之推撰
17.鹽鐵論十二卷 (漢)桓寬撰 (明)張之象注
18.三輔黄圖六卷
19.華陽國志十四卷 (晋)常璩撰
20.洛陽伽藍記五卷 (北魏)楊衒之撰
21.水經二卷 (漢)桑欽撰
22.星經二卷 (战国)甘公 (战国)石申撰
23.荆楚歲時記一卷 (南朝梁)宗懔撰
24.南方草木狀三卷 (晋)嵇含撰
25.竹譜一卷 (晋)戴凱之撰

26.古今刀劍録一卷　(南朝梁)陶弘景撰

27.鼎録一卷　(南朝梁)虞荔撰

何允中(生卒年不詳),字文開,武林(今浙江杭州)人,明天啓二年(1622)進士。

《廣漢魏叢書》是以漢魏人著作為主,間有晋、梁、陳、隋人著作,專收古經逸史、稗官野乘之大型叢書。館藏為武林何氏本,分經翼、别史、子餘、載籍四部,“經翼”十七种,收集漢代賢人對易、詩、春秋、雅等之相關論述;“别史”十四种,收集漢代人所著正史外之史著;“子餘”十八种,因數書盛於先秦,其收集漢代著名文人之論述;“載籍”二十七种,涉及内容巨麗博雅,以備外篇雜著。是書對漢魏六朝時期文化典籍進行了初步搜集、整理,具有很高文獻價值。

寶顔堂祕笈二百二十九種　(明)陳繼儒輯

明萬曆年間刻本　存6册　半葉8行18字　白口　無魚尾　四周單邊　版框大小不一

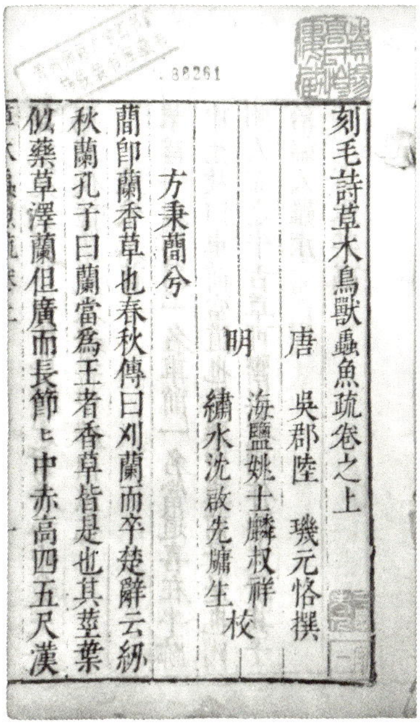
刻毛詩草木鳥獸蟲魚疏卷之上
唐　吳郡陸　璣元恪撰
明　海鹽姚士粦叔祥
繡水沈啟先牖生　校
方秉蕑兮
蕑即蘭香草也春秋傳曰刈蘭而卒楚辭云紉
秋蘭孔子曰蘭當爲王者香草皆是也其莖葉
似藥草澤蘭但廣而長節節中赤高四五尺漢

1.草木鳥獸蟲魚疏二卷　(吴)陸璣撰

2.别國洞冥記一卷　(漢)郭憲撰

3.春渚紀聞六卷　(宋)何薳撰

4.問答録一卷　(宋)蘇軾撰

5.漁樵閑話録一卷　(宋)蘇軾撰

6.捫虱新話四卷　(宋)陳善撰(存卷一)

7.震澤長語二卷　(明)王鏊撰

8.駢語雕龍四卷　(明)游日章撰　(明)林世勤注　(明)王世貞選(存卷二)

9.高寄齋訂正會仙女志一卷　(明)酈琥撰

10.説孝三書　(明)楊起元輯

11.聖學範圍圖説一卷　(明)岳元聲撰

12.山行雜記一卷　(明)宋彦撰

13.冬官紀事一卷　(明)賀仲軾撰

陳繼儒,生平参见《陳眉公訂正薛方山紀述》。

《寶顔堂祕笈》收唐、宋、元、明書籍二百二十九種，分正、續、廣、普、匯、祕六集，内容非常豐富，有經學、史學、理學、詞章、書畫、金石、醫學、佛學、音樂、物産、風俗、小説、游記及外國人之著述等，其中掌故瑣言，藝術譜録之作居多，具有较高文史資料價值。

書名筆畫索引

一畫

二畫

三畫

四畫

五畫

六畫

七畫

八畫

九畫

十畫

十一畫

十二畫

十三畫

十四畫

十五畫

十六畫

十七畫

十八畫

十九畫

二十畫

二十一畫

二十二畫

二十四畫

書名拼音索引

B

C

D

E

F

G

H

J

K

L

M

N

P

Q

R

S

T

W

X

編後語

2009年6月貴州師範大學圖書館經國務院公布，榮獲第二批“全國古籍重點保護單位”，這不僅是我校我館的驕傲，也是貴州教育界和文化界引以為榮之事。榮耀之餘我館同仁倍感責任重大，面臨的工作和問題很多，還需不斷努力、提高，方能不負重任。

在館領導的親自部署和大力支持下，我們在館藏10萬餘册古籍中鑒選、編撰了《貴州師範大學圖書館古籍珍善本提要目録》，目的是更進一步地整理、挖掘我館館藏古籍文獻，更好地為學校教學科研服務，同時也向學校建校70周年獻上圖書館的一份薄禮和誠意。是書提要編撰張新航，審校顧勞，書籍攝影李潔。由於水平有限，時間緊迫，書中錯誤、不當之處在所難免，懇請廣大讀者及同仁批評指正，以待今後進一步完善。

本書為慶祝本校70周年校慶獻禮書，編委會特別要求内文中的書名及書眉用藍色印刷。

2011年3月

策划编辑 = 陈仲芳
责任编辑 = 马文玉
龚信诚
封面设计 = 刘　凛
版式设计 = 陆润彪

ISBN 978-7-5633-6631-6

定价：21.50元